Kay Poggensee

Investitionsrechnung

Kay Poggensee

Investitionsrechnung

Grundlagen – Aufgaben – Lösungen

Bibliografische Information der Deutschen Nationalbibliothek
Die Deutsche Nationalbibliothek verzeichnet diese Publikation in der
Deutschen Nationalbibliografie; detaillierte bibliografische Daten sind im Internet über
<http://dnb.d-nb.de> abrufbar.

Prof. Dr. Kay Poggensee ist Direktor des Instituts für Internationale Betriebswirtschaftslehre an der Fachhochschule Kiel und dort Inhaber des Lehrstuhls für Allgemeine Betriebswirtschaftslehre mit dem Schwerpunkt Investitionsrechnung.

1. Auflage 2009

Alle Rechte vorbehalten
© Gabler | GWV Fachverlage GmbH, Wiesbaden 2009

Lektorat: Jutta Hauser-Fahr | Renate Schilling

Gabler ist Teil der Fachverlagsgruppe Springer Science+Business Media.
www.gabler.de

Das Werk einschließlich aller seiner Teile ist urheberrechtlich geschützt. Jede Verwertung außerhalb der engen Grenzen des Urheberrechtsgesetzes ist ohne Zustimmung des Verlags unzulässig und strafbar. Das gilt insbesondere für Vervielfältigungen, Übersetzungen, Mikroverfilmungen und die Einspeicherung und Verarbeitung in elektronischen Systemen.

Die Wiedergabe von Gebrauchsnamen, Handelsnamen, Warenbezeichnungen usw. in diesem Werk berechtigt auch ohne besondere Kennzeichnung nicht zu der Annahme, dass solche Namen im Sinne der Warenzeichen- und Markenschutz-Gesetzgebung als frei zu betrachten wären und daher von jedermann benutzt werden dürften.

Umschlaggestaltung: Ulrike Weigel, www.CorporateDesignGroup.de
Druck und buchbinderische Verarbeitung: Krips b.v., Meppel
Gedruckt auf säurefreiem und chlorfrei gebleichtem Papier
Printed in the Netherlands

ISBN 978-3-8349-1016-5

Vorwort

Das Schreiben eines Vorwortes gehört sicher zu den schönsten Tätigkeiten eines Autors eines akademischen Lehrbuches, heißt es doch, dass ein Großteil der Arbeit an dem Werk abgeschlossen ist, denn ein Vorwort wird vermutlich immer zuletzt und damit kurz vor der Veröffentlichung geschrieben.

Dieses Buch ist nicht unter Zeitdruck entstanden. Der Autor kann bereits auf knapp 40 Semester Lehrtätigkeit in diesem Fachgebiet und circa 150 abgehaltene Kurse zum Thema Investitionsrechnung an diversen Hochschulen, Weiterbildungseinrichtungen und bei Praktikerschulungen zurückblicken. Die Zeit hat hoffentlich gereicht, um die relevanten Aspekte des Theoriegebietes für den Bedarf in der akademischen Lehre und der praktischen Anwendung in den Unternehmen zu identifizieren und insbesondere um die Schwierigkeiten der Lernenden und Leser in einzelnen Themenbereichen festzustellen und dem didaktisch sinnvoll im Text zu begegnen.

Die Zeit hat auf jeden Fall gereicht, um meinen Widerstand aufzugeben, ein eigenes Lehrbuch zu dem Themengebiet der Investitionsrechnung zu schreiben. Sicherlich gibt es in dem relativ statischen Wissensgebiet der Investitionsrechnung und Investitionslehre diverse hervorragende Texte sehr qualifizierter Kollegen von renommierten Hochschulen, die das Wissensgebiet sehr gut erklären, die zum Teil bereits seit langer Zeit, zum Teil seit über 40 Jahren mit nahezu unverändertem Inhalt und zum Teil in einer bereits zweistelligen Auflage erfolgreich bei der Unterstützung der Verbreitung des Wissensgebietes bei Studierenden und Praktikern aktiv sind. Trotzdem erschien dem Autor nach den langjährigen eigenen Erfahrungen in dem Lehrgebiet und in der Betreuung praktischer Fragestellungen in Unternehmen die Erstellung eines neuen Lehrbuches zum Thema Investitionsrechnung aus drei Gründen sinnvoll.

Zum einen liegt dies an der aktuell immer stärkeren Durchdringung von Praxis und Lehre mit dem Einsatz der Informationstechnologie und hier mit der Standardsoftware. Während viele etablierte Lehrbücher noch Abschnitte enthalten, in denen Programmierroutinen für kleine Programme zu Fragestellungen der Investitionsrechnung präsentiert werden, hat sich heute sicherlich die Tabellenkalkulation mit Excel aus dem Microsoft Office Paket in der Praxis und in der Lehre wegen einer wesentlich höheren Marktdurchdringung und wegen der immer weiteren Implementierung von für dieses Themengebiet mathematisch relevanten Funktionalitäten in das Paket bewährt. Daher wird in diesem Buch auch stärker als in den anderen gängigen Lehrwerken auf eine Lösung investitionsrechnerischer Fragestellungen in dieser Software fokussiert. In Abbildungen im Buch hinterlegte Rechenergebnisse für die vielen Beispielrechnungen und Aufgaben, die mit Excel erstellt wurden, stehen auf der Homepage des Gabler Verlages zum Download zur Verfügung (www.gabler.de). So können dann alle Berechnungen und die in den Abbildungen hinterlegten Excel-Formeln nachvollzogen werden. Dazu muss auf der Homepage des Gabler Verlages der Such-

Vorwort

begriff „Poggensee" eingegeben und das Icon „Onlineplus" neben dem Buch-Icon angeklickt werden, dann erscheinen die Excel-Dateien, die entsprechend ihrer Abbildungsnummer im Buch gespeichert sind. Es sind dort alle Abbildungen vorhanden, die im Buch mit einem Stern gekennzeichnet sind.

Darüber hinaus wünschen Studierende immer wieder ein Lehrwerk, das spezifisch auf die entsprechenden akademischen Veranstaltungen zu diesem Lehrgebiet an den Hochschulen, an denen der Autor Kurse zu dem Thema abhält, zugeschnitten ist. Dem ist nun mit diesem Buch Rechnung getragen.

Last but not least beschäftigt besonders Praktiker in Unternehmen und anwendungsorientierte Studierende immer wieder die Fragestellung, wie ein akademisches oder betriebliches Problem denn nun konkret zu lösen ist und welche Probleme es bei der akademischen Lösung eines Problems in der Praxis geben kann. Auch dieser Problematik sollte das Buch engagiert Rechnung tragen. So wird auf eine gründliche Erarbeitung der akademischen Theorien, die den einzelnen Verfahren der Investitionsrechnung zugrunde liegen, Wert gelegt und ihre Umsetzbarkeit in der Praxis wird in Verbindung mit den getroffenen Annahmen kritisch beleuchtet, wie das in guten akademischen Lehrwerken zu diesem Wissensgebiet auch üblich ist. Aber zusätzlich wird auch die konkrete Umsetzung der Modelle in die betriebliche Praxis an vielen Beispielen intensiv gezeigt. Dies versetzt Studierende und Praktiker hoffentlich in die Lage, zusätzlich über die Beispiele Zugang zu den investitionsrechnerischen Modellen und betrieblichen Problemen zu finden und diese sachgerecht zu lösen.

Zum Abschluss eines Vorwortes ist es gute akademische Sitte, Danksagungen auszusprechen. Hier hat der Autor in der Bearbeitungszeit an diesem Text reichlich Hypotheken aufgenommen, denn es ist eine Herausforderung, als Hochschullehrer an einer Fachhochschule die Zeit und die anderen notwendigen Ressourcen für die Erstellung eines solchen Textes zu finden.

Alleine die Lehrtätigkeit an einer Fachhochschule umfasst fast den zeitlichen Arbeitsumfang einer Vollzeit-Berufstätigkeit von Lehrpersonen in anderen Arbeitsbereichen. Hinzu kommen für einen engagierten Hochschullehrer der zeitaufwändige Wissenstransfer aus der Hochschule in die Unternehmen, die Mitarbeit in der akademischen Selbstverwaltung und in diversen strategisch wirkenden Gruppen. Da bleibt wenig Zeit für Forschung und Veröffentlichung.

Die Tätigkeit an einer Fachhochschule bedeutet auch im Vergleich zu klassischen Universitäten das Fehlen eines akademischen Mittelbaus, also leider das Fehlen von Doktoranden, wissenschaftlichen Hilfskräften und einem eigenen Sekretariat, die üblicherweise bei der Forschung, Lehre und Erstellung von Lehrbüchern umfangreich unterstützend tätig sind. Das macht zwar in diesem Bereich Danksagungen überflüssig, bedeutet aber für den Autor zusätzliche vielschichtige Aufgaben neben der Lehre bei der Bucherstellung. Das musste dann über einen langen Zeitraum an Abenden, Wochenenden und in Urlaubszeiten erfolgen.

So gilt mein erster Dank meiner Familie, meiner Frau Corinna und meinen Söhnen Jannis und Joris, die meine Abwesenheit in der Familie in diesen Zeiten hingenommen haben, auf gemeinsame Frei- und Familienzeit mit mir verzichtet haben und meine Verpflichtungen in der Familie in dieser Zeit zum Teil mit übernommen haben.

Mein zweiter Dank gilt meinen Kollegen am Fachbereich Wirtschaft der Fachhochschule Kiel, meiner Heimathochschule, die das Fachgebiet Investitionsrechnung mit mir zusammen in den vergangenen knapp 20 Jahren vertreten haben. Persönlich möchte ich hier meine pensionierten Kollegen Klaus-Dieter Däumler, Hartmut Wiedling und insbesondere Peter Meyer nennen. Durch viele Fachgespräche und Diskussionen haben sie mit dazu beigetragen, dass ich mir mein heutiges Wissen zu dem Theoriegebiet erarbeiten konnte. Das sehr schöne Arbeitsklima am Fachbereich Wirtschaft der Fachhochschule Kiel macht die Tätigkeit dort aus Sicht des Autors aktuell zum schönsten Arbeitsplatz der Welt.

Mein besonderer Dank gilt auch meinen Studierenden. Erst sie haben mich mit ihren vielen Fragen und Diskussionen in den Kursen in der Vergangenheit dahin gebracht zu wissen, was für das Verständnis dieses Lehrgebietes an Inhalten, Gedankengängen, Übungsschritten und Präsentationstechniken durch den Dozenten vermittelt werden muss, um die Studierenden beim Lernen zu unterstützen. Ich hoffe, ich habe die Anregungen sinnvoll aufgenommen und einen Text entwickelt, der Studierenden und Praktikern bei dem Verständnis dieses Sachgebietes und der fehlerfreien Anwendung der Techniken auf praktische Fragestellungen hilft.

Zuletzt möchte ich mich auch bei unserem langjährigen Lehrbeauftragen im Fachgebiet Investitionsrechnung am Fachbereich Wirtschaft der Fachhochschule Kiel, Herrn Dipl.-Ing. Thomas Miethbauer, bedanken. Er hat das Manuskript sehr kritisch durchgearbeitet, intensiv mit mir diskutiert und viele Verbesserungsvorschläge gemacht, die in das Buch eingeflossen sind, und mich so vor einigen Mängeln bewahrt. Vermutlich noch vorhandene Fehler gehen natürlich voll zu Lasten des Autors. Hier bitte ich die Leser, soweit sie Fehler entdecken, mir dies mitzuteilen (Kay.Poggensee@FH-Kiel.de), damit ich dies für folgende Auflagen verbessern kann.

Abschließend möchte ich noch betonen, dass mir die Erstellung dieses Buches viel Freude bereitet hat. Es ist ja freiwillig geschehen. Damit muss die Freude den genannten Verzicht überwogen haben. So möchte ich mir zum Abschluss meiner Tätigkeit als Autor dieses Buches drei Wünsche genehmigen, die den Leser bei der Lektüre dieses Buches begleiten mögen:

1. Ich hoffe, dass die Leser durch diesen Text das Lehrgebiet der Investitionsrechnung leichter verstehen können und mit dem Text zufrieden sind.

2. Ich hoffe, dass das durch das Lesen dieses Buches verbreitete Wissen dazu beiträgt, die Zahl qualifizierter Investitionsentscheidungen in der Praxis zu erhöhen.

3. Ich hoffe, dass ich bald das Vorwort zur 2. Auflage schreiben kann, da dies sicher einer der schönsten Beweise für den Nutzen dieses Buches wäre.

Kremperheide, im Sommer 2008

Professor Dr. Kay Poggensee

Inhaltsverzeichnis

Vorwort	V
Inhaltsverzeichnis	IX
1 Einführung in die Investitionsrechnung	**1**
1.1 Zielformulierung	1
1.2 Bedeutung und Relevanz der Investitionsrechnung	2
1.3 Ziel und Definition der Investitionsrechnung	9
1.4 Abgrenzung der Investitionsrechnung zu anderen Betriebswirtschaftslehren	13
1.5 Investitionsrechnungsverfahren im Überblick	16
1.6 Historische Entwicklung der Investitionsrechnung	19
1.7 Die Aufbauorganisation für die Investitionsrechnung	20
1.8 Die Ablauforganisation einer Investitionsrechnung	23
1.9 Das Problem der Datenbeschaffung für die Investitionsrechnung	26
1.10 Notwendigkeit und Grenzen der Investitionsrechnung	34
1.11 Zusammenfassung	35
2 Statische Investitionsrechnungsverfahren	**37**
2.1 Zielformulierung	37
2.2 Grundsätzliche Aspekte der statischen Investitionsrechnungsverfahren	38
2.3 Ein Baukastensystem zur Erstellung statischer Investitionsrechnungsformeln	42
2.3.1 Die Komponenten statischer Investitionsrechnungsformeln	43
2.3.2 Die Konstellationen zur Erstellung statischer Investitionsrechnungsformeln	44
2.3.2.1 Die Berücksichtigung des Rechnungstyps	44
2.3.2.2 Die Unterscheidung „Alternativenvergleich" und „Ersatzproblem"	45
2.3.2.3 Die Kapitalbindungsvorstellung	49

Inhaltsverzeichnis

2.3.3	Abschnittsergebnisse	53
2.4	Die Kostenvergleichsrechnung	53
2.4.1	Darstellung und Kritik der Kostenvergleichsrechnung	53
2.4.2	Formeln der Kostenvergleichsrechnung	55
2.4.3	Anwendung der Kostenvergleichsrechnung	59
2.4.3.1	Aufgaben	60
2.4.3.2	Lösungen	61
2.4.4	Abschnittsergebnisse	65
2.5	Die Gewinnvergleichsrechnung	66
2.5.1	Darstellung und Kritik der Gewinnvergleichsrechnung	66
2.5.2	Formeln der Gewinnvergleichsrechnung	67
2.5.3	Anwendung der Gewinnvergleichsrechnung	71
2.5.3.1	Aufgaben	72
2.5.3.2	Lösungen	72
2.5.4	Abschnittsergebnisse	76
2.6	Die Rentabilitätsrechnung	76
2.6.1	Darstellung und Kritik der Rentabilitätsrechnung	76
2.6.2	Formeln der Rentabilitätsrechnung	81
2.6.3	Anwendung der Rentabilitätsrechnung	83
2.6.3.1	Aufgaben	83
2.6.3.2	Lösungen	84
2.6.4	Abschnittsergebnisse	88
2.7	Die statische Amortisationsrechnung	89
2.7.1	Darstellung und Kritik der statischen Amortisationsrechnung	89
2.7.2	Formeln der statischen Amortisationsrechnung	93
2.7.3	Anwendung der statischen Amortisationsrechnung	95
2.7.3.1	Aufgaben	95
2.7.3.2	Lösungen	96
2.7.4	Abschnittsergebnisse	98
2.8	Fallstudie	99
2.8.1	Aufgaben	99

	2.8.2	Lösungen	100
	2.9	Zusammenfassung	105
3	**Dynamische Investitionsrechnungsverfahren**		**107**
	3.1	Zielformulierung	107
	3.2	Modellannahmen der dynamischen Investitionsrechnungsverfahren	108
	3.2.1	Ziel der dynamischen Investitionsrechnungsverfahren	109
	3.2.2	Annahmen der dynamischen Investitionsrechnungsverfahren	110
	3.2.2.1	Die Sicherheitsannahme	110
	3.2.2.2	Die Nachschüssigkeitsannahme	111
	3.2.2.3	Die Zahlungsverschiebungsannahme	111
	3.2.2.4	Die Zinsannahme	111
	3.2.2.5	Die Rechenelementsannahme	112
	3.2.2.6	Die Marktannahme	112
	3.2.3	Rechenelemente der dynamischen Investitionsrechnungsverfahren	115
	3.3	Finanzmathematische Grundlagen	116
	3.3.1	Die Einmalfaktoren	118
	3.3.2	Die Summenfaktoren	119
	3.3.3	Die Verteilfaktoren	121
	3.4	Die Kapitalwertmethode	124
	3.4.1	Kapitalwert bei Einzeldiskontierung	130
	3.4.2	Kapitalwert bei Anwendungsmöglichkeit des DSF	132
	3.4.3	Kapitalwert bei unendlicher Nutzungsdauer	134
	3.4.4	Fallstudie Kapitalwertmethode	136
	3.4.4.1	Aufgaben	137
	3.4.4.2	Lösungen	137
	3.4.5	Abschnittsergebnisse	139
	3.5	Die Horizontwertmethode	139
	3.6	Die Annuitätenmethode	145
	3.7	Die Interne Zinsfußmethode	154
	3.7.1	Bestimmung der Rendite mit der regula falsi	156

Inhaltsverzeichnis

	3.7.2	Sonderfälle bei der Bestimmung der Rendite	160
		3.7.2.1 Die ewige Rente	160
		3.7.2.2 Der Zweizahlungsfall	161
		3.7.2.3 Die restwertgleiche Anschaffungsauszahlung	162
		3.7.2.4 Die restwertlose Investition	164
3.8		Die dynamische Amortisationsrechnung	166
3.9		Fallstudie	172
	3.9.1	Aufgaben	173
	3.9.2	Lösungen	173
3.10		Zusammenfassung	176

4 Alternativenauswahl und Investitionsprogrammplanung ... 179

4.1		Zielformulierung	179
4.2		Alternativenauswahl als investitionsrechnerisches Problem	180
	4.2.1	Ein Beispiel für die Mehrdeutigkeit bei der Alternativenauswahl	181
	4.2.2	Ursachen für die Mehrdeutigkeit bei der Alternativenauswahl	184
	4.2.3	Abschnittsergebnisse	187
4.3		Aufhebung der Wiederanlageprämisse	188
	4.3.1	Kapitalverwendung in der Dynamik und der Realität	189
	4.3.2	Kapitalwertformel bei aufgehobener Wiederanlageprämisse	192
	4.3.3	Konsequenz der Kapitalwertformel bei aufgehobener Wiederanlageprämisse auf die Alternativenauswahl	193
	4.3.4	Anwendungsbeispiel	196
		4.3.4.1 Aufgaben	197
		4.3.4.2 Lösungen	198
	4.3.5	Abschnittsergebnisse	198
4.4		Differenzinvestitionen	199
	4.4.1	Grafische und kontierte Form der Differenzinvestition	200
	4.4.2	Grafische Form der Differenzinvestition	202
	4.4.3	Kontierte Form der Differenzinvestition	204
	4.4.4	Anwendungsbeispiel	205

4.4.5	Abschnittsergebnisse	209
4.5	Mehrdeutigkeit des Internen Zinssatzes	210
4.5.1	Besondere Kapitalwertfunktionen bei der Renditebestimmung	211
4.5.2	Beispiele mehrdeutiger Renditen	212
4.5.3	Prüfroutinen zur Kontrolle der betriebswirtschaftlichen Validität ermittelter Renditen	215
4.5.4	Abschnittsergebnisse	217
4.6	Die Nutzwertanalyse	218
4.6.1	Vorgehensweise der Nutzwertanalyse	219
4.6.2	Anwendungsbeispiel	220
4.6.3	Abschnittsergebnisse	222
4.7	Die Kontoentwicklungsplanung	223
4.7.1	Darstellung der Kontoentwicklungsplanung	223
4.7.2	Anwendungsbeispiel für die Kontoentwicklungsplanung	224
4.7.3	Abschnittsergebnisse	228
4.8	Das Dean-Modell	229
4.8.1	Darstellung des Dean-Modells	229
4.8.2	Vergleich der Programmentscheidung nach Dean-Modell und Kontoentwicklungsplanung	231
4.8.3	Abschnittsergebnisse	233
4.9	Die lineare Optimierung	234
4.9.1	Technik der linearen Optimierung	234
4.9.2	Anwendungsbeispiel	235
4.9.2.1	Aufgaben	236
4.9.2.2	Lösungen	236
4.9.2.3	Interpretationsmöglichkeiten der Lösung	240
4.9.3	Abschnittsergebnisse	244
4.10	Fallstudie	245
4.10.1	Aufgaben	245
4.10.2	Lösungen	246
4.11	Zusammenfassung	250

Inhaltsverzeichnis

5		**Optimale Nutzungsdauer und optimaler Ersatzzeitpunkt** **251**	
	5.1	Zielformulierung 251	
	5.2	Nutzungsdaueroptimierung als wirtschaftliches Problem 252	
	5.3	Modellannahmen der Nutzungsdauerberechnung 253	
	5.4	Bestimmung der optimalen Nutzungsdauer 257	
		5.4.1 Optimale Nutzungsdauer bei einmaliger Investition 258	
		5.4.1.1 Allgemeiner Lösungsansatz 259	
		5.4.1.2 Spezialfall jährlich konstanter Einzahlungen 262	
		5.4.1.3 Anwendungsbeispiel 264	
		5.4.2 Optimale Nutzungsdauer bei wiederholter Investition 267	
		5.4.2.1 Kriteriendiskrepanz bei der Optimierung der Nutzungsdauer einmaliger und wiederholter Investitionen 267	
		5.4.2.2 Optimierung der Nutzungsdauer bei endlich wiederholten Investitionen 268	
		5.4.2.3 Bestimmung der optimalen Nutzungsdauer in unendlich wiederholten Investitionsketten 271	
		5.4.2.4 Anwendungsbeispiel 273	
		5.4.3 Abschnittsergebnisse 277	
	5.5	Bestimmung des optimalen Ersatzzeitpunktes 277	
		5.5.1 Optimaler Ersatzzeitpunkt bei jährlicher Ersatzmöglichkeit 280	
		5.5.2 Optimaler Ersatzzeitpunkt bei überjähriger Ersatzmöglichkeit .. 282	
		5.5.3 Anwendungsbeispiel 284	
		5.5.4 Abschnittsergebnisse 287	
	5.6	Fallstudie 288	
		5.6.1 Aufgaben 288	
		5.6.2 Lösungen 289	
	5.7	Zusammenfassung 291	
6		**Investitionsentscheidungen unter Unsicherheit** **293**	
	6.1	Zielformulierung 293	
	6.2	Datenunsicherheit als Entscheidungsproblem 295	

6.2.1		Der Begriff des Risikos	295
6.2.2		Gründe für Risiko in der Investitionsentscheidung	296
6.2.3		Die Bedeutung der Berücksichtigung des Risikos in der Investitionsentscheidung	297
6.2.4		Abschnittsergebnisse	299
6.3	Die Korrekturverfahren		299
6.3.1		Korrekturverfahren im Einzelnen	300
6.3.2		Anwendungsbeispiel zu den Korrekturverfahren	301
6.3.3		Abschnittsergebnisse	305
6.4	Sensitivitätsanalysen		305
6.4.1		Die Kritische-Werte-Rechnung	305
6.4.1.1		Darstellung der Kritischen-Werte-Rechnung	305
6.4.1.2		Anwendungsbeispiel für die Kritische-Werte-Rechnung	309
6.4.1.3		Darstellung der Kritischen-Werte-Rechnung in Bezug auf zwei Investitionen	313
6.4.1.4		Anwendungsbeispiel für die Kritische-Werte-Rechnung in Bezug auf zwei Investitionsobjekte	315
6.4.2		Die Dreifachrechnung	318
6.4.2.1		Darstellung der Dreifachrechnung	318
6.4.2.2		Anwendungsbeispiel der Dreifachrechnung	318
6.4.3		Die Zielgrößenänderungsrechnung	320
6.4.3.1		Darstellung der Zielgrößenänderungsrechnung	320
6.4.3.2		Anwendungsbeispiel der Zielgrößenänderungsrechnung	322
6.4.4		Abschnittsergebnisse	325
6.5	Sequenzielle Investitionsentscheidungen		325
6.5.1		Vorgehensweise der sequenziellen Planung	327
6.5.2		Anwendungsbeispiel zur sequenziellen Planung	329
6.5.3		Abschnittsergebnisse	334
6.6	Investitionsentscheidung unter Ungewissheit		334
6.6.1		Dominanzprinzipien	337
6.6.2		Die Maximax-Regel	339
6.6.3		Die Minimax-Regel	339

	6.6.4	Die Hurwicz-Regel	340
	6.6.5	Die Laplace-Regel	341
	6.6.6	Die Savage-Niehans-Regel	342
	6.6.7	Abschnittsergebnisse	343
6.7		Die Risikoanalyse	343
	6.7.1	Vorgehen bei der Risikoanalyse	344
	6.7.2	Anwendungsbeispiel zur Risikoanalyse	348
	6.7.3	Abschnittsergebnisse	351
6.8		Portfolio Selection	351
	6.8.1	Vorgehen beim Portfolio-Selection-Modell nach Markowitz	352
	6.8.2	Anwendungsbeispiel zur Portfolio Selection	353
	6.8.3	Abschnittsergebnisse	363
6.9		Fallstudie	363
6.10		Zusammenfassung	379

Finanzmathematische Tabellen 381

Literaturverzeichnis 397

Stichwortverzeichnis 399

1 Einführung in die Investitionsrechnung

1.1 Zielformulierung

In diesem Kapitel soll der Leser sich mit den Grundlagen der Investitionsrechnung auseinandersetzen. Ziel ist es, dem Leser bewusst zu machen, was das Theoriegebiet der Betriebswirtschaftslehre „Investitionslehre" genau umfasst und unter welchen Annahmen das akademische Modell die komplexe Realität vereinfacht, um zu Entscheidungsvorlagen zu kommen. Das Ziel der Investitionsrechnung soll herausgearbeitet werden und die Erkenntnis, dass es sich um ein akademisches Modell handelt, dessen Ergebnisse nicht realitätsgleich sind, sondern unter Berücksichtigung der getroffenen Annahmen zu interpretieren sind, soll angelegt werden. Im Einzelnen sollen folgende Teilziele in diesem Abschnitt erreicht werden:

- Die Relevanz der Investitionsrechnung soll aus Sicht der Volkswirtschaft, der Betriebe und der privaten Haushalte mit empirischen Informationen dokumentiert und bewertet werden,

- das Ziel einer Investitionsrechnung soll erarbeitet werden. Dabei werden auch unterschiedliche mögliche Fragestellungen und Vermögenskonzepte, die zu den Zielen eines Investitionsrechners gehören können, präsentiert,

- die Investitionsrechnung soll zu anderen Betriebswirtschaftslehren des Internen Rechnungswesens abgegrenzt werden,

- die verschiedenen Investitionsrechnungsmethodengruppen werden gegeneinander abgegrenzt, die einzelnen bekannten Verfahren werden den Gruppen zugeordnet,

- dem Leser soll die Bedeutung der verschiedenen Investitionsrechnungsverfahren unter Beachtung ihrer zeitlichen Entstehung und der zu diesem Zeitpunkt vorhandenen Rechenkapazitäten bewusst gemacht werden,

- idealtypische aufbauorganisatorische Konkretisierungen für die Aufhängung investitionsrechnender Instanzen im Unternehmen werden in Abhängigkeit von der Betriebsgröße und der Kapitalbindung durch Investitionen diskutiert,

- die Ablauforganisation der Investitionsrechnung wird eingehend erörtert,

- die Probleme der Datenbeschaffung und die Konsequenzen für die Realitätsnähe der ermittelten Ergebnisse werden diskutiert und

Einführung in die Investitionsrechnung

- der Sinn und der betriebliche Nutzen der Investitionsrechnung werden grundsätzlich diskutiert.

Nach der Lektüre des Kapitels soll der Leser in der Lage sein zu definieren, was Investitionsrechnung ist, welche Bedeutung sie aus verschiedenen Perspektiven hat, was ihr Ziel ist, welche unterschiedlichen Verfahren es gibt und was ihre Grenzen sind.

1.2 Bedeutung und Relevanz der Investitionsrechnung

Die Durchführung der Investitionsrechnung ist sowohl aus strategischer Sicht als auch aus operativer Sicht für die Gesellschaft, einzelne Betriebe und private Haushalte von großer Bedeutung. Aus **strategischer Sicht** ist sie wichtig, da sie die Grundlage für langfristige Kapitaldisposition in meist größerem Umfang ist. Aus **operativer Sicht** ist sie bedeutend, da konkret und quantitativ einzelne Investitionsobjekte oder Investitionsprogramme evaluiert werden können.

Die Investitionsrechnung ist eine Technik, die für volkswirtschaftliche Fragestellungen, für betriebliche Probleme und für private Projekte angewendet werden kann. Da es sich bei diesem Buch um ein Lehrbuch der Betriebswirtschaftslehre handelt, liegt naturgemäß der betriebliche Fokus im Vordergrund. Die Rechentechniken selbst unterscheiden sich für alle 3 Bereiche aber nicht, deshalb sind die Verfahren natürlich in allen drei Gebieten identisch anwendbar.

Zunächst soll die **Bedeutung der Investitionsrechnung für die Volkswirtschaft an empirischen Daten** für große Volkswirtschaften der Welt und zusätzlich für Deutschland aus den vergangenen Jahren dargelegt werden. Als Indikator soll die Investitionsquote herangezogen werden, die volkswirtschaftlich als Quotient aus den Bruttoanlageinvestitionen und dem Bruttoinlandsprodukt definiert wird.

Sicherlich ist eine Kritik an diesem Indikator zulässig, da in einer zahlungs- oder wertorientierten Ökonomie eine Trennung in Anlage- und Umlaufvermögen nicht besonders sinnvoll ist und auch die Verwendung eben dieser beiden Größen in Zähler und Nenner willkürlich ist, aber als empirische Stütze für die obige Aussage zur Bedeutung der Investitionsrechnung für volkswirtschaftliche Fragestellungen mag der Wert akzeptabel sein.

In Abbildung 1.1 sehen wir die Höhe der Investitionsquote großer Volkswirtschaften der Welt als Prozentwert.

Abbildung 1-1: Historische Investitionsquoten in großen Volkswirtschaften in Prozent

Land	Investitionsquote			
	1980	1990	2000	2005
A	24,6	22,6	22,8	20,5
B	22,5	21,8	20,8	19,9
CZ	..	24,9	28,0	24,9
D	24,2	22,8	21,5	17,3
DK	19,8	19,5	20,2	20,7
E	22,4	25,3	25,8	29,3
F	22,8	21,6	19,5	19,7
FIN	26,3	28,0	19,4	18,8
GR	28,1	22,7	23,2	23,4
H	..	20,3	22,9	22,7
I	25,6	22,1	20,3	20,6
IRL	27,2	18,5	24,3	27,0
L	22,8	21,6	20,8	19,7
NL	23,0	23,0	21,9	19,3
P	29,6	25,8	27,1	21,4
PL	..	20,0	23,7	18,1
S	20,8	22,9	17,5	17,2
SK	..	29,2	25,7	26,8
UK	18,7	20,5	16,9	16,8
CH	27,1	29,1	22,8	21,4
N	26,9	21,5	18,6	18,7
CDN	23,2	21,3	19,2	20,7
J	32,2	32,5	25,2	23,2
ROK	32,2	37,1	31,1	29,3
USA	20,4	17,4	19,9	19,1

Quelle: Institut der Deutschen Wirtschaft, S. 137, leicht verändert

Einführung in die Investitionsrechnung

Abbildung 1.1 verdeutlicht, dass Investitionen in allen bedeutenden Volkswirtschaften der Welt in den letzten Dekaden einen hohen Anteil an der Kapitalverwendung in der Volkswirtschaft haben. Die Werte liegen zwischen 16,8 % (UK, 2005) als Untergrenze und 37,1 % (ROK (Republic of Korea), 1990) als Obergrenze. Das bedeutet, dass das gesamte Bruttoinlandsprodukt eines Jahres, für diese kleine Kalkulation wird Konstanz des Bruttoinlandsproduktes vorausgesetzt, in knapp 3 bis ca. 6 Jahren für Investitionen ausgegeben wird. Dies zeigt die große Bedeutung von Investitionen für die Volkswirtschaft. Umso wichtiger ist es, Investitionsentscheidungen qualifiziert zu treffen. Dabei helfen die Techniken der Investitionsrechnung. Sichtbar wird an der Übersicht 1.1 auch, dass die Investitionsquote einzelner Nationen im Zeitablauf im Regelfall zurückgeht. Dies kann an der längeren Haltbarkeit von Investitionsobjekten, z. B. bei Automobilen, und an einer längeren optimalen Nutzungsdauer liegen. Dieser Effekt wird im Einzelfall durch konjunkturelle Entwicklungen oder staatliche Anreizprogramme (z. B. Steuervergünstigungen) überlagert. In entwickelten Volkswirtschaften ist außerdem das Wachstumspotenzial geringer, sodass die Investitionsquote dort absolut niedriger ist als bei wachsenden Volkswirtschaften.

Dass auch bei sinkender Investitionsquote die Investitionstätigkeit in absoluten Zahlen steigen kann, zeigt die folgende Abbildung mit Daten für Deutschland im Zeitablauf.

Abbildung 1-2: Historische Entwicklung von Bruttoinlandsprodukt, Bruttoanlageinvestitionen und Investitionsquote in Deutschland

Jahr	Bruttoinlandsprodukt	Bruttoanlageinvestitionen	Investitionsquote
	In jeweiligen Preisen, in Milliarden Euro		Prozent
1991	1.534,6	356,8	23,25
1995	1.848,5	405,0	21,91
2000	2.062,5	442,4	21,45
2001	2.113,2	422,9	20,01
2002	2.143,2	393,0	18,34
2003	2.161,5	384,7	17,80
2004	2.207,2	384,4	17,42
2005	2.241,0	386,9	17,26
2006	2.307,2	411,5	17,84

Quelle: Institut der Deutschen Wirtschaft, S. 17, S. 24, leicht verändert

Bedeutung und Relevanz der Investitionsrechnung

1.2

In Deutschland wurden in den vergangenen zwei Jahrzehnten ca. 400 Mrd. Euro für Bruttoanlageinvestitionen jährlich investiert. Trotz der tendenziell rückläufigen Investitionsquote handelt es sich nicht durchgängig um sinkende absolute Investitionsbeträge. Die Bedeutung der Investitionsrechnung bleibt für eine möglichst optimale Kapitalverwendung und damit für die Wettbewerbsfähigkeit der Volkswirtschaft also konstant groß. Eine verbesserte Investitionsentscheidung durch genauere Investitionsrechnungen könnte große Effizienzreserven mobilisieren. So würde eine Einsparung von 10 % bei den Bruttoanlageinvestitionen durch Kosteneinsparung aufgrund verbesserter Datenbeschaffung und genauerer Investitionsrechnung oder durch Erwerb von ökonomisch sinnvollen Anlagen mit längerer optimaler Nutzungsdauer ein Einsparvolumen von jährlich ca. 40 Mrd. Euro erwirtschaften und damit erfolgreicher als staatliche Konjunktur- oder Steuererleichterungsprogramme sein.

Ähnlich verhält es sich mit der **wirtschaftlichen Bedeutung der Investitionen in Unternehmen.** Auch hier soll zunächst die Bedeutung empirisch dargestellt werden. Betrieblich ist der Anteil der Investitionen zu diversen Kenngrößen im Nenner interessant, z. B. Anzahl der Betriebe, Anzahl der Beschäftigten und Höhe des Umsatzes. Ebenso wie bei der vorangegangenen volkswirtschaftlichen Diskussion der Bedeutung der Investitionsrechnung ist an der Verwendung dieser Indikatoren Kritik leicht möglich. Auch hier mag gelten, dass sie als empirische Information zu der oben getätigten Aussage der Bedeutung der Investitionen für Betriebe hilfreich ist. Abbildung 1.3 stellt diese Größen für Bergbau und verarbeitendes Gewerbe in einer Zeitreihe dar. Dieser Bereich wurde gewählt, da er vom Statistischen Bundesamt durchgehend erfasst wird.

Abbildung 1-3: Kennzahlen für Betriebe aus Bergbau und verarbeitendem Gewerbe

Jahr	Betriebe	Beschäftigte	Umsatz	Investitionen	Investitionen pro Betrieb	Investitionen pro Beschäftigtem	Nettoumsatzrendite	Investitionen pro Umsatz
	Stück	1.000 Personen	Mrd. Euro	Mill. Euro	Mill. Euro	1.000 Euro	Prozent	Prozent
1995	47.919	6.779	1.060	47.100	0,98	6,95	1,6	4,4
2000	48.913	6.375	1.307	53.287	1,09	8,36	2,7	4,1
2002	49.960	6.295	1.340	50.037	1,00	7,95	2,8	3,7
2004	47.973	6.015	1.423	48.351	1,01	8,04	2,9	3,4
2005	47.281	5.928	1.488	45.740	0,97	7,72	..	3,1

Quelle: Statistisches Bundesamt, S. 359, Institut der Deutschen Wirtschaft, S. 48

Abbildung 1.3 zeigt für diese Unternehmen die Bedeutung der Investitionen. So werden jährlich in der Branche knapp 50 Mrd. Euro investiert. Dies entspricht etwa einer Mio. Euro pro Betrieb und ca. 8.000 Euro pro Mitarbeiter. Der Anteil der Investitionen am Umsatz macht ca. 3 bis 4 % aus und liegt damit über den Nettoumsatzrenditen, also dem Jahresüberschuss nach Unternehmenssteuern im Verhältnis zum Umsatz. Der Umfang des jährlich investierten Kapitals ist also höher als der jährliche Überschuss, dem Unternehmen naturgemäß eine große Bedeutung beimessen. Auch hier ergibt sich die besondere Wichtigkeit der Investitionsrechnung für Betriebe. Eine Verbesserung der Quote der Investitionen im Verhältnis zum Umsatz wird eine überproportionale Verbesserung des Jahresüberschusses nach sich ziehen, zumindest in der analysierten Branche in den analysierten Jahren. Bei einer entsprechend Abbildung 1.2 gegebenen Höhe von ca. 400 Mrd. Euro Bruttoanlageinvestitionen pro Jahr, von denen ein Großteil von Unternehmen durchgeführt wird, ist die Bedeutung der Investitionsrechnung für die Wettbewerbskraft der Unternehmen auf eindrucksvolle Weise untermauert.

Für **private Haushalte** lässt sich die Bedeutung der Investitionsrechnung auf ähnliche Weise belegen, auch wenn sie hier deutlich weniger verbreitet ist als in Betrieben. Als Indikator mögen hier die Konsumausgaben der privaten Haushalte 2006 in Deutschland herangezogen werden. Kritik an diesem Indikator ist wie bei denjenigen zur Bedeutung der Investitionsrechnung für die Volkswirtschaft und die Betriebe leicht möglich. Auch hier mag gelten, dass der Indikator als empirische Information zu der oben getätigten Aussage der Bedeutung der Investitionen für private Haushalte hilfreich ist.

Abbildung 1-4: Konsumausgaben der privaten Haushalte 2006

Verwendungszweck	Mrd. Euro	Prozent
Wohnung, Energie, Wasser	315,3	24,6
Gesundheit, Bildung, Versicherungs-, Finanzdienstleistungen	218,5	17,0
Verkehr, Nachrichten	214,9	16,7
Nahrungsmittel, Getränke, Tabak	189,2	14,7
Freizeit, Unternehmung, Kultur	120,4	9,4
Einrichtung, Geräte für den Haushalt	89,4	7,0
Beherbergung, Gaststätten	68,0	5,3
Bekleidung, Schuhe	67,8	5,3
Konsumausgaben im Inland	1.283,4	100

Quelle: Institut der Deutschen Wirtschaft, S. 63, leicht verändert

Abbildung 1.4 zeigt die Konsumausgaben der privaten Haushalte aufgeteilt nach Verwendungszwecken aus dem Jahr 2006. Auch hier wird die Bedeutung einer Kalkulation mittels Investitionsrechnungsverfahren für die privaten Haushalte unter einer wirtschaftlichen Betrachtungsweise deutlich. Bei einer hypothetischen effizienteren Mittelverwendung der privaten Haushalte bei ihren Konsumausgaben durch Investitionsrechnung in Höhe von 10 % hätten im Jahr 2006 in Deutschland zusätzliche 128 Mrd. Euro für den privaten Konsum zur Verfügung gestanden.

Grundsätzlich tragen Investitionen den technischen und gesellschaftlichen Fortschritt in die Bereiche, in denen investiert wird.

So führen z. B. Erweiterungsinvestitionen im Bereich der Windkraftanlagen in Windparks zu einem stärkeren Angebot von Strom aus diesem Bereich, während der Rückgang von Ersatzinvestitionen in Kohlekraftwerken zu einer Reduktion des Stromangebotes aus diesem Bereich führt. So ergibt sich ein Wandel, der vermutlich gesamtgesellschaftlich momentan gewünscht ist. Durch das in Verbindung mit den finanziellen Investitionen geschaffene Know-how in diesem Bereich erhält oder verbessert sich die entsprechende Branche und die Gesellschaft ihre internationale Wettbewerbsfähigkeit. Damit ist die Investitionstätigkeit von großer Relevanz.

Betriebe, die in diesem Marktsegment investieren und damit ihre Wettbewerbsfähigkeit und ihr Know-how verbessern, können in einem wachsendem Markt bei gleichzeitiger Steigerung des Marktanteils aufgrund der durch Investitionen gewonnenen Wettbewerbsvorteile zukünftig hohe Überschüsse erzielen. Auch für den Fortbestand der Unternehmen ist die Investitionsrechnung also recht bedeutend.

Investitionen der privaten Haushalte im Bereich der Wärmedämmung privater Immobilien können zu einer Ersparnis von Heizkosten führen, so dass diese privaten Einheiten zukünftig über mehr verfügbares privates Kapital verfügen und so entweder Konsum auf einem höheren Niveau als gegenüber der Situation ohne Investition oder höheres Sparen realisieren können.

Der **Begriff „Investition"** ist selbst im betriebswirtschaftlichen Sprachgebrauch nicht eindeutig festgelegt. Er meint je nach Situation und Autor unterschiedliche Dinge. So geht es bei dem Begriff

- um die Geldausgabe für ein Investitionsobjekt, also einen finanziellen Vorgang,
- dann um die Beschaffung eines Anlagegutes, also ein Anlagevermögen bildender Vorgang, und
- einmal um die Berechnung der Vorteilhaftigkeit eines Objektes.

In erster Form wird der Begriff in diesem Buch selten gebraucht, der zweite Begriffsinhalt wird in diesem Buch als Investitionsobjekt bezeichnet und der letzte Vorgang als Investitionsrechnung.

Einführung in die Investitionsrechnung

Neben der Bedeutung der dauernden Investition auf allen Ebenen zur Umsetzung des technischen und gesellschaftlichen Fortschrittes ist die weitere notwendige Bedingung der Erfolg der Investition.

Eine Investition sollte also mindestens immer eine gegenüber der Ausganssituation verbesserte Situation schaffen.

Die Wahrscheinlichkeit dazu steigt mit der Anwendung von Investitionsrechnungsverfahren. Die Beschreibung dieser Techniken in ihrer theoretischen Herleitung und praktischen Anwendung ist Gegenstand dieses Buches.

Der Erfolg von Investitionen für den zukünftigen Erfolg von Unternehmen ist besonders bedeutend, da

- Investitionen häufig einen hohen Anteil des Kapitals binden,
- Investitionen häufig das Kapital für eine lange Zeit binden.

Somit wird durch eine Investition die betriebliche Flexibilität stark reduziert. Das gebundene Kapital lässt sich vor Ablauf der geplanten Nutzungsdauer meist nur unter größeren Verlusten wieder mobilisieren, und die erworbene Investition legt häufig auch die Richtung, in der ein Unternehmen tätig ist, in relativ engen Grenzen fest, da die erworbene Anlage nur für wenige Verwendungen eingesetzt werden kann. So kann z. B. ein errichtetes Kühlhaus, soweit es bestimmte gesetzliche Anforderungen erfüllt, zur Lagerung von Lebensmitteln benutzt werden, eine Umwidmung in eine Kfz-Werkstatt bietet sich aber vermutlich nicht an.

In Zeiten eines immer schneller voranschreitenden Fortschrittes, einer immer höheren Kapitalbindung in Unternehmen relativ zu anderen Produktionsfaktoren und einer immer stärker schwankenden zukünftigen Erfolgserwartung, z. B. gemessen an der Entwicklung von Aktienkursen im Zeitablauf als Indikator der Bewertung von börsengängigen Aktiengesellschaften, hier am Beispiel des Dax, durch den Kapitalmarkt, wie sie in Abbildung 1.5 gezeigt wird, und einer immer stärker an der Renditemaximierung als Unternehmensführungskonzept ausgerichteten Unternehmensführung wird eine erfolgreiche Investition des Kapitals immer existenzieller.

Abbildung 1.5 zeigt die Entwicklung des Dax Performance Index der letzten ca. 10 Jahre, jeweils gemessen als Jahresendstand des Index. Die in der Abbildung nicht angegebenen unterjährigen Schwankungen des Index waren natürlich jeweils deutlich größer, als die Abbildung und die dort nebenstehenden Jahresendstände des Dax und die prozentualen Veränderungswerte dies angeben, sonst wäre der Index das ganze Jahr über konstant, was natürlich nicht der Fall ist. Auch dieser Indikator ist natürlich wieder zu kritisieren, untermauert aber die stark schwankenden Erfolgserwartungen an Unternehmen und damit verbunden also auch die Notwendigkeit der sorgfältigen Planung der Kapitalverwendung durch Investitionsrechnung.

Abbildung 1-5: Historische Entwicklung des Dax

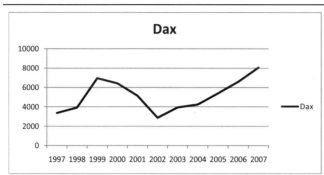

Jahr	Dax Punkte	Veränderung Prozent
1997	3383	
1998	3934	16,29
1999	6958	76,87
2000	6433	-7,55
2001	5160	-19,79
2002	2893	-43,93
2003	3965	37,05
2004	4256	7,34
2005	5408	27,07
2006	6597	21,99
2007	8067	22,28

Quelle: Deutsche Börse Group, diverse Jahrgänge

Wichtig ist dabei, dass **die Investitionsentscheidung immer durch den Investor getroffen wird** und nie durch das Rechenverfahren an sich, da das Investitionsrechnungsverfahren immer ein akademisches Modell ist, also ein vereinfachtes Abbild der Realität, das nicht immer alle in einem praktischen Fall entscheidungsrelevanten Kriterien abbilden kann. Deswegen bleibt die Verantwortung für die Investitionsentscheidung in der Hand des menschlichen Investors und nicht des akademischen Modells.

Als **Fazit** dieses Unterabschnittes lässt sich festhalten, dass Investitionen eine große Bedeutung für die Zukunft von Gesellschaft, Betrieben und privaten Haushalten haben. Daher ist ihre sorgfältige Planung mittels akademischer Modelle, die auf mathematischen Methoden beruhen, von besonderer Wichtigkeit.

1.3 Ziel und Definition der Investitionsrechnung

Ziel der Investitionsrechnung ist, mit einem jeweils definierten Verfahren eines im Regelfall mathematischen akademischen Modells auf Basis gegebener konkreter wirtschaftlicher Daten von einem oder mehreren Investitionsobjekten, gegebenenfalls auch durch Erwartungswert und bekannte statistische Verteilung definierter Daten, ein im Regelfall quantitatives Ergebnis dieses Modelles zu ermitteln, das als Basis für eine Investitionsentscheidung dient.

Wie bereits im vorangegangenen Unterkapitel angesprochen, ist dieses Ergebnis nicht die Investitionsentscheidung an sich, sondern ist unter den Prämissen des Modells zu interpretieren, und es ist zu überprüfen, ob die Prämissen mit der praktischen Entscheidungssituation übereinstimmen. So ist zum Beispiel ein mögliches Investitions-

1 Einführung in die Investitionsrechnung

rechnungsverfahren die Kapitalwertmethode. Wir werden sie in Kapitel 3 näher betrachten. Auch bei ihr handelt es sich um ein mathematisches Verfahren, für das die wirtschaftlichen Daten des betrachteten Investitionsobjektes, die so genannten Rechenelemente, bereits auf irgendeine Weise ermittelt wurden. Ein positiver Kapitalwert weist im Sinne dieses Modells auf eine vorteilhafte Investition hin. Allerdings berücksichtigt diese Methode nur quantitative Aspekte. So könnte ein Investor trotz eines positiven Kapitalwertes also eine entsprechende Investitionsentscheidung ablehnen, weil er in seinem konkreten Fall weitere nichtmonetäre Zielkriterien hat, z. B. Prestige.

In diesem Buch werden nur **quantitative** Verfahren der Investitionsrechnung vorgestellt, dies schließt auch solche Verfahren ein, die einem Nutzwert eines Investitionsobjektes einen subjektiven Zahlenwert zuordnen. Dies ist zum Beispiel bei der Nutzwertanalyse der Fall. Hier kann beispelsweise der Formschönheit einer Handtasche ein subjektiver ganzzahliger Wert aus einer Skala von z. B. 1 bis 5 zugeordnet werden, wobei die Ausprägung 5 eine vom Investor als formschön empfundene Handtasche bedeutet. Eine genaue Systematisierung erfolgt in Abschnitt 1.5.

Diese quantitativen Verfahren greifen bis auf wenige Ausnahmen auf **Erfolgsgrößen** der Unternehmung zurück. Die Erfolgsmessung in Unternehmen kann durch verschiedene Konzepte erfolgen. So kann z. B. der Gewinn eines Unternehmens oder Projektes aus der Differenz von Umsatz und Kosten ermittelt werden. Die Verwendung des Gewinnes in einer zahlungsstromorientierten Ökonomie ist aber problematisch,

- da diese Größen im externen Rechnungswesen durch Ansatz-, Auswahl- oder Bewertungswahlrechte bei der Feststellung dieser Größen unscharf ermittelt sein können,
- da konkrete Zahlungen diesen Größen nicht in allen Fällen vollständig zugrunde liegen müssen und
- da die Zahlungszeitpunkte nicht immer exakt erfasst werden.

Daher wird in diesem Buch, wie in der überwiegenden modernen Literatur zum Thema Investitionsrechnung, bei den dynamischen Investitionsrechnungsverfahren von einem **zahlungsstrombasierten Konzept** ausgegangen. Nur durch diese Rechengrößen wird der Zahlungszeitpunkt der unternehmerischen Aktivität exakt erfasst. Dies ist bedeutend, da aufgrund der Zeitpräferenz eines ökonomisch wirtschaftenden Individuums ein Geldbetrag heute einen höheren Wert hat als der gleiche Geldbetrag in der Zukunft. Außerdem wird nur durch diese Größe der Betrag erfasst, dem auch tatsächlich fließende Finanzmittel zugrunde liegen, die nicht durch kalkulatorische Elemente, wie z. B. Abschreibungen, verfälscht sind.

So definieren wir für dieses Buch eine Investition folgendermaßen und wie in der einschlägigen Literatur üblich:

1.3 Ziel und Definition der Investitionsrechnung

Eine Investition ist ein Zahlungsstrom, der mit einer Auszahlung beginnt.

Durch diese Definition fassen wir ein Investitionsobjekt als eine mehrjährige Aktivität auf, die in den Jahren jeweils zu Zahlungen führt. Durch die Komplexität einer solchen Zahlungsreihe ist ein gegebenenfalls sinnvoller Vergleich von Investitionsaktivitäten nicht direkt möglich, da das Entscheidungsproblem zu komplex ist. Zur Reduktion der Komplexität wird dann ein Investitionsrechnungsverfahren als akademisches Modell angewendet, das eine strukturierte Entscheidungsvorbereitung ermöglicht.

Nur in Kapitel 2 können wir auf eine einfachere als auf eine zahlungsstrombasierte Definition zurückgreifen, da die dort präsentierten statischen Verfahren die Zeitpräferenz eines Investors nicht oder nur unvollständig beachten.

Um dem Leser eine Vorstellung der Komplexität eines **praktischen Entscheidungsproblems** zu geben, mag das folgende Beispiel aus Abbildung 1.6 dienen. Es handelt sich um zwei Investitionsobjekte (Objekt A, Objekt B), die beide eine vierjährige Nutzungsdauer haben und beide eine Anschaffungsauszahlung (A) von 34,5 Mio. Euro haben. Die Nettoeinzahlungen (Ne_k, Mio. Euro) der Objekte sind in Höhe und zeitlicher Verteilung unterschiedlich. Welche der beiden Investitionsmöglichkeiten attraktiver ist, lässt sich wegen der Mehrjährigkeit der Investitionsobjekte nur schwer beurteilen. Daher sind Investitionsrechnungsverfahren zur Reduktion der Komplexität des Entscheidungsproblems und zur Erreichung der Entscheidungsreife notwendig. Wie das Problem in Abbildung 1.6 einer Entscheidung zugeführt werden kann, wird in Kapitel 3 in Abschnitt 3.4 behandelt.

Abbildung 1-6:   Komplexität von Investitionsobjekten

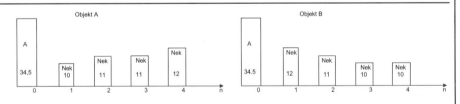

Ziel der Investitionsrechnung ist, eine Empfehlung für diverse mögliche Fragestellungen zu finden. Für diese Fragestellungen sind jeweils nicht alle möglichen Investitionsrechnungsverfahren geeignet. Relevante **Fragestellungen** sind die folgenden:

- Bestimmung der absoluten Vorteilhaftigkeit von Einzelinvestitionen. Für diese Fragestellung sind die Rechentechniken der Statik und der Dynamik aus den Kapiteln 2 und 3 dieses Buches geeignet.

- Bestimmung der relativen Vorteilhaftigkeit von Einzelinvestitionen. Für diese Fragestellung sind die Rechentechniken aus Kapitel 4 geeignet.

- Bestimmung von Fragestellungen zur optimalen Nutzungsdauer und zum optimalen Ersatzzeitpunkt. Für diese Fragestellung sind die Rechentechniken aus Kapitel 5 geeignet.

- Bestimmung des optimalen Investitions- und Finanzierungsprogrammes. Für diese Fragestellung sind die Rechentechniken aus Kapitel 4 geeignet.

- Bestimmung von Investitionsentscheidungen unter Datenunsicherheit. Für diese Fragestellung sind die Rechentechniken aus Kapitel 6 geeignet.

Die Entscheidung für ein Investitionsobjekt nach Anwendung eines Investitionsrechnungsverfahrens durch einen Investitionsrechner kann nur unter einem definierten Ziel des Investors erfolgen. Grundsätzlich ist der Investor als „homo oeconomicus" ein **Nutzenmaximierer.** Welche quantitativen Kriterien aber den Nutzen eines Investors maximieren, kann durchaus differieren. Ebenso kann es statt eines einzelnen Ziels einen Zielkanon mit gleichgerichteten oder konkurrierenden Zielen geben, nicht alle müssen quantitativer Natur sein, einige können auch qualitativer Natur sein (**Imponderabilien**), Aspekte, die aus verschiedenen Gründen nicht quantifizierbar sind und außerhalb der reinen Investitionsrechnung in die Investitionsentscheidung einfließen müssen. Bei den **quantitativen eindimensionalen Zielen** unterscheiden wir in der Investitionsrechnung

- Vermögenskonzepte,

- Entnahmekonzepte und

- Renditekonzepte.

Mischformen sind möglich. Jedes dieser Konzepte wird durch andere Investitionsrechnungsverfahren operationalisiert. Beim **Vermögenskonzept** wird entweder ein barwertiger oder ein endwertiger Überschuss der Investition unter der Annahme, dass im Extremfall keine Konsumentnahmen während der Laufzeit des Investitionsobjektes erfolgen, betrachtet. Geeignete dynamische Investitionsrechnungsverfahren wären hier die Kapitalwertmethode und die Horizontwertmethode. Beim **Entnahmekonzept** wird sichergestellt, dass am Ende der Investition das eingesetzte Kapital und seine Verzinsung wiedergewonnen werden. Darüber hinaus verfügbare Überschüsse werden während der Laufzeit des Investitionsobjektes in periodisch gleich hohen Beträgen entnommen. Die Annuitätenmethode ist eine diesem Konzept entsprechende Methode. Beim **Renditekonzept** wird nicht der absoluten Höhe der bar- oder endwertigen Überschüsse oder der Entnahmen Bedeutung beigemessen, sondern der permanenten Verzinsung des eingesetzten Kapitals. Die Anwendung dieses Kriteriums führt zu einer anderen Bewertung von Investitionsobjekten. Eine dynamische Methode, die dieses Konzept vertritt, ist die Interne Zinsfußmethode. Alle in diesem Absatz genannten Methoden werden in Kapitel 3 vorgestellt. Ihre Besonderheiten bei der Berechnung werden in Kapitel 4 dargestellt und bewertet.

1.4 Abgrenzung der Investitionsrechnung zu anderen Betriebswirtschaftslehren

Die Trennung der Investitionsrechnung als akademischer Betriebswirtschaftslehre von der Finanzierung als akademischer Betriebswirtschaftslehre ist in der neueren Literatur eher auf den deutschsprachigen Raum begrenzt. Gerne werden international beide Bereiche zur „Corporate Finance", „Managerial Finance" oder sogar im „Accounting" zusammen mit der Kostenrechnung und Bereichen weiterer Betriebswirtschaftslehren zusammengezogen. Je intensiver die wertorientierte Unternehmensführung als akademisches Modell in das Zentrum des Interesses der Betriebswirtschaftslehre rückt, desto weniger macht eine klassische Trennung der einzelnen Betriebswirtschaftslehren des Internen Rechnungswesens, zur der die Investitionsrechnung, die Finanzierungslehre, die Kostenrechnung, das Controlling und in Teilen auch die Unternehmensführung gehören, Sinn, da es in der wertorientierten Unternehmensführung um die Ermittlung und Verbesserung des Unternehmenswertes (Enterprise Valuation) geht, der mit den Techniken der Investitionsrechnung ermittelt wird. Allerdings dürfen hier nicht die einfacheren Verfahren der Investitionsrechnung herangezogen werden, die die praktische Finanzierung eines Investitionsobjektes einfach im Kalkulationszinssatz implizit abbilden. Die Konsequenz werden wir an späterer Stelle in Kapitel 4 noch beleuchten.

Die Unterschiede dieser einzelnen Betriebswirtschaftslehren des Internen Rechnungswesens sollen in Abbildung 1.7 anhand einiger Aspekte dargestellt werden. Diese Darstellung ist wegen ihrer Verkürzung allerdings sehr subjektiv und soll textlich etwas diskutiert werden.

Die Abgrenzung in der Abbildung 1.7 ist deshalb sehr subjektiv, da die angeführten Betriebswirtschaftslehren jeweils einige Fragestellungen betrachten, sodass eine Zuordnung nicht immer eindeutig ist. Auch sind die angesprochenen Aspekte eine willkürliche Auswahl. Als Beispiel für die Zuordnung mag hier die Finanzierungslehre dienen. Die Berücksichtigung der Liquidität beispielsweise erfolgt je nach Betrachtungsgegenstand in der Finanzierung oder nicht. So wird bei der Liquiditätsplanung die Liquidität natürlich beachtet. Bei der Bestimmung der Raten eines Annuitätendarlehns zum Beispiel, was ebenfalls Gegenstand der Finanzierung ist, wird nur implizit unterstellt, dass Liquidität zur Bedienung der Raten vorhanden ist, überprüft wird das direkt im Rahmen der Bestimmung der Annuitäten aber nicht. Ebenso sind bei der Investitionsrechnung bei den Rechnungselementen nicht nur Zahlungen relevant, in den statischen Verfahren stehen hier auch weitere Möglichkeiten zur Verfügung.

Bei dem Aspekt der **Regelmäßigkeit** ist die Investitionsrechnung anlassbezogen. Wenn ein neues Investitionsobjekt angeschafft werden soll oder ein vorhandenes überplant werden soll, wird die Investitionsrechnung durchgeführt. Bei den anderen 3 Betriebswirtschaftslehren sind regelmäßige Anwendungen üblich, z. B. die Liquiditätsplanung in der Finanzierungsplanung, die Jahresplanung in der Kostenrechnung

Einführung in die Investitionsrechnung

und die Kontrolle der Quartalszahlen im Controlling. Allerdings sind in der Finanzierung auch anlassbezogene Planungen möglich, z. B. die Planung der Tilgungsraten für eine aufzunehmende Fremdfinanzierung. Entsprechendes gilt für die anderen Betriebswirtschaftslehren.

Abbildung 1-7:   *Unterschiede der einzelnen Betriebswirtschaftslehren des Internen Rechnungswesens*

Aspekt	Investitions-rechnung	Finanzierungs-lehre	Kostenrechnung	Controlling
Regelmäßigkeit	nein	ja	ja	ja
Planungsperiode	mehrperiodisch	einperiodisch, mehrperiodisch	einperiodisch	einperiodisch, mehrperiodisch
Bezugsobjekt	Einzelobjekt, Betrieb	Einzelobjekt, Betrieb	Betrieb	Einzelobjekt, Betrieb
Rechnungs-zweck	langfristige Planung	kurzfristige/langfristige Planung	eher kurzfristige Planung	kurzfristige/langfristige Planung
Rechnungs-elemente	Zahlungen	Zahlungen	Kosten und Leistungen	alle
Liquidität	meist nein	ja/nein	meist nein	ja/nein
Realitätsnähe	eher nicht	ja/nein	ja/nein	ja/nein

Beim Aspekt der **Planungsperiode** gilt dies identisch. Die Investitionsplanung ist im Regelfall mehrperiodisch, bei statischen Verfahren, mit denen wir uns in Kapitel 2 beschäftigen werden, kann auch eine einperiodische Planung betrachtet werden. Die anderen Betriebswirtschaftslehren können einperiodisch durchgeführt werden, mehrperiodische Aspekte sind natürlich möglich und auch nicht selten.

Das **Bezugsobjekt** kann bei allen angesprochenen Betriebswirtschaftslehren das Einzelobjekt sein, ein Investitionsobjekt also, das mit einem dynamischen Investitionsrechnungsverfahren bewertet wird, aber auch der gesamte Betrieb, der in der Investitionsrechnung mit den Simultanmodellen des Kapitalbudgets bewertet wird. Bei den anderen Betriebswirtschaftslehren sind beide Sichtweisen im Regelfall auch möglich und üblich. So kann in der Finanzierungslehre die Fremdfinanzierung für eine einzelne Maschine optimiert werden, ebenso wie die Fremdfinanzierung des gesamten Betriebes.

1.4 Abgrenzung der Investitionsrechnung zu anderen Betriebswirtschaftslehren

Der **Rechnungszweck** der Investitionsrechnung ist eher langfristig, auch wenn er bei der Anwendung statischer Investitionsrechnungsverfahren auch kurzfristig sein kann, bei den anderen Betriebswirtschaftslehren sind beide Aspekte möglich und üblich. Als Beispiel mag hier wieder die Finanzierung dienen. Während die Liquiditätsplanung eher kurzfristiger Natur ist, wäre die Eigenkapitalplanung eher langfristiger Natur. Hier handelt es sich um Fragestellungen, die ähnlich auch in den anderen Betriebswirtschaftslehren, der Kostenrechnung und dem Controlling, behandelt werden.

Bei der Betrachtung der **Rechnungselemente** werden in der Investitionsrechnung im Regelfall Zahlungen verwendet. Nur bei den statischen Investitionsrechnungsverfahren sind andere Rechnungselemente möglich. Bei den anderen Betriebswirtschaftslehren werden je nach Fragestellung unterschiedliche Rechnungselemente verwendet. So können in der Kostenrechnung im Regelfall Kosten verwendet werden, Abschreibungen wären z. B. ein periodisierter Kostenbestandteil. Allerdings sind für die Ermittlung von Abschreibungsgegenwerten Zahlungen erforderlich. Eine Strukturierung der verschiedenen möglichen Rechenelemente findet sich bei Däumler und soll hier in leicht veränderter Form in Abbildung 1.8 wiedergegeben werden.

Die Berücksichtigung der **Liquidität** ist bei den einzelnen genannten Betriebswirtschaftslehren je nach Fragestellung möglich oder nicht. So wird sie in der Investitionsrechnung im Regelfall ignoriert, kann aber bei der Anwendung von Simultanmodellen des Kapitalbudgets z. B. durch Aufstellung von Kontoentwicklungsplänen beachtet werden. Ähnlich ist es in anderen Betriebswirtschaftslehren.

Abbildung 1-8: Rechnungselemente der Investitionsrechnungsverfahren

Begriff	Definition
Auszahlung	Abgang liquider Mittel pro Periode
Einzahlung	Zugang liquider Mittel pro Periode
Ausgabe	Geldwert der Einkäufe an Sachgütern und Dienstleistungen pro Periode
Einnahme	Geldwert der Verkäufe an Sachgütern und Dienstleistungen pro Periode
Kosten	Bewerteter Verzehr von Sachgütern und Dienstleistungen im Produktionsprozess während einer Periode, soweit zur Leistungserstellung und Aufrechterhaltung der Betriebsbereitschaft notwendig
Leistung	In Geld bewertete, aus dem betrieblichen Produktionsprozess hervorgegangene Sachgüter und Dienstleistungen einer Periode
Aufwand	Zur Erfolgsermittlung periodisierte Ausgaben einer Periode (= jede Eigenkapitalminderung, die keine Kapitalrückzahlung darstellt)
Ertrag	Zur Erfolgsermittlung periodisierte Einnahmen einer Periode (= jede Eigenkapitalerhöhung, die keine Kapitaleinzahlung darstellt)

Quelle: Däumler, Klaus-Dieter, Jürgen Grabe, S. 24

Die **Realitätsnähe** der Modelle ist ebenfalls je nach Fragestellung unterschiedlich. Grundsätzlich sind diese akademischen Modelle, die z. B. in der Investitionsrechnung, hier etwa die Kapitalwertmethode, verwendet werden, vereinfachte Abbildungen der Realität. Und je komplexere Annahmen nötig sind, desto größer ist der Realitätsverlust. Da die mathematischen Modelle der Investitionsrechnung zum Teil mit vielen Annahmen arbeiten müssen, ist die Realitätsnähe hier eher gering. Grundsätzlich gilt, dass je weniger komplex die Verfahren sind und je weniger Annahmen nötig sind, desto dichter liegen die ermittelten Ergebnisse an der Realität. Daher sind viele Ergebnisse der Kostenrechnung auch realitätsnäher als die der Investitionsrechnung.

1.5 Investitionsrechnungsverfahren im Überblick

Die vielen verschiedenen vorhandenen Investitionsrechnungsverfahren lassen sich zum Teil zu **Verfahrensgruppen** zusammenfassen und können **unter verschiedenen Aspekten systematisiert** werden. Grundsätzlich können hier

- Verfahren mit und ohne Berücksichtigung von Risiko,
- qualitative und quantitative Verfahren,
- Verfahren mit eindimensionalen und mehrdimensionalen Zielfunktionen,
- Verfahren zur Beurteilung von Einzelinvestitionen oder Investitionsprogrammen

unterschieden werden.

Die Möglichkeit der Zusammenfassung von einzelnen Verfahren zu Verfahrensgruppen hängt von verschiedenen Aspekten ab. So lassen sich zum Beispiel die **Verfahrensgruppen**

- der statischen Investitionsrechnungsverfahren,
- der dynamischen Investitionsrechnungsverfahren,
- der Simultanmodelle des Kapitalbugets und
- der Verfahren zur Berücksichtigung von Risiko zusammenfassen.

Die Zuordnung einzelner Methoden zu den einzelnen Verästelungen der Abbildungen 1.9 und 1.10 ist nicht immer eindeutig, da einzelne Verfahren unter leichter Modifikation für verschiedene Fragestellungen angewendet werden können. Alle angesprochenen Verfahren werden in diesem Buch behandelt. Dies erfolgt in den Kapiteln 2, 3, 4 und 6. Dort wird auch die Arbeitsweise der Verfahren jeweils detailliert erklärt. In Abbildung 1.9 sind zunächst die Investitionsrechnungsverfahren aufgelistet, die von einer Sicherheit der Rechenelemente ausgehen, Abbildung 1.10 enthält die Verfahren, die von der Datenunsicherheit ausgehen.

Investitionsrechnungsverfahren im Überblick **1.5**

Abbildung 1-9: Übersicht der Investitionsrechnungsverfahren unter Annahme der Datensicherheit

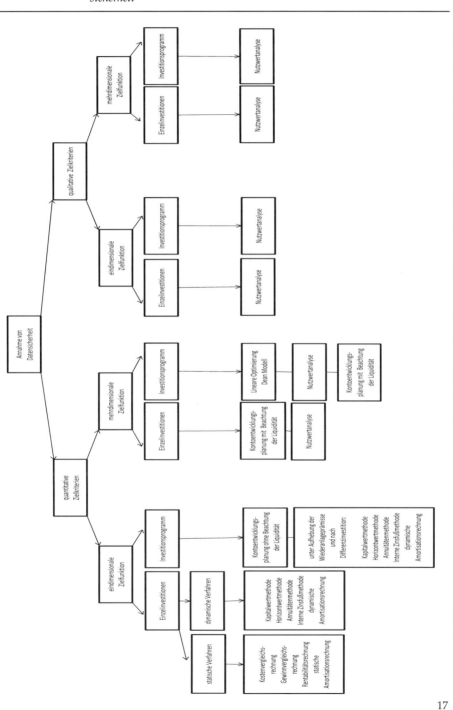

Abbildung 1-10: Übersicht der Investitionsrechnungsverfahren unter Annahme der Datenunsicherheit

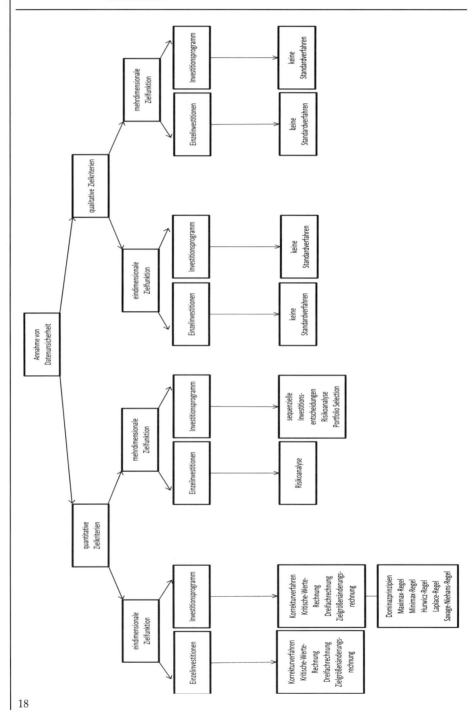

1.6 Historische Entwicklung der Investitionsrechnung

An dieser Stelle soll keine historische Aufarbeitung der Investitionsrechnung erfolgen. Grundsätzlich handelt es sich in der Investitionsrechnung um ein eher statisches Wissensgebiet, in dem in den vergangenen zwanzig bis dreißig Jahren keine entscheidenden Erkenntnisse in der Forschung erzielt werden konnten. Dies liegt daran, dass die mathematischen Modelle, die die Grundlage der Investitionsrechnungsverfahren bilden, theoretisch schon seit langer Zeit ausgereift sind. Das Problem liegt primär in der Beschaffung verlässlicher Daten. Da eine wirtschaftlich orientierte Investitionsentscheidung immer Prognosewerte der wirtschaftlichen Erfolgszahlen der Zukunft verwenden muss, müssen Prognosemodelle für die Schätzung dieser Werte herangezogen werden. Hierfür werden triviale Modelle oder Techniken der akademischen Entscheidungstheorie benutzt. Da die Zukunft aber nach wie vor in den meisten Fällen nicht exakt prognostizierbar ist, liegt hier die eigentliche **Schwäche der Realitätsnähe der Rechenergebnisse.** Verändert haben sich in den vergangenen Jahrzehnten primär die Schlagkraft und das betriebliche Know-how bei der Anwendung der Informationstechnologie.

So lassen sich rein unter dem Aspekt der Betrachtung auf der Zeitschiene die wissenschaftliche Entwicklung und die Anwendung der relativ einfachen **Verfahren der statischen Investitionsrechnungsmethoden mit der fehlenden betrieblichen Rechenkapazität begründen.** In einer Zeit ohne die betriebliche Verbreitung von Computern und Taschenrechnern war die Verwendung der statischen Investitionsrechnungsverfahren ein sinnvolles Hilfsmittel zur Unterstützung der betrieblichen Entscheidung. Mit der **Verbreitung der Taschenrechner** war auch die mit höherem Rechenaufwand begleitete Durchführung der **dynamischen Investitionsrechnungsverfahren in Betrieben mit vertretbarem Arbeitsaufwand** möglich. Die **Simultanmodelle des Kapitalbudgets,** die Entscheidungssituationen deutlich realitätsnäher abbilden können, als das in den anderen Modellen möglich ist, fanden ihre breitere betriebliche Anwendung erst mit dem **Einzug von Personalcomputern in Betrieben in den 80er Jahren.**

Neben der Betrachtung der Zeitschiene hat natürlich auch noch die Komplexität des Entscheidungsproblems einen Einfluss auf das verwendete Investitionsrechnungsverfahren. Für die Beurteilung einer Anschaffung mit einer Anschaffungsauszahlung von 50 Euro ist sicherlich ein statisches Investitionsrechnungsverfahren wegen der vermutlich geringen Bedeutung dieser Investition gerechtfertigt, falls hier überhaupt ein mathematisches Verfahren angewendet wird.

Der dritte relevante Aspekt für die Verwendung der Investitionsrechnungsverfahren neben der vorhandenen IT und der Bedeutung des Investitionsobjektes ist vermutlich die Betriebsgröße. Während in großen Konzernen das Know-how über komplexe Investitionsrechnungsverfahren mit Sicherheit zur Verfügung steht, ist dies für eine

Einzelunternehmung nicht zwingend selbstverständlich und wird dort leider häufig auch nicht durch den Zukauf von Beratungsleistungen ergänzt. So werden hier auch immer wieder bedeutende Investitionen aufgrund von fehlendem Know-how mit zu trivialen Investitionsrechnungsverfahren oder ganz ohne sie durchgeführt.

1.7 Die Aufbauorganisation für die Investitionsrechnung

Die aufbauorganisatorischen Verankerungen der investitionsrechnenden Einheiten in einem Unternehmen lassen sich nicht idealtypisch systematisieren.

Dies ist stark von der Betriebsgröße abhängig. Auch die Branche hat einen Einfluss. So sind Unternehmen, die besonders viel Kapital in kurzer Zeit investieren, Investmentbanken also beispielsweise, intensiver mit investitionsrechnenden Stellen, auch in hierarchisch oberen Ebenen der Aufbauorganisation der Unternehmen, ausgestattet. In sehr großen Unternehmen ist dafür eine eigene Abteilung mit der Investitionsplanung betraut. Je kleiner die Unternehmen werden, desto eher fällt die aufbauorganisatorische Aufhängung zunächst in eine Controlling Abteilung, mit weiterer Unternehmensverkleinerung in eine Abteilung Rechnungswesen und dann in eine allgemeine Abteilung zurück. In sehr kleinen Unternehmen ist dies dann Aufgabe der Unternehmensleitung direkt. Die Implementierung in die Aufbauorganisation ist auch stark davon abhängig, ob im Unternehmen eine Linienorganisation, eine Matrix- oder eine Projektorganisation vorhanden ist. Mischformen sind natürlich möglich. Mögliche alternative Konkretisierungen einer investitionsrechnenden Abteilung werden in Abbildung 1.11 dargestellt und hier kommentiert.

In Abbildung 1.11 ist eine Linienorganisation für ein Unternehmen unterstellt und ein Auszug daraus präsentiert worden. Gesonderte Überlegungen für andere Organisationsformen wie die Matrix- oder Projektorganisationsform werden hier nicht angestellt. Die in der Abbildung 1.11 formulierten 12 verschiedenen Konkretisierungen der investitionsrechnenden Einheit (Inv x) sind alternativ zu verstehen, in größeren Unternehmen findet eine aufbauorganisatorische Verankerung sicher an verschiedenen Stellen statt.

In **sehr kleinen Unternehmen** wird die Investitionsrechnung, soweit sie existiert, im Regelfall nur in sehr einfacher Form vorgenommen (Inv 1). Hier ist aus der Sicht dieses Fachgebietes bei bedeutenderen Investitionen den Unternehmensleitern zu raten, externen Sachverstand für die Investitionsrechnung zurate zu ziehen.

Abbildung 1-11: Mögliche Verankerung der investitionsrechnenden Einheiten in der Aufbauorganisation

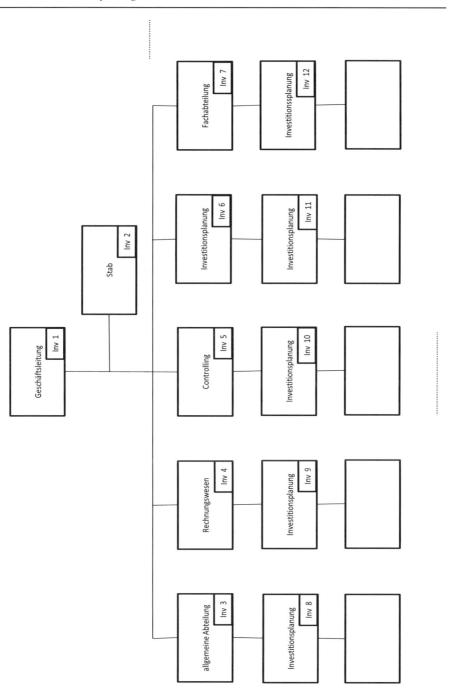

Die gleiche aufbauorganisatorische Konkretisierung kann aber auch in **sehr großen Einheiten** mit umfangreichen Investitionsaktivitäten bei absolut recht hohen Beträgen gewählt sein, z. B. in Investmentbanken. Da die Aktivität von Unternehmens- und Beteiligungskäufen und -verkäufen dort eine sehr große Bedeutung und sehr hohen Anteil am Umsatz, am Gewinn und an der Kapitalbindung hat, wird dies häufig von einem Mitglied der Geschäftsleitung, wie die Geschäftsleitung auch immer durch die Rechtsform der Unternehmung organisiert sein mag, verantwortet. Bei einer solchen aufbauorganisatorischen Installation gibt es dann natürlich immer einen weiteren operativen Bereich in Form etwa einer Abteilung, die die Arbeit der Investitionsrechnung und der dafür nötigen Datenbeschaffung dann verantwortlich begleitet. Dies könnte durch eine eigene Investitionsabteilung (Inv 6) oder eine Abteilung mit diversen Stellen (Inv 6 mit Inv 11) organisiert sein.

Mit steigender **Größe des Unternehmens** gegenüber einem sehr kleinen Unternehmen könnte die Investitionsrechnung dann zunächst von einer Fachabteilung (Inv 7), z. B. der Produktion, einer allgemeinen Abteilung (Inv 3) beziehungsweise einer Abteilung Rechnungswesen (Inv 4) oder einer Controlling-Abteilung (Inv 5), jeweils von der leitenden Stelle durchgeführt werden. Bis auf die Durchführung der Investitionsrechnung in einer Controlling-Abteilung ist für größere Kapitalverwendungen aus akademischer Sicht der Investitionslehre immer die Hinzuziehung eines qualifizierten externen Beraters anzuraten. Soweit innerhalb der in diesem Absatz geschilderten Schrittfolge nicht die Abteilungsleitungen die Investitionsrechnung durchführen, sondern sie dies an eine nachgeordnete Stelle in diesen Abteilungen delegieren, ergeben sich die Stellenkonkretisierungen Inv 8, Inv 9, Inv 10 und Inv 12 in Abbildung 1.11. Soweit hier eine Vollzeitstelle ausschließlich mit Fragestellungen der Investitionsrechnung befasst ist und der Stelleninhaber entsprechende Aus- und Weiterbildungen in diesem Bereich erhalten hat, ist diese Form den Varianten der Durchführung in den entsprechenden Abteilungsleitungen aufgrund der höheren Priorität und der Situation der Ausschließlichkeit dieser Stelleaufgabe vorzuziehen.

Deutlich besser wird das Wissen über Investitionsrechnung in einem Unternehmen natürlich durch eine **eigene Abteilung zur Investitionsplanung** in der Aufbauorganisation der vorgestellten Linienorganisation manifestiert. Diese Organisationsform repräsentiert Wissen und Kompetenz bei der Vorbereitung von Investitionsentscheidungen durch die Durchführung von Investitionsrechnungen und durch die Datenbeschaffung sicher am besten. Allerdings setzt diese Organisationsform eine gewisse Mindestgröße eines Unternehmens und entsprechende Aktivitäten in größerem Umfang voraus, sodass diese Organisationsform für ca. 80 bis 90 Prozent der Unternehmen, gemessen an der Anzahl der Unternehmen, vermutlich leider nicht sinnvoll ist. Zu betonen ist an dieser Stelle noch, dass eine derartige Aufbauorganisation nur erfolgreich sein kann, wenn eine geeignete interne Unternehmenskommunikation vorhanden ist. Sobald sich die Einheit der Investitionsplanung in der Aufbauorganisation als eigenständige Gruppe versteht, ohne Wissen mit anderen Einheiten auszutauschen, werden nicht genügend realitätsnahe Daten gesammelt werden können. Gerade bei

Produktionsbetrieben sind die investitionsrechnenden Abteilungen auf Informationen über technische Notwendigkeiten und Schwierigkeiten aus produzierenden Abteilungen angewiesen, da dieses Wissen in Investitionsplanungsabteilungen eher selten stark repräsentiert ist.

Bedeutender als die Aufbauorganisation der Investitionsplanung ist eine strukturierte und transparente Ablauforganisation der Investitionsplanung, welche im folgenden Unterkapitel dargestellt wird.

1.8 Die Ablauforganisation einer Investitionsrechnung

Der eigentliche Entscheidungsprozess für eine Investition lässt sich in **mehrere Phasen** unterteilen. Nur ein kleiner Bereich dieser Phasen des Entscheidungsprozesses, die eigentliche Investitionsrechnung mittels eines Investitionsrechnungsverfahrens, ist Gegenstand dieses Buches. Die einzelnen Phasen sind in Abbildung 1.12 dargestellt.

Abbildung 1-12: Phasen der Investitionsrechnung

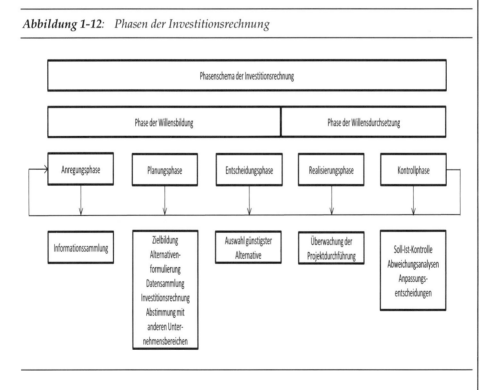

Einführung in die Investitionsrechnung

■ Die erste Phase ist die Anregungsphase

Hier wird unterstellt, dass ein Unternehmen abgeleitet aus seiner Unternehmensvision, der Unternehmensmission und der Unternehmensstrategie klare Unternehmensziele hat. Aus diesen Unternehmenszielen werden die Stärken, Schwächen, Chancen und Risiken abgeleitet. Zum einen wird so die **Unternehmensumwelt** in Bezug auf das Aufkommen neuer Informationen beobachtet. Derartige neue Informationen können zum Beispiel den technischen Fortschritt betreffen. Durch das Aufkommen neuer Verfahren oder kostengünstigerer Maschinen kann zur Erhaltung der Wettbewerbsstärke eine Ersatzinvestition nötig werden. Ausführlich werden wir sie in Kapitel 5 behandeln. Ebenso kann durch Informationen über das Verhalten der Konkurrenz ein durch Investitionen begleitetes Handeln nötig werden. Diese Informationen können über die automatisierte Überwachung neuer Informationen im Internet, die Lektüre von Branchendiensten und Printmedien, den Besuch von Fortbildungen oder Branchentreffen oder durch Mitarbeiter an das Unternehmen herangetragen werden. Zum anderen werden **aus dem Unternehmen selbst kommende Informationen** über die Notwendigkeit einer Erweiterung oder einer Rationalisierung oder eines Ersatzes von Investitionsobjekten aufgenommen. Sollten diese Anregungen mit den Zielen der Unternehmung übereinstimmen und ein Bedarf möglich sein, tritt der Investitionsrechner in die folgende Phase ein, die Planungsphase.

■ Die zweite Phase ist die Planungsphase

Die Planungsphase selbst ist unterteilt in

- die Festlegung der Zielkriterien,
- die Sammlung der möglichen Alternativen,
- die Konzentration auf die näher zu betrachtenden Alternativen,
- die Berechnung der Ergebnisse der Investitionsrechnungsverfahren und
- die Abstimmung mit anderen Unternehmensbereichen.

Hier erfolgt zunächst eine konkrete **Zielfestlegung** zum Planungsproblem. So ist festzulegen, ob es neben monetären auch nichtmonetäre Kriterien gibt. Dies kann entweder durch die spätere Festlegung des zu benutzenden Investitionsrechnungsverfahrens berücksichtigt werden oder durch Formulierung von K.o.-Kriterien. Nichtmonetäre Kriterien könnten z. B. sein eine mengenmäßige Mindestproduktionskapazität einer zu erwerbenden Produktionsanlage in Stück pro Tag eines definierten Vorproduktes. Ein nichtmonetäres Kriterium könnte auch der Ausschluss eines bestimmten Anbieters bei der Suche nach einem Investitionsobjekt sein.

Nach Festlegung der Kriterien erfolgt der meist arbeitsaufwändigste Teil der Investitionsplanung, die **Datensammlung.** Zunächst werden alle bekannten Alternativen ermittelt. Aus diesen Alternativen werden dann diejenigen ausgeschieden, die K.o.-Kriterien nicht erfüllen. Für die **verbleibenden Alternativen** muss dann ggf. eine

Die Ablauforganisation einer Investitionsrechnung **1.8**

Detaillierung der geplanten Daten vorgenommen werden, was recht arbeitsaufwändig ist. Zum Problem der Datensammlung wird im folgenden Unterkapitel konkreter Stellung genommen.

Nach der Datensammlung für die möglichen Alternativen wird die **eigentliche Investitionsrechnung,** mit der sich alle folgenden Hauptkapitel dieses Buches beschäftigen, durchgeführt. Dabei ist darauf zu achten, dass definierte Zielkriterien und das ausgewählte Investitionsrechnungsverfahren nicht im Widerspruch zueinander stehen. Mit dem Ergebnis der Investitionsrechnung schließt die Planungsphase ab und geht in die Entscheidungsphase über.

In der Abstimmung mit anderen **Unternehmensbereichen** müssen die in der Investitionsrechnung selbst nicht beachtete Finanzierung und die Kapazitätsplanung vorgenommen werden. In der Finanzplanung müssen die Herkunft der Geldmittel und die Liquidität geplant werden. Zur Bezahlung der Anschaffungsauszahlung kann Fremdkapital, z. B. durch einen Kredit, ggf. unter Stellung einer Kreditsicherheit, herangezogen werden. Mischfinanzierungen aus mehreren Quellen und Leasingverträge sind ebenfalls möglich, aber, außer in den Simultanmodellen des Kapitalbudgets, nie Gegenstand der eigentlichen Investitionsrechnung. Dies gilt ebenso für die Liquidität. Der Geldbedarf für das Investitionsobjekt muss ebenso wie die zukünftig durch die Investition erzielten Überschüsse, die so genannten Desinvestitionen, in Herkunft und Verwendung geplant werden. Auch dies ist, außer in den Simultanmodellen des Kapitalbudgets, nicht Gegenstand der Investitionsrechnung. In der Kapazitätsplanung muss die gesamte Supply Chain für ein neues Investitionsobjekt ggf. angepasst werden. So sind die Beschaffung, Finanzierung und ggf. Lagerung von Vorprodukten zu überplanen, falls es sich bei dem Investitionsobjekt um eine Produktionsstraße handelt. Raumkapazitäten, Personalkapazitäten und Engpässe im Produktionsablauf sind zu analysieren und der Absatz der Produkte mit der notwendigen Organisation und Logistik ist festzulegen. Auch diese Kapazitätsplanung ist nicht Gegenstand der eigentlichen Investitionsrechnung.

- **Die dritte Phase ist die Entscheidungsphase**

Hier sollte es sich um die zeitlich und organisatorisch kürzeste Phase handeln. In dieser Phase hat der Investor, dies sollte bei größeren Investitionen immer die Unternehmensleitung unter Einbeziehung der investitionsrechnenden Stelle und der die Investition bedienenden Stelle, die **Investitionsentscheidung** zu treffen, denn die Investitionsrechnung kann wegen ihres Charakters als akademisches Modell und wegen der häufig geringen Prognosegüte der Plandaten die Investitionsentscheidung nicht selbst treffen. Die Investitionsrechnung selbst hat nur die Aufgabe der maximal möglichen Strukturierung des Entscheidungsproblems und der Komplexitätsreduktion des Entscheidungsproblems durch Ermittlung einer investitionsrechnerischen Kennzahl.

Einführung in die Investitionsrechnung

■ **Die vierte Phase ist die Realisationsphase**

Hier hat die investitionsrechnende Stelle zu überwachen, dass die Planung identisch **in die Realität umgesetzt** wird. Jede negative Abweichung von den Plandaten, z. B. höhere Aufbauauszahlungen für den Aufbau einer Anlage, können die mit anderen Plandaten als wirtschaftlich identifizierte Investitionsmöglichkeit unwirtschaftlich werden lassen. Bei dieser Aufgabe handelt es sich um eine Kooperationsaufgabe, in der die investitionsrechnende Stelle in Zusammenarbeit mit der ausführenden Stelle nach Ineffizienzen sucht, um diese zu verbessern und so noch erfolgreicher zu werden. Keinesfalls handelt es sich um eine bloße Kontrollaufgabe, sondern eher um ein Coaching.

■ **Die fünfte Phase ist die Kontrollphase**

Die **Kontrolle** hat allerdings bereits die anderen Phasen regelmäßig begleitet und schließt den Kreislauf. Hier werden Nachrechnungen und Abweichungsanalysen durchgeführt. Gegebenenfalls werden Korrektur- oder Anpassungsmaßnahmen vorgeschlagen. Diese Tätigkeit erfolgt natürlich ebenfalls in Kooperation mit der die Investition durchführenden Stelle.

1.9 Das Problem der Datenbeschaffung für die Investitionsrechnung

In der Datenbeschaffung für die Investitionsrechnung liegt vermutlich das Hauptproblem einer erfolgreichen Investitionsrechnung, das sich aber einer intensiveren und vor allen Dingen für das Theoriegebiet der Investitionsrechnung spezifischen theoretischen Analyse verschließt. Da die Investitionsrechnung im Regelfall zukunftsbezogen ist, müssen also Daten über Ereignisse in der Zukunft beschafft werden. Dies ist bei dem heutigen Stand der Prognosetechnik, und jener ist seit einigen Dekaden nur unwesentlich verändert, aber nur mit unvollständiger Realitätsnähe möglich. Da die Zukunft nicht vorhersehbar ist, sind Daten für Investitionsobjekte in den meisten Fällen auch nicht mit Sicherheit prognostizierbar. Dabei gibt es natürlich graduelle Unterschiede beim Sicherheitsniveau der Datenprognose. So sind die Rechenelemente, wie die relevanten Kalkulationsdaten für eine Investitionsrechnung im Regelfall bezeichnet werden, z. B. für einen Sparbrief mit definierter Laufzeit und fester Verzinsung im Regelfall mit Sicherheit bekannt. Allerdings ist der für ein Abzinsen ebenfalls notwendige Kalkulationszinssatz auch in einer solchen Situation, da er an Opportunitäten gemessen werden sollte, eine recht subjektive Größe. Die Datenprognose für den Aufbau eines neuen Unternehmens in einer jungen Branche, z. B. der Betrieb einer Biogasanlage, dürfte dagegen wesentlich unsicherer sein. Generell gilt auch an dieser Stelle die alte Weisheit der Erbauer akademischer empirischer Modelle: „Garbage in, Garbage out", also die Erkenntnis, dass auch das schönste akademische Modell dann Ergeb-

Das Problem der Datenbeschaffung für die Investitionsrechnung

nismüll produziert, wenn Datenmüll verarbeitet wird. Die Möglichkeiten der Datenbeschaffung für die Investitionsrechnung werden, außer in diesem Unterkapitel, nicht Thema in diesem Buch sein und werden, wie bei der meisten vorhandenen Literatur zum Thema Investitionsrechnung, bereits als erfolgt angesehen, wenn die Investitionsrechnung beginnt, deren eigentliche Rechenmodelle in diesem Text intensiv vorgestellt werden. Dies führt natürlich zu einem Verlust an Realitätsnähe der Rechenergebnisse der Investitionsrechnungsverfahren, wenn die Rechenelemente nicht mit Sicherheit vorhergesagt werden können. Andererseits sind diese Prognosemodelle nicht spezifische wissenschaftliche Erkenntnisse der Investitionslehre, sondern werden in der akademischen Entscheidungslehre, der Stochastik oder der Ökonometrie erforscht und gelehrt. Außerdem handelt es sich hier um das grundsätzliche Prognoseproblem der zukunftsgerichteten Ökonomie. Dadurch werden die Ergebnisse der benutzten Techniken zwar nicht mit Sicherheit eintreten, trotzdem sind sie eine sinnvolle Strukturierung eines Planungsproblems. So mag der Leser sich an anderer Stelle mit diesen Modellen auseinandersetzen, hier soll nur eine kleine **Strukturierung möglicher Prognoseverfahren** zur Generierung der notwendigen Rechenelemente präsentiert werden, die sich sehr eng an den Ausführungen von Kruschwitz zu diesem Thema orientieren. Diese werden in Abbildung 1.13 präsentiert und unter der Abbildung kommentiert.

Abbildung 1-13: Übersicht möglicher Prognoseverfahren

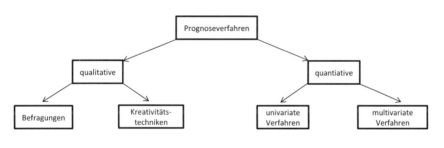

Quelle: Kruschwitz, Lutz, S. 18

Grundsätzlich lassen sich

- qualitative und
- quantitative

Prognoseverfahren unterscheiden.

Qualitative Verfahren stützen sich auf subjektive Einschätzungen von Individuen, die auch aggregiert sein können und auch auf Erfahrungen beruhen. Diese qualitativen Verfahren lassen sich in

- Befragungen und
- Kreativitätstechniken

unterteilen.

Befragungen lassen sich auf die verschiedensten Arten strukturieren, grundsätzlich können alle Stakeholder befragt werden, also Lieferanten, Mitarbeiter, Kunden, Experte usw. Andere Strukturierungen sind ebenfalls möglich.

Bei den **Kreativitätstechniken** handelt es sich um Verfahren des strukturierten Nachdenkens, deren Ziel es ist, Ideen und Ergebnisse zu einem behandelten Thema zu erzielen. Hier sind das Brainstorming, das Brainwriting, die morphologischen Methoden, die Collective-Notebook-Methode, die Delphi-Methode, die Synektik, die Pro- und-Kontra-Methode, die Black-Box-Methode, das Laterale Denken und viele weitere Methoden zu nennen. Auf sie soll an dieser Stelle nicht im Detail eingegangen werden, sie können in anderen Lehrbüchern zur Entscheidungslehre oder zur Allgemeinen Betriebswirtschaftslehre nachgelesen werden.

Ergebnisse qualitativer Verfahren können auch durch quantitative Werte repräsentiert werden. So kann z. B. in einer Kundenbefragung, in der Kunden die Attraktivität des Designs der Karosserie eines Pkw mit Werten von 1 bis 5 bewerten sollen, wobei 1 für ein besonders unattraktives Design und 5 für ein besonders attraktives Design steht, dieses qualitative Verfahren zu dem Ergebnis 4,2 auf dieser Skala führen, also einen quantitativen Wert als Mittelwert aller Befragungsergebnisse ermitteln. Das Ergebnis der Delphi-Methode als Vertreterin der Kreativitätstechniken und damit der qualitativen Techniken zu der Frage nach der jährlichen erwarteten Strompreissteigerung für die kommenden 10 Jahre kann z. B. 15 % betragen und damit ebenfalls einen quantitativen Wert ermitteln.

Die Eignung dieser Verfahren sollte nicht aufgrund der Tatsache, dass die Ergebnisse subjektiv ermittelt wurden, kritisiert werden. Die Güte der so ermittelten Rechenelemente hängt sehr von der Verlässlichkeit der Datenquellen ab. So ist die Eigeneinschätzung eines Mitarbeiters eines Unternehmens, der einen Investitionsantrag in seinem Unternehmen gestellt hat, um ein neues Notebook zu bekommen, über den Nutzwert des alten Gerätes vielleicht deutlich weniger positiv, als dies in der Realität der Fall ist, damit er auch ein neues Gerät erhält. Die Einschätzung eines erfahrenen Meisters in der Produktion über die Rüstzeiten beim Anbau neuer Werkzeuge an Maschinen kann dagegen eine sehr qualifizierte und auf umfangreichen Erfahrungen beruhende Schätzung sein, die die beste vorhandene Informationsquelle darstellt.

Bei den **quantitativen Verfahren** werden

- univariate und

Das Problem der Datenbeschaffung für die Investitionsrechnung   1.9

- multivariate

Verfahren unterschieden.

Bei den **univariaten** Methoden (Trendverfahren, Exponentielle Glättung, Autoregressive Verfahren) wird aus der historischen Entwicklung einer Zeitreihe einer betrachteten Variablen mittels der verschiedenen Modelle versucht, eine Regel für die zukünftige Entwicklung zu finden. Dabei werden exogene Einflussfaktoren (Strukturbrüche in der zeitlichen Entwicklung der erklärenden Variablen) ignoriert.

Bei den **multivariaten** Verfahren (einfache Regression, multiple Regression) wird die Entwicklung der endogenen Variablen aus mehreren exogenen Variablen erklärt. Eine Überprüfung der Aussagekraft der herangezogenen exogenen Variablen und eine Überprüfung der Aussagekraft über die Zeit sind dort mit statistischen Techniken möglich.

Wie gut aus historischen Daten die Entwicklung einer Zukunft vorhergesagt werden kann, lässt sich nur nach einigen weiteren vergangenen Jahren im Einzelfall durch den Abgleich der prognostizierten Daten mit den dann eingetretenen realen Werten ermitteln. Es ist offen, welches Prognoseverfahren sich für die Prognose im Einzelfall eignet.

Die Eignung soll an dieser Stelle durch einen kleinen Abgleich bei der Prognose nach verschiedenen Verfahren und der dann eingetretenen Entwicklung der Superkraftstoffpreise gemessen an den Jahresdurchschnittspreisen in Eurocent pro Liter in Deutschland dokumentiert werden. Die Ausgangsdaten und Prognosen sind zunächst in Abbildung 1.14 dargestellt und in Abbildung 1.15 grafisch aufbereitet.

In Abbildung 1.14 finden sich in den Spalten A und B die Jahresdurchschnittspreise für Superkraftstoff in Euro an deutschen Tankstellen nach Angaben des ADAC für die Jahre 1990 bis 2007, sie sind vom Autor vor dem Jahr 2001 in Eurocent umgerechnet worden. In Abbildung 1.15 sind die Werte als durchgezogene schwarze Linie dargestellt. Hier handelt es sich also um Werte, die tatsächlich so, zumindest in dieser Erfassungsart, in der Vergangenheit eingetreten sind.

Diese Daten sollen mit verschiedenen Prognosetechniken bearbeitet werden, um dem Leser zu zeigen, wie einzelne Prognosetechniken arbeiten und wie sich Prognose und real eintretende Daten an diesem sehr subjektiven Beispiel bei einzelnen Techniken auseinanderentwickeln können.

1 Einführung in die Investitionsrechnung

Abbildung 1-14: Entwicklung historischer Superkraftstoffpreise in Eurocent/Liter und Prognosen*

	A	B	C	D	E	F	G	H	I	J	K	L
1	Jahr	Super-kraftstoff Cent/Liter	Re-gression 1990-2007	Re-gression 1990-2000	Abwei-chung absolut 1990-2007	Abwei-chung absolut 1990-2000	Abwei-chung prozentual 1990-2007	Abwei-chung prozentual 1990-2000	Trend	Abwei-chung prozentual Trend	Fort-schrei-bung	Abwei-chung prozentual Fort-schrei-bung
2	1990	60,7	59,4	63,3	1,3	-2,6	2,1	-4,3	60,7		60,7	
3	1991	67,6	63,4	66,4	4,2	1,2	6,2	1,8	67,6		67,6	
4	1992	71,1	67,4	69,5	3,7	1,6	5,2	2,3	71,1		71,1	
5	1993	71,3	71,4	72,6	-0,1	-1,3	-0,1	-1,8	71,3		71,3	
6	1994	79,6	75,4	75,7	4,2	3,9	5,3	4,9	79,6		79,6	
7	1995	79,3	79,3	78,8	0,0	0,5	-0,1	0,7	79,3		79,3	
8	1996	82,7	83,3	81,9	-0,6	0,8	-0,8	1,0	82,7		82,7	
9	1997	85,2	87,3	85,0	-2,1	0,2	-2,5	0,3	85,2		85,2	
10	1998	81,2	91,3	88,1	-10,1	-6,9	-12,4	-8,5	81,2		81,2	
11	1999	86,3	95,3	91,2	-9,0	-4,9	-10,4	-5,6	86,3		86,3	
12	2000	101,6	99,3	94,3	2,3	7,3	2,3	7,2	101,6		101,6	
13	2001	102,3	103,3	97,4	-1,0	4,9	-0,9	4,8	105,7	3,3	101,6	-0,7
14	2002	104,6	107,2	100,5	-2,6	4,2	-2,5	4,0	109,8	5,0	101,6	-2,9
15	2003	109,2	111,2	103,5	-2,0	5,7	-1,9	5,2	113,9	4,3	101,6	-7,0
16	2004	113,2	115,2	106,6	-2,0	6,6	-1,8	5,8	118,0	4,2	101,6	-10,2
17	2005	121,7	119,2	109,7	2,5	12,0	2,1	9,8	122,1	0,3	101,6	-16,5
18	2006	128	123,2	112,8	4,8	15,2	3,8	11,9	126,1	-1,5	101,6	-20,6
19	2007	133,7	127,2	115,9	6,5	17,8	4,9	13,3	130,2	-2,6	101,6	-24,0

Quelle: ADAC, eigene Berechnungen

Zunächst soll ein **multivariates Verfahren** angewendet werden, die lineare Regression. In Spalte C in Abbildung 1.14 ist die volle Zeitreihe einer linearen Regression unterzogen worden, nach der Formel:

(1.1) $\boxed{Superkraftstoffpreis\ (Cent/Liter) = a \times Jahr + b}$.

a gibt dabei die Steigung der linearen Funktion an und b den Schnittpunkt mit der Ordinate. Die Ergebnisse wurden mit dem Tabellenkalkulationsprogramm Excel mit den darin hinterlegten Funktionen „Steigung" und „Achsenabschnitt" ermittelt. Die Ergebnisse sind in Abbildung 1.14 sichtbar. Ergänzt wurden in Spalte E die Abweichung der Regression von der Realität in Cent und in Spalte G die entsprechende prozentuale Abweichung. Die Kurve ist in Abbildung 1.15 dargestellt.

Diese Regression eignet sich nicht für eine Prognose, mit der man die prognostizierten Werte mit der bereits eingetretenen Realität vergleichen kann, denn weitere Zahlen als bis zum Jahr 2007 liegen derzeit nicht vor. Daher wurde in einem zweiten Schritt die Regression nur mit Daten von 1990 bis 2000 durchgeführt, und die Werte für die Jahre 2001 bis 2007 wurden mit dem Ergebnis der Schätzgleichung prognostiziert. In Abbildung 1.14 sind die Ergebnisse in Spalte D sichtbar. Ergänzt wurden in Spalte F die Abweichung der Regression von der Realität in Cent und in Spalte H die entsprechende prozentuale Abweichung. Die Kurve ist in Abbildung 1.15 als gleichmäßig gestrichelte Linie dargestellt.

Alternativ zu den multivariaten Verfahren lassen sich auch univariate quantitative Verfahren anwenden. Eine Möglichkeit ist hier die Trendextrapolation. Zwei verschiedene Verfahren sind hier angewendet worden, deren Ergebnisse in den Spalten I und K in der Abbildung 1.14 dokumentiert sind. Damit wieder ein Vergleich des Prognoseergebnisses mit der historischen Realität möglich ist, wurden für das in Spalte I dokumentierte Vorgehen die Jahre 1990 und 2000 als Basis für die Trendermittlung nach folgender Formel benutzt:

$$(1.2) \quad b = \frac{\Delta \Pr eis\ (Cent/Liter)}{\Delta\ Zeit\ (Jahre)}.$$

Die Werte ab dem Jahr 2001 in der Spalte I sind also Prognoseergebnisse nach dieser Trendermittlung. Die Kurve ist in Abbildung 1.15 als ungleichmäßig gestrichelte Linie dargestellt. In Spalte K wurde eine naive Prognose durchgeführt und die Werte des Jahres 2000 wurden für die kommenden Jahre unverändert gelassen. Diese Kurve ist in Abbildung 1.15 gepunktet dargestellt.

Neben den quantitativen Prognoseverfahren lassen sich auch **qualitative Verfahren** anwenden, z. B. **Expertenbefragungen**. Zwei Aussagen zur Entwicklung der Kraftstoffpreise mögen hier exemplarisch genannt sein:

In der *Berliner Morgenpost* vom 04. März 2000 ist folgende Aussage zu lesen: „Die Benzinpreise werden nach Einschätzung von Experten des Hamburger Instituts für Wirtschaftsforschung (HWWA) in den kommenden Monaten wieder um etwa 20 Pfennig sinken. Er rechne mit einem Preis für unverbleites Superbenzin von rund 1,80 DM pro Liter (entspricht ca. 0,92 Euro, der Autor), sagte der Rohstoffexperte des HWWA, Klaus Matthies, dem Saarländischen Rundfunk."

In der *Wirtschaftswoche* vom 22. Juni 2000 findet sich folgende Expertenaussage: „,Wenn das so weitergeht, werden wir Ende 2002 bei einem Literpreis von 2,50 Mark (entspricht ca. 1,28 Euro, der Autor) angelangt sein', prophezeit Ferdinand Dudenhöffer, Experte für Automobilwirtschaft an der Fachhochschule Gelsenkirchen."

Abbildung 1-15: *Grafische Darstellung der historischen Superkraftstoffpreise in Eurocent/Liter und Prognosen*

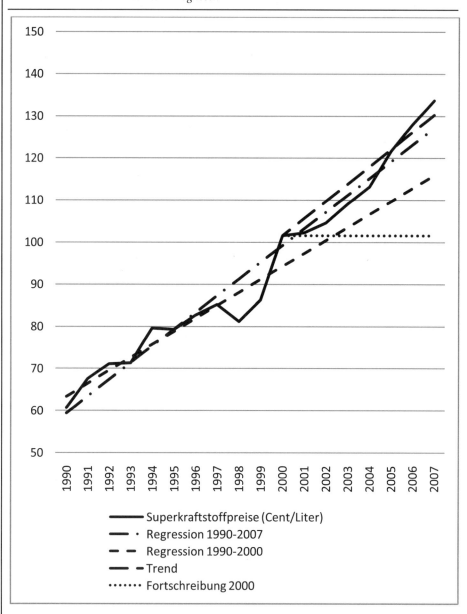

Quelle: eigene Erstellung mit Daten aus Abbildung 1.14

Das Problem der Datenbeschaffung für die Investitionsrechnung — **1.9**

Ein Blick in die Abbildungen 1.14 und 1.15 zeigt relativ deutlich, dass die Eignung dieser Prognoseverfahren in diesem Beispiel nicht immer ideal war. Bei den quantitativen Verfahren können die prozentualen Abweichungen der prognostizierten Werte von den zwischen 2001 und 2007 tatsächlich eingetretenen Werten in Abbildung 1.14 abgelesen werden. Für diesen Datensatz günstig hat sich ex post die Trendprognose nach dem hier gewählten Verfahren erwiesen, für das Jahr 2005 ergibt sich nur eine Abweichung des prognostizierten Wertes vom wahren Wert von 0,3 %. Bei der naiven Prognose war dies als schlechtestes Ergebnis für das Jahr 2007 eine Abweichung von 24 %.

Bei den Expertenprognosen ergaben sich Abweichungen von ca. 10 % und ca. 20 %. Allerdings ist diese Auswertung tendenziös, denn die Aussagen der Experten sind sicherlich aus dem Zusammenhang gerissen und werden mit Jahresdurchschnittsdaten der entsprechenden Jahre verglichen, die nicht im Fokus ihrer Vorhersagen standen.

Als **Fazit** dieser empirischen Betrachtung sollte dem Leser nun bewusst sein, dass im allgemeinen Fall eine gute Vorhersage der für die Investitionsrechnung benötigten Daten nur sehr schwer möglich ist. Für den allgemeinen Fall kann auch ex ante nicht festgelegt werden, welches das geeignete Prognoseverfahren ist. Wäre dies sicher, wäre die Zukunft ja nicht mehr unsicher, sondern vorhersagbar.

Eine besondere Bedeutung bei der Prognose der Rechenelemente stellt die Bestimmung des **Kalkulationszinssatzes** dar. Der Kalkulationszinssatz ist die subjektive Mindestverzinsungsanforderung des Investors, also der Zinssatz, den der Investor mindestens mit einer Investition oder einem Investitionsprogramm erzielen möchte, damit er die Investition als lohnend ansieht.

Zur Festlegung dieses Zinssatzes gibt es diverse Verfahren, wie z. B. die Festlegung durch Orientierung am Habenzinssatz, wenn ausschließlich Eigenkapital eingesetzt wird. Alternativ ist die Festlegung durch Orientierung am Sollzinssatz, wenn ausschließlich Fremdkapital eingesetzt wird, möglich. Bei Mischfinanzierungen gibt es eine mit diesen Zinssätzen und Kapitalanteilen gewichtete Festlegung des Kalkulationszinssatzes. Es sind Zu- und Abschläge zu diesen Kalkulationen möglich. Grundsätzlich sind Festlegungen nach dem **Opportunitätskostenprinzip** sinnvoll. Dort wird der gesamte Nutzen der besten nicht gewählten Alternative als Messzahl festgelegt, also die Rendite der besten gerade verworfenen Investition. Festlegungen nach dem Capital Asset Pricing Model (CAPM), bei dem auch die Risikoeinstellung des Investors beachtet wird, sind ebenfalls möglich und bei der Bestimmung eines Unternehmenswertes im Rahmen einer Unternehmensbewertung nach dem Shareholder-Value-Ansatz auch üblich und verbreitet.

Grundsätzlich ist die Beschaffung der Rechenelemente für die Berechnung des Wertes eines Investitionsobjektes durch ein Investitionsrechnungsverfahren also ein größeres Problem, von dem in diesem Buch aber abstrahiert wird. Schlechte Planungsdaten machen die Ergebnisse der Investitionsrechnung für die Investitionsentscheidung nur sehr eingeschränkt nutzbar.

Trotzdem ist eine strukturierte und reflektierte Datenbeschaffung der beste Weg zur Erstellung einer transparenten Entscheidungsgrundlage.

1.10 Notwendigkeit und Grenzen der Investitionsrechnung

Die bisherigen Ausführungen zur Investitionsrechnung in diesem ersten Kapitel des Buches mögen auf den einen oder anderen Leser nicht wie eine Lobpreisung der Investitionsrechnung gewirkt haben. In einem akademischen Lehrbuch ist es auch die Aufgabe des Autors, eine kritische Grundhaltung einzunehmen und den Leser auf Schwierigkeiten und Risiken beim dem behandelten Thema hinzuweisen. Ein Bejubeln des behandelten Lehrgebietes wäre sicherlich nicht angebracht.

Generell hat die Investitionsrechnung zwei Probleme. Zum einen ist dies das Problem der **Datenbeschaffung.** Da es sich bei den verwendeten Daten um Prognosen zukünftiger Werte handelt, ergibt sich hier eine Unschärfe bei einer auftretenden Diskrepanz zwischen heutigen Plandaten und zukünftig eintretenden tatsächlichen Werten. Zum anderen ist es die Tatsache, dass die Investitionsrechnungsverfahren akademische mathematische Modelle sind und als solche vereinfachten **Abbilder der Realität** komplexe praktische Entscheidungssituationen nicht immer sachgerecht abbilden können.

Nichtsdestotrotz ist die Durchführung einer Investitionsrechnung die beste verfügbare Vorgehensweise für eine Entscheidungsvorbereitung.

Ein Vorteil liegt in der strukturierten Planung eines Investitionsobjektes in der Planungsphase. Durch das Zusammentragen von Planungsdaten wird das Planungsverfahren strukturiert bearbeitet und erhöht allein dadurch die Realitätsnähe der Planung und den Erkenntnisgewinn. Zum anderen wird das Vorgehen auf dem Weg zur Investitionsentscheidung, die Investitionsrechnung, dokumentiert und für alle Beteiligten offengelegt. Hierbei handelt es sich um das in den Sozialwissenschaften übliche wissenschaftstheoretische Vorgehen, den **„Kritischen Rationalismus"** nach Sir Karl Popper.[1] Im kritischen Rationalismus hat ein Forscher seine Annahmen und seine Vorgehensweise bei der Ermittlung seiner Aussagen offenzulegen, **intersubjektiv nachvollziehbar zu machen,** um seine Ergebnisse als wissenschaftlich zu bezeichnen. Genau dies erfolgt durch die Anwendung eines Investitionsrechnungsverfahrens und ist der Vorteil gegenüber einer Planung aus dem Bauch heraus.

---

[1] Popper, Karl Raimund.

Die großen Vorteile der Anwendung von Investitionsrechnungsverfahren liegen in der Reduktion der Komplexität einer Entscheidungssituation und der Transparenz des Planungsweges. Nur so lassen sich komplexe betriebliche Entscheidungssituationen zur rationalen Entscheidungsreife bringen, deren Konsequenzen eine Unternehmensleitung ohne Anwendung eines Modells wegen der Komplexität nicht überblicken würde.

Wenn dann der Investitionsrechner auf eine sorgfältige und realitätsnahe Datensammlung achtet, ein zur Entscheidungssituation passendes geeignetes Investitionsrechnungsverfahren anwendet und die Ergebnisse unter Berücksichtigung der Annahmen des verwendeten Investitionsrechnungsverfahrens interpretiert, ist die beste mögliche und verfügbare Entscheidungsgrundlage geschaffen.

Zur Investitionsrechnung gibt es also zur sinnvollen Lösung betrieblicher Planungsprobleme im Bereich der längerfristigen oder umfangreicheren Kapitalverwendung keine Alternative.

1.11 Zusammenfassung

In diesem Abschnitt wurde der Leser in die Thematik und Problematik der Investitionsrechnung eingeführt.

Der Leser soll nun nach Lektüre dieses Kapitels in der Lage sein:

- die Relevanz der Investitionsrechnung aus Sicht der Volkswirtschaft, der Betriebe und der privaten Haushalte zu bewerten,
- das Ziel einer Investitionsrechnung sowie unterschiedliche mögliche Fragestellungen und Vermögenskonzepte, die zu den Zielen eines Investitionsrechners gehören können, zu interpretieren,
- die Investitionsrechnung zu anderen Betriebswirtschaftslehren des Internen Rechnungswesens abzugrenzen,
- die verschiedenen Investitionsrechnungsmethodengruppen zu nennen und die einzelnen bekannten Verfahren diesen Gruppen zuzuordnen,
- die Bedeutung der verschiedenen Investitionsrechnungsverfahren unter Beachtung ihrer zeitlichen Entstehung und der zu dem Zeitpunkt vorhandenen Rechenkapazitäten zu reflektieren,
- idealtypische aufbauorganisatorische Konkretisierungen für die Aufhängung investitionsrechnender Instanzen in Abhängigkeit von der Betriebsgröße und der Kapitalbindung in Unternehmen zu diskutieren,
- die idealtypische Ablauforganisation der Investitionsrechnung vorzuschlagen,

Einführung in die Investitionsrechnung

- die Probleme der Datenbeschaffung und die Konsequenzen für die Realitätsnähe der ermittelten Ergebnisse interpretieren und
- den Sinn und den betriebliche Nutzen der Investitionsrechnung bewusst zu kennen.

Der Leser soll nun in der Lage sein zu definieren, was Investitionsrechnung ist, welche Bedeutung sie aus verschiedenen Perspektiven hat, was ihr Ziel ist, welche unterschiedlichen Verfahren es gibt und was ihre Grenzen sind. Dem Leser soll auch klar sein, dass die Investitionsrechnung trotz vorhandener Mängel bezüglich der vollständigen Übertragbarkeit der Rechenergebnisse auf die Realität das beste verfügbare Verfahren zur strukturierten Bewertung von Investitionsobjekten darstellt.

2 Statische Investitionsrechnungsverfahren

2.1 Zielformulierung

In diesem Kapitel soll der Leser sich mit den statischen Investitionsrechnungsverfahren befassen. Ziel ist es, dem Leser bewusst zu machen, welche Kritik an den statischen Verfahren anzubringen ist und mit welchen Risiken ihre Anwendung in Bezug auf die Übertragung der Ergebnisse in die Praxis als Investitionsentscheidung behaftet ist. Die allgemeinen Annahmen der statischen Investitionsrechnungsverfahren werden präsentiert, ebenso die bekanntesten 4 statischen Investitionsrechnungsverfahren, ihre Kriterien, ihre Formeln, ihre Risiken im Einzelnen und ihre Anwendung auf praktische Fragestellungen. Auch ihre schnelle Anwendbarkeit aufgrund der einfachen Datenbeschaffung und Rechentechnik wird dargelegt. Im Einzelnen sollen folgende Teilziele erreicht werden:

- die Arbeitsweise der Statik allgemein und die Annahmen dieser Investitionsrechnungsmethodengruppe sollen kennen gelernt werden,

- die Kritik an den statischen Verfahren soll umfangreich erarbeitet werden,

- die Risiken der Übertragung der Rechenergebnisse der statischen Investitionsrechnungsverfahren als Investitionsentscheidung in die Praxis sollen sehr deutlich offengelegt und dokumentiert werden,

- die Fähigkeit beim Leser soll erreicht werden, dass die statischen Formeln aus einem Baukasten relevanter Rechenelemente je nach Fragestellung und relevantem statischen Investitionsrechnungsverfahren sachgerecht zusammengesetzt werden können,

- die Kostenvergleichsrechnung als statisches Investitionsrechnungsverfahren soll im Detail bekannt werden, als einzelne Methode definiert und kritisiert werden, die möglichen Rechenformeln sollen vorgestellt und auf Praxisfälle angewendet werden,

- die Gewinnvergleichsrechnung als statisches Investitionsrechnungsverfahren soll im Detail bekannt werden, als einzelne Methode definiert und kritisiert werden, die möglichen Rechenformeln sollen vorgestellt und auf Praxisfälle angewendet werden,

2 Statische Investitionsrechnungsverfahren

- die Rentabilitätsrechnung als statisches Investitionsrechnungsverfahren soll im Detail bekannt werden, als einzelne Methode definiert und kritisiert werden, die möglichen Rechenformeln sollen vorgestellt und auf Praxisfälle angewendet werden,

- die statische Amortisationsrechnung als statisches Investitionsrechnungsverfahren soll im Detail bekannt werden, als einzelne Methode definiert und kritisiert werden, die möglichen Rechenformeln sollen vorgestellt und auf Praxisfälle angewendet werden und

- alle Verfahren sollen in einer Fallstudie auf ein Praxisproblem angewendet werden.

Nach der Lektüre des Kapitels soll der Leser in der Lage sein zu definieren, was statische Investitionsrechnungsverfahren sind, welchen Wert sie für die praktische Anwendung haben, welche Kritik und welche Gefahren es bei der Übertragung der Rechenergebnisse in die Praxis gibt und wie die Verfahren im Einzelnen arbeiten. Die entsprechenden Formeln sollen durch den Leser nach Lektüre des Kapitels eigenständig aufgestellt werden können.

Damit Sie diese Ziele erreichen können, ist es notwendig, die angebotenen Übungskalkulationen eigenständig im Kopf, mit dem Taschenrechner oder mit der Tabellenkalkulation nachzuvollziehen.

Viel Spaß bei der Arbeit.

2.2 Grundsätzliche Aspekte der statischen Investitionsrechnungsverfahren

Die statischen Investitionsrechnungsverfahren sollten heute für bedeutende Investitionen nicht mehr herangezogen werden. Dafür sind sie zu trivial.

Ihre Berechtigung hatten die Methoden, wie bereits in Kapitel 1.6 geschildert, in Zeiten, in denen elektronisches Rechengerät den Betrieben nicht in größerem Umfang zur Verfügung stand, also bis vor ca. 50 Jahren, wenn man die Taschenrechner zur Gruppe der elektronischen Rechengeräte zählt.

Die Darstellung dieser Verfahren in einem modernen Lehrbuch ist also überraschend und somit erklärungsbedürftig. Der Hauptgrund, der für diese Darstellung spricht, liegt in der Tatsache, dass immer noch sehr viele Unternehmen die statischen Investitionsrechnungsverfahren für Investitionsrechnungen heranziehen. Däumler nennt bei von ihm zitierten oder von ihm selbst durchgeführten Untersuchungen aus der Mitte der 90er Jahre Umfrageergebnisse, nach denen fast jedes zweite deutsche Unternehmen noch statische Investitionsrechnungsverfahren anwendet, zumindest zusätzlich zu anderen Verfahren.[1] Dies gilt natürlich gemessen an der Anzahl der Unternehmen. Da große Unternehmen wegen der Bedeutung der Thematik und wegen der Kompetenz dafür vorhandener Spezialisten vermutlich eher dynamisch rechnen, bedeutet dies, dass die Vielzahl der kleineren Unternehmen, insbesondere die Vielzahl der Unternehmen in der Rechtsform der Einzelunternehmung, noch statisch rechnen oder zumindest in naher Vergangenheit noch statisch gerechnet haben.

Damit der Leser dieses Buches die Schwächen dieser Verfahren kennt und sie entsprechend in der Praxis bei der Konfrontation mit derartigen Berechnungen anprangern und inhaltlich kritisieren kann, werden die Techniken hier präsentiert.

Ein deutlicher **Vorteil** der statischen Verfahren gegenüber den anderen Techniken der Investitionsrechnung liegt eindeutig in der **Einfachheit der Berechnung.** So kann ein Unternehmer ebenso wie eine Privatperson eine eben aufgekommene Idee einer ersten Kalkulation zuführen, indem mit geschätzten Daten durch Kopfrechnen schnell ein Ergebnis produziert wird. Dies funktioniert ebenso in Verhandlungen mit anderen Wirtschaftspartnern, ohne dass diese die Kalkulation bemerken können, wie bei sehr zügiger Autofahrt als Fahrer, ohne den Verkehr zu gefährden. Hier liegt der Vorteil der Verfahren. **Ohne großen Aufwand bei der Datenbeschaffung und der Berechnung können zügig Ergebnisse produziert werden.**

Da die statischen Verfahren einen Zinssatz nicht oder nur unvollständig berücksichtigen, wie wir im Laufe dieses Kapitels noch erarbeiten werden, ist die Datenbeschaffung der Rechenelemente auch deutlich weniger aufwändig als für die dynamischen Investitionsrechnungsverfahren. Während nur die Ein- und Auszahlungen als Rechenelemente der Investitionsrechnung den zeitlichen Anfall der Zahlungen exakt beachten, wie wir in Abbildung 1.8 herausgearbeitet haben, können wegen der mangelnden Beachtung des Zahlungszeitpunktes in der Statik durch die fehlende sachgerechte Verzinsung hier auch die leichter zu ermittelnden Rechenelemente Ertrag/Aufwand und Leistungen/Kosten verwendet werden.

Alle statischen Verfahren sind periodische Verfahren, betrachten also nur die wirtschaftliche Situation in einer einzigen Periode, also nur in einem einzigen Jahr.

Die Entscheidungskriterien der statischen Verfahren basieren also immer auf einer einperiodischen Betrachtung und einer **impliziten maximierten Entnahme dieser Beträge** aus dem Investitionsobjekt. Vermögenssammelnde Kriterien werden zur Bewertung in der Statik also nicht herangezogen. Bei der statischen Amortisationsrechnung als ebenfalls statischem Verfahren handelt es sich um die Suche nach der Anzahl der Perioden, nach denen die Anfangsauszahlung zurückgewonnen ist, soweit ist dieses Verfahren mehrperiodisch, allerdings kann auch hier von der Konstanz der Zahlungen in allen Perioden ausgegangen werden.

---

[1] Däumler, Klaus-Dieter, Jürgen Grabe, S. 32ff

Statische Investitionsrechnungsverfahren

Die Datenbeschaffung ist, wie bereits angesprochen, für die statischen Verfahren weniger aufwendig, da verschiedene Rechengrößen benutzt werden können. Außerdem müssen nur Daten für eine Planungsperiode von einem Jahr beschafft werden. Grundsätzlich wird hier zwischen dem **primitiven und dem verbesserten Verfahren zur Datenbeschaffung** unterschieden.

Beim **primitiven Verfahren** werden die Planungsdaten des ersten Jahres als repräsentativ und damit als gültig für alle Planungsperioden unterstellt.

Beim **verbesserten Verfahren** werden die Daten einer repräsentativen Periode ausgewählt und für die Rechnung verwendet.

Dieses Vorgehen der Statik bewirkt einige zum Teil schwerwiegende Nachteile bezogen auf die Übertragbarkeit der Rechenergebnisse auf die Realität:

- Die Nutzungsdauer eines Investitionsobjektes wird nicht vollständig berücksichtigt,
- der zeitliche Unterschied des Zahlungsanfalls und damit verbundene Verzinsungen von Zahlungen werden nicht oder nur unvollständig beachtet,
- Interdependenzen zu anderen Investitionsobjekten oder zu anderen Jahren der Nutzungsdauer des betrachteten Objektes werden ignoriert,
- es wird über die Jahre der Nutzungsdauer von konstanter Kapazitätsauslastung ausgegangen,
- es wird über die Jahre der Nutzungsdauer von konstanten Gewinnen und Kosten ausgegangen und
- es wird von der Datensicherheit ausgegangen.

Bei dem Beispiel in Abbildung 1.6 lässt sich also allein aus der Datenstruktur bereits die Entscheidung der statischen Verfahren ableiten, Objekt A wird gegenüber Objekt B präferiert, denn bei gleicher Nutzungsdauer und Anschaffungsauszahlung sind die summierten Nettoeinzahlungen, bei denen ja keine Zinsen berücksichtigt werden, um eine Million Euro höher als bei Objekt B. Jährliche Nettoeinzahlungen des Objektes A sind also um 250.000 Euro höher als bei Objekt B.

Grundsätzlich sollten in der Statik beim Vergleich von Investitionsobjekten nur solche verglichen werden, die sich gegenseitig ausschließen und die gleiche Nutzungsdauern und gleiche Anschaffungsauszahlungen haben.

Dies ist sinnvoll, damit nicht unterschiedliche Kapitalbudgets (unterschiedlich hohe Anschaffungsauszahlungen, die über die Laufzeit im Investitionsobjekt gebunden sind) über unterschiedlich lange Zeit (unterschiedliche lange Nutzungsdauern der Investitionsobjekte) verglichen werden. Davon wird in der Praxis gerne abgewichen. Dies ist nicht dramatisch, weil im statischen Modell die Opportunitätskosten für Kapital, die Verzinsung, nicht durchgängig vollständig beachtet werden. Wenn unterstellt

2.2 Grundsätzliche Aspekte der statischen Investitionsrechnungsverfahren

wird, dass Kapital keine Opportunitätskosten hat, ist es auch nicht dramatisch, unterschiedliche Kapitalbeträge über unterschiedliche Zeit zu vergleichen. Sinnvoll ist es allerdings auch nicht, aber wegen der geringen Genauigkeit der statischen Methoden in anderen Bereichen insgesamt vertretbar. Für dynamische Verfahren wäre dies deutlich kritischer zu bewerten, dies wird Gegenstand von Kapitel 4 sein.

In diesem Kapitel sollen 4 unterschiedliche statische Verfahren betrachtet werden:

- Die Kostenvergleichsrechnung,
- die Gewinnvergleichsrechnung,
- die Rentabilitätsrechnung und
- die statische Amortisationsrechnung.

Insbesondere in der älteren akademischen Literatur wurden verschiedene weitere statische Verfahren in umfangreicher Zahl präsentiert, die dann häufig von bekannten Autoren thematisch verwandter Lehrtexte entwickelt waren und eine marginale Veränderung gegenüber einer der bekannten Methoden darstellten. Diese sollen an dieser Stelle nicht vorgestellt werden, ebenso wie hier, wie im ganzen Buch, keine Betrachtung steuerlicher Aspekte stattfinden soll.

Die unterschiedlichen Fragestellungen der statischen Verfahren können auf

- eine **Einzelinvestition** angewendet werden, allerdings macht dies nicht bei allen Verfahren Sinn, oder auf
- einen **Alternativenvergleich** von Investitionsobjekten angewendet werden, also die Fragestellung, ob Investitionsobjekt A oder Investitionsobjekt B angeschafft werden soll, wenn noch keines vorhanden ist, oder auf
- die **Ersatzproblematik,** bei der ein vorhandenes altes Investitionsobjekt ggf. gegen ein neues Investitionsobjekt ersetzt werden soll.

Die dafür notwendigen Berechnungsformeln unterscheiden sich. Insgesamt ergibt sich eine hohe Anzahl an unterschiedlichen statischen Formeln.

Daher soll im folgenden Unterkapitel, bevor es an die Vorstellung der einzelnen statischen Investitionsrechnungsverfahren geht, ein Toolkit aufgebaut werden, aus dem jede statische Investitionsrechnungsformel ermittelt werden kann. So ist ein Auswendiglernen der Formeln nicht nötig, wenn sie immer wieder aus den relevanten Bestandteilen zusammengesetzt werden können. Allerdings werden die Formeln in den Unterabschnitten 2.4 bis 2.7 bei den einzelnen 4 statischen Investitionsrechnungsverfahren auch dargestellt.

2 Statische Investitionsrechnungsverfahren

Abschnittsergebnisse

In diesem Kapitel haben Sie:

- die grundsätzlichen Kritikpunkte an den statischen Investitionsrechnungsverfahren kennen gelernt,

- das primitive vom verbesserten Verfahren der Datenbeschaffung zu unterscheiden gelernt,

- erfahren, dass es 4 verbreitete statische Investitionsrechnungsverfahren gibt und

- die Fragestellungen, die mit statischen Verfahren bearbeitet werden können, erfasst.

2.3 Ein Baukastensystem zur Erstellung statischer Investitionsrechnungsformeln

Während, wie wir in Kapitel 3 sehen werden, die dynamischen Investitionsrechnungsverfahren mit im Regelfall 1 bis 3 mathematischen Rechenformeln zur Bestimmung des dynamischen Zielwertes auskommen, sind es bei den statischen Investitionsrechnungsverfahren pro Verfahren deutlich mehr Formeln, da es diverse Fallunterscheidungen gibt, die in den Bereichen

- Alternativenvergleich/Ersatzproblem oder

- Restwert vorhanden/Restwert nicht vorhanden oder bei der

- Kapitalbindungsvorstellung

liegen.

Was diese Begrifflichkeiten genau bedeuten, wird auch Gegenstand in diesem Unterkapitel sein. Diese Unterscheidungen haben zur Konsequenz, dass je bestimmt definiertem Fall einer praktischen Investitionsfragestellung, die mit statischer Investitionsrechnungsformel berechnet werden soll, nur exakt eine Formel die Entscheidungssituation richtig wiedergibt. Leider gibt es für die 4 zu behandelnden statischen Investitionsrechnungsverfahren ca. 60 unterschiedliche Investitionsrechnungsformeln. Dies eröffnet nun für ein akademisches Lehrbuch 2 Möglichkeiten: Entweder die Darstellung aller Formeln zu den einzelnen statischen Investitionsrechnungsverfahren oder die Darstellung einer allgemeinen Aufbauvorschrift für statische Investitionsrechnungsformeln, aus der je nach Fall die richtige Investitionsrechnungsformel erstellt werden kann, ohne dass für die Reproduktion alle Formeln einzeln erlernt werden müssen. Letzterer Weg soll in diesem Unterkapitel zunächst beschritten werden. Zusätzlich werden die gängigsten der statischen Investitionsrechnungsformeln in den

Ein Baukastensystem zur Erstellung statischer Investitionsrechnungsformeln **2.3**

folgenden 4 Unterkapiteln, also in den Kapiteln 2.4 bis 2.7, bei der Vorstellung der einzelnen 4 statischen Investitionsrechnungsverfahren ebenfalls noch zusätzlich vorgestellt.

Für diese beschriebenen Verfahren werden zunächst die **maximal 3 verschiedenen Komponenten** oder Summanden, die in einer statischen Investitionsrechnungsformel vorkommen können, vorgestellt, danach werden **die 3 unterschiedlichen Fälle oder Konstellationen,** unter denen die Komponenten zu einer bestimmten Formel zusammengestellt werden können, präsentiert. Im Ergebnis kann aus den dann dargestellten Komponenten und Konstellationen jede der über 60 statischen Investitionsrechnungsformeln der 4 verschiedenen Investitionsrechnungsverfahren eindeutig hergestellt werden.

2.3.1 Die Komponenten statischer Investitionsrechnungsformeln

3 Komponenten kommen maximal in den statischen Formeln vor:

- **der Umsatz (U).** Hier handelt es sich um die durch das Investitionsobjekt umgesetzte Leistung in dem betrachteten Jahr.

- **die Betriebskosten (B).** Hier handelt es sich um die jährlich anfallenden Betriebskosten des Investitionsobjektes.

- **der Kapitaldienst (KD).** Hier handelt es sich um die Verteilung der Anschaffungsauszahlung des Investitionsobjektes, gegebenenfalls vermindert um einen Restwertanteil, auf eine jährliche Größe unter Berücksichtigung eines Verzinsungsanteils. Der Kapitaldienst wird unterteilt in 2 Bereiche,

    o **den Wiedergewinnungsanteil** ($\frac{A}{n}$, $\frac{A-R}{n}$). A steht dabei für die Anschaffungsauszahlung des Investitionsobjektes, R für den Restwert und n für die Nutzungsdauer des Investitionsobjektes, gemessen in Jahren. Hier wird die Höhe der Anschaffungsauszahlung gegebenenfalls vermindert um einen Restwertanteil in eine jährliche Größe transformiert.

    o **der Verzinsungsanteil (durchschnittlich gebundenes Kapital (d. geb. Kap) * i).** i ist dabei der Kalkulationszinssatz in dezimaler Schreibweise. Was genau das durchschnittlich gebundene Kapital darstellt, wird unter den Konstellationen in diesem Unterkapitel geklärt. Der Verzinsungsanteil verzinst, soweit er vorhanden ist, einen Teil der Anschaffungsauszahlung.

Dies sind die drei Komponenten, die maximal in einer statischen Investitionsrechnungsformel vorkommen können. Dabei können die Begriffe „Umsatz" und „Kosten" durch die im vorangegangenen Unterkapitel genannten Begriffe der Rechenelemente ersetzt werden. Wegen der mangelnden Betrachtung der Zeitpräferenz durch die Statik ist dies unerheblich.

2.3.2 Die Konstellationen zur Erstellung statischer Investitionsrechnungsformeln

In diesem Unterabschnitt werden 3 Situationen oder Konstellationen konkretisiert, die Einfluss auf die Erstellung statischer Investitionsrechnungsformeln haben:

- der Rechnungstyp,

- die Unterscheidung „Alternativenvergleich" und „Ersatzproblem" und

- die Kapitalbindungsvorstellung.

Die **Berücksichtigung des Rechnungstyps,** also die Frage, um welches statische Investitionsrechnungsverfahren es sich handelt, ist bedeutend, da nicht alle statischen Verfahren alle Komponenten beinhalten.

Die Unterscheidung von Fragestellungen zum **Alternativenvergleich,** also Investitionsentscheidungen, bei denen bisher kein Investitionsobjekt aus dem betrachteten Bereich im Unternehmen vorhanden ist und unter mehreren möglichen Investitionsobjekten eines ausgewählt werden soll, und dem Ersatzproblem ist bedeutend, da die entsprechenden statischen Investitionsrechnungsformeln unterschiedliche Komponenten enthalten. Bei dem **Ersatzproblem** handelt es sich um die investitionsrechnerische Fragestellung, ob ein bereits im Unternehmen vorhandenes Investitionsobjekt weitergenutzt werden soll oder gegen ein anderes neues Investitionsobjekt ersetzt werden soll.

Bei der Festlegung der **Kapitalbindungsvorstellung** wird dem zweiten Teil des Kapitaldienstes, dem Verzinsungsanteil, ein zu verzinsender Kapitalanteil, das durchschnittlich gebundene Kapital, zugeordnet, das mit dem gegebenen Zinssatz zu verzinsen ist. Mit der Festlegung der Kapitalbindungsvorstellung wird das durchschnittlich gebundene Kapital festgelegt, wird also eine Festlegung getroffen, wie sich die Bindung der Anschaffungsauszahlung im Investitionsobjekt über die Zeit, gegebenenfalls verändert um einen Restwertanteil, entwickelt. Hier sind 8 verschiedene Formen bekannt.

2.3.2.1 Die Berücksichtigung des Rechnungstyps

In diesem Bereich wird geklärt, ob alle Komponenten in allen 4 statischen Investitionsrechnungsverfahren berücksichtigt werden.

In der Kostenvergleichsrechnung ist die Komponente Umsatz nicht relevant.

Durch diese Erkenntnis kann bei der Aufstellung der Berechnungsformeln für das statische Investitionsrechnungsverfahren Kostenvergleichsrechnung auf die Berücksichtigung der Komponente Umsatz grundsätzlich verzichtet werden.

2.3.2.2 Die Unterscheidung „Alternativenvergleich" und „Ersatzproblem"

Während die Festlegung des Rechnungstyps selbsterklärend ist, der Investor legt selber fest, welche der 4 statischen Investitionsrechnungsverfahren er auf die Bewertung eines Investitionsobjektes anwenden möchte, soll nun die **Unterscheidung zwischen dem Alternativenvergleich und dem Ersatzproblem** herausgearbeitet werden.

Zunächst wird in Abbildung 2.1 das Entscheidungsproblem bei einem Alternativenvergleich grafisch dargestellt.

Abbildung 2-1: Entscheidungsproblem beim Alternativenvergleich

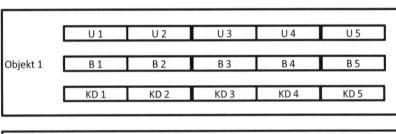

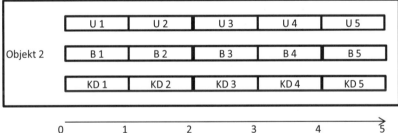

Zwei Investitionsobjekte, Objekt 1 und Objekt 2, sollen **alternativ** bewertet werden. Beide Objekte haben jeweils Umsätze (U), Betriebskosten (B) und Kapitaldienste (KD). Beide haben eine geplante fünfjährige Nutzungsdauer, wie der Zeitstrahl unter den beiden Objekten dokumentiert. So beziehen sich die nummerischen Indizierungen der Variablen auf das Jahr, in dem sie anfallen. Entsprechend den Annahmen der Statik sind diese Werte in allen Jahren gleich hoch, da wir eine einperiodische Betrachtung anstellen und daher davon ausgehen, dass die Zahlungen in allen Perioden gleich

Statische Investitionsrechnungsverfahren

sind. Eine absolute Höhe der Zahlungen ist in diesem Bild nicht angegeben, da sie für die Erklärung der Entscheidungssituation irrelevant ist. Ebenfalls ist nicht festgelegt, welches statische Investitionsrechnungsverfahren für eine Entscheidung herangezogen werden soll, auch dies ist unerheblich, da es für alle Verfahren identisch gilt.

Der Alternativenvergleich war definiert als Entscheidungssituation, in der im Unternehmen aktuell kein Investitionsobjekt aus dem betrachteten Bereich vorhanden ist und eines der beiden betrachteten Investitionsobjekte angeschafft werden soll. So wird aus dem Bild schnell deutlich, was die relevanten Rechenelemente für einen Alternativenvergleich sind. Würde Objekt 1 angeschafft, dann würden Umsätze, Betriebskosten und Kapitaldienste von Objekt 1 anfallen. Würde Objekt 2 angeschafft, dann würden Umsätze, Betriebskosten und Kapitaldienste von Objekt 2 anfallen. Je nachdem, welches Objekt bei einem bestimmten statischen Investitionsrechnungsverfahren den günstigeren Zielwert hat, würde das eine oder andere Investitionsobjekt angeschafft. Eine allgemeine Entscheidungsgleichung würde hier lauten:

$$(2.1)\quad \boxed{U_1 - B_1 - KD_1 \lessgtr U_2 - B_2 - KD_2}$$

Abbildung 2-2:   *Entscheidungsproblem beim Ersatzproblem*

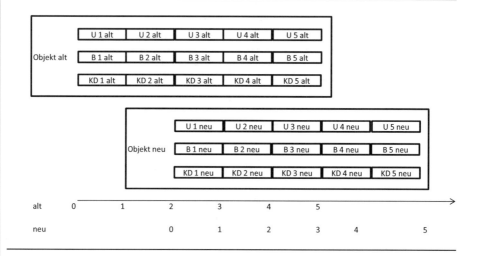

Bei einem Ersatzproblem sieht die Entscheidungssituation anders aus. Dies wird zunächst grafisch in Abbildung 2.2 präsentiert. Aus Abbildung 2.2 wird deutlich, dass

Ein Baukastensystem zur Erstellung statischer Investitionsrechnungsformeln 2.3

ein vorhandenes Altobjekt gegebenenfalls nach Ablauf von 2 Jahren durch ein neues Objekt ersetzt werden kann. Auch hier handelt es sich um eine Alternativentscheidung. Entweder das Altobjekt wird behalten oder es wird durch ein neues ersetzt. Welche Zahlungen dann entscheidungsrelevant sind, lässt sich zunächst bezogen auf das **Neuobjekt** schnell und äquivalent zu Abbildung 2.1 und der Entscheidungssituation beim Alternativenvergleich klären. Umsatz, Betriebskosten und Kapitaldienst des Neuobjektes fallen nur an, wenn es tatsächlich angeschafft wird, sind ihm also vollständig zuzurechnen. Beim **Altobjekt** ergibt sich eine andere Situation. Wird das Altobjekt am Ende des 2. Jahres abgeschafft, so fallen sicher in den eigentlich geplanten 3 folgenden Jahren der Nutzungsdauer keine Umsätze und keine Betriebskosten beim Altobjekt an, denn das Objekt ist ja abgeschafft. Anders verhält es sich mit dem **Kapitaldienst** des Altobjektes. Der Kapitaldienst ist die Verteilung der Anschaffungskosten des Investitionsobjektes auf die Perioden der Nutzungsdauer und sollte die Anschaffungsauszahlung gegebenenfalls inklusive eines Verzinsungsanteiles und abzüglich eines Restwertanteils anteilig in den Jahren der Nutzungsdauer wieder erwirtschaften. Wird nun die Nutzungsdauer während der Laufzeit verkürzt, ist das eingesetzte Kapital noch nicht wiederverdient. Die Kapitaldienste des Altobjektes der verbliebenen Jahre müssen durch das Neuobjekt zusätzlich mitverdient werden, denn das alte Objekt ist nicht mehr vorhanden und die wirtschaftlichen Ergebnisse der dann abgelaufenen Jahre können nicht mehr verändert werden, da es sich um Planwerte aus der Zeit vor der Anschaffung des Altobjekts handelt, die in genau dieser Höhe zur Anschaffung geführt hatten. Grafisch zeigt Abbildung 2.3 die neue Planungssituation:

Abbildung 2-3: Kapitaldienstgewinnung beim Ersatzproblem

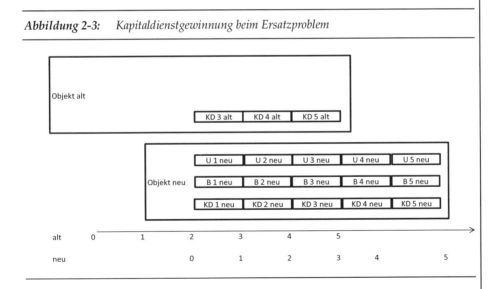

Die Kapitaldienste des Altobjektes laufen bis zum Ende der eigentlich geplanten Nutzungsdauer des Altobjektes weiter.

2 Statische Investitionsrechnungsverfahren

Praktisch kann der Leser sich dies vielleicht am besten mit Leasingraten vorstellen, zumindest unter der praxisfernen Annahme, dass ein Leasingvertrag für die Finanzierung eines Investitionsobjektes immer bis zum Ende der geplanten Nutzungsdauer eines Investitionsobjektes läuft, auch wenn dies bereits abgeschafft ist. In der Praxis würde dies auch zu einer sofortigen Ablösung eines Leasingvertrages führen. In Abbildung 2.2 würden für das Altobjekt 5 Kapitaldienstraten, z. B. in Höhe von jeweils 20.000 Euro, anfallen. Nach Abschaffung des Altobjektes nach 2 Jahren der geplanten fünfjährigen Nutzungsdauer würden also 3 Kapitaldienste zu je 20.000 Euro offen bleiben, auf deren Zahlung der Gläubiger der Raten gegenüber dem Investor sicherlich bestehen würde. Von einer in der Praxis üblichen sofortigen Ablösung durch eine Sonderzahlung oder eine Versicherung soll hier nicht ausgegangen werden. Das Neuobjekt müsste also in den ersten 3 Jahren seiner Nutzungsdauer in einer solchen Situation den Kapitaldienst des Altobjektes mit erwirtschaften, wie Abbildung 1.3 nahelegt.

Die hier gültige allgemeine Entscheidungsgleichung würde nun lauten:

$$(2.2) \quad \boxed{U_{alt} - B_{alt} - KD_{alt} \lessgtr U_{neu} - B_{neu} - KD_{neu} - KD_{alt}}$$

Tatsächlich müsste der Kapitaldienst des Altobjektes auf die unterschiedliche Zahl der Jahre der Nutzungsdauer des Neuobjektes angepasst werden, da ja die Rechenelemente einer Planungsperiode gleich sein müssen, aber davon wird bei der recht ungenauen Vorgehensweise der statischen Investitionsrechnungsverfahren abgesehen.

Bei den statischen Investitionsrechnungsverfahren handelt es sich um Entscheidungstechniken über die **Vorteilhaftigkeit von Investitionsobjekten,** nicht um kostenrechnerische Verfahren, die kostenrechnerische Größen exakt bestimmen sollen, und auch nicht um Finanzplanungen, die die Liquidität von Alternativen exakt ermitteln sollen. Da nur die Vorteilhaftigkeit von Alt- und Neuobjekt im Vergleich ermittelt werden soll, kann aus der obigen Gleichung (2.2) auf jeder Seite der Summand KD_{alt} herausfallen, denn bei einer Eliminierung des gleichen Summanden auf jeder Seite einer Gleichung kann sich die Vorteilhaftigkeit nicht verändern. In den Zahlen des Beispiels argumentiert bedeutet dies, darauf zu verzichten, auf jeder Seite der Gleichung 20.000 Euro für den Kapitaldienst des Altobjektes abzuziehen. Das reduziert den Rechenaufwand, verändert aber nicht die Vorteilhaftigkeit der Alternativen.

$$(2.3) \quad \boxed{U_{alt} - B_{alt} \lessgtr U_{neu} - B_{neu} - KD_{neu}}$$

Ein Baukastensystem zur Erstellung statischer Investitionsrechnungsformeln — 2.3

Dies führt zur Notwendigkeit der Unterscheidung in dieser zweiten Konstellation, der Unterscheidung zwischen

- dem **Alternativenvergleich**, also der Situation, in der aktuell kein Investitionsobjekt aus dem betrachteten Bereich vorhanden ist und eines von mehreren möglichen Objekten angeschafft werden soll, und

- dem **Ersatzproblem**, bei dem bereits ein Investitionsobjekt im Unternehmen vorhanden ist und gegebenenfalls gegen ein neues Objekt aus diesem Bereich ersetzt werden soll.

Denn: **Beim Ersatzproblem ist der Kapitaldienst der Altanlage nicht relevant.** Er muss auf beiden Seiten der entsprechenden Gleichung nicht berücksichtigt werden.

Beim Alternativenvergleich dagegen muss der Kapitaldienst der alternativen Investitionsobjekte auf jeder Seite der Gleichung beachtet werden.

2.3.2.3 Die Kapitalbindungsvorstellung

Die **dritte Konstellation** befasst sich mit der Vorstellung über die Entwicklung des gebundenen Kapitals im Investitionsobjekt im Zeitablauf. Sie operationalisiert so den zweiten Teil der dritten Komponente in einer mathematischen Formel, so dass statische Investitionsrechnungsformeln dann mathematisch klar und eindeutig aufstellbar sind. Es wird also die mathematische Formel für die Bestimmung des Verzinsungsanteiles des Kapitaldienstes festgelegt. Wie der Verzinsungsanteil des durchschnittlich gebundenen Kapitals (d. geb. Kap. * i) festzulegen ist, hängt von der Vorstellung des Investors über den Verlauf der Kapitalbindung im Investitionsobjekt im Zeitablauf ab. Hier gibt es selten einen objektiven Wert, da nur für wenige Investitionsobjekte belastbare Marktpreise in jeder Alters- und Gebrauchsstufe vorliegen. Gängige Pkw-Modelle wären hier ein Beispiel, bei denen die Daten vorliegen. Um diese Daten in einer statischen Investitionsrechnung zu benutzen, müsste gleichzeitig vorausgesetzt werden, dass periodisch Abschreibungsgegenwerte in Höhe der Wertminderung durch den Investor aus dem Investitionsobjekt entnommen werden. Sollte dies nicht der Fall sein, kann auf **idealtypische Kapitalbindungsverläufe** im Zeitablauf während der Nutzungsdauer eines Investitionsobjektes zurückgegriffen werden, um so den Verzinsungsanteil des durchschnittlich gebundenen Kapitals zu ermitteln. Hier werden **4 Fälle der Vorstellung über eine mögliche Kapitalbindung** unterschieden, **jeweils bei Vorhandensein eines Restwertes und bei Fehlen eines Restwertes.** Die Kapitalbindungsvorstellungen bei Vorhandensein eines Restwertes werden in Abbildung 2.4 dargestellt.

Ebenfalls in der Grafik wird **das durchschnittlich gebundene Kapital aus den Abbildungen formelmäßig abgeleitet,** um den Verzinsungsanteil des Kapitaldienstes in seinen verschiedenen Formen für die statischen Investitionsrechnungsformeln formelmäßig zu erfassen.

2 Statische Investitionsrechnungsverfahren

Grundsätzlich werden als klassische Formen der **Kapitalbindungsvorstellung bei Vorhandensein eines Restwertes**

- die lineare Kapitalverminderung (Teil (1) in der Abbildung 2.4),
- die diskrete Kapitalverminderung (Teil (2) und (3) in der Abbildung 2.4) und
- die konstante Kapitalbindung (Teil (4) in Abbildung 2.4) unterstellt.

Diese unterschiedlichen Kapitalbindungsvorstellungen führen dann für jedes Investitionsobjekt zu einer unterschiedlichen Vorstellung über das durchschnittlich gebundene Kapital als zweitem Summanden des Kapitaldienstes.

- Bei der Vorstellung der einfachen Kapitalbindungsvorstellung mit kontinuierlicher Kapitalverminderung unter (1) ergibt sich so ein durchschnittlich gebundenes Kapital von $\frac{A+R}{2}$.

- Für das gleiche Investitionsobjekt ergibt sich bei der Vorstellung einer diskreten Kapitalverminderung, also einer Verminderung des Kapitals ad hoc am Periodenende, wie dies bei der Bilanzierung durch die Vornahme einer Abschreibung erfolgen würde, im Falle von (2) ein durchschnittlich gebundenes Kapital von $\frac{A-R+\frac{A-R}{n}}{2}+R$. Dies ist dann sinnvoll, wenn das Kapital tatsächlich am Periodenende durch Bildung von entsprechenden Abschreibungsgegenwerten aus dem Investitionsobjekt abfließt und lineare Abschreibungen unterstellt werden.

- Werden nicht lineare Abschreibungen unterstellt, ist die Formel $(A-R) \times \frac{n+1}{n} + R$ vorzuziehen, die unter (3) dargestellt ist. Für den Fall, dass lineare Abschreibungen vorhanden sind, fallen die Rechenergebnisse der Kapitalbindungsvorstellungen für das durchschnittlich gebundene Kapital unter (2) und (3) zusammen.

- Die Kapitalbindungsvorstellung unter (4) geht von einem über die Laufzeit vollständig gebundenen Kapital aus, also von keiner Kapitalverminderung während der Laufzeit. Daher ist dann auch durchschnittlich A gebunden.

2.3 Ein Baukastensystem zur Erstellung statischer Investitionsrechnungsformeln

Abbildung 2-4: *Entwicklung der Kapitalbindung bei Investitionen mit Restwert*

grafische Darstellung   durchschnittlich gebundenes Kapital (d. geb. Kap)

Restwert ≠ Null

(1) einfachste (lineare) Kapitalbindungsvorstellung

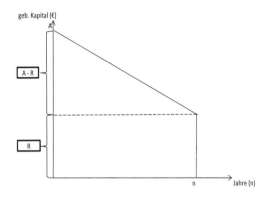

(1): d. geb. Kap. = $\dfrac{A-R}{2} + R = \dfrac{A+R}{2}$

(2), (3) diskrete Kapitalverminderung

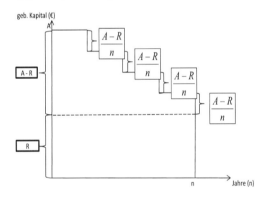

(2): d. geb. Kap. = $\dfrac{(A-R) + \dfrac{A-R}{n}}{2} + R$

(3): d. geb. Kap. = $\dfrac{A-R}{2} * \dfrac{n+1}{n} + R$

(4) konstante Kapitalbindung

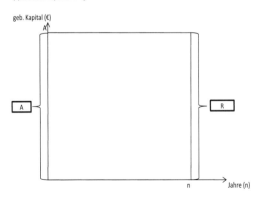

(4): d. geb. Kap. = A

Statische Investitionsrechnungsverfahren

Abbildung 2-5:   Entwicklung der Kapitalbindung bei Investitionen ohne Restwert

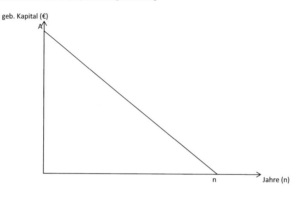

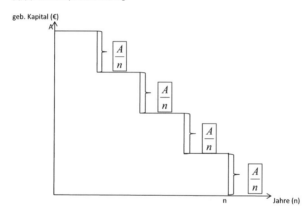

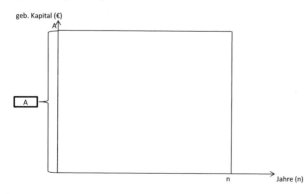

Die Kostenvergleichsrechnung **2.4**

Die **Kapitalbindungsvorstellungen bei Abwesenheit eines Restwertes** sind in Abbildung 2.5 dargestellt.

Ebenfalls in der Abbildung 2.5 wird, wie bereits in Abbildung 2.4, das durchschnittlich gebundene Kapital aus den Abbildungen formelmäßig abgeleitet, um den Verzinsungsanteil des Kapitaldienstes in seinen verschiedenen Formen für die statischen Investitionsrechnungsformeln formelmäßig zu erfassen.

Grundsätzlich werden als klassische Formen

- die lineare Kapitalverminderung (Teil (1) in der Abbildung 2.5),
- die diskrete Kapitalverminderung (Teil (2) und (3) in der Abbildung 2.5) und
- die konstante Kapitalbindung (Teil (4) in Abbildung 2.5) unterstellt.

2.3.3 Abschnittsergebnisse

In diesem Unterkapitel haben Sie:

- ein Baukastensystem zur Erstellung statischer Investitionsrechnungsformeln kennen gelernt,
- die drei Fallunterscheidungen bei der Ermittlung statischer Investitionsrechnungsformeln differenziert,
- die drei Komponenten der statischen Investitionsrechnungsformeln erarbeitet,
- auf den Unterschied zwischen Alternativenvergleich und Ersatzproblem fokussiert und
- die verschiedenen Formen der Kapitalbindungsvorstellung analysiert.

2.4 Die Kostenvergleichsrechnung

2.4.1 Darstellung und Kritik der Kostenvergleichsrechnung

Die Kostenvergleichsrechnung vergleicht Kosten von Investitionsobjekten bei gegebener Kapazität.

Diese Vorgehensweise hat aufgrund ihrer Einfachheit leider diverse Nachteile. Zunächst sind dies die für alle statischen Verfahren üblichen Nachteile, die in Kapitel 2.2 bereits genannt wurden. Daher sollen sie hier nicht wiederholt werden. Zusätzliche Nachteile dazu, die in der Kostenvergleichsrechnung begründet liegen, sind:

2 Statische Investitionsrechnungsverfahren

- Zum einen das **Fehlen der Betrachtung der Umsatzseite**. Natürlich sind aus einer wirtschaftlichen Perspektive nicht die Kosten von Investitionsobjekten relevant, sondern die Gewinne, also eine Differenz aus einer Umsatzgröße und Kostengrößen. Bei der Anwendung der Kostenvergleichsrechnung wird die Umsatzseite ignoriert. Dies ist nur dann sinnvoll, wenn Höhe und zeitliche Verteilung der Umsätze bei allen zu vergleichenden Alternativen identisch oder annähernd identisch sind. Ist das nicht der Fall, sollte die Kostenvergleichsrechnung nicht angewendet werden, sondern die Gewinnvergleichsrechnung, die im folgenden Unterkapitel 2.5 behandelt wird, benutzt werden.

- Weiterhin ermittelt die Kostenvergleichsrechnung keine **tatsächlichen oder realitätsnah kalkulierten Kosten,** wie dies in der Kostenrechnung als anderer Betriebswirtschaftslehre erfolgen würde, so dass die Anwendung der Kostenvergleichsrechnung für eine Einzelinvestition nicht sinnvoll ist, da die Kostenrechnung nur eine Vergleichszahl ermittelt und keine tatsächlichen Kosten.

- Außerdem sollten nur Investitionsobjekte mit der Kostenvergleichsrechnung verglichen werden, deren **Kosten in ihrer Höhe im zeitlichen Verlauf** recht ähnlich sind. Da die Kostenvergleichsrechnung eine periodische Rechnung ist, werden aus unterschiedlich hohen Betriebskosten im Zeitverlauf Durchschnitte gebildet, die den zeitlichen Anfall der Zahlungen und damit für die Praxis relevante Zinsunterschiede ignorieren.

- Aus dem gleichen Grund der periodisch gleichen Rechenelemente geht die Kostenvergleichsrechnung ebenfalls von **gleichbleibender Kapazitätsauslastung** im Investitionsobjekt aus. Gerade im Vergleich von Investitionsalternativen, der bei allen Anwendungen der Kostenvergleichsrechnung erfolgt, ist dies eine entscheidender Faktor für die Auswahl der günstigsten Investition. Schon nur geringe Änderungen der Anlagenauslastung können zu einer anderen Investitionsentscheidung führen, was aber von der Kostenvergleichsrechnung nicht beachtet wird.

Möglich ist die Beachtung unterschiedlicher Kapazitätsauslastungen bei einer Anwendung der Kostenvergleichsrechnung nicht auf die gesamten Kosten einer Investition verteilt auf die Nutzungsdauer, also pro Periode, sondern auf die **Stückkosten**, die durch Division der gesamten Kosten durch die Ausbringungsmenge ermittelt werden, also die Kosten pro Leistungseinheit. Diese Fragestellung soll an dieser Stelle nicht behandelt werden. Die hiermit häufig beantwortete Fragestellung, ab welcher Mindestausbringungsmenge ein Investitionsobjekt einem anderen vorgezogen werden kann, ist letztendlich identisch mit der Frage der **Kritischen-Werte-Rechnung,** die Gegenstand in Kapitel 6 sein wird. Dort wird dann allerdings etwas anspruchsvoller und realitätsnäher, nämlich dynamisch gerechnet.

In der Darstellung in diesem Kapitel wird auch auf eine Teilung in fixe und variable Kosten verzichtet. Die dargestellten Kosten sind also immer eine bereits erfolgte Summation von fixen und variablen Kosten.

Die Kostenvergleichsrechnung **2.4**

Entsprechend den im vorangegangenen Abschnitt vorgestellten Konstellationen gibt es nun insgesamt **16 verschiedene Formeln für die Kostenvergleichsrechnung**. Dies ergibt sich aus den 4 möglichen Kapitalbindungsvorstellungen, die einmal mit und einmal ohne Restwert zu 8 verschiedenen möglichen Kapitaldiensten zusammengesetzt werden können. Durch die Unterscheidung in den Alternativenvergleich und das Ersatzproblem verdoppelt sich die Anzahl der möglichen Formeln auf 16. Diese Formeln werden im Folgenden vorgestellt.

2.4.2 Formeln der Kostenvergleichsrechnung

Allgemein gelten also folgende Formeln:

$$(2.4) \quad \boxed{K_1 \lessgtr K_2}$$

für den **Alternativenvergleich**, wobei natürlich auch mehr als 2 Investitionsobjekte verglichen werden können, und

$$(2.5) \quad \boxed{K_{alt} \lessgtr K_{neu}}$$

für das **Ersatzproblem**.

Die Kostenbestandteile der Betriebskosten (B) sind dabei Löhne, Material, Energie, Instandhaltung, Raumkosten, Absatzkosten usw. Die Kostenbestandteile des Kapitaldienstes sind die Abschreibungen für die Kapitalwiedergewinnung und der Verzinsungsanteil.

Zunächst werden die 8 Formeln für den **Alternativenvergleich** vorgestellt, daraus die ersten 4 mit Berücksichtigung eines Restwertes. Sie unterscheiden sich dann nur durch die unterschiedliche Kapitalbindungsvorstellung.

$$(2.6) \quad \boxed{B_1 + \frac{A_1 - R_1}{n_1} + \frac{A_1 + R_1}{2} * i \lessgtr B_2 + \frac{A_2 - R_2}{n_2} + \frac{A_2 + R_2}{2} * i}$$

2 Statische Investitionsrechnungsverfahren

In diesem Kapitel wird in den Formeldarstellungen für die Multiplikation als Formelzeichen „*" verwendet, während in den anderen Kapiteln das übliche „x" verwendet wird. Dies liegt an der platzsparenden Darstellung durch das „*" gegenüber dem „x".

Bei dieser Formel (2.6) handelt es sich um die bekannteste Formel der Kostenvergleichsrechnung, die sogenannte **Ingenieurformel.**

$$(2.7)\quad \boxed{B_1 + \frac{A_1 - R_1}{n_1} + \left(\frac{A_1 - R_1 + \frac{A_1 - R_1}{n_1}}{2} + R_1\right) * i \lessgtr B_2 + \frac{A_2 - R_2}{n_2} + \left(\frac{A_2 - R_2 + \frac{A_2 - R_2}{n_2}}{2} + R_2\right) * i}$$

Bei der Formel (2.7) handelt es sich um eine Kostenvergleichsrechnungsformel im Alternativenvergleich bei Vorhandensein eines Restwertes unter der Annahme einer diskreten Kapitalbindungsvorstellung.

$$(2.8)\quad \boxed{B_1 + \frac{A_1 - R_1}{n_1} + \left(\frac{A_1 - R_1}{2} * \frac{n_1 + 1}{n_1} + R_1\right) * i \lessgtr B_2 + \frac{A_2 - R_2}{n_2} + \left(\frac{A_2 - R_2}{2} * \frac{n_2 + 1}{n_2} + R_2\right) * i}$$

Bei der Formel (2.8) handelt es sich um eine Kostenvergleichsrechnungsformel im Alternativenvergleich bei Vorhandensein eines Restwertes unter der Annahme einer ebenfalls diskreten Kapitalbindungsvorstellung.

$$(2.9)\quad \boxed{B_1 + \frac{A_1 - R_1}{n_1} + A_1 * i \lessgtr B_2 + \frac{A_2 - R_2}{n_2} + A_2 * i}$$

Bei der Formel (2.9) handelt es sich um eine Kostenvergleichsrechnungsformel im Alternativenvergleich bei Vorhandensein eines Restwertes unter der Annahme einer konstanten Kapitalbindungsvorstellung. Da die Anschaffungsauszahlung in ihrer Höhe dem Restwert entspricht, (A = R), muss auch gelten, dass (A – R) / n Null ergibt.

$$(2.10)\quad \boxed{B_1 + \frac{A_1}{n_1} + \frac{A_1}{2} * i \lessgtr B_2 + \frac{A_2}{n_2} + \frac{A_2}{2} * i}$$

Die Kostenvergleichsrechnung 2.4

Bei dieser Formel (2.10) handelt es sich ebenfalls um die bekannte **Ingenieurformel**, allerdings bei Fehlen eines Restwertes, der auch bei den drei folgenden Formeln fehlt.

$$(2.11)\quad B_1 + \frac{A_1}{n_1} + \left(\frac{A_1 + \frac{A_1}{n_1}}{2}\right) * i \lessgtr B_2 + \frac{A_2}{n_2} + \left(\frac{A_2 + \frac{A_2}{n_2}}{2}\right) * i$$

Bei der Formel (2.11) handelt es sich um eine Kostenvergleichsrechnungsformel im Alternativenvergleich bei Fehlen eines Restwertes unter der Annahme einer diskreten Kapitalbindungsvorstellung.

$$(2.12)\quad B_1 + \frac{A_1}{n_1} + \left(\frac{A_1}{2} * \frac{n_1 + 1}{n_1}\right) * i \lessgtr B_2 + \frac{A_2}{n_2} + \left(\frac{A_2}{2} * \frac{n_2 + 1}{n_2}\right) * i$$

Bei der Formel (2.12) handelt es sich um eine Kostenvergleichsrechnungsformel im Alternativenvergleich bei Fehlen eines Restwertes unter der Annahme einer ebenfalls diskreten Kapitalbindungsvorstellung.

$$(2.13)\quad B_1 + \frac{A_1}{n_1} + A_1 * i \lessgtr B_2 + \frac{A_2}{n_2} + A_2 * i$$

Bei der Formel (2.13) handelt es sich um eine Kostenvergleichsrechnungsformel im Alternativenvergleich bei Fehlen eines Restwertes unter der Annahme einer konstanten Kapitalbindungsvorstellung.

Nun werden die **8 Formeln für das Ersatzproblem** vorgestellt, daraus die ersten 4 mit Berücksichtigung eines Restwertes. Sie unterscheiden sich dann nur durch die unterschiedliche Kapitalbindungsvorstellung.

$$(2.14)\quad B_{neu} + \frac{A_{neu} - R_{neu}}{n_{neu}} + \frac{A_{neu} + R_{neu}}{2} * i \lessgtr B_{alt}$$

Statische Investitionsrechnungsverfahren

Bei der Formel (2.14) handelt es sich um eine Kostenvergleichsrechnungsformel im Ersatzproblem bei Vorhandensein eines Restwertes unter der Annahme einer kontinuierlichen Kapitalbindungsvorstellung.

$$(2.15)\quad B_{neu} + \frac{A_{neu} - R_{neu}}{n_{neu}} + \left(\frac{A_{neu} - R_{neu} + \frac{A_{neu} - R_{neu}}{n_{neu}}}{2} + R_{neu} \right) * i \lessgtr B_{alt}$$

Bei der Formel (2.15) handelt es sich um eine Kostenvergleichsrechnungsformel im Ersatzproblem bei Vorhandensein eines Restwertes unter der Annahme einer diskreten Kapitalbindungsvorstellung.

$$(2.16)\quad B_{neu} + \frac{A_{neu} - R_{neu}}{n_{neu}} + \left(\frac{A_{neu} - R_{neu}}{2} * \frac{n_{neu} + 1}{n_{neu}} + R_{neu} \right) * i \lessgtr B_{alt}$$

Bei der Formel (2.16) handelt es sich um eine Kostenvergleichsrechnungsformel im Ersatzproblem bei Vorhandensein eines Restwertes unter der Annahme einer ebenfalls diskreten Kapitalbindungsvorstellung.

$$(2.17)\quad B_{neu} + \frac{A_{neu} - R_{neu}}{n_{neu}} + A_{neu} * i \lessgtr B_{alt}$$

Bei der Formel (2.17) handelt es sich um eine Kostenvergleichsrechnungsformel im Ersatzproblem bei Vorhandensein eines Restwertes, der sich allerdings nicht auf die Kapitalbindung auswirkt, unter der Annahme einer konstanten Kapitalbindungsvorstellung.

$$(2.18)\quad B_{neu} + \frac{A_{neu}}{n_{neu}} + \frac{A_{neu}}{2} * i \lessgtr B_{alt}$$

Bei der Formel (2.18) handelt es sich um eine Kostenvergleichsrechnungsformel im Ersatzproblem bei Fehlen eines Restwertes unter der Annahme einer kontinuierlichen Kapitalbindungsvorstellung.

$$(2.19)\quad \boxed{B_{neu} + \frac{A_{neu}}{n_{neu}} + \left(\frac{A_{neu} + \frac{A_{neu}}{n_{neu}}}{2} \right) * i \lessgtr B_{alt}}$$

Bei der Formel (2.19) handelt es sich um eine Kostenvergleichsrechnungsformel im Ersatzproblem wie bei den folgenden drei Formeln bei Fehlen eines Restwertes unter der Annahme einer diskreten Kapitalbindungsvorstellung.

$$(2.20)\quad \boxed{B_{neu} + \frac{A_{neu}}{n_{neu}} + \left(\frac{A_{neu}}{2} * \frac{n_{neu}+1}{n_{neu}} \right) * i \lessgtr B_{alt}}$$

Bei der Formel (2.20) handelt es sich um eine Kostenvergleichsrechnungsformel im Ersatzproblem bei Fehlen eines Restwertes unter der Annahme einer ebenfalls diskreten Kapitalbindungsvorstellung.

$$(2.21)\quad \boxed{B_{neu} + \frac{A_{neu}}{n_{neu}} + A_{neu} * i \lessgtr B_{alt}}$$

Bei der Formel (2.21) handelt es sich um eine Kostenvergleichsrechnungsformel im Ersatzproblem bei Fehlen eines Restwertes unter der Annahme einer konstanten Kapitalbindungsvorstellung.

2.4.3 Anwendung der Kostenvergleichsrechnung

Die Kostenvergleichsrechnung soll nun auf verschiedene Arten auf den Beispieldatensatz aus Abbildung 2.6 angewendet werden. Entsprechende Aufgaben befinden sich unter der Abbildung 2.6.

Abbildung 2-6:   *Datensatz zur Anwendung der Kostenvergleichsrechnung*

	A	B	C
1		Objekt 1	Objekt 2
2	A	12000	20000
3	i	0,1	0,1
4	n	4	4
5	$B_{k=1}$	18000	16000
6	$B_{k=2}$	15000	20000
7	$B_{k=3}$	14000	22000
8	$B_{k=4}$	13000	22000
9	R	2000	5000

2.4.3.1 Aufgaben

Aufgabe a) Ermitteln Sie für die Objekte 1 und 2 mit der **Kostenvergleichsrechnung im Alternativenvergleich** die Kosten und empfehlen Sie basierend auf dem Rechenergebnis eine Investitionsentscheidung. Gehen Sie für die Kapitalbindungsvorstellung von der **einfachsten Kapitalbindungsvorstellung** aus und wenden Sie einmal das **primitive Verfahren der Datenbeschaffung** an und einmal das **verbesserte Verfahren**. Für das verbesserte Verfahren der Datenermittlung bilden Sie bitte die Durchschnitte der jährlichen Betriebskosten und sehen diese als repräsentativ an.

Aufgabe b) Ermitteln Sie für die Objekte 1 und 2 mit der Kostenvergleichsrechnung im **Alternativenvergleich** die Kosten und empfehlen Sie basierend auf dem Rechenergebnis eine Investitionsentscheidung. Gehen Sie für die Kapitalbindungsvorstellung von der **diskreten Kapitalbindungsvorstellung** aus und wenden Sie das **verbesserte Verfahren der Datenermittlung** an. Für das verbesserte Verfahren der Datenermittlung bilden Sie bitte die Durchschnitte der jährlichen Betriebskosten und sehen diese als repräsentativ an.

Aufgabe c) Ermitteln Sie für die Objekte 1 und 2 mit der Kostenvergleichsrechnung im **Ersatzproblem** die Kosten und empfehlen Sie basierend auf dem Rechenergebnis eine Investitionsentscheidung. Gehen Sie für die Kapitalbindungsvorstellung **einmal von einer einfachen und einmal von einer diskreten Kapitalbindungsvorstellung** aus und wenden Sie das **verbesserte Verfahren der Datenermittlung** an. Für das verbesserte Verfahren der Datenermittlung bilden Sie bitte die Durchschnitte der jährlichen Betriebskosten und sehen diese als repräsentativ an. Gehen Sie bitte für diese Aufgabe davon aus, dass es sich bei Objekt 1 um das Neuobjekt und bei Objekt 2 um das Altobjekt handelt.

- **Aufgabe d)** Ermitteln Sie für die Objekte 1 und 2 mit der Kostenvergleichsrechnung im **Ersatzproblem** die Kosten und empfehlen Sie basierend auf dem Rechenergebnis eine Investitionsentscheidung. Gehen Sie für die Kapitalbindungsvorstellung von der **einfachen Kapitalbindungsvorstellung** aus und wenden Sie **das verbesserte Verfahren der Datenermittlung** an. Für das verbesserte Verfahren der Datenermittlung bilden Sie bitte die Durchschnitte der jährlichen Betriebskosten und sehen diese als repräsentativ an. Gehen Sie bitte für diese Aufgabe davon aus, dass es sich bei Objekt 1 um das Neuobjekt und bei Objekt 2 um das Altobjekt handelt und dass anders als im Datensatz in Abbildung 2.6 **bei Alt- und Neuobjekt keine Restwerte vorliegen**.

2.4.3.2 Lösungen

Aufgabe a)

Zunächst ist die relevante Formel zu identifizieren. In diesem Fall ist dies Formel 2.6, in die die relevanten Daten einzusetzen sind.

Für den Fall des primitiven Verfahrens der Datenbeschaffung sind die Erstjahresdaten der Betriebskosten zu verwenden, also 18.000 Euro für Objekt 1 und 16.000 Euro für Objekt 2 aus Abbildung 2.6.

Für das verbesserte Verfahren der Datenbeschaffung sind die Betriebskosten eines jeden Investitionsobjektes einzeln zu summieren und durch die Jahre der Nutzungsdauer zu teilen.

Für Objekt 1 ergibt sich (18.000 + 15.000 + 14.000 + 13.000) / 4 = 15.000.

Für Objekt 2 ergibt sich (16.000 + 20.000 + 22.000 + 22.000) / 4 = 20.000.

$$(2.22) = (2.6) \quad B_1 + \frac{A_1 - R_1}{n_1} + \frac{A_1 + R_1}{2} * i \lessgtr B_2 + \frac{A_2 - R_2}{n_2} + \frac{A_2 + R_2}{2} * i$$

Für das primitive Verfahren der Datenermittlung sind für Objekt 1 also 18.000 Euro als Betriebskosten einzusetzen, für Objekt 2 16.000 Euro. Dies ist in Gleichung 2.23 sichtbar.

$$(2.23) \quad 18.000 + \frac{12.000 - 2.000}{4} + \frac{12.000 + 2.000}{2} * 0{,}1 \lessgtr 16.000 + \frac{20.000 - 5.000}{4} + \frac{20.000 + 5.000}{2} * 0{,}1$$

Für das Objekt 1 ergeben sich in dieser Situation dann Kosten in Höhe von 21.200 Euro, für Objekt 2 sind es 21.000 Euro.

$$(2.24)\ \boxed{K_{Objekt1}(21.200\,Euro) \rangle K_{Objekt2}(21.000\,Euro)}$$

Damit wäre Objekt 2 unter dieser Konstellation Objekt 1 vorzuziehen.

Für das verbesserte Verfahren der Datenermittlung sind für Objekt 1 also 15.000 Euro als Betriebskosten einzusetzen, für Objekt 2 20.000 Euro. Relevant ist erneut Formel (2.6).

$$(2.25) = (2.6)\ \boxed{B_1 + \frac{A_1 - R_1}{n_1} + \frac{A_1 + R_1}{2} * i \genfrac{}{}{0pt}{}{\langle}{\rangle} B_2 + \frac{A_2 - R_2}{n_2} + \frac{A_2 + R_2}{2} * i}$$

Dies ist in Gleichung (2.26) sichtbar.

$$(2.26)\ \boxed{15.000 + \frac{12.000 - 2.000}{4} + \frac{12.000 + 2.000}{2} * 0{,}1 \genfrac{}{}{0pt}{}{\langle}{\rangle} 20.000 + \frac{20.000 - 5.000}{4} + \frac{20.000 + 5.000}{2} * 0{,}1}$$

Für das Objekt 1 ergeben sich in dieser Situation dann Kosten in Höhe von 18.200 Euro, für Objekt 2 sind es 25.000 Euro.

$$(2.27)\ \boxed{K_{Objekt1}(18.200\,Euro) \langle K_{Objekt2}(25.000\,Euro)}$$

Damit wäre Objekt 1 unter dieser Konstellation Objekt 2 vorzuziehen.

Aufgabe b)

Zunächst ist die relevante Formel zu identifizieren. In diesem Fall sind dies die Formeln (2.7) und (2.8). Beide repräsentieren die diskrete Kapitalbindungsvorstellung, nur mit unterschiedlichen Formeln, die für eine gleichmäßige Kapitalverminderung zu gleichen Ergebnissen führen. In diese Formeln sind die relevanten Daten einzusetzen, wie in den Formeln (2.30) und (2.31) sichtbar wird.

2.4 Die Kostenvergleichsrechnung

(2.28) = (2.7)

$$B_1 + \frac{A_1 - R_1}{n_1} + \left(\frac{A_1 - R_1 + \frac{A_1 - R_1}{n_1}}{2} + R_1\right) * i \underset{>}{\overset{<}{}} B_2 + \frac{A_2 - R_2}{n_2} + \left(\frac{A_2 - R_2 + \frac{A_2 - R_2}{n_2}}{2} + R_2\right) * i$$

(2.29) = (2.8)

$$B_1 + \frac{A_1 - R_1}{n_1} + \left(\frac{A_1 - R_1}{2} * \frac{n_1 + 1}{n_1} + R_1\right) * i \underset{>}{\overset{<}{}} B_2 + \frac{A_2 - R_2}{n_2} + \left(\frac{A_2 - R_2}{2} * \frac{n_2 + 1}{n_2} + R_2\right) * i$$

(2.30)

$$15.000 + \frac{12.000 - 2.000}{4} + \left(\frac{12.000 - 2.000 + \frac{12.000 - 2.000}{4}}{2} + 2.000\right) * 0,1 \underset{>}{\overset{<}{}} 20.000 + \frac{20.000 - 5.000}{4} + \left(\frac{20.000 - 5.000 + \frac{20.000 - 5.000}{4}}{2} + 5.000\right) * 0,1$$

(2.31)

$$15.000 + \frac{12.000 - 2.000}{4} + \left(\frac{12.000 - 2.000}{2} * \frac{4 + 1}{4} + 2.000\right) * 0,1 \underset{>}{\overset{<}{}} 20.000 + \frac{20.000 - 5.000}{4} + \left(\frac{20.000 - 5.000}{2} * \frac{4 + 1}{4} + 5.000\right) * 0,1$$

Für das Objekt 1 ergeben sich in dieser Situation dann Kosten in Höhe von 18.325 Euro. Für Objekt 2 sind es 25.187,50 Euro.

(2.32) $$K_{Objekt1}(18.325\,Euro) < K_{Objekt2}(25.187,50\,Euro)$$

Damit wäre Objekt 1 unter dieser Konstellation Objekt 2 vorzuziehen.

Aufgabe c)

Zunächst sind die relevanten Formeln zu identifizieren. In diesem Fall sind dies die Formeln (2.14) sowie (2.15) und (2.16). Die erste Formel wird bei der einfachen Kapitalbindungsvorstellung angewendet, die anderen repräsentieren die diskrete Kapitalbindungsvorstellung, nur mit unterschiedlichen Formeln, die für eine gleichmäßige Kapitalverminderung zu gleichen Ergebnissen führen. Daher wird an dieser Stelle nur eine Formel für die diskrete Kapitalbindungsvorstellung angewendet. In diese Formeln sind die relevanten Daten einzusetzen, wie in den Formeln (2.35) und (2.36) sichtbar wird.

Statische Investitionsrechnungsverfahren

$$(2.33) = (2.14) \quad \boxed{B_{neu} + \frac{A_{neu} - R_{neu}}{n_{neu}} + \frac{A_{neu} + R_{neu}}{2} * i \overset{<}{>} B_{alt}}$$

$$(2.34) = (2.15) \quad \boxed{B_{neu} + \frac{A_{neu} - R_{neu}}{n_{neu}} + \left(\frac{A_{neu} - R_{neu} + \frac{A_{neu} - R_{neu}}{n_{neu}}}{2} + R_{neu} \right) * i \overset{<}{>} B_{alt}}$$

Für die einfachste Kapitalbindungsvorstellung ergibt sich folgende Gleichung:

$$(2.35) \quad \boxed{15.000 + \frac{12.000 - 2.000}{4} + \frac{12.000 + 2.000}{2} * 0{,}1 \overset{<}{>} 20.000}$$

Für das Neuobjekt ergeben sich in dieser Situation dann Kosten in Höhe von 18.200 Euro, für das Altobjekt sind es 20.000 Euro.

$$(2.36) \quad \boxed{K_{Objekt\,neu}(18.200\,Euro) \langle K_{Objekt\,alt}(20.000\,Euro)}$$

Damit wäre das Neuobjekt unter dieser Konstellation dem Altobjekt vorzuziehen. Es sollte zu einem Sofortersatz kommen.

Für die diskrete Kapitalbindungsvorstellung ergibt sich folgende Gleichung:

$$(2.37)$$
$$\boxed{15.000 + \frac{12.000 - 2.000}{4} + \left(\frac{12.000 - 2.000 + \frac{12.000 - 2.000}{4}}{2} + 2.000 \right) * 0{,}1 \overset{<}{>} 20.000}$$

Für das Neuobjekt ergeben sich in dieser Situation dann Kosten in Höhe von 18.325 Euro, für das Altobjekt sind es 20.000 Euro.

$$(2.38) \quad \boxed{K_{Objekt\,neu}(18.325\,Euro) \langle K_{Objekt\,alt}(20.000\,Euro)}$$

Damit wäre das Neuobjekt unter dieser Konstellation dem Altobjekt vorzuziehen. Es sollte zu einem Sofortersatz kommen.

Aufgabe d)

Zunächst ist die relevante Formel zu identifizieren. In diesem Fall ist dies die Formel (2.18). In diese Formel sind die relevanten Daten einzusetzen. Dies wird in der Formel (2.40) sichtbar.

$$(2.39) = (2.18) \boxed{B_{neu} + \frac{A_{neu}}{n_{neu}} + \frac{A_{neu}}{2} * i \lessgtr B_{alt}}$$

Für die einfachste Kapitalbindungsvorstellung ergibt sich folgende Gleichung:

$$(2.40) \boxed{15.000 + \frac{12.000}{4} + \frac{12.000}{2} * 0,1 \lessgtr 20.000}$$

Für das Neuobjekt ergeben sich in dieser Situation dann Kosten in Höhe von 18.600 Euro, für das Altobjekt sind es 20.000 Euro.

$$(2.41) \boxed{K_{Objekt\,neu}(18.600\,Euro) \langle K_{Objekt\,alt}(20.000\,Euro)}$$

Damit wäre das Neuobjekt unter dieser Konstellation dem Altobjekt vorzuziehen. Es sollte zu einem Sofortersatz kommen.

2.4.4 Abschnittsergebnisse

In diesem Abschnitt haben Sie:

- die Arbeitsweise der Kostenvergleichsrechnung erfasst,
- die Kritik an der Kostenvergleichsrechnung nachvollzogen,
- die Kriterien der Kostenvergleichsrechnung kennen gelernt,
- die Formeln der Kostenvergleichsrechnung erarbeitet und
- die Kostenvergleichsrechnung auf ein Beispiel angewendet.

2.5 Die Gewinnvergleichsrechnung

2.5.1 Darstellung und Kritik der Gewinnvergleichsrechnung

Die Gewinnvergleichsrechnung vergleicht Gewinne von Investitionsobjekten bei gegebener Kapazität.

Diese Vorgehensweise hat die gleichen Nachteile wie die Kostenvergleichsrechnung, außer dass nun Umsätze berücksichtigt werden. So ist auch der Aufbau der statischen Investitionsrechnungsformeln identisch wie bei der Kostenvergleichsrechnung, ebenso wie die Anzahl, nur dass die Formeln nun durchgängig den Umsatz als zusätzlichen Summanden aufgenommen haben.

Die Formeln lauten alle auf Umsatz (U) – der entsprechenden Kostenvergleichsrechnungsformel.

Die Nachteile sind im Einzelnen:

- Auch die in der Gewinnvergleichsrechnung ermittelten **Gewinne** sind keine tatsächlichen oder realitätsnah kalkulierten Gewinne, wie dies in der Kostenrechnung als anderer Betriebswirtschaftslehre erfolgen würde.

- Eine Anwendung der Gewinnvergleichsrechnung für eine Einzelinvestition ist anders als bei der Kostenvergleichsrechnung nun sinnvoll, obwohl auch die Gewinnvergleichsrechnung eigentlich nur eine Vergleichszahl und keine **tatsächlichen Gewinne** ermittelt, da das Ergebnis der Gewinnvergleichsrechnung als absolute Größe bei der gegebenen Einfachheit des Verfahrens einen Hinweis darauf geben kann, ob die Investition bei Eintritt der geplanten Daten vorteilhaft sein kann.

- Weiterhin sollten nur Investitionsobjekte mit der Gewinnvergleichsrechnung verglichen werden, deren **Gewinne in ihrer Höhe im zeitlichen Verlauf** recht ähnlich sind. Da die Gewinnvergleichsrechnung eine periodische Rechnung ist, werden aus unterschiedlich hohen Umsätzen und Betriebskosten im Zeitverlauf Durchschnitte gebildet, die den zeitlichen Anfall der Zahlungen und damit für die Praxis relevante Zinsunterschiede ignorieren.

- Aus dem gleichen Grund der periodisch gleichen Rechenelemente geht die Gewinnvergleichsrechnung ebenfalls von **gleichbleibender Kapazitätsauslastung** im Investitionsobjekt aus. Gerade im Vergleich von Investitionsalternativen, der bei allen Anwendungen der Gewinnvergleichsrechnung erfolgt, ist dies eine entscheidender Faktor für die Auswahl der günstigsten Investition. Schon nur geringe Änderungen der Anlagenauslastung können zu einer anderen Investitionsentscheidung führen. Dies wird aber von der Gewinnvergleichsrechnung nicht beachtet.

Entsprechend den in Abschnitt 2.3 vorgestellten Konstellationen gibt es nun **insgesamt 16 verschiedene Formeln für die Gewinnvergleichsrechnung.** Dies ergibt sich

2.5 Die Gewinnvergleichsrechnung

aus den 4 möglichen Kapitalbindungsvorstellungen, die einmal mit und einmal ohne Restwert zu 8 verschiedenen möglichen Kapitaldiensten zusammengesetzt werden können. Durch die Unterscheidung in den Alternativenvergleich und das Ersatzproblem verdoppelt sich die Anzahl der möglichen Formeln auf 16, exakt so wie bei der Kostenvergleichsrechnung. Diese Formeln werden nachfolgend vorgestellt.

2.5.2 Formeln der Gewinnvergleichsrechnung

Allgemein gelten also folgende Formeln:

$$(2.42) \quad \boxed{G \geq 0}$$

für die **Einzelinvestition**.

$$(2.43) \quad \boxed{G_1 \lessgtr G_2}$$

für den **Alternativenvergleich**, wobei natürlich auch mehr als 2 Investitionsobjekte verglichen werden können, und

$$(2.44) \quad \boxed{G_{neu} \lessgtr G_{alt}}$$

für das **Ersatzproblem**.

Zunächst werden die **8 Formeln für den Alternativenvergleich** vorgestellt, daraus die ersten 4 mit Berücksichtigung eines Restwertes. Sie unterscheiden sich dann nur durch die unterschiedliche Kapitalbindungsvorstellung.

$$(2.45) \quad \boxed{U_1 - B_1 - \frac{A_1 - R_1}{n_1} - \frac{A_1 + R_1}{2} * i \lessgtr U_2 - B_2 - \frac{A_2 - R_2}{n_2} - \frac{A_2 + R_2}{2} * i}$$

Statische Investitionsrechnungsverfahren

Bei der Formel (2.45) handelt es sich um eine Gewinnvergleichsrechnungsformel im Alternativenvergleich bei Vorhandensein eines Restwertes unter der Annahme einer kontinuierlichen Kapitalbindungsvorstellung.

(2.46)
$$U_1 - B_1 - \frac{A_1 - R_1}{n_1} - \left(\frac{A_1 - R_1 + \frac{A_1 - R_1}{n_1}}{2} + R_1 \right) * i \gtrless U_2 - B_2 - \frac{A_2 - R_2}{n_2} - \left(\frac{A_2 - R_2 + \frac{A_2 - R_2}{n_2}}{2} + R_2 \right) * i$$

Bei der Formel (2.46) handelt es sich um eine Gewinnvergleichsrechnungsformel im Alternativenvergleich bei Vorhandensein eines Restwertes unter der Annahme einer diskreten Kapitalbindungsvorstellung.

(2.47)
$$U_1 - B_1 - \frac{A_1 - R_1}{n_1} - \left(\frac{A_1 - R_1}{2} * \frac{n_1 + 1}{n_1} + R_1 \right) * i \gtrless U_2 - B_2 - \frac{A_2 - R_2}{n_2} - \left(\frac{A_2 - R_2}{2} * \frac{n_2 + 1}{n_2} + R_2 \right) * i$$

Bei der Formel (2.47) handelt es sich um eine Gewinnvergleichsrechnungsformel im Alternativenvergleich bei Vorhandensein eines Restwertes ebenfalls unter der Annahme einer diskreten Kapitalbindungsvorstellung.

(2.48)
$$U_1 - B_1 - \frac{A_1 - R_1}{n_1} - A_1 * i \gtrless U_2 - B_2 - \frac{A_2 - R_2}{n_2} - A_2 * i$$

Bei der Formel (2.48) handelt es sich um eine Gewinnvergleichsrechnungsformel im Alternativenvergleich bei Vorhandensein eines Restwertes unter der Annahme einer konstanten Kapitalbindungsvorstellung. Da die Anschaffungsauszahlung in ihrer Höhe dem Restwert entspricht, (A = R), muss auch gelten, dass (A – R) / n null ergibt.

(2.49)
$$U_1 - B_1 - \frac{A_1}{n_1} - \frac{A_1}{2} * i \gtrless U_2 - B_2 - \frac{A_2}{n_2} - \frac{A_2}{2} * i$$

2.5 Die Gewinnvergleichsrechnung

Bei der Formel (2.49) handelt es sich um eine Gewinnvergleichsrechnungsformel im Alternativenvergleich bei Abwesenheit eines Restwertes unter der Annahme einer kontinuierlichen Kapitalbindungsvorstellung.

$$(2.50) \quad \boxed{U_1 - B_1 - \frac{A_1}{n_1} - \left(\frac{A_1 + \frac{A_1}{n_1}}{2}\right) * i \overset{<}{\underset{>}{}} U_2 - B_2 - \frac{A_2}{n_2} - \left(\frac{A_2 + \frac{A_2}{n_2}}{2}\right) * i}$$

Bei der Formel (2.50) handelt es sich um eine Gewinnvergleichsrechnungsformel im Alternativenvergleich bei Abwesenheit eines Restwertes unter der Annahme einer diskreten Kapitalbindungsvorstellung.

$$(2.51) \quad \boxed{U_1 - B_1 - \frac{A_1}{n_1} - \left(\frac{A_1}{2} * \frac{n_1 + 1}{n_1}\right) * i \overset{<}{\underset{>}{}} U_2 - B_2 - \frac{A_2}{n_2} - \left(\frac{A_2}{2} * \frac{n_2 + 1}{n_2}\right) * i}$$

Bei der Formel (2.51) handelt es sich um eine Gewinnvergleichsrechnungsformel im Alternativenvergleich bei Abwesenheit eines Restwertes unter der Annahme einer ebenfalls diskreten Kapitalbindungsvorstellung.

$$(2.52) \quad \boxed{U_1 - B_1 - \frac{A_1}{n_1} - A_1 * i \overset{<}{\underset{>}{}} U_2 - B_2 - \frac{A_2}{n_2} - A_2 * i}$$

Bei der Formel (2.52) handelt es sich um eine Gewinnvergleichsrechnungsformel im Alternativenvergleich bei Abwesenheit eines Restwertes unter der Annahme einer konstanten Kapitalbindungsvorstellung.

Im Folgenden werden die **8 Formeln für das Ersatzproblem** vorgestellt, daraus die ersten 4 mit Berücksichtigung eines Restwertes. Sie unterscheiden sich dann nur durch die unterschiedliche Kapitalbindungsvorstellung.

$$(2.53) \quad \boxed{U_{neu} - B_{neu} - \frac{A_{neu} - R_{neu}}{n_{neu}} - \frac{A_{neu} + R_{neu}}{2} * i \overset{<}{\underset{>}{}} U_{alt} - B_{alt}}$$

Bei der Formel (2.53) handelt es sich um eine Gewinnvergleichsrechnungsformel im Ersatzproblem bei Vorhandensein eines Restwertes unter der Annahme einer kontinuierlichen Kapitalbindungsvorstellung.

$$(2.54) \quad \boxed{U_{neu} - B_{neu} - \frac{A_{neu} - R_{neu}}{n_{neu}} - \left(\frac{A_{neu} - R_{neu} + \frac{A_{neu} - R_{neu}}{n_{neu}}}{2} + R_{neu} \right) * i \gtrless U_{alt} - B_{alt}}$$

Bei der Formel (2.54) handelt es sich um eine Gewinnvergleichsrechnungsformel im Ersatzproblem bei Vorhandensein eines Restwertes unter der Annahme einer diskreten Kapitalbindungsvorstellung.

$$(2.55) \quad \boxed{U_{neu} - B_{neu} - \frac{A_{neu} - R_{neu}}{n_{neu}} - \left(\frac{A_{neu} - R_{neu}}{2} * \frac{n_{neu} + 1}{n_{neu}} + R_{neu} \right) * i \gtrless U_{alt} - B_{alt}}$$

Bei der Formel (2.55) handelt es sich um eine Gewinnvergleichsrechnungsformel im Ersatzproblem bei Vorhandensein eines Restwertes unter der Annahme einer ebenfalls diskreten Kapitalbindungsvorstellung.

$$(2.56) \quad \boxed{U_{neu} - B_{neu} - \frac{A_{neu} - R_{neu}}{n_{neu}} - A_{neu} * i \gtrless U_{alt} - B_{alt}}$$

Bei der Formel (2.56) handelt es sich um eine Gewinnvergleichsrechnungsformel im Ersatzproblem bei Vorhandensein eines Restwertes unter der Annahme einer konstanten Kapitalbindungsvorstellung. Da die Anschaffungsauszahlung in ihrer Höhe dem Restwert entspricht, (A = R), muss auch gelten, dass (A − R) / n null ergibt.

$$(2.57) \quad \boxed{U_{neu} - B_{neu} - \frac{A_{neu}}{n_{neu}} - \frac{A_{neu}}{2} * i \gtrless U_{alt} - B_{alt}}$$

2.5 Die Gewinnvergleichsrechnung

Bei der Formel (2.57) handelt es sich um eine Gewinnvergleichsrechnungsformel im Ersatzproblem bei Abwesenheit eines Restwertes unter der Annahme einer kontinuierlichen Kapitalbindungsvorstellung.

$$(2.58) \quad \boxed{U_{neu} - B_{neu} - \frac{A_{neu}}{n_{neu}} - \left(\frac{A_{neu} + \frac{A_{neu}}{n_{neu}}}{2}\right) * i \lessgtr U_{alt} - B_{alt}}$$

Bei der Formel (2.58) handelt es sich um eine Gewinnvergleichsrechnungsformel im Ersatzproblem bei Abwesenheit eines Restwertes unter der Annahme einer diskreten Kapitalbindungsvorstellung.

$$(2.59) \quad \boxed{U_{neu} - B_{neu} - \frac{A_{neu}}{n_{neu}} - \left(\frac{A_{neu}}{2} * \frac{n_{neu}+1}{n_{neu}}\right) * i \lessgtr U_{alt} - B_{alt}}$$

Bei der Formel (2.59) handelt es sich um eine Gewinnvergleichsrechnungsformel im Ersatzproblem bei Abwesenheit eines Restwertes unter der Annahme einer ebenfalls diskreten Kapitalbindungsvorstellung.

$$(2.60) \quad \boxed{U_{neu} - B_{neu} - \frac{A_{neu}}{n_{neu}} - A_{neu} * i \lessgtr U_{alt} - B_{alt}}$$

Bei der Formel (2.60) handelt es sich um eine Gewinnvergleichsrechnungsformel im Ersatzproblem bei Abwesenheit eines Restwertes unter der Annahme einer konstanten Kapitalbindungsvorstellung.

2.5.3 Anwendung der Gewinnvergleichsrechnung

Die Gewinnvergleichsrechnung soll nun auf den Beispieldatensatz aus Abbildung 2.6 angewendet werden. Zusätzlich muss zu dem Beispieldatensatz noch ergänzt werden, dass die jährlichen Umsätze von Objekt 1 25.000 Euro betragen und die jährlichen Umsätze von Objekt 2 30.000 Euro betragen. Es soll vom verbesserten Verfahren der Datenbeschaffung ausgegangen werden.

2.5.3.1 Aufgaben

- **Aufgabe a)** Ermitteln Sie für die Objekte 1 und 2 mit der Gewinnvergleichsrechnung im **Alternativenvergleich** die Gewinne und empfehlen Sie basierend auf dem Rechenergebnis eine Investitionsentscheidung. Gehen Sie für die Kapitalbindungsvorstellung von der **einfachsten Kapitalbindungsvorstellung** aus.

- **Aufgabe b)** Ermitteln Sie für die Objekte 1 und 2 mit der Gewinnvergleichsrechnung im **Alternativenvergleich** die Gewinne und empfehlen Sie basierend auf dem Rechenergebnis eine Investitionsentscheidung. Gehen Sie für die Kapitalbindungsvorstellung von der **diskreten Kapitalbindungsvorstellung** aus.

- **Aufgabe c)** Ermitteln Sie für die Objekte 1 und 2 mit der Gewinnvergleichsrechnung im **Ersatzproblem** die Gewinne und empfehlen Sie basierend auf dem Rechenergebnis eine Investitionsentscheidung. Gehen Sie für die Kapitalbindungsvorstellung **einmal von einer einfachen und einmal von einer diskreten Kapitalbindungsvorstellung** aus. Gehen Sie bitte für diese Aufgabe davon aus, dass es sich bei **Objekt 1 um das Neuobjekt und bei Objekt 2 um das Altobjekt** handelt.

- **Aufgabe d)** Ermitteln Sie für die Objekte 1 und 2 mit der Gewinnvergleichsrechnung im **Ersatzproblem** die Gewinne und empfehlen Sie basierend auf dem Rechenergebnis eine Investitionsentscheidung. Gehen Sie für die Kapitalbindungsvorstellung von der **unverminderten Kapitalbindungsvorstellung** aus. Gehen Sie bitte für diese Aufgabe davon aus, dass es sich bei **Objekt 1 um das Neuobjekt und bei Objekt 2 um das Altobjekt** handelt und dass anders als im Datensatz in Abbildung 2.6 **bei Alt- und Neuobjekt keine Restwerte** vorliegen.

2.5.3.2 Lösungen

Das Vorgehen bei der Lösung dieser Aufgaben ist nahezu identisch mit dem Vorgehen bei der Lösung der Aufgabe zur Kostenvergleichsrechnung, nur dass zur Gewinnermittlung vom in der Aufgabe nun gegebenen Umsatz das Ergebnis der Kostenvergleichsrechnung abgezogen werden muss.

Aufgabe a)

Zunächst ist die relevante Formel zu identifizieren. In diesem Fall ist dies Formel (2.45).

$$(2.61) = (2.45) \left| U_1 - B_1 - \frac{A_1 - R_1}{n_1} - \frac{A_1 + R_1}{2} * i \gtrless U_2 - B_2 - \frac{A_2 - R_2}{n_2} - \frac{A_2 + R_2}{2} * i \right|$$

In diese sind die relevanten Daten einzusetzen. Dies ist in Gleichung (2.62) sichtbar.

2.5 Die Gewinnvergleichsrechnung

(2.62)
$$25.000-15.000-\frac{12.000-2.000}{4}-\frac{12.000+2.000}{2}*0{,}1 \lessgtr 30.000-20.000-\frac{20.000-5.000}{4}-\frac{20.000+5.000}{2}*0{,}1$$

Für das Objekt 1 ergeben sich in dieser Situation dann Gewinne in Höhe von 6.800 Euro, für Objekt 2 sind es 5.000 Euro.

(2.63) $$G_{Objekt1}(6.800\ Euro) > G_{Objekt2}(5.000\ Euro)$$

Damit wäre Objekt 1 unter dieser Konstellation Objekt 2 vorzuziehen.

Aufgabe b)

Zunächst ist die relevante Formel zu identifizieren. In diesem Fall sind dies die Formeln (2.46) und (2.47). Beide repräsentieren die diskrete Kapitalbindungsvorstellung, nur mit unterschiedlichen Formeln, die für eine gleichmäßige Kapitalverminderung zu gleichen Ergebnissen führen. Daher wird nur Formel (2.46) für die Lösung hier vorgestellt.

(2.64) = (2.46)

$$U_1 - B_1 - \frac{A_1-R_1}{n_1} - \left(\frac{A_1-R_1+\frac{A_1-R_1}{n_1}}{2}+R_1\right)*i \lessgtr U_2 - B_2 - \frac{A_2-R_2}{n_2} - \left(\frac{A_2-R_2+\frac{A_2-R_2}{n_2}}{2}+R_2\right)*i$$

In diese Formel sind die relevanten Daten einzusetzen, wie in Formel (2.65) sichtbar wird.

(2.65)
$$25.000-15.000-\frac{12.000-2.000}{4}-\left(\frac{12.000-2.000+\frac{12.000-2.000}{4}}{2}+2.000\right)*0{,}1 \lessgtr$$
$$30.000-20.000-\frac{20.000-5.000}{4}-\left(\frac{20.000-5.000+\frac{20.000-5.000}{4}}{2}+5.000\right)*0{,}1$$

Statische Investitionsrechnungsverfahren

Für das Objekt 1 ergeben sich in dieser Situation dann Gewinne in Höhe von 6.675 Euro, für Objekt 2 sind es 4.812,50 Euro.

$$(2.66)\quad \boxed{G_{Objekt1}(6.675\ Euro) \rangle G_{Objekt2}(4.812,50\ Euro)}$$

Damit wäre Objekt 1 unter dieser Konstellation Objekt 2 vorzuziehen.

Aufgabe c)

Zunächst sind die relevanten Formeln zu identifizieren. In diesem Fall sind dies die Formeln (2.53) sowie (2.54) und (2.55). Die erste Formel wird bei der einfachen Kapitalbindungsvorstellung angewendet, die anderen repräsentieren die diskrete Kapitalbindungsvorstellung, nur mit unterschiedlichen Formeln, die für eine gleichmäßige Kapitalverminderung zu gleichen Ergebnissen führen. Daher wird an dieser Stelle nur eine Formel (2.54) für die diskrete Kapitalbindungsvorstellung angewendet. In diese Formeln sind die relevanten Daten einzusetzen, wie in den Formeln (2.69) und (2.71) sichtbar wird.

$$(2.67) = (2.53)\quad \boxed{U_{neu} - B_{neu} - \frac{A_{neu} - R_{neu}}{n_{neu}} - \frac{A_{neu} + R_{neu}}{2} * i \gtrless U_{alt} - B_{alt}}$$

$$(2.68) = (2.54)\quad \boxed{U_{neu} - B_{neu} - \frac{A_{neu} - R_{neu}}{n_{neu}} - \left(\frac{A_{neu} - R_{neu} + \frac{A_{neu} - R_{neu}}{n_{neu}}}{2} + R_{neu}\right) * i \gtrless U_{alt} - B_{alt}}$$

Für die einfachste Kapitalbindungsvorstellung ergibt sich folgende Gleichung:

$$(2.69)\quad \boxed{25.000 - 15.000 - \frac{12.000 - 2.000}{4} - \frac{12.000 + 2.000}{2} * 0{,}1 \gtrless 30.000 - 20.000}$$

Für das Neuobjekt ergeben sich in dieser Situation dann Gewinne in Höhe von 6.800 Euro, für das Altobjekt sind es 10.000 Euro. Für das Neuobjekt ergibt sich gegenüber Objekt 1 in Aufgabe a) natürlich keine Veränderung.

2.5 Die Gewinnvergleichsrechnung

$$(2.70)\quad \boxed{G_{Objekt\,neu}(6.800\ Euro) < G_{Objekt\,alt}(10.000\ Euro)}$$

Damit wäre das Altobjekt unter dieser Konstellation dem Neuobjekt vorzuziehen. Es würde zu keinem Sofortersatz kommen.

Für die diskrete Kapitalbindungsvorstellung ergibt sich folgende Gleichung:

(2.71)

$$\boxed{25.000 - 15.000 - \frac{12.000 - 2.000}{4} - \left(\frac{12.000 - 2.000 + \frac{12.000 - 2.000}{4}}{2} + 2.000\right) * 0{,}1 \lessgtr 30.000 - 20.000}$$

Für das Neuobjekt ergeben sich in dieser Situation dann Gewinne in Höhe von 6.675 Euro, für das Altobjekt sind es 10.000 Euro. Für das Neuobjekt ergibt sich gegenüber Objekt 1 in Aufgabe a) natürlich keine Veränderung.

$$(2.72)\quad \boxed{G_{Objekt\,neu}(6.675\ Euro) < G_{Objekt\,alt}(10.000\ Euro)}$$

Damit wäre das Altobjekt unter dieser Konstellation dem Neuobjekt vorzuziehen. Es würde zu keinem Sofortersatz kommen.

Aufgabe d)

Zunächst ist die relevante Formel zu identifizieren. In diesem Fall ist dies die Formel (2.60).

$$(2.73) = (2.60)\quad \boxed{U_{neu} - B_{neu} - \frac{A_{neu}}{n_{neu}} - A_{neu} * i \lessgtr U_{alt} - B_{alt}}$$

In diese Formel sind die relevanten Daten einzusetzen, wie in Formel (2.74) sichtbar wird.

2 Statische Investitionsrechnungsverfahren

$$(2.74) \quad \boxed{25.000 - 15.000 - \frac{12.000}{4} - 12.000 * 0{,}1 \lessgtr 30.000 - 20.000}$$

Für das Neuobjekt ergeben sich in dieser Situation dann Gewinne in Höhe von 5.800 Euro, für das Altobjekt sind es 10.000 Euro.

$$(2.75) \quad \boxed{G_{Objekt\,neu}(5.800\ Euro) \langle G_{Objekt\,alt}(10.000\ Euro)}$$

Damit wäre das Altobjekt unter dieser Konstellation dem Neuobjekt vorzuziehen. Es würde zu keinem Sofortersatz kommen.

2.5.4 Abschnittsergebnisse

In diesem Abschnitt haben Sie:

- die Arbeitsweise der Gewinnvergleichsrechnung erfasst,
- die Kritik an der Gewinnvergleichsrechnung nachvollzogen,
- die Kriterien der Gewinnvergleichsrechnung kennen gelernt,
- die Formeln der Gewinnvergleichsrechnung erarbeitet und angewendet.

2.6 Die Rentabilitätsrechnung

2.6.1 Darstellung und Kritik der Rentabilitätsrechnung

Bei der Rentabilitätsrechnung wird eine Verhältniszahl ermittelt. Hier wird eine periodische Erfolgsgröße zum durchschnittlich gebundenen Kapital ins Verhältnis gesetzt.

Die Gleichung lautet entsprechend:

2.6 Die Rentabilitätsrechnung

(2.76)
$$\text{Rentabilität (Rent)} = \frac{Gewinn\,(G)}{durchschnittlich\,gebundenes\,Kapital\,(d.geb.Kap.)}$$

Bei diesem Vorgehen wird erneut eine einperiodische Größe ermittelt. Zähler und Nenner sind selbst einperiodische Größen, und das Ergebnis ist, anders als die Rendite, die Ergebnis der Internen Zinsfußmethode ist und in Kapitel 3 näher vorgestellt wird, auch eine einperiodische Größe, die die Verzinsung des Kapitals in einem Jahr ermittelt, allerdings unter der Annahme, dass alle Größen in Zähler und Nenner und damit auch das Rechenergebnis in der geplanten Nutzungsdauer konstant bleiben. Die Interne Zinsfußmethode würde auch noch einen Zinseszins unterstellen. Die Rentabilität ist also nur ein extrem kurzlaufender Indikator, der für strategische Entscheidungen nicht geeignet ist. **Die Größen in Zähler und Nenner lassen sich auf unterschiedlichste Weisen definieren und ermitteln, so dass es eine Vielzahl von Rentabilitäten gibt.** Die Rentabilitätsrechnung lässt sich für die gleichen **Fragestellungen** wie die Gewinnvergleichsrechnung heranziehen, also die Bestimmung der

- Rentabilität einer Einzelinvestition,
- die Rentabilitätsermittlung im Alternativenvergleich und die
- Rentabilitätsermittlung im Ersatzproblem.

Hierfür gelten folgende Entscheidungskriterien:

Bei der Einzelinvestition:

(2.77) $$\text{Rent}_{Einzelinvestition} \geq \text{Rent}_{Mindesterwartung}$$

Die Rentabilität der Einzelinvestition darf nicht unter einer subjektiv festgelegten Mindestrentabilität liegen. Das entspricht in der Vorgehensweise der Festlegung eines Kalkulationszinssatzes als subjektive Mindestverzinsungsanforderung des Investors.

Bei Alternativenvergleichen:

(2.78) $$\text{Rent}_{Objekt\,1} \lessgtr \text{Rent}_{Objekt\,2}$$

2 Statische Investitionsrechnungsverfahren

Bei sich ausschließenden Investitionsalternativen mit gleicher Kapitalbindung und gleicher Nutzungsdauer ist die Investition die bessere, die die höhere Rentabilität hat. Andernfalls sind natürlich beide vorteilhaft, soweit sie über der Mindestrendite liegen.

Beim Ersatzproblem:

$$(2.79) \quad \mathrm{Re}\,nt_{Objekt\;neu} \lessgtr \mathrm{Re}\,nt_{Objekt\;alt}$$

Bei sich ausschließenden Investitionsalternativen mit gleicher Kapitalbindung und gleicher Nutzungsdauer ist die Investition die bessere, die die höhere Rentabilität hat. Andernfalls sind natürlich beide vorteilhaft, soweit sie über der Mindestrendite liegen.

Für die periodische Erfolgsgröße im Zähler wurde in der Gleichung (2.76) bereits der Gewinn benannt. Dies ist für die Investitionsrechnung weder in der Literatur unstrittig, noch exakt richtig. Bevor darauf eingegangen wird, sei an dieser Stelle zunächst noch einmal wiederholt, dass der akademische Wert der statischen Verfahren insgesamt recht gering ist, dass also die statischen Investitionsrechnungsverfahren insgesamt recht vereinfachende und damit realitätsferne Vorgehensweisen benutzen, so dass die Verwendung einer Erfolgsgröße im Zähler der Rentabilitätsrechnungsformel primär unter diesem Aspekt zu sehen ist.

Ziel der statischen Rentabilitätsrechnung ist, einen prozentualen Wert für ein betrachtetes Planungsjahr zu ermitteln, der den wirtschaftlichen Erfolg der Periode zum in dem Jahr eingesetzten Kapital in Beziehung setzt.

Da die statischen Verfahren gerade darin ihren Wert haben, dass sie sich einfach zu ermittelnder Rechenelemente bedienen, wird in den meisten Quellen der Gewinn als Erfolgsgröße im Zähler definiert. Je nach Gewinnermittlungsverfahren und Finanzierungsform bedeutet dies beim üblichen Ermittlungsverfahren und bei vollständiger Fremdfinanzierung, dass aus dem Umsatz vor der Ermittlung des Gewinnes bereits der **Kapitaldienst,** also Tilgungen und Zinszahlungen abgezogen sind. Die beeinflussen aber das gebundene Kapital in dem Jahr und sind unter dieser Perspektive bereits sein Verzinsungsanspruch. Aus dieser Perspektive würde die Verwendung eines so ermittelten Gewinns im Zähler des Quotienten nur die „Überrentabilität", also die Verzinsung des eingesetzten Kapitals, die zusätzlich zur eingeplanten Verzinsung erzielt wird, ermitteln. Daher sollte der Kapitaldienst wieder zum Gewinn addiert werden, um diese Erfolgsgröße als Zähler zum eingesetzten Kapital im Nenner in Beziehung zu setzen, um die Gesamtverzinsung des eingesetzten Kapitals in der Periode zu erhalten.

2.6 Die Rentabilitätsrechnung

So lassen sich für die **Ermittlung der Zählergröße** diverse Verfahren wählen,

- von der einfachen Einsetzung des in der Gewinn- und Verlustrechnung ermittelten Gewinns, wenn es sich um die Betrachtung einer gesamten Unternehmung handelt,
- bis zur Gewinnermittlung eines einzelnen Projektes im Unternehmen, also aus Gründen der Einfachheit unter Ignoranz der eben geschilderten Problematik,
- über die Zurechnung des Kapitaldienstes zum Gewinn, was, wenn nicht nur Fremdkapital eingesetzt ist, je nach Verbuchung auch zu Fehlern führen kann,
- über die einfache Ermittlung nach dem Vorgehen der aus Kapitel 2.5 bekannten Gewinnvergleichsrechnung. Der Gewinn wurde dort nach der nachstehenden Formel ermittelt, allerdings war dort der Kapitaldienst immer formelmäßig ausformuliert.

(2.80)
$$\boxed{Gewinn\,(G) = Umsatz\,(U) - Betriebskosten\,(B) - Kapitaldienst\,(KD)}$$

Da in dieser Vorgehensweise der Kapitaldienst bereits abgezogen worden ist, ist ein übliches Verfahren für die Ermittlung des Zählers der statischen Rentabilitätsrechnung die Vorgehensweise nach der folgenden Formel:

(2.81) $\boxed{Gewinn\,(G) = Umsatz\,(U) - Betriebskosten\,(B)}$

Nur diese Formel (2.81) soll in diesem Abschnitt für die Ermittlung der Zählergröße benutzt werden.

Natürlich können auch **Gewinngrößen** aus anderen betrieblichen Quellen, wie dem Jahresabschluss oder einem Business Plan, verwendet werden. Dies alles macht die **Subjektivität der Zählergröße** deutlich, der Wert kann aus unterschiedlichen Quellen kommen und kann durch bei der Bilanzierung mögliche Ausnutzungen von Ansatz-, Ausweis- und Bewertungswahlrechten verfälscht sein. Die in der vorstehenden Formel (2.81) angegebene Ermittlung des Gewinnes ohne Abzug des Kapitaldienstes wird aber in der Literatur auch kritisch gesehen. Einige Quellen fordern, je nach Perspektive, unter der eine Fragestellung behandelt wird, bei der Gewinnermittlung auch den Abzug des Kapitaldienstes und ermitteln den Gewinn aus der Differenz von Umsatz, Betriebskosten und Kapitaldienst.

2 Statische Investitionsrechnungsverfahren

Die Nennergröße ist das durchschnittlich gebundene Kapital und kann aus dem zweiten Summanden der dritten Komponente aus Kapitel 2.3.2.3 übernommen werden. Auch hier sind andere Quellen und entsprechende subjektive Gestaltungen möglich, allein über die Auswahl der verwendeten Formel für das durchschnittlich gebundene Kapital. **In der Nennergröße liegt eine noch wesentlich erheblichere Subjektivität.** Dies macht der Leser sich bei einem Blick auf die Abbildungen 2.4 und 2.5 in diesem Kapitel schnell bewusst. Für ein Investitionsobjekt sind diverse Kapitalbindungsvorstellungen möglich, was der Leser sich an dem Erwerb eines Kunstwerkes in Form eines Ölbildes vorstellen mag, das beim Erwerber 5 Jahre verbleiben soll. Wie ist dort die Wertentwicklung und damit die Entwicklung des gebundenen Kapitals im Zeitablauf abzuschätzen?

- Ist es linear abzuschreiben, weil es am Ende der geplanten Nutzungsdauer keinen Marktwert hat und durch Umwelteinflüsse abnutzt ist, oder

- ist eine Sonderabschreibung in einem bestimmten Jahr vorzunehmen, weil der recht junge Nachwuchs des Erwerbers des Kunstwerkes das Werk in einem kreativen Moment irreparabel „verschönert" hat, oder

- ist keine Abschreibung vorzunehmen, da der Wert sich nicht verändert, oder

- ist eine Zuschreibung vorzunehmen?

All diese Verfahrensweisen sind sicher möglich und eventuell gleich wahrscheinlich.

Nun ist es nicht für jedes Investitionsobjekt oder Unternehmen in dieser Frist so schwierig, die Wertentwicklung zu prognostizieren, aber die Gedanken zeigen doch sehr deutlich die Subjektivität dieses Verfahrens, die insbesondere in der Nennergröße liegt und weniger in der so kritisierten Zählergröße. Dem Leser ist aus den Abbildungen 2.4 und 2.5 bewusst, dass in der einfachen Kapitalbindungsvorstellung $\frac{A}{2}$ als durchschnittlich gebundenes Kapital stehen würde, bei einer konstanten Kapitalbindung würde dort A stehen. Diese sehr subjektive Entscheidung führt zu einer **Verdopplung des Rechenergebnisses, nämlich der Rentabilität.** Dies zeigt deutlich die Subjektivität des Verfahrens der statischen Rentabilitätsrechnung.

Trotz der immensen Subjektivität, in deren Konsequenz Detaillierungen der Formeln des statischen Investitionsrechnungsverfahrens Rentabilitätsrechnung für die Praxis nicht angebracht scheinen, seien aus Gründen der akademischen Vollständigkeit die direkt aus den in Kapitel 2.3.2.3 abgeleiteten Komponenten möglichen Rentabilitätsrechnungsformeln hier präsentiert. Es gibt 7 mögliche Formeln für die Rentabilitätsrechnung, soweit sie direkt aus den verwendeten Komponenten der statischen Investitionsrechnungsverfahren abgeleitet werden. Natürlich sind in der Allgemeinen Betriebswirtschaftslehre insgesamt weitere Rentabilitäten bekannt, wie z. B. die Eigenkapitalrentabilität, die Fremdkapitalrentabilität und die Umsatzrentabilität. Eine Differenzierung nach den verschiedenen Berechnungswegen der statischen Komponenten ist wie bereits angesprochen für die Praxis eigentlich wertlos, da die groben Annahmen der Methode kein detailliertes Vorgehen mit marginalen Unterschieden in anderen Bereichen rechtfertigen. Letztlich steht in den Formeln immer wieder, dass die Rentabilität den Quotienten aus einer periodischen Erfolgsgröße durch das durchschnittlich gebundene Kapital darstellt.

Bei der Anwendung in der Praxis sollte sich der Anwender primär darüber Gedanken machen, welche Kapitalbindung als Nennergröße er für das Problem für angemessen hält, und die entsprechende Formel verwenden.

Neben den bekannten Problemen der Rechenergebnisse der Statik bei ihrer Übertragbarkeit in die Praxis aufgrund der restriktiven Annahmen dieser Verfahren gibt es weitere bei der Anwendung der Rentabilitätsrechnung:

- Problematisch ist die Saldierung von Zahlungen unterschiedlicher Zeitpunkte (A-R), die beide wiederum nicht im Jahr der Betrachtung liegen.
- Problematisch ist auch der Vergleich von Investitionsalternativen unterschiedlicher Laufzeit und unterschiedlichen Kapitalbedarfes, da das Kapital Opportunitätskosten hat.

Diesem Problem wäre mit der Technik der Differenzinvestition erfolgreich zu begegnen, die in Kapitel 4 vorgestellt wird. Allerdings ist es aus Sicht des Autors nicht gerechtfertigt, diese einfachen statischen Verfahren, wie hier die Rentabilitätsrechnung, durch weitere Techniken aufzuwerten. Hier liegt nicht der Sinn dieser Verfahren. So werden in diesem Lehrbuch Techniken wie die Differenzinvestition nur in Zusammenhang mit den komplexeren dynamischen Investitionsrechnungsverfahren präsentiert.

2.6.2 Formeln der Rentabilitätsrechnung

Die 7 Rentabilitätsformeln lauten:

$$(2.82) \quad \text{Rent} = \frac{U - B}{\frac{A + R}{2}}$$

Bei der Formel (2.82) handelt es sich um eine Rentabilitätsrechnungsformel bei Vorhandensein eines Restwertes unter der Annahme einer kontinuierlichen Kapitalbindungsvorstellung.

2 Statische Investitionsrechnungsverfahren

$$(2.83)\quad \boxed{\operatorname{Re}nt = \frac{U-B}{\dfrac{A-R+\dfrac{A-R}{n}}{2}+R}}$$

Bei der Formel (2.83) handelt es sich um eine Rentabilitätsrechnungsformel bei Vorhandensein eines Restwertes unter der Annahme einer diskreten Kapitalbindungsvorstellung.

$$(2.84)\quad \boxed{\operatorname{Re}nt = \frac{U-B}{\dfrac{A-R}{2}*\dfrac{n+1}{n}+R}}$$

Bei der Formel (2.84) handelt es sich um eine Rentabilitätsrechnungsformel bei Vorhandensein eines Restwertes unter der Annahme einer ebenfalls diskreten Kapitalbindungsvorstellung.

$$(2.85)\quad \boxed{\operatorname{Re}nt = \frac{U-B}{A}}$$

Bei der Formel (2.85) handelt es sich um eine Rentabilitätsrechnungsformel unter der Annahme einer konstanten Kapitalbindungsvorstellung.

$$(2.86)\quad \boxed{\operatorname{Re}nt = \frac{U-B}{\dfrac{A}{2}}}$$

Bei der Formel (2.86) handelt es sich um eine Rentabilitätsrechnungsformel bei Abwesenheit eines Restwertes unter der Annahme einer kontinuierlichen Kapitalbindungsvorstellung.

$$(2.87) \quad \boxed{\mathrm{Re}\,nt = \frac{U - B}{A + \dfrac{A}{n}}{2}}$$

Bei der Formel (2.87) handelt es sich um eine Rentabilitätsrechnungsformel bei Abwesenheit eines Restwertes unter der Annahme einer diskreten Kapitalbindungsvorstellung.

$$(2.88) \quad \boxed{\mathrm{Re}\,nt = \frac{U - B}{\dfrac{A}{2} * \dfrac{n+1}{n}}}$$

Bei der Formel (2.88) handelt es sich um eine Rentabilitätsrechnungsformel bei Abwesenheit eines Restwertes ebenfalls unter der Annahme einer diskreten Kapitalbindungsvorstellung.

Alle Rechenergebnisse dieser Formeln liegen als Angabe von Prozentwerten in dezimaler Form vor. Für die Angabe als Prozentwerte sind die Ergebnisse mit 100 zu multiplizieren.

2.6.3 Anwendung der Rentabilitätsrechnung

2.6.3.1 Aufgaben

Ermitteln Sie für die Objekte 1 und 2 mit ihren Daten aus der Abbildung 2.6 und der weiteren Annahme, dass die jährlichen Umsätze für Objekt 1 25.000 Euro und für Objekt 2 30.000 Euro betragen, Rechenergebnisse mit der statischen Rentabilitätsrechnung, indem Sie davon ausgehen, dass grundsätzlich das verbesserte Verfahren der Datenbeschaffung angewendet wird und dass:

- **Aufgabe a)** Sie von der **einfachen Kapitalbindungsvorstellung** ausgehen können,
- **Aufgabe b)** Sie von der **diskreten Kapitalbindungsvorstellung** ausgehen können,
- **Aufgabe c)** Sie von der **unverminderten Kapitalbindungsvorstellung** ausgehen können,

Statische Investitionsrechnungsverfahren

- **Aufgabe d)** Sie von der **einfachen Kapitalbindungsvorstellung** ausgehen können und abweichend von der Aufgabenstellung davon, dass die **Restwerte beider Objekte null sind,**

- **Aufgabe e)** Sie von der **diskreten Kapitalbindungsvorstellung** ausgehen können und abweichend von der Aufgabenstellung davon, dass die **Restwerte beider Objekte null sind.**

Bewerten Sie für alle Fragestellung die Ergebnisse in Form einer Investitionsentscheidung.

2.6.3.2 Lösungen

Aufgabe a)

Zunächst ist die relevante Formel zu identifizieren. In diesem Fall ist dies Formel (2.82).

$$(2.89) = (2.82) \quad \boxed{\operatorname{Re}nt = \frac{U-B}{\frac{A+R}{2}}}$$

In diese Formel sind die relevanten Daten einzusetzen.

Für den Fall von Investitionsobjekt 1 ergibt sich:

$$(2.90) \quad \boxed{\operatorname{Re}nt_{Objekt1} = \frac{25.000 - 15.000}{\frac{12.000 + 2.000}{2}} = 142{,}86\,\%}$$

Für den Fall von Investitionsobjekt 2 ergibt sich:

$$(2.91) \quad \boxed{\operatorname{Re}nt_{Objekt2} = \frac{30.000 - 20.000}{\frac{20.000 + 5.000}{2}} = 80{,}00\,\%}$$

Die Rentabilitätsrechnung 2.6

$$(2.92)\quad \boxed{\text{Re}\,nt_{Objekt\,1}(142{,}86\,\%) \rangle \text{Re}\,nt_{Objekt\,2}(80{,}00\,\%)}$$

Damit wäre Objekt 1 unter dieser Konstellation Objekt 2 vorzuziehen.

Aufgabe b)

Zunächst ist die relevante Formel zu identifizieren. In diesem Fall wären dies die Formeln (2.83) und (2.84). Da sie zum gleichen Ergebnis führen, wird (2.84) hier nicht angewendet.

$$(2.93) = (2.83)\quad \boxed{\text{Re}\,nt = \frac{U - B}{\dfrac{A - R + \dfrac{A - R}{n}}{2} + R}}$$

In die Formel sind die relevanten Daten einzusetzen. Für den Fall von Investitionsobjekt 1 ergibt sich:

(2.94)
$$\boxed{\text{Re}\,nt_{Objekt\,1} = \frac{25.000 - 15.000}{\dfrac{12.000 - 2.000 + \dfrac{12.000 - 2.000}{4}}{2} + 2.000} = 121{,}21\,\%}$$

Für den Fall von Investitionsobjekt 2 ergibt sich:

(2.95)
$$\boxed{\text{Re}\,nt_{Objekt\,2} = \frac{30.000 - 20.000}{\dfrac{20.000 - 5.000 + \dfrac{20.000 - 5.000}{4}}{2} + 5.000} = 69{,}57\,\%}$$

2 Statische Investitionsrechnungsverfahren

$$(2.96)\ \boxed{\text{Re}\,nt_{Objekt\,1}(121{,}21\ \%) \rangle \text{Re}\,nt_{Objekt\,2}(69{,}57\ \%)}$$

Damit wäre Objekt 1 unter dieser Konstellation Objekt 2 vorzuziehen.

Aufgabe c)

Zunächst ist die relevante Formel zu identifizieren. In diesem Fall ist dies Formel (2.85).

$$(2.97) = (2.85)\ \boxed{\text{Re}\,nt = \frac{U - B}{A}}$$

In die Formel sind die relevanten Daten einzusetzen. Für den Fall von Investitionsobjekt 1 ergibt sich:

$$(2.98)\ \boxed{\text{Re}\,nt_{Objekt1} = \frac{25.000 - 15.000}{12.000} = 83{,}33\ \%}$$

Für den Fall von Investitionsobjekt 2 ergibt sich:

$$(2.99)\ \boxed{\text{Re}\,nt_{Objekt2} = \frac{30.000 - 20.000}{20.000} = 50{,}00\ \%}$$

$$(2.100)\ \boxed{\text{Re}\,nt_{Objekt\,1}(83{,}33\ \%) \rangle \text{Re}\,nt_{Objekt\,2}(50{,}00\ \%)}$$

Damit wäre Objekt 1 unter dieser Konstellation Objekt 2 vorzuziehen.

Aufgabe d)

Zunächst ist die relevante Formel zu identifizieren. In diesem Fall ist dies Formel (2.86).

2.6 Die Rentabilitätsrechnung

$$(2.101) = (2.86) \quad \text{Re}\,nt = \frac{U-B}{\frac{A}{2}}$$

In diese Formel sind die relevanten Daten einzusetzen. Für den Fall von Investitionsobjekt 1 ergibt sich:

$$(2.102) \quad \text{Re}\,nt_{Objekt\,1} = \frac{25.000 - 15.000}{\frac{12.000}{2}} = 166{,}67\,\%$$

Für den Fall von Investitionsobjekt 2 ergibt sich:

$$(2.103) \quad \text{Re}\,nt_{Objekt\,2} = \frac{30.000 - 20.000}{\frac{20.000}{2}} = 100{,}00\,\%$$

$$(2.104) \quad \text{Re}\,nt_{Objekt\,1}(166{,}67\,\%) \rangle \text{Re}\,nt_{Objekt\,2}(100{,}00\,\%)$$

Damit wäre Objekt 1 unter dieser Konstellation Objekt 2 vorzuziehen.

Aufgabe e)

Zunächst ist die relevante Formel zu identifizieren. In diesem Fall sind dies die Formeln (2.87) und (2.88). Da sie zum gleichen Ergebnis führen, wird hier (2.88) nicht angewendet.

$$(2.105) = (2.87) \quad \text{Re}\,nt = \frac{U-B}{\frac{A + \frac{A}{n}}{2}}$$

2 Statische Investitionsrechnungsverfahren

In diese Formel sind die relevanten Daten einzusetzen. Für den Fall von Investitionsobjekt 1 ergibt sich:

$$(2.106) \quad \mathrm{Re}\, nt_{Objekt\,1} = \frac{25.000 - 15.000}{\frac{12.000 + \frac{12.000}{4}}{2}} = 133{,}33\,\%$$

Für den Fall von Investitionsobjekt 2 ergibt sich:

$$(2.107) \quad \mathrm{Re}\, nt_{Objekt\,2} = \frac{30.000 - 20.000}{\frac{20.000 + \frac{20.000}{4}}{2}} = 80{,}00\,\%$$

$$(2.108) \quad \mathrm{Re}\, nt_{Objekt\,1}(133{,}33\,\%) \rangle \mathrm{Re}\, nt_{Objekt\,2}(80{,}00\,\%)$$

Damit wäre Objekt 1 unter dieser Konstellation Objekt 2 vorzuziehen.

2.6.4 Abschnittsergebnisse

In diesem Abschnitt haben Sie:

- die Arbeitsweise der Rentabilitätsrechnung erfasst,
- die Kritik an der Rentabilitätsrechnung nachvollzogen,
- die Kriterien der Rentabilitätsrechnung kennen gelernt,
- die Formeln der Rentabilitätsrechnung erarbeitet und
- die Rentabilitätsrechnung auf ein Beispiel angewendet.

2.7 Die statische Amortisationsrechnung

2.7.1 Darstellung und Kritik der statischen Amortisationsrechnung

Die statische Amortisationsrechnung gehört ebenfalls zu den statischen Investitionsrechnungsverfahren, folgt aber anders als die anderen statischen Verfahren nicht dem ökonomischen Prinzip, versucht also keine Investitionsentscheidung herbeizuführen, bei der mit gegebenem Input ein maximaler Output erreicht wird oder ein gegebener Output mit minimalem Input erreicht werden soll. Die anderen statischen Verfahren folgen diesem Prinzip, indem zwei der Verfahren, nämlich die Gewinnvergleichsrechnung und die Rentabilitätsrechnung (die Rentabilitätsrechnung jedenfalls unter speziellen Annahmen), bei sachgerechter Anwendung das Ziel der Outputmaximierung haben und die Kostenvergleichsrechnung bei sachgerechter Anwendung das Ziel der Inputminimierung hat. Die statische Amortisationsrechnung unterstellt implizit ein Sicherheitsdenken beim Investor und erhebt dieses zur Entscheidungsmaxime, allerdings ohne die eigentlichen Techniken der Investitionsentscheidung unter Unsicherheit, die wir in Kapitel 6 behandeln werden, und ohne das ökonomische Prinzip zu beachten.

Die statische Amortisationsrechnung ermittelt die Anzahl von Perioden, gemessen in Jahren, nach denen aus den Rückflüssen der einzelnen Jahre ohne Beachtung von Zinsen das ursprünglich eingesetzte Kapital wiedergewonnen ist.

Als Entscheidungskriterium erfolgt ein Vergleich der ermittelten Anzahl von Perioden mit einer vorgegebenen Anzahl oder einer alternativen Anzahl von Perioden.

Damit lässt sich die statische Amortisationsrechnung für die gleichen **Fragestellungen** wie die Gewinnvergleichsrechnung und die Rentabilitätsrechnung heranziehen, also die Bestimmung der

- statischen Amortisationszeit einer Einzelinvestition,
- statischen Amortisationszeiten im Alternativenvergleich und der
- statischen Amortisationszeit im Ersatzproblem.

Hierfür gelten folgende Entscheidungskriterien:

Bei der Einzelinvestition:

$$(2.109) \quad t_{Einzelinvestition} \leq t_{Maximalvorgabe}$$

t steht dabei für die Anzahl der Perioden in Jahren der ermittelten statischen Amortisationszeit.

Die statische Amortisationszeit der Einzelinvestition darf nicht über einer subjektiv festgelegten maximal vorgegebenen Zeit liegen.

Bei Alternativenvergleichen:

$$(2.110) \quad \boxed{t_{Objekt1} \lessgtr t_{Objekt2}}$$

Bei sich ausschließenden Investitionsalternativen mit gleicher Kapitalbindung und gleicher Nutzungsdauer ist die Investition nach dieser Methode die bessere, die die kürzere statische Amortisationszeit hat. Andernfalls sind natürlich beide vorteilhaft, soweit sie unter der maximal vorgegebenen Zeit liegen.

Beim Ersatzproblem:

$$(2.111) \quad \boxed{t_{Objekt\,neu} \lessgtr t_{Objekt\,alt}}$$

Bei sich ausschließenden Investitionsalternativen mit gleicher Kapitalbindung und gleicher Nutzungsdauer ist die Investition die bessere, die die kürzere statische Amortisationsdauer hat.

Soweit ist die **statische Amortisationsrechnung also kein Entscheidungsverfahren,** das auf dem ökonomischen Prinzip beruht, sondern eine einfache Analyse einer Sicherheitsfragestellung, ohne dass die theoretischen Aspekte der Investitionsentscheidung unter Risiko in irgendeiner Weise Beachtung finden. Eine überschlägige Liquiditätsanalyse dergestalt, dass bekannt wird, wann das eingesetzte Kapital aus Rückflüssen zurückgewonnen ist, ist ebenfalls möglich.

Als **Rechenelemente** der statischen Amortisationsrechnung können alle Rechenelemente, die in der Statik eingesetzt werden, verwendet werden, da es ja keine exakten zeitpunktbezogenen Verzinsungsansprüche gibt. Da mit der statischen Amortisationsrechnung auch Liquiditätsfragestellungen beantwortet werden, bietet sich hier natürlich ein Verarbeiten von **Zahlungen** statt anderer Erfolgsgrößen an. So sollen in den Formeln in diesem Kapitel auch nur Zahlungen für die Kalkulationen benutzt werden.

2.7 Die statische Amortisationsrechnung

Die statische Amortisationsrechnung geht implizit davon aus, dass die schnelle Rückgewinnung des eingesetzten Geldes vorteilhaft ist, da die weitere Zukunft mit höheren Risiken behaftet ist als die nähere Zukunft.

Es wird angenommen, dass die verbleibende Zeit der Restnutzungsdauer nach Rückgewinnung des eingesetzten Kapitals dafür verwendet werden kann, die gewünschte Verzinsung des eingesetzten Kapitals und dann zusätzliche Überschüsse zu generieren. Langlaufende Investitionen werden auf diese Weise diskriminiert.

So ist von zwei Investitionsalternativen, die unter einer festgelegten maximalen Amortisationsdauer von 2 Jahren beurteilt werden sollen, Objekt A aus Abbildung 2.7 das einzig vorteilhafte.

Abbildung 2-7: Beispiel zum Kalkül der statischen Amortisationsrechnung

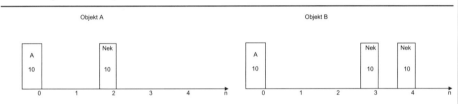

Dabei ist offensichtlich, dass Objekt A bei Existenz eines Zinssatzes eine unattraktive Investition sein muss, denn eine gleich hohe Rückgewinnung des eingesetzten Kapitals nach einem Zeitablauf, hier von 2 Jahren, kann wegen der fehlenden Verzinsung nur ein Verlust sein. Investitionsobjekt B würde dieses Kriterium aber erfüllen, ist also die bessere Investitionsalternative, wird aber von der statischen Amortisationsrechnung bei der vorgegebenen maximalen Amortisationszeit als unvorteilhaft klassifiziert.

So führt die statische Amortisationsrechnung zu ökonomischen Fehlentscheidungen, sollte deshalb nie als eigenständiges Investitionsrechnungsverfahren angewendet werden, sondern nur als kleine unverbindliche Zusatzkalkulation, die einen groben Überblick über den Zeitpunkt des Kapitalrückflusses gibt.

Die statische Amortisationsrechnung unterstellt einen anderen Tilgungsverlauf für gebundenes Kapital. Während in der Rentabilitätsrechnung die Entwicklung des durchschnittlich gebundenen Kapitals betrachtet wurde, die Entwicklung des eingesetzten Kapitals unter regelmäßiger Verringerung durch Abschreibungen, unterstellt die statische Amortisationsrechnung, dass die anfallenden Nettoeinzahlungen, bei lohnenden Investitionen also höhere Beträge als der Kapitaldienst, jeweils zur Tilgung herangezogen werden.

2 Statische Investitionsrechnungsverfahren

Leider war das Verfahren trotz dieser fehlerhaften Verfahrensweise in der Praxis zumindest in der Vergangenheit recht beliebt und wird auch als eigenständiges Verfahren benutzt, wie Analysen von Däumler zeigen.[2]

Die statische Amortisationszeit lässt sich mit der statischen Amortisationsrechnung auf zwei verschiedene Arten berechnen, **die Kumulationsrechnung** und **die Durchschnittsrechnung**.

- Bei der **Kumulationsrechnung** werden die Nettoeinzahlungen oder die möglichen anderen jährlichen Erfolgsgrößen solange addiert, bis sie die Höhe der Anfangsauszahlung erreicht haben. Nach der abgelaufenen Zeit, gemessen in Jahren, nach der dies der Fall ist, ist die statische Amortisationszeit, gemessen in dieser Anzahl von Jahren, erreicht.

- Bei der **Durchschnittsrechnung** wird die Anfangsauszahlung durch die durchschnittlichen Nettoeinzahlungen oder eine entsprechende Erfolgsgröße dividiert. Der sich ergebende Wert ist die statische Amortisationsdauer, gemessen in Jahren. Dieses Verfahren ist natürlich wesentlich ungenauer.

Die **Probleme der statischen Amortisationsrechnung** liegen also insbesondere darin, dass

- das Entscheidungskriterium nicht dem ökonomischen Prinzip folgt,
- die Risikoberücksichtigung nicht am Datensatz, sondern nur sehr abstrakt erfolgt,
- die Nutzungsdauer des Investitionsobjektes nicht berücksichtigt wird,
- die Anschaffungsauszahlung des Investitionsobjektes bei Vergleichen nicht beachtet wird,
- die Rückflüsse nach dem Amortisationszeitpunkt nicht beachtet werden.

Letzteres kann dazu führen, dass

- Investitionen, die sich vor der maximal festgelegten Amortisationszeit statisch amortisieren, insgesamt unvorteilhaft sind, wenn sie in der Restlaufzeit nicht mindestens den Zinsanspruch des eingesetzten Kapitals erwirtschaften,
- Investitionen mit gleicher statischer Amortisationszeit unterschiedlich vorteilhaft sind, in Abhängigkeit davon, welche Rückflüsse nach dem statischen Amortisationszeitpunkt auftreten,
- Investitionen, die sich nicht in der maximal festgelegten statischen Amortisationszeit amortisieren, insgesamt lohnende Investitionen sind, weil sie nach der maximal tolerierten statischen Amortisationszeit noch erhebliche Rückflüsse liefern.

---

[2] Däumler, Klaus-Dieter, Jürgen Grabe, S. 211

2.7.2 Formeln der statischen Amortisationsrechnung

Die Formel für die Ermittlung der statischen Amortisationszeit nach der Kumulationsrechnung lautet:

$$(2.112) \quad t_m (Jahre) \; bei \; A = \sum_{t}^{m} (e_t - a_t)$$

Die statische Amortisationszeit t ist dort erreicht, wo die unabgezinste Summation der Nettoeinzahlungen ($e_t - a_t$) beginnend vom Zeitpunkt 1 an die Höhe der Anschaffungsauszahlung A erreicht hat. Dies ist nach m Jahren der Fall.

Liegt die Höhe der Anschaffungsauszahlung zwischen zwei Werten der summierten Nettoeinzahlungen, wäre eine Interpolation möglich, um den Zeitpunkt zu ermitteln, an dem beide Werte exakt gleich hoch sind. Dies scheint dem Autor aber aus mehreren Gründen nicht sinnvoll:

- Zum einen setzt dies einen gleichmäßigen (linearen Verlauf) der Nettoeinzahlungen über die relevanten Jahre voraus. Es ist aber eher unwahrscheinlich, dass sich die Zahlungen in der Praxis so über das Jahr verteilen.

- Zum andern wird dadurch die eigentlich gängige Annahme der Nachschüssigkeit bei Investitionszahlungen, die wegen der fehlenden sachgerechten Verzinsung bei den statischen Investitionsrechnungsverfahren dort eher unerheblich ist, aber in der Dynamik vorausgesetzt wird, wie wir in Kapitel 3 sehen werden, ignoriert. Wenn Zahlungen eigentlich nur am Periodenende anfallen, ist ein unterjähriges Erreichen einer statischen Amortisationszeit ausgeschlossen. Eigentlich sollte das Jahr zum statischen Amortisationszeitpunkt erklärt werden, bei dem das Kriterium erstmalig erfüllt ist.

- Weiterhin schafft eine Interpolation eine scheinbare Genauigkeit, die bei dem unpräzisen Verfahren nicht angebracht ist.

Neben der vorgestellten Gleichung (2.112) findet sich in der Literatur für den Fall eines vorhandenen Restwertes häufig eine weitere Gleichung für die Bestimmung der statischen Amortisationszeit nach der Kumulationsrechnung, die der Autor aber ablehnt. Sie ist nachstehend in Gleichung (2.113) dargestellt.

$$(2.113) \quad t_m (Jahre) \; bei \; A - R = \sum_{t}^{m} (e_t - a_t)$$

2 Statische Investitionsrechnungsverfahren

In diesem Ansatz wird davon ausgegangen, dass nicht die Anschaffungsauszahlung wiedergewonnen werden muss, sondern der tatsächliche Kapitaleinsatz ohne Berücksichtigung von Zinsen aufgrund des unterschiedlichen zeitlichen Anfalls der Zahlungen, also die Differenz aus der Anschaffungsauszahlung und dem Restwert. Die Idee ist soweit positiv, dass dahinter steht, dass die Investition dann statisch amortisiert ist, wenn aus den Rückflüssen das tatsächlich eingesetzte Kapital wiedergewonnen wird.

Allerdings ist dieser Ansatz unter der impliziten Fragestellung der statischen Amortisationsrechnung, dem Risikokalkül, **wertlos.** Die Anschaffungsauszahlung wird zu Beginn der Investition fällig und fließt vom Investor ab. In der Zukunft sollen dann die zufließenden Nettoeinzahlungen das abgeflossene Geld kompensieren. Unter der Risikofragestellung wird die Anzahl der Perioden gemessen, bis das abgeflossene Geld wieder zugeflossen ist. Und in der dann noch weiter in der Zukunft liegenden Zeit wird das Investitionsobjekt, wenn die Daten wie geplant eintreten, noch einen Restwert haben. So wird also ein Geldzufluss, der Restwert, dessen Zuflusszeitpunkt hinter dem Zeitpunkt des Risikoausgleichs liegt, also dem Zeitpunkt, an dem zugeflossene und abgeflossene Zahlungsmittel der Höhe nach gleich hoch sind, in die Rechnung mit einbezogen. Unter einer Risikofragestellung sollte dies unterlassen werden. Dies gilt auch für die folgende Durchschnittsrechnung.

Neben der Verwendung der **Zahlungsgrößen,** wie in diesem Abschnitt dargestellt, können natürlich auch alle in den statischen Investitionsrechnungsverfahren üblichen Erfolgsgrößen für die Rechnung sowohl nach der Kumulationsrechnung als auch nach der Durchschnittsrechnung verwendet werden.

Die Durchschnittsrechnung wird nach der nachfolgenden Formel (2.114) durchgeführt.

$$(2.114) \quad t_m(Jahre) = \frac{A}{(e-a)}$$

Voraussetzung hierbei ist, dass die Nettoeinzahlungen (e-a) für das Investitionsobjekt in jeder Periode gleich hoch sind, oder falls das nicht der Fall ist, für die Kalkulation ein Durchschnitt gebildet wird. Auch hier kann natürlich mit den anderen in den statischen Investitionsrechnungsverfahren üblichen Erfolgsgrößen gerechnet werden.

Für das Ersatzproblem findet sich nach der Durchschnittsrechnung in der Literatur häufig eine weitere Berechnungsformel:

Die statische Amortisationsrechnung **2.7**

$$(2.115)\quad \boxed{t_m(Jahre) = \frac{A_{neu}}{(a_{alt} - a_{neu})}}$$

Hier wird also formuliert, dass, wenn durch die Kosteneinsparung ($a_{alt} - a_{neu}$) die Anschaffungsauszahlung des Neuobjektes (A_{neu}) in einer vertretbaren Anzahl von Perioden t_m wiedergewonnen wird, sich ein Ersatz lohnt. Allerdings sagt diese Formel nichts über den direkten Vergleich der statischen Amortisationszeiten von Neu- und Altobjekt aus.

Die nachfolgende Formel (2.116) hält der Autor aus den gleichen Gründen, wie eben für die Kumulationsrechnung argumentiert, für nicht zielführend:

$$(2.116)\quad \boxed{t_m(Jahre) = \frac{A - R}{(e - a)}}$$

2.7.3 Anwendung der statischen Amortisationsrechnung

2.7.3.1 Aufgaben

Ermitteln Sie für die Objekte 1 und 2 mit ihren Daten aus der Abbildung 2.6 und der weiteren Annahme, dass die jährlichen Umsätze für Objekt 1 25.000 Euro und für Objekt 2 30.000 Euro betragen, Rechenergebnisse mit der statischen Amortisationsrechnung, indem Sie davon ausgehen, dass:

- **Aufgabe a)** die Durchschnittsrechnung anzuwenden ist,
- **Aufgabe b)** die Kumulationsrechnung anzuwenden ist,
- **Aufgabe c)** die Kumulationsrechnung anzuwenden ist und abweichend von der Meinung des Autors der Restwert aus der Aufgabenstellung in der Kalkulation berücksichtigt werden soll.

Bewerten Sie für alle Fragestellung die Ergebnisse in Form einer Investitionsentscheidung.

Hinweis: Abbildungen, in denen Lösungen für Aufgaben dargestellt sind, die in Excel erstellt wurden, sind mit einem „*" an der Abbildungsüberschrift gekennzeichnet. Sie sind als Download beim Gabler Verlag (www.gabler.de, Suchbegriff „Poggensee", Icon „Onlineplus") verfügbar.

2.7.3.2 Lösungen

Aufgabe a)

Zunächst ist die relevante Formel zu identifizieren. In diesem Fall ist dies Formel (2.114).

$$(2.117) = (2.114) \quad \boxed{t_m(Jahre) = \frac{A}{(e-a)}}$$

In diese Formel sind die relevanten Daten einzusetzen, wie in den Gleichungen (2.118) und (2.119) sichtbar ist.

$$(2.118) \quad \boxed{t_m(Jahre), Objekt\ 1 = \frac{12.000}{(25.000 - 15.000)} = 1,2\ Jahre}$$

$$(2.119) \quad \boxed{t_m(Jahre), Objekt\ 2 = \frac{20.000}{(30.000 - 20.000)} = 2\ Jahre}$$

Für das Objekt 1 ergibt sich in dieser Situation, wenn keine unterjährige Amortisation wegen der Nachschüssigkeitsannahme zugelassen wird, eine statische Amortisationszeit von 2 Jahren, für Objekt 2 sind es ebenfalls 2 Jahre. Damit wäre Objekt 1 unter dieser Konstellation Objekt 2 vorzuziehen, da Objekt 1 die, wenn auch nur rechnerisch, kürzere Amortisationszeit hat, die wegen der Nachschüssigkeitsannahme mit der statischen Amortisationszeit von Objekt 2 zusammenfällt. Voraussetzung ist weiter, dass es sich hier um eine Alternativenauswahl unter Erfüllung der üblichen Anforderungen gehandelt hat und dass die errechnete statische Amortisationszeit unter der vorgegebenen, aber in dieser Aufgabe nicht genannten, Höchstnutzungsdauer liegt.

Aufgabe b)

Zunächst ist die relevante Formel zu ermitteln. In diesem Fall ist dies Formel (2.112).

$$(2.120) = (2.112) \quad \boxed{t_m(Jahre)\ bei\ A = \sum_{t}^{m}(e_t - a_t)}$$

Die statische Amortisationsrechnung **2.7**

In diese Formel sind die relevanten Daten einzusetzen. Dies ist in den Abbildungen 2.8 für Objekt 1 und 2.9 für Objekt 2 sichtbar. Eine Lösung bietet sich für die Kumulationsrechnung aus Gründen der Übersichtlichkeit immer in Tabellenform an.

Abbildung 2-8: Statische Amortisationszeit nach der Kumulationsrechnung für Objekt 1*

	A	B	C	D	E	F
1	Jahre	Einzahlungen	Auszahlungen	Nettoeinzahlungen	kumulierte Rückflüsse	Saldo
2		Euro/Jahr	Euro/Jahr	Euro/Jahr	Euro	Euro
3	0					-12000
4	1	25000	18000	7000	7000	-5000
5	2	25000	15000	10000	17000	5000
6	3	25000	14000	11000	28000	16000
7	4	25000	13000	12000	40000	28000

Abbildung 2-9: Statische Amortisationszeit nach der Kumulationsrechnung für Objekt 2*

	A	B	C	D	E	F
1	Jahre	Einzahlungen	Auszahlungen	Nettoeinzahlungen	kumulierte Rückflüsse	Saldo
2		Euro/Jahr	Euro/Jahr	Euro/Jahr	Euro	Euro
3	0					-20000
4	1	30000	16000	14000	14000	-6000
5	2	30000	20000	10000	24000	4000
6	3	30000	22000	8000	32000	12000
7	4	30000	22000	8000	40000	20000

Für das Objekt 1 ergibt sich in dieser Situation eine statische Amortisationszeit von 2 Jahren, für Objekt 2 sind es ebenfalls 2 Jahre.

Damit wäre Objekt 1 unter dieser Konstellation Objekt 2 vorzuziehen, da Objekt 1 die, wenn auch nur rechnerisch, kürzere Amortisationszeit hat, die wegen der Nachschüssigkeitsannahme mit der statischen Amortisationszeit von Objekt 2 zusammenfällt. Voraussetzung ist weiter, dass es sich hier um eine Alternativenauswahl unter Erfüllung der üblichen Anforderungen gehandelt hat und dass die errechnete statische Amortisationszeit unter der vorgegebenen, aber in dieser Aufgabe nicht genannten, Höchstnutzungsdauer liegt.

Aufgabe c)

Zunächst ist die relevante Formel zu identifizieren. In diesem Fall ist dies Formel (2.121).

$$(2.121) = (2.113) \boxed{t_m \ (Jahre) \ bei \ A - R = \sum_{t}^{m} (e_t - a_t)}$$

2 Statische Investitionsrechnungsverfahren

In diese Formel sind die relevanten Daten einzusetzen, wie in den Abbildungen 2.10 für Objekt 1 und 2.11 für Objekt 2 sichtbar ist. Eine Lösung bietet sich für die Kumulationsrechnung aus Gründen der Übersichtlichkeit immer in Tabellenform an.

Abbildung 2-10: Statische Amortisationszeit nach der Kumulationsrechnung für Objekt 1*

	A	B	C	D	E	F
1	Jahre	Einzahlungen	Auszahlungen	Nettoeinzahlungen	kumulierte Rückflüsse	Saldo
2		Euro/Jahr	Euro/Jahr	Euro/Jahr	Euro	Euro
3	0					-10000
4	1	25000	18000	7000	7000	-3000
5	2	25000	15000	10000	17000	7000
6	3	25000	14000	11000	28000	18000
7	4	25000	13000	12000	40000	30000

Abbildung 2-11: Statische Amortisationszeit nach der Kumulationsrechnung für Objekt 2*

	A	B	C	D	E	F
1	Jahre	Einzahlungen	Auszahlungen	Nettoeinzahlungen	kumulierte Rückflüsse	Saldo
2		Euro/Jahr	Euro/Jahr	Euro/Jahr	Euro	Euro
3	0					-15000
4	1	30000	16000	14000	14000	-1000
5	2	30000	20000	10000	24000	9000
6	3	30000	22000	8000	32000	17000
7	4	30000	22000	8000	40000	25000

Für das Objekt 1 ergibt sich in dieser Situation eine statische Amortisationszeit von 2 Jahren, für Objekt 2 sind es ebenfalls 2 Jahre.

Damit wäre Objekt 2 unter dieser Konstellation Objekt 1 vorzuziehen, da Objekt 2 die, wenn auch nur rechnerisch, kürzere Amortisationszeit hat, die wegen der Nachschüssigkeitsannahme mit der statischen Amortisationszeit von Objekt 1 zusammenfällt. Voraussetzung ist weiter, dass es sich hier um eine Alternativenauswahl unter Erfüllung der üblichen Anforderungen gehandelt hat und dass die errechnete statische Amortisationszeit unter der vorgegebenen, aber in dieser Aufgabe nicht genannten, Höchstnutzungsdauer liegt.

2.7.4 Abschnittsergebnisse

In diesem Abschnitt haben Sie:

- die Arbeitsweise der statischen Amortisationsrechnung erfasst,
- die Kritik an der statischen Amortisationsrechnung nachvollzogen,

- die Kriterien der statischen Amortisationsrechnung kennen gelernt,
- den Unterschied zwischen Durchschnitts- und Kumulationsrechnung erfahren,
- die Formeln der statischen Amortisationsrechnung erarbeitet und
- die statische Amortisationsrechnung auf ein Beispiel angewendet.

2.8 Fallstudie

Sie möchten neben Ihrer jetzigen Tätigkeit durch eine Nebentätigkeit Ihr Einkommen aufbessern. Sie planen einen Gastronomiebetrieb für Studierende auf dem Ostufer Kiels. Ihr Kalkulationszinssatz ist 10 %. Zwei Konzepte sind in die engere Wahl gekommen, die durch folgende Rechenelemente in Abbildung 2.12 gekennzeichnet sind:

Abbildung 2-12: *Rechenelemente zur Fallstudie Statik*

Rechenelement	Investitionsobjekt 1	Investitionsobjekt 2	Altobjekt
n (Jahre)	4	4	4
A (T€)	150	120	80
e k (T€)	100	80	50
a k (T€)	25	15	10
R (T€)	30	20	15

2.8.1 Aufgaben

- **Aufgabe a)** Ermitteln Sie die Kosten der beiden Investitionsobjekte 1 und 2 nach der **Kostenvergleichsrechnung im Alternativenvergleich.** Gehen Sie von der einfachsten Kapitalbindungsvorstellung aus. Treffen Sie basierend auf den Rechenergebnissen eine Investitionsentscheidung und dokumentieren Sie diese.

- **Aufgabe b)** Kommentieren Sie die **Eignung der Kostenvergleichsrechnung** für die Investitionsentscheidung in diesem Fall.

- **Aufgabe c)** Ermitteln Sie den Gewinn von Investitionsobjekt 1 nach der **Gewinnvergleichsrechnung beim Ersatzproblem.** Gehen Sie davon aus, dass das Altobjekt aus der Tabelle oben bereits 2 Jahre läuft. Gehen Sie weiter von einer diskreten Kapitalbindungsvorstellung aus.

■ **Aufgabe d)** Ermitteln Sie **3 Rentabilitäten nach der Rentabilitätsrechnung** von Investitionsobjekt 1. Gehen Sie davon aus, dass

- für die Ermittlung der ersten Rentabilität die **einfachste Kapitalbindungsvorstellung** gilt,
- für die Ermittlung der zweiten Rentabilität die **diskrete Kapitalbindungsvorstellung** gilt,
- für die Ermittlung der dritten Rentabilität gilt, dass sich das **gebundene Kapital im Investitionsobjekt über die Laufzeit nicht verändert**.

■ **Aufgabe e)** Ermitteln Sie die **statische Amortisationsdauer** von

- Investitionsobjekt 1 nach der **Kumulationsrechnung** und
- die statische Amortisationsdauer von Objekt 2 nach der **Durchschnittsrechnung**.

2.8.2 Lösungen

Aufgabe a)

Zunächst ist die relevante Formel zu identifizieren. In diesem Fall ist dies Formel (2.6).

$$(2.122) = (2.6) \quad \boxed{B_1 + \frac{A_1 - R_1}{n_1} + \frac{A_1 + R_1}{2} * i \lessgtr B_2 + \frac{A_2 - R_2}{n_2} + \frac{A_2 + R_2}{2} * i}$$

In diese Formel sind die relevanten Daten einzusetzen, wie in Gleichung (2.123) sichtbar ist.

(2.123)
$$\boxed{25.000 + \frac{150.000 - 30.000}{4} + \frac{150.000 + 30.000}{2} * 0,1 \lessgtr 15.000 + \frac{120.000 - 20.000}{4} + \frac{120.000 + 20.000}{2} * 0,1}$$

Für das Objekt 1 ergeben sich in dieser Situation dann Kosten in Höhe von 64.000 Euro, für Objekt 2 sind es 47.000 Euro.

$$(2.124) \quad \boxed{K_{Objekt\,1}(64.000\,Euro) \rangle K_{Objekt\,2}(47.000\,Euro)}$$

Damit wäre Objekt 2 unter dieser Konstellation Objekt 1 vorzuziehen.

Aufgabe b)

Hier ist zunächst die generelle Kritik an den statischen Verfahren zu nennen:

- die Nutzungsdauer eines Investitionsobjektes wird nicht vollständig berücksichtigt,
- der zeitliche Unterschied des Zahlungsanfalls und damit verbundene Verzinsungen von Zahlungen werden nicht oder nur unvollständig beachtet,
- Interdependenzen zu anderen Investitionsobjekten oder zu anderen Jahren der Nutzungsdauer des betrachteten Objektes werden ignoriert,
- es wird über die Jahre der Nutzungsdauer von konstanter Kapazitätsauslastung ausgegangen,
- es wird über die Jahre der Nutzungsdauer von konstanten Gewinnen und Kosten ausgegangen,
- es wird von der Datensicherheit ausgegangen.

Zusätzlich gilt für die Kostenvergleichsrechnung, dass

- die Kostenvergleichsrechnung nur sinnvoll ist, wenn die Umsatzseiten der Alternativen vergleichbar sind,
- die Kostenvergleichsrechnung nur sinnvoll ist, wenn die Ausbringungsmengen und Qualitäten der Alternativen vergleichbar sind,
- die Kostenvergleichsrechnung nur sinnvoll ist, wenn die Anschaffungsauszahlungen der Alternativen vergleichbar sind,
- die Kostenvergleichsrechnung nur sinnvoll ist, wenn die Nutzungsdauern der Alternativen vergleichbar sind.

Allgemein wie in diesem Fall speziell ist die Kostenvergleichsrechnung für eine qualifizierte Investitionsentscheidung also weniger geeignet.

Aufgabe c)

Zunächst ist die relevante Formeln zu identifizieren. In diesem Fall sind dies die Formeln (2.54) und (2.55). Die Formeln repräsentieren die diskrete Kapitalbindungsvorstellung, nur mit unterschiedlichen Formeln, die für eine gleichmäßige Kapitalverminderung zu gleichen Ergebnissen führen. Daher wird an dieser Stelle nur eine Formel (2.54) für die diskrete Kapitalbindungsvorstellung angewendet.

2 Statische Investitionsrechnungsverfahren

$$(2.125) = (2.54)\quad \boxed{U_{neu} - B_{neu} - \frac{A_{neu} - R_{neu}}{n_{neu}} - \left(\frac{A_{neu} - R_{neu} + \frac{A_{neu} - R_{neu}}{n_{neu}}}{2} + R_{neu}\right) * i \lessgtr U_{alt} - B_{alt}}$$

In diese Formel sind die relevanten Daten einzusetzen, wie in der Formel (2.126) sichtbar wird.

(2.126)

$$\boxed{100.000 - 25.000 - \frac{150.000 - 30.000}{4} - \left(\frac{150.000 - 30.000 + \frac{150.000 - 30.000}{4}}{2} + 30.000\right) * 0{,}1 \lessgtr 50.000 - 10.000}$$

Für das Neuobjekt ergeben sich in dieser Situation dann Gewinne in Höhe von 34.500 Euro, für das Altobjekt sind es 40.000 Euro.

$$(2.127)\quad \boxed{G_{Objekt\,neu}(34.500\,Euro) \langle G_{Objekt\,alt}(40.000\,Euro)}$$

Damit wäre das Altobjekt unter dieser Konstellation dem Neuobjekt vorzuziehen. Es würde zu keinem Sofortersatz kommen.

Aufgabe d)

Zunächst sind die relevanten Formeln zu identifizieren, dann die Daten einzusetzen. Dies erfolgt nacheinander entsprechend der Spiegelstriche in der Aufgabenstellung.

Für den ersten Spiegelpunkt gilt die Formel (2.82).

$$(2.128) = (2.82)\quad \boxed{\operatorname{Re}nt = \frac{U - B}{\frac{A + R}{2}}}$$

In die Formel sind die relevanten Daten einzusetzen. Für den Fall von Investitionsobjekt 1 ergibt sich:

$$(2.129) \quad \boxed{\mathrm{Re}\,nt_{Objekt\,1} = \frac{100.000 - 25.000}{\dfrac{150.000 + 30.000}{2}} = 83{,}33\,\%}$$

Damit hat Objekt 1 eine Rentabilität von 83,33 %. Soweit dies über der gewünschten Mindestrentabilität liegt, die in der Aufgabenstellung nicht festgelegt wurde, ist die Investition 1 bei dieser Kapitalbindungsvorstellung lohnend.

Für den zweiten Spiegelpunkt gilt die Formel (2.83).

$$(2.130) = (2.83) \quad \boxed{\mathrm{Re}\,nt = \frac{U - B}{\dfrac{A - R + \dfrac{A - R}{n}}{2} + R}}$$

In diese Formel sind die relevanten Daten einzusetzen. Für den Fall von Investitionsobjekt 1 ergibt sich:

(2.131)
$$\boxed{\mathrm{Re}\,nt_{Objekt\,1} = \frac{100.000 - 25.000}{\dfrac{150.000 - 30.000 + \dfrac{150.000 - 30.000}{4}}{2} + 30.000} = 71{,}43\,\%}$$

Damit hat Objekt 1 eine Rentabilität von 71,43 %. Soweit dies über der gewünschten Mindestrentabilität liegt, die in der Aufgabenstellung nicht festgelegt wurde, ist die Investition 1 bei dieser Kapitalbindungsvorstellung lohnend.

Für den dritten Spiegelpunkt gilt die Formel (2.85).

$$(2.132) = (2.85) \quad \boxed{\mathrm{Re}\,nt = \frac{U - B}{A}}$$

2 Statische Investitionsrechnungsverfahren

In diese Formel sind die relevanten Daten einzusetzen. Für den Fall von Investitionsobjekt 1 ergibt sich:

$$(2.133) \quad \mathrm{Rent}_{Objekt\ 1} = \frac{100.000 - 25.000}{150.000} = 50,00\ \%$$

Damit hat Objekt 1 eine Rentabilität von 50,00 %. Soweit dies über der gewünschten Mindestrentabilität liegt, die in der Aufgabenstellung nicht festgelegt wurde, ist die Investition 1 bei dieser Kapitalbindungsvorstellung lohnend.

Aufgabe e)

Lösung zum ersten Spiegelpunkt:

Zunächst ist die richtige Formel zu finden. In diesem Fall ist dies Formel (2.112).

$$(2.134) = (2.112) \quad t_m (Jahre)\ bei\ A = \sum_{t}^{m} (e_t - a_t)$$

In diese Formel sind die relevanten Daten einzusetzen. Dies ist in der Abbildung 2.13 für Objekt 1 sichtbar. Eine Lösung bietet sich für die Kumulationsrechnung aus Gründen der Übersichtlichkeit immer in Tabellenform an.

Abbildung 2-13: Statische Amortisationszeit nach der Kumulationsrechnung für Objekt 1*

	A	B	C	D	E	F
1	Jahre	Einzahlungen	Auszahlungen	Nettoeinzahlungen	kumulierte Rückflüsse	Saldo
2		Euro/Jahr	Euro/Jahr	Euro/Jahr	Euro	Euro
3	0					-150000
4	1	100000	25000	75000	75000	-75000
5	2	100000	25000	75000	150000	0
6	3	100000	25000	75000	225000	75000
7	4	100000	25000	75000	300000	150000

Für das Objekt 1 ergibt sich in dieser Situation eine statische Amortisationszeit von 2 Jahren.

Damit wäre Objekt 1 dann eine sinnvolle Investition, wenn die errechnete statische Amortisationszeit unter der vorgegebenen, aber in dieser Aufgabe nicht genannten, Höchstnutzungsdauer liegt.

Lösung zum 2. Spiegelpunkt:

Zunächst ist die relevante Formel zu finden. In diesem Fall ist dies Formel (2.114).

$$(2.135) = (2.114) \boxed{t_m (Jahre) = \frac{A}{(e-a)}}$$

In diese Formel sind die Daten einzusetzen, wie in Gleichung (2.136) sichtbar ist.

$$(2.136) \boxed{1{,}85 \; Jahre = \frac{120}{(80-15)}}$$

Für das Objekt 2 ergibt sich in dieser Situation nach der Durchschnittsrechnung eine statische Amortisationszeit von 2 Jahren. Das Ergebnis würde bei diesem Datensatz mit dem der Kumulationsrechnung zusammenfallen, da die Nettoeinzahlungen im Datensatz für jede Periode gleich, also bereits durchschnittlich sind. Sollte die nicht angegebene maximale statische Amortisationszeit mindestens 2 Jahre betragen, wäre das Investitionsobjekt 2 nach dieser Methode lohnenswert.

2.9 Zusammenfassung

In diesem Kapitel wurden dem Leser die statischen Investitionsrechnungsverfahren präsentiert. Ziel war es, dem Leser bewusst zu machen, welche Kritik an den statischen Verfahren anzubringen ist und mit welchen Risiken ihre Anwendung in Bezug auf die Übertragung der Ergebnisse in die Praxis als Investitionsentscheidung behaftet ist. Die allgemeinen Annahmen der statischen Investitionsrechnungsverfahren wurden präsentiert, ebenso die bekanntesten vier statischen Investitionsrechnungsverfahren, ihre Kriterien, ihre Formeln, ihre Risiken im Einzelnen und ihre Anwendung auf praktische Fragestellungen. Auch ihre schnelle Anwendbarkeit aufgrund der einfachen Datenbeschaffung und Rechentechnik wurde präsentiert. Im Einzelnen sind folgende Teilziele erreicht worden:

- Die Arbeitsweise der Statik allgemein und die Annahmen dieser Investitionsrechnungsmethodengruppe wurden kennen gelernt.
- Die Kritik an den statischen Verfahren wurde umfangreich erarbeitet.

2 Statische Investitionsrechnungsverfahren

- Die Risiken der Übertragung der Rechenergebnisse der statischen Investitionsrechnungsverfahren als Investitionsentscheidung in die Praxis wurden sehr deutlich offengelegt und dokumentiert.

- Der Leser wurde in die Lage versetzt werden, die statischen Formeln aus einem Baukasten relevanter Rechenelemente je nach Fragestellung und relevantem statischen Investitionsrechnungsverfahren sachgerecht zusammenzusetzten.

- Die Kostenvergleichsrechnung als statisches Investitionsrechnungsverfahren wurde im Detail vorgestellt, als einzelne Methode definiert und kritisiert, die möglichen Rechenformeln wurden vorgestellt und auf Praxisfälle angewendet.

- Die Gewinnvergleichsrechnung als statisches Investitionsrechnungsverfahren wurde im Detail vorgestellt, als einzelne Methode definiert und kritisiert, die möglichen Rechenformeln wurden vorgestellt und auf Praxisfälle angewendet.

- Die Rentabilitätsrechnung als statisches Investitionsrechnungsverfahren wurde im Detail vorgestellt, als einzelne Methode definiert und kritisiert, die möglichen Rechenformeln wurden vorgestellt und auf Praxisfälle angewendet.

- Die statische Amortisationsrechnung als statisches Investitionsrechnungsverfahren wurde im Detail vorgestellt, als einzelne Methode definiert und kritisiert, die möglichen Rechenformeln wurden vorgestellt und auf Praxisfälle angewendet.

- Alle Verfahren wurden in einer Fallstudie auf ein Praxisproblem angewendet.

Nach der Lektüre des Kapitels ist der Leser in der Lage zu definieren, was statische Investitionsrechnungsverfahren sind, welchen Wert sie für die praktische Anwendung haben, welche Kritik und welche Gefahren es bei der Übertragung der Rechenergebnisse in die Praxis gibt und wie die Verfahren im Einzelnen arbeiten. Die entsprechenden Formeln sollen durch den Leser nach Lektüre des Kapitels eigenständig aufgestellt werden können. Dem Leser soll bewusst sein, dass es sich bei den statischen Verfahren um in der Praxis gerade in kleinen Unternehmen oder bei Investitionsrechnungsverfahren mit geringer Kapitalbindung noch sehr verbreitete Investitionsrechnungsverfahren handelt. Die Verfahren eignen sich besonders für kleine und schnelle Kalkulationen, da die relevanten Daten relativ leicht zu beschaffen sind und da der Rechenaufwand für die Erzeugung der Ergebnisse recht gering ist. Allerdings muss dem Leser bewusst sein, dass eine Übertragung der Rechenergebnisse in die Praxis als Investitionsentscheidung an sich sehr gefährlich ist, da die Rechnungen mit sehr realitätsfernen vereinfachenden Annahmen arbeiten, z. B. der fehlenden sachgerechten Berücksichtigung des Verzinsungsanspruches des eingesetzten Kapitals. Daher sollten die statischen Investitionsrechnungsverfahren auf keinen Fall für die Entscheidung über bedeutende Investitionsprojekte oder solche mit relativ hohem Kapitaleinsatz eingesetzt werden.

3 Dynamische Investitionsrechnungsverfahren

3.1 Zielformulierung

Nachdem Sie in den beiden vorangegangenen Kapiteln bereits die Grundlagen und damit die Begrifflichkeiten der Investitionsrechnung sowie die statischen Investitionsrechnungsverfahren kennen gelernt haben, ist es das Ziel in diesem Abschnitt, dem Leser die dynamischen Investitionsrechnungsverfahren und deren Anwendung zu präsentieren. Als Ergebnis dieses Kapitels sollen Sie nach dem Durcharbeiten:

- die fünf dynamischen Investitionsrechnungsverfahren kennen,
- die Modellannahmen der dynamischen Investitionsrechnungsverfahren kennen,
- den mathematischen Ermittlungsweg der Verfahren kennen,
- die Entscheidungskriterien der Verfahren kennen,
- die dynamischen Investitionsrechnungsverfahren auf Praxisfälle anwenden können,
- die Rechenergebnisse der dynamischen Investitionsrechnungsverfahren interpretieren können,
- die dynamischen Investitionsrechnungsverfahren sachgerecht auf Ihre praktischen betrieblichen Investitionsprobleme anwenden können und
- die Rechenergebnisse der dynamischen Investitionsrechnungsverfahren sachgerecht für Ihre praktischen betrieblichen Entscheidungsprobleme nutzen können.

Damit Sie diese Ziele erreichen können, ist es notwendig, die angebotenen Übungskalkulationen eigenständig mit dem Taschenrechner oder der Tabellenkalkulation nachzuvollziehen.

Viel Spaß bei der Arbeit!

3.2 Modellannahmen der dynamischen Investitionsrechnungsverfahren

Die Abgrenzung der dynamischen Investitionsrechnungsverfahren zu den anderen Investitionsrechnungsmethodengruppen ist Ihnen bereits aus dem ersten Kapitel dieses Buches bekannt. Wegen der Bedeutung für die Charakterisierung der dynamischen Investitionsrechnungsverfahren soll dies an dieser Stelle kurz wiederholt werden.

Charakteristikum der dynamischen Verfahren ist, dass für die Bewertung von Investitionsprojekten der **unterschiedliche zeitliche Anfall von Zahlungen** berücksichtigt wird und diese Zahlungen mit **einem festgelegten Zinssatz** bewertet werden.

So heben sich alle dynamischen Verfahren positiv von den statischen Verfahren ab, da bei der Dynamik, im Gegensatz zum Ansatz der statischen Verfahren, zahlungswirksame Aktivitäten der Zukunft in der Gegenwart in absoluten Beträgen weniger wert sind als Aktivitäten, die die gleichen Zahlungswirkungen in der Gegenwart auslösen, da eine Einzeldiskontierung vorgenommen wird.

Der Erhalt von 100 Euro heute ist somit in einer dynamischen Betrachtung wertvoller als der Erhalt von 100 Euro in z. B. fünf Jahren. In einer statischen Betrachtung wären beide Aktivitäten meistens gleich wertvoll.

Soweit liegt die dynamische Betrachtung durch die Diskontierung deutlich näher an der Realität als die statische Betrachtung.

Auch die Tatsache, dass bei den dynamischen Verfahren für die Bewertung aller Aktivitäten ein **festgelegter Zinssatz** vorhanden ist, ist gegenüber den statischen Verfahren an sich positiv, da in den statischen Verfahren nicht für alle Aktivitäten ein Zinssatz benutzt wird. Gegenüber der aktuell am weitesten entwickelten Gruppe der wissenschaftlichen Investitionsrechnungsverfahren, den Simultanmodellen des Kapitalbudgets, die in Kapitel 4 behandelt werden, liegt hier aber auch eine Schwäche der dynamischen Methoden bezüglich der Übertragbarkeit ihrer Rechenergebnisse auf die Realität. In der Realität haben unterschiedliche Aktivitäten unterschiedliche Verzinsungsansprüche. So wird Fremdkapital in der Regel anders verzinst als Eigenkapital und innerhalb dieser Gruppen gibt es je nach Fristigkeiten, Sicherheiten und Gläubigerstruktur unterschiedliche Verzinsungsansprüche. Während die Simultanmodelle des Kapitalbudgets dies durch zahlungsindividuelle Zinssätze realitätsnah abbilden können, bildet die Nutzung nur eines festgelegten Zinssatzes in den dynamischen Investitionsrechnungsverfahren eine deutliche Diskrepanz zur heutigen betrieblichen Realität.

Ob diese aufwändige Planungstechnik der Simultanmodelle des Kapitalbudgets für die betriebliche Praxis immer sinnvoll ist, da der Planungsprozess sehr aufwändig ist, aber die Datengrundlage in vielen Unternehmen sehr unsicher ist, ist individuell zu

Modellannahmen der dynamischen Investitionsrechnungsverfahren

entscheiden. So sind die dynamischen Investitionsrechnungsverfahren in der Praxis, gemessen an der Anzahl der investitionsrechnenden Betriebe, immer noch die am häufigsten verwendeten Investitionsrechnungsmethoden.

3.2.1 Ziel der dynamischen Investitionsrechnungsverfahren

Die fünf vorhandenen dynamischen Investitionsrechnungsverfahren

- Kapitalwertmethode,
- Horizontwertmethode,
- Annuitätenmethode,
- Interne Zinsfußmethode und
- dynamische Amortisationsrechnung

sind Methoden, die alle die absolute Vorteilhaftigkeit eines Investitionsrechnungsobjektes anhand eines singulären Kriteriums bewerten.

Singuläres Kriterium bedeutet dabei, dass **jeweils nur ein pagatorisches Kriterium, (ein Geldbetrag), oder ein Zinssatz oder ein Zeitpunkt**, bei dem der Kapitaleinsatz unter Berücksichtigung von Zinsen zurückgeflossen ist, betrachtet wird.

Mehrdimensionale Zielfunktionen, bei denen z. B. auch Marktanteilssicherung oder Stakeholderkontakte, wie langfristige Lieferantenbeziehungen, Kundenbindung oder Anreizprogramme für Mitarbeiter, die im Betrachtungszeitraum keine direkten pagatorischen Konsequenzen haben, berücksichtigt werden, werden nicht betrachtet. Für mehrdimensionale Zielfunktionen müssen z. B. die Nutzwertanalyse oder die lineare Optimierung mit mehrdimensionaler Zielfunktion herangezogen werden. Die Techniken werden ebenfalls in Kapitel 4 vorgestellt.

Die reine Betrachtung der **absoluten Vorteilhaftigkeit** verdient ebenfalls besondere Beachtung. Aufgrund des mathematischen Konstruktes der Formeln der dynamischen Investitionsrechnungsverfahren und der zugrunde liegenden Modellannahmen ist es nur möglich zu beurteilen, ob sich ein geplantes Investitionsobjekt bei Eintritt aller Plandaten in der Realität lohnt. **Ob das lohnende Investitionsobjekt einem anderen lohnenden Investitionsobjekt vorzuziehen wäre (relative Vorteilhaftigkeit), lässt sich auf dem Boden der dynamischen Investitionsrechnungsverfahren bereits nicht mehr qualifiziert entscheiden.**

Die **absolute Höhe des Zielkriteriums** ist soweit auch nur von sehr geringer Bedeutung. Eine Auswahl aus mehreren lohnenden Investitionsobjekten ist methodisch einwandfrei nicht möglich. In Bezug auf diese Phänomene werden die dynamischen

3 Dynamische Investitionsrechnungsverfahren

Verfahren in der Praxis oft fehlerhaft angewendet. Damit werden wir uns in Kapitel 4 näher auseinandersetzen.

Zur Zielerreichung der dynamischen Investitionsrechnungsverfahren, die absolute Vorteilhaftigkeit eines Investitionsrechnungsobjektes anhand eines singulären Kriteriums zu bewerten, ist eine erhebliche Abstraktion von der Realität nötig, damit jedes vorstellbare Investitionsobjekt in einer einzigen Kennzahl ausgedrückt werden kann. Die dafür nötigen Annahmen werden im folgenden Abschnitt präsentiert.

3.2.2 Annahmen der dynamischen Investitionsrechnungsverfahren

Um die komplexe Realität in einem vereinfachten Abbild der Wirklichkeit, in einem Modell also, abzubilden, sind für die **Funktionsfähigkeit der dynamischen Investitionsrechnungsverfahren** mindestens **sechs Annahmen** zu treffen:

- alle Rechenelemente sind mit Sicherheit bekannt,
- alle Rechenelemente fallen nachschüssig an,
- Zahlungen sind über die Zeit verschiebbar,
- es gibt nur einen Zinssatz,
- als Rechenelemente werden nur Zahlungen beachtet und
- die Annahme von Gewinnmaximierung und Polypol.

3.2.2.1 Die Sicherheitsannahme

Alle Rechenelemente sind mit Sicherheit bekannt.

Durch diese Annahme spiegelt die dynamische Investitionsrechnung eine nicht vorhandene Objektivität wider, da Rechenelemente häufig Schätzungen mit unterschiedlichen Eintrittswahrscheinlichkeiten, also mit verschiedenen Standardabweichungen, sind. Deterministische Rechenergebnisse unterliegen damit unterschiedlichen Objektivitätsniveaus.

Bewertung: Durch Anfügen von entscheidungstheoretischen Modellen könnte diese Einschränkung aufgehoben werden, indem Risikoanalysen durchgeführt werden und die Zielkriterien verändert werden, allerdings geht dies deutlich über den Ansatz der dynamischen Investitionsrechnungsverfahren hinaus. Darauf wird in Kapitel 6 eingegangen.

3.2.2.2 Die Nachschüssigkeitsannahme

Alle Rechenelemente fallen nachschüssig an.

Die Rechenergebnisse der dynamischen Investitionsrechnungsverfahren basieren so auf falschen Zahlungszeitpunkten. Generell fallen Zahlungen in einem Investitionsobjekt im allgemeinen Fall in der Praxis kontinuierlich an, Kunden zahlen innerhalb des Zeitraumes eines Jahres mehrfach, Löhne und Betriebsmittelkäufe werden mehrfach im Jahr gezahlt. Die getroffene Annahme verschiebt alle Zahlungen des **Zeitraumes** Jahr auf den **Zeitpunkt** Jahresende.

Vorteil dieser Annahme ist, dass in den dynamischen Investitionsrechnungsformeln mit Summenzeichen gearbeitet werden kann, andernfalls müsste mit Integralen oder zusätzlich mit unterjährigen Zinssätzen gerechnet werden, was ungleich aufwändiger ist. Diese Annahme führt dazu, dass die Verzinsungen unterjähriger Zahlungen grundsätzlich ignoriert werden. Dies hat in Abhängigkeit von Zahlungszeitpunkt und Zahlungshöhe einen unterschiedlich verfälschenden Einfluss auf das Rechenergebnis der dynamischen Investitionsrechnungsverfahren.

Bewertung: Dies ließe sich relativ leicht durch die Einführung unterjähriger Zinsfaktoren oder durch Integralrechnung beheben, wird aber in der klassischen dynamischen Investitionsrechnung nicht durchgeführt.

3.2.2.3 Die Zahlungsverschiebungsannahme

Zahlungen sind über die Zeit verschiebbar.

Diese Annahme unterscheidet sich deutlich von den meisten Fällen der betrieblichen Realität, in der Zahlungszeitpunkte für Zahlungen an Mitarbeiter (Lohn), Lieferanten (Vorleistungen), Gläubiger (Zins- und Tilgungszahlungen) ebenso eingehalten werden müssen, wie Kunden Zahlungsziele einhalten sollen. Die dynamische Investitionsrechnung ignoriert so die Liquiditätsplanung vollständig.

Eine nach dynamischer Investitionsrechnung lohnende Investition sagt also nichts über den Liquiditätsstatus des Projektes aus, der durchaus zu einer Insolvenz führen kann. Notwendig ist diese Annahme, um komplexe Investitionsprojekte in einer Kennzahl ausdrücken zu können, sonst könnte für eine mehrjährige Zahlungsreihe z. B. kein Barwert ermittelt werden.

Bewertung: Diese Diskrepanz zur Realität lässt sich heilen, wenn neben der Investitionsplanung vollständige Finanzpläne erstellt werden, die die Liquidität überwachen können.

3.2.2.4 Die Zinsannahme

Es gibt nur einen Zinssatz.

Diese Annahme teilt sich in die **Geldbeschaffungsprämisse:**

3 Dynamische Investitionsrechnungsverfahren

- unbegrenzte Beträge können für unbegrenzte Zeit zu konstantem Zinssatz beschafft werden;

und die **Wiederanlageprämisse:**

- unbegrenzte Beträge können für unbegrenzte Zeit zu konstantem und gleichem Zinssatz angelegt werden.

Diese Annahme beinhaltet ebenfalls eine deutliche Diskrepanz zur Realität. Getroffen wurde sie, um den Wert einer Investition und nicht den Einfluss der Finanzierung zu bewerten. Ohne diese Annahme würde der identische Datensatz eines Investitionsprojektes ggf. in einem Fall bei einer relativ niedrig verzinsten Finanzierungsmöglichkeit einen positiven Zielwert eines dynamischen Rechenverfahrens ausweisen, während bei einer Finanzierung mit höherer Verzinsung eine Ablehnung des Projektes empfohlen werden würde.

Bewertung: Um das Investitionsobjekt an sich und nicht seine Finanzierungsform zu bewerten, wurde diese Annahme getroffen. Allerdings bedeutet dies für die Realität, dass die tatsächlichen Finanzierungskosten immer mitbeachtet werden müssen. Eine Möglichkeit stellen dazu wiederum vollständige Finanzpläne dar.

3.2.2.5 Die Rechenelementsannahme

Als Rechenelemente werden nur Zahlungen beachtet.

Da es sich bei den Ergebnissen der dynamischen Investitionsrechnungsverfahren um eindimensionale pagatorische Kriterien handelt, werden Kosten, die im Betrachtungszeitraum nicht zu Zahlungen führen, und entsprechende Nutzenaspekte nicht beachtet. Wenn also z. B. die sozialen Grenzkosten der Gesellschaft von den privaten Grenzkosten der Unternehmung abweichen, was z. B. bei legalem unentgeltlichem Verbrauch von Umweltressourcen der Fall ist (Emissionen) oder wenn die Gesellschaft Leistungen von Unternehmen nutzt, ohne dafür den vollen Marktpreis zu bezahlen (z. B. Ausbildung), werden diese Aspekte nicht in der dynamischen Investitionsrechnung beachtet.

Bewertung: Eine Berücksichtigung wäre z. B. über eine Kosten-Nutzen-Analyse möglich, das würde aber zwingend eine mehrdimensionale Zielfunktion voraussetzen.

3.2.2.6 Die Marktannahme

Die Annahme von Gewinnmaximierung und Polypol.

Dynamische Investitionsrechnungsverfahren liefern nur sinnvolle Ergebnisse, wenn beide Kriterien, also das Ziel der Gewinnmaximierung und die Marktform des Polypols, für das investitionsrechnende Unternehmen erfüllt sind. Dass im Betrachtungszeitraum nicht lohnende Investitionen sinnvollerweise doch realisiert werden, wenn

3.2 Modellannahmen der dynamischen Investitionsrechnungsverfahren

das Ziel des Unternehmens nicht die Gewinnmaximierung, sondern z. B. Marktanteilserhöhung um jeden Preis ist, ist vermutlich leicht nachvollziehbar.

Wie Wachstumsinvestitionen in Abhängigkeit von der Marktform beurteilt werden müssen, zeigen die nachfolgenden Abbildungen 3.1 und 3.2.

Abbildung 3-1: Wachstumsinvestitionen auf polypolistischen Märkten

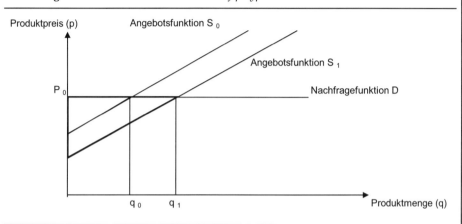

Charakteristikum eines polypolistischen Marktes, in dem sehr viele Nachfrager und sehr viele Anbieter aktiv sind, so dass kein Marktteilnehmer die Marktkonditionen diktieren kann, ist unter anderem eine vollkommen elastische Nachfragefunktion. Das bedeutet, dass Nachfrager in dieser Marktform jede beliebige Menge des Produktes zu konstantem Preis abnehmen. Diese Marktform ist das klassische Ausgangsobjekt der volkswirtschaftlichen mikroökonomischen Theorie bei der Betrachtung der Märkte.

In der Ausgangssituation in Abbildung 3.1 möge die Angebotsfunktion S_0 vorliegen. In einer Gleichgewichtssituation stellen sich dann die Angebotsmenge q_0 und der Preis P_0 ein. Das dadurch aufgespannte Umsatz-Rechteck (q_0/P_0) teilt sich in einen Kostenanteil der Produktion, flächenmäßig der Teil dieses Rechteckes unter der Angebotsfunktion, und einen Gewinnanteil der Produktion, flächenmäßig das kleine Dreieck über der Angebotsfunktion bis zur Nachfragefunktion am Punkt P_0.

Eine Wachstumsinvestition ist nun durch das Verschieben der Angebotsfunktion nach rechts gekennzeichnet, im Bild von S_0 auf S_1. Die abgesetzte Menge steigt auf q_1, das Umsatzrechteck steigt entsprechend (q_1/P_0) und das Gewinn-Dreieck in Abbildung 3.1 ist gewachsen. Es reicht jetzt entlang der Linie P_0 bis auf das Lot zur Absatzmenge q_1.

Automatisches Ergebnis in einem polypolistischen Markt, bei dem sich die Nachfrage und damit der Marktpreis bei Änderungen der Angebotsmenge nicht ändert, ist, dass sich Wachstumsinvestitionen lohnen, wenn die Ausgangsinvestition lohnend war.

3 Dynamische Investitionsrechnungsverfahren

Auf nicht-polypolistischen Märkten ist ein Wachstum der Absatzmenge leider nicht automatisch so positiv zu beurteilen. Charakteristikum bei den acht nicht-polypolistischen Marktformen nach von Stackelberg ist dort unter anderem eine fallende Nachfragefunktion D. Dies bedeutet, dass bei höherem Angebot auf dem Markt durch Ausweitung der Produktionsmenge durch eine Wachstumsinvestition von S_0 auf S_1 der Markt nicht mehr zum alten Preis P_0 geräumt werden kann, sondern alle Güter nur noch den niedrigeren Preis P_1 erzielen. Dies ist in Abbildung 3.2 sichtbar.

Abbildung 3-2: Wachstumsinvestitionen auf nicht- polypolistischen Märkten

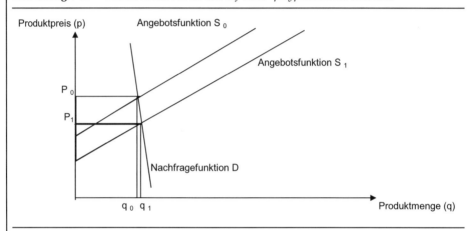

Ein automatisches Gewinnwachstum einer Ausweitung einer im alten Zustand lohnenden Investition ist daher nicht gegeben. Durch Kapazitätsausweitung einer Wachstumsinvestition von S_0 auf S_1 muss auch Umsatzverlust durch Preissenkung von P_0 auf P_1 bei der alten Investition hingenommen werden. Diesen Fall beachtet die dynamische Investitionsrechnung üblicherweise nicht, was dringend bei der Ermittlung der Planungsdaten berücksichtigt werden muss, andernfalls liefern die dynamischen Investitionsrechnungsverfahren viel zu positive Ergebnisse. Insgesamt kann der Gewinn nach Wachstumsinvestition sogar kleiner sein als in der Ausgangssituation. Dies hängt von den Elastizitäten der Angebots- und der Nachfragefunktion ab.

In Abbildung 3.2 zeigt das Dreieck am Punkt P_0 die Gewinnsituation in der Ausgangssituation. Das Dreieck am Punkt P_1 zeigt den Gewinn nach Wachstumsinvestition. In dieser Darstellung sind beide Dreiecke ungefähr gleich groß. Da nach einer Wachstumsinvestition mehr Unternehmenskapital in der Aktivität gebunden ist, ist also die Rentabilität in der in der Abbildung 3.2 gezeigten Konstellation deutlich gesunken.

Soweit erscheinen diese für die Anwendung der dynamischen Investitionsrechnungsverfahren notwendigerweise zu treffenden Annahmen eher geeignet zu sein, den Anwender von der Benutzung dieser Methoden wegen Realitätsferne abzuschrecken.

3.2 Modellannahmen der dynamischen Investitionsrechnungsverfahren

Andererseits ist dies der einzige mögliche Weg, mathematisch einwandfrei ein komplexes Investitionsprojekt auf eine einzige Kennzahl zu reduzieren und es durch die Reduktion der Komplexität zu einem entscheidungsreifen unternehmerischen Problem zu machen.

Dieses Vorgehen allein erhöht bereits die Entscheidungsqualität einer unternehmerischen Entscheidung, denn durch die Dokumentation der Planungsdaten und durch die mathematisch festgelegte Vorgehensweise bei der Berechnung der dynamischen Investitionsrechnungswerte wird das Vorgehen intersubjektiv nachvollziehbar und erfüllt so das von Sir K. R. Popper geforderte und in den Wirtschaftswissenschaften verbreitet angewendete Kriterium des Kritischen Rationalismus für ein wissenschaftliches Vorgehen. Eine andere Person kommt so bei der Nutzung der identischen Daten und der identischen Vorgehensweise zum gleichen Ergebnis.

Bewertung: Soweit sind diese Annahmen also geeignet, zu einer strukturierten Entscheidung in einer unternehmerischen Situation zu führen.

3.2.3 Rechenelemente der dynamischen Investitionsrechnungsverfahren

Im Modell der dynamischen Investitionsrechnungsverfahren gibt es **drei Arten von Rechenelementen:**

- die Höhe der Zahlungen,
- die Länge der Nutzungsdauer,
- die Höhe des Zinssatzes.

Dieser Datensatz wird vor der eigentlichen Anwendung der dynamischen Investitionsrechnungsverfahren erarbeitet und erfordert den größten Teil der Arbeitszeit des Investitionsrechners, die Beschaffung möglichst realitätsnaher Planungsdaten. Darauf wurde bereits in Kapitel 1 eingegangen. In diesem Kapitel werden die Daten als bereits beschafft angesehen und wir konzentrieren uns auf das Anwenden der dynamischen Investitionsrechnungsverfahren.

Neben der Höhe der Zahlungen ist mathematisch, wie oben bereits angesprochen, eigentlich nur ihr Zeitpunkt von Bedeutung. Allerdings **trennen wir den Bereich der Zahlungen betriebswirtschaftlich in 4 Unteraspekte,** um die Bedeutung unserer Plandaten unternehmerisch besser beurteilen zu können. Die vier Aspekte der Zahlungsgröße und ihre Variablenbezeichnung, die wir in diesem Buch benutzen, sind:

- A: die Höhe der Anschaffungsauszahlung,
- R: die Höhe des Restwertes,
- e_k: die Höhe der laufenden Einzahlungen der Periode k,

Dynamische Investitionsrechnungsverfahren

- a_k: die Höhe der laufenden Auszahlungen der Periode k.

Die Variablenbezeichnungen der verbleibenden Rechenelemente sind:

- n: die Länge der Nutzungsdauer,

- i: die Höhe des Kalkulationszinssatzes.

Die Nutzungsdauer läuft von den Perioden k = 1 bis k = n. n ist also das letzte Jahr, das Ende der geplanten Nutzungsdauer.

5 dieser 6 Rechenelemente sind im Sinne des Modells objektiv, also entsprechend der getroffenen Annahme mit Sicherheit bekannt, der Zinssatz stellt eine subjektive Forderung des Investors, eben die subjektive Mindestverzinsungsanforderung des Investors dar.

Somit können also verschiedene Investitionsrechner für einen identischen Datensatz zu unterschiedlichen Investitionsentscheidungen kommen, da sie unterschiedliche Kalkulationszinssätze zugrunde gelegt haben.

3.3 Finanzmathematische Grundlagen

Die Finanzmathematik operationalisiert die Annahme, dass Zahlungen über die Zeit verschiebbar sind, und kann so Rechenelemente innerhalb der Laufzeit der Investition unter Berücksichtigung von Zins und Zinseszins auf dem Zeitstrahl verschieben.

Dass dies eine erhebliche Arbeitserleichterung gegenüber dem Kontieren der Wertentwicklung einer Zahlung über die Zeit darstellt, mag das folgende Beispiel in Abbildung 3.3 zeigen.

Zunächst aber noch ein Hinweis zur Darstellung der Zahlungen auf dem Zeitstrahl. Wegen der Nachschlüssigkeitsannahme liegen die Zahlungen auf dem Periodenende, müssten zeichnerisch als Strich auf dem Periodenende auf dem Zeitstrahl dargestellt werden. Zur besseren Nachvollziehbarkeit werden die Zahlungen als Säulen dargestellt, die in das abgelaufene Jahr hineinragen.

Statt die Wertentwicklung des Anfangskapitals von 10 Euro bei einem Zinssatz von 10 % über drei Jahre unter Berücksichtigung von Zins und Zinseszins über drei Jahre kontiert zu verfolgen, wie in Abbildung 3.3 auf dem Zeitstrahl dargestellt, ergibt die Multiplikation des Anfangskapitals mit dem Zinssatz (1 + i) potenziert mit der Laufzeit in Jahren den gleichen rechnerischen Wert auf deutlich schnellerem Wege, wie unter dem Zeitstrahl sichtbar wird. Hier liegt die Bedeutung der finanzmathematischen Faktoren.

3.3 Finanzmathematische Grundlagen

Abbildung 3-3: Kapitalentwicklung mit Zins und Zinseszins

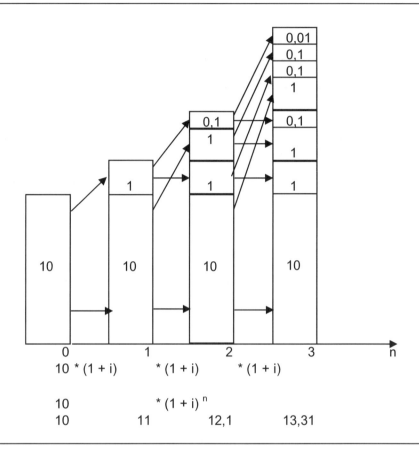

Generell werden durch die finanzmathematischen Faktoren in der dynamischen Investitionsrechnung Zahlungen auf dem Zeitstrahl verschoben. Erfolgt dies auf dem Zeitstrahl nach rechts, sprechen wir vom Aufzinsen, erfolgt dies auf dem Zeitstrahl nach links, sprechen wir vom Abzinsen.

Aufzinsen ist also eine Verschiebung einer Zahlung auf dem Zeitstrahl aus der weiteren Vergangenheit in die nähere Vergangenheit, aus der Vergangenheit in die Gegenwart, aus der Vergangenheit in die Zukunft, aus der näheren Zukunft in die weitere Zukunft oder, was den Regelfall für die Investitionsrechnung darstellt, aus der Gegenwart in die Zukunft.

Abzinsen ist also eine Verschiebung einer Zahlung auf dem Zeitstrahl aus der näheren Vergangenheit in die weitere Vergangenheit, aus der Gegenwart in die Vergangenheit, aus der Zukunft in die Vergangenheit, aus der weiteren Zukunft in die nähere

3 Dynamische Investitionsrechnungsverfahren

Zukunft oder, was den Regelfall für die Investitionsrechnung darstellt, aus der Zukunft in die Gegenwart.

Soweit handelt es sich bei der Finanzmathematik um eine einzige mathematische Operation, da das Abzinsen einen strengen Kehrwert des Aufzinsens darstellt. **Insoweit lassen sich die bekannten 6 finanzmathematischen Faktoren direkt auseinander entwickeln.** Bei Anwendung der Finanzmathematik außerhalb der IT macht es allerdings Sinn, alle 6 Faktoren zu kennen, da dadurch der Rechenweg für die Bestimmung der einzelnen Dynamiken erheblich verkürzt wird. Daher sollen die einzelnen finanzmathematischen Faktoren nachfolgend präsentiert werden. Sie werden zu drei Gruppen zusammengefasst, die jeweils in einem weiteren Unterkapitel erläutert werden. Für die Berechnungen in diesem Kapitel empfehle ich Ihnen, soweit Sie mit dem Taschenrechner arbeiten werden, sich an den finanzmathematischen Tabellen im Anhang dieses Buches zu orientieren oder ein Finanzmathematisches Tabellenwerk zur Hand zu legen, z. B. das Finanzmathematische Tabellenwerk von Däumler.[1]

3.3.1 Die Einmalfaktoren

Zunächst gibt es die Gruppe der **Einmalfaktoren**, sie verschieben eine einzelne Zahlung auf dem Zeitstrahl:

- der **Aufzinsungsfaktor (Auf)**, der eine Einmalzahlung auf dem Zeitstrahl nach rechts verschiebt,

(3.1) $\boxed{Auf = (1+i)^n}$ und

- der **Abzinsungsfaktor (Abf)**, der eine Einmalzahlung auf dem Zeitstrahl nach links verschiebt

(3.2) $\boxed{Abf = (1+i)^{-n}}$.

Eine nummerische Anwendung dazu können Sie in Abbildung 3.4 für den Abzinsungsfaktor und in Abbildung 3.5 für den Aufzinsungsfaktor nachvollziehen.

---

[1] Däumler, Klaus-Dieter, 1998

3.3.2 Die Summenfaktoren

Die Gruppe der **Summenfaktoren** ist eine Summation der Einmalfaktoren, durch die unter gewissen Voraussetzungen eine Gruppe von Zahlungen gemeinsam ab- bzw. aufgezinst werden kann, was zu einer erheblichen Erleichterung beim Berechnen mit dem Taschenrechner führt.

Voraussetzung für die Anwendung dieser Summenfaktoren auf eine Gruppe von Zahlungen ist, dass alle diese **Zahlungen**

- **postnumerand,**
- **äquidistant** und
- **uniform**

sind.

Dies bedeutet, dass die Zahlungen alle

- nachschüssig sein müssen, was ja eine generelle Annahme der dynamischen Investitionsrechnungsverfahren ist und damit immer erfüllt ist,
- sich im gleichen Abstand zueinander befinden müssen, der immer ein Jahr beträgt, und
- die gleiche Höhe haben müssen.

Der **Diskontierungssummenfaktor (DSF)** zinst eine Gruppe von Zahlungen auf den Zeitpunkt vor der ersten berücksichtigten Zahlung ab.

Der DSF ist eine Summation der einzelnen Abzinsungsfaktoren. Überprüfen Sie dies bitte in Abbildung 3.4. Die Formel für den DSF lautet:

$$(3.3) \quad \boxed{DSF = \frac{(1+i)^n - 1}{i(1+i)^n}}.$$

Im nachfolgenden **Beispiel** in Abbildung 3.4 soll der Barwert von drei Zahlungen aus den Jahren 1 bis 3 bei einem Zinssatz von 10 % gebildet werden. Die Zahlungen betragen jeweils 10 Euro. Die durchgehenden schwarzen Pfeile verdeutlichen die Arbeitsweise des Abzinsungsfaktors (Abf), der 3 Summanden zur Lösung benötigt, der gestrichelte Pfeil zeigt den Weg des Diskontierungssummenfaktors (DSF), der nur einem Rechenschritt benötigt. Auf beiden Wegen ergibt sich ein Barwert von 24,86852. Rechnen Sie dies bitte auf beiden Lösungswegen nach.

Die Lösung ergibt sich aus:

3 Dynamische Investitionsrechnungsverfahren

- 24,86852 = 10 x 0,909091 + 10 x 0,826446 + 10 x 0,751315 mit dem Abf oder
- 24,86852 = 10 x 2,486852 mit dem DSF.

Abbildung 3-4: Abzinsen mit Abf und DSF

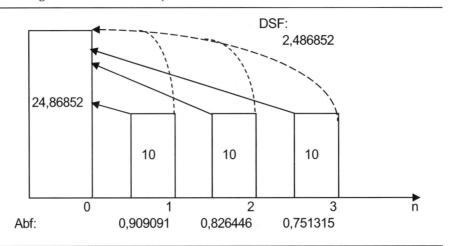

Der **Endwertfaktor (EWF)** zinst eine Gruppe von Zahlungen auf den Zeitpunkt der letzten berücksichtigten Zahlung auf.

Der EWF ist eine Summation der einzelnen Aufzinsungsfaktoren. Allerdings ist beim Aufzinsen immer ein Zeitpunkt weniger in der Betrachtung als beim Abzinsen.

Beim **Abzinsen** werden im Ergebnis n+1 Zeitpunkte betrachtet, da der **DSF auf den Zeitpunkt vor der ersten berücksichtigten Zahlung abzinst** und auch der Abzinsungsfaktor in der dynamischen Investitionsrechnung, da wir von der Nachschüssigkeitsannahme ausgehen, die erste Zahlung auch auf den Zeitpunkt davor, also den Zeitpunkt null, abzinst.

Beim **Aufzinsen** betrachten wir dagegen nur n Zeitpunkte, da auf den Zeitpunkt der letzten Zahlung aufgezinst wird.

So ist auch der Endwertfaktor eine Summation der Aufzinsungsfaktoren. Allerdings werden für den entsprechenden Endwertfaktor die nummerischen Aufzinsungsfaktoren $k = 1$ bis $k = n-1$ addiert, da die letzte Zahlung ja auf dem gleichen Zeitpunkt wie der Endwert liegt, also ohne aufgezinst zu werden, direkt in den Endwert eingeht. Hier ist der Aufzinsungsfaktor genau 1. Dies ist der bisherigen Summe der Aufzinsungsfaktoren noch hinzuzuaddieren.

Daher sind die **Summenfaktoren DSF und EWF auch keine Kehrwerte** zueinander, obwohl die **Einmalfaktoren Kehrwerte zueinander** sind, da beim gleichzeitigen Ab-

3.3 Finanzmathematische Grundlagen

zinsen mehrerer Zahlungen n + 1 Zeitpunkte betrachtet werden und damit ein Zeitpunkt mehr als beim gleichzeitigen Aufzinsen mehrerer Zahlungen.

Im nachfolgenden **Beispiel** in Abbildung 3.5 soll der Endwert von drei Zahlungen aus den Jahren 1 bis 3 bei einem Zinssatz von 10 Prozent gebildet werden. Die Zahlungen betragen jeweils 10 Euro. Die durchgehenden schwarzen Pfeile verdeutlichen die Arbeitsweise des Aufzinsungsfaktors (Auf), der 3 Summanden zur Lösung benötigt, der gestrichelte Pfeil zeigt den Weg des Endfaktors (EWF), der nur einen Rechenschritt benötigt. Auf beiden Wegen ergibt sich ein Endwert von 33,10. Rechnen Sie dies bitte auf beiden Lösungswegen nach. Die Formel für den EWF lautet:

$$(3.4) \quad \boxed{EWF = \frac{(1+i)^n - 1}{i}}.$$

Abbildung 3-5: Aufzinsen mit Auf und EWF

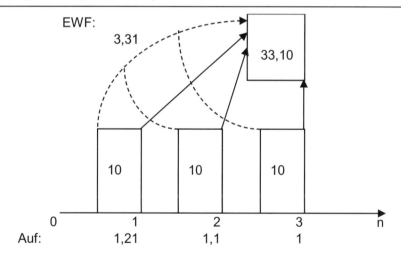

3.3.3 Die Verteilfaktoren

Die verbleibenden beiden finanzmathematischen Faktoren sind die **Verteilfaktoren Kapitalwiedergewinnungsfaktor (KWF)** und **Restwertverteilfaktor (RVF)**.

3 Dynamische Investitionsrechnungsverfahren

Der **Kapitalwiedergewinnungsfaktor** verteilt eine Einmalzahlung in postnumerande, äquidistante und uniforme Zahlungen für eine vorgegebene Nutzungsdauer, beginnend auf dem ersten Zeitpunkt nach der zu verteilenden Zahlung.

Abbildung 3.6 verdeutlicht dieses Vorgehen. Damit wird auch deutlich, dass der KWF genau den Kehrwert des DSF darstellt.

Im Beispiel in Abbildung 3.6 ist eine Einmalzahlung in Höhe von 24,86852 im Zeitpunkt null bei einem Zinssatz von 10 Prozent auf drei Jahre zu verteilen. Prüfen Sie die Berechnung eigenständig nach.

Die Formel für den KWF lautet:

$$(3.5)\quad \boxed{KWF = \frac{i(1+i)^n}{(1+i)^n - 1}}.$$

Abbildung 3-6: Verteilen einer Zahlung mit dem KWF

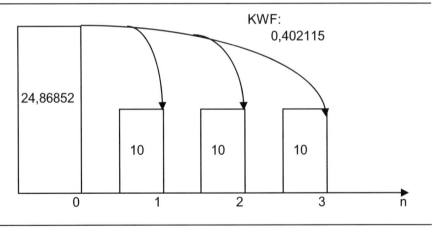

Der **Restwertverteilfaktor (RVF)** verteilt eine Einmalzahlung in postnumerande, äquidistante und uniforme Zahlungen für eine vorgegebene Nutzungsdauer auf dem Zeitstrahl nach links, beginnend auf dem Zeitpunkt der zu verteilenden Zahlung.

Abbildung 3.7 verdeutlicht dieses Vorgehen. Damit wird auch deutlich, dass der **RVF genau den Kehrwert des EWF darstellt**. Überprüfen Sie dies bitte im Vergleich der Abbildungen 3.5 und 3.7.

Finanzmathematische Grundlagen 3.3

Wegen der unterschiedlichen Anzahl von Zeitpunkten, die die beiden Verteilfaktoren betrachten, sind die Verteilfaktoren, wie oben auch die Summenfaktoren, keine Kehrwerte zueinander. Im Beispiel in Abbildung 3.7 ist eine Einmalzahlung in Höhe von 33,10 im Zeitpunkt 3 bei einem Zinssatz von 10 % auf drei Jahre zu verteilen. Prüfen Sie die Berechnung eigenständig nach. Die Lösung ergibt sich als 10 = 33,10 x 0,302115.

Die Formel für den RVF lautet:

$$(3.6) \quad RVF = \frac{i}{(1+i)^n - 1}.$$

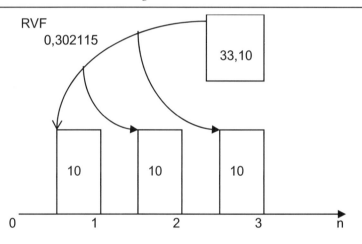

Abbildung 3-7: Verteilen einer Zahlung mit dem RVF

Soweit haben Sie sich nun intensiv mit der Finanzmathematik auseinandergesetzt. Mit der Verknüpfung von Annahmen der dynamischen Investitionsrechnungsverfahren, den Rechenelementen der dynamischen Investitionsrechnungsverfahren und der Finanzmathematik lassen sich nun alle dynamischen Investitionsrechnungsverfahren in den folgenden Unterkapiteln leicht entwickeln und interpretieren.

3.4 Die Kapitalwertmethode

In Abschnitt 3.2.1 habe ich Sie bereits darauf hingewiesen, dass alle dynamischen Investitionsrechnungsverfahren Methoden sind, die alle die absolute Vorteilhaftigkeit eines Investitionsobjektes anhand eines singulären Kriteriums in einer als sicher erachteten Welt, in der also alle Prämissen eintreten, bewerten.

Das Zielkriterium der Kapitalwertmethode, der Kapitalwert Co, betrachtet den Gegenwartswert (Zeitpunkt heute) einer Investition, transformiert also alle Informationen der Zukunft auf eine Kennzahl, Zeitpunkt heute, um so eine Beurteilung der Attraktivität der Investition vornehmen zu können.

Folgende mögliche **Definitionen** des Kapitalwertes bieten sich an:

Der Kapitalwert ist die Differenz der barwertigen Ein- und Auszahlungen eines Investitionsobjektes.

Mit dieser Definition wollen wir uns nun auseinandersetzen.

Generell ist es sinnvoll, die komplexen Zahlungsströme einer Investition auf eine Kennzahl zu reduzieren. Dies mag zunächst ein **Eingangsbeispiel** zeigen, das Sie in Abbildung 3.8 nachvollziehen können. Sie kennen die Daten bereits aus Abbildung 1.6 aus Kapitel 1.

Es gibt zwei mögliche Investitionsobjekte, **Objekt A und Objekt B.** Beide haben eine vierjährige Nutzungsdauer, beide haben eine Anschaffungsauszahlung von 34,5 Mio. Euro, der Restwert ist jeweils null. Die Differenz der laufenden Einzahlungen e_k und der laufenden Auszahlungen a_k wird auch als Nettoeinzahlungen NE_k bezeichnet. Die Nettoeinzahlungen beider Objekte sind in der Abbildung 3.8 in den Säulen angegeben. Wenn man die Nettoeinzahlungen für jedes Objekt addiert, was für eine dynamische Investitionsrechnung wegen der unterschiedlichen Zahlungszeitpunkte der einzelnen Nettoeinzahlungen natürlich nicht sinnvoll ist, hat Objekt A Nettoeinzahlungen von 44 Mio. Euro, Objekt B von 43 Mio. Euro. In einer besonderen Situation, die betriebswirtschaftlich nicht wünschenswert ist, bei einem Zinssatz von null, ist der Barwert von Objekt A somit 44 Mio. Euro und der Barwert von Objekt B ist 43 Mio. Euro, da bei einem Zinssatz von null Zahlungen unterschiedlicher Zeitpunkte addiert werden können. Der zeitliche Anfall der Zahlungen ist aber bei Objekt B günstiger, da dort die relativ höheren Zahlungen relativ früh in der Nutzungsdauer anfallen und nicht so stark auf den Zeitpunkt null abgezinst werden müssen.

Welche der Investitionen ist vorteilhafter? Die Bildung einer relativen Vorteilhaftigkeit, also die Auswahl oder Rangierung von Investitionsobjekten ist generell nicht möglich. Zur Analyse der Bedeutung der Komplexitätsreduzierung durch Reduktion eines mehrjährigen Investitionsobjektes auf eine Kennzahl mag dies an dieser Stelle aber noch gerechtfertigt sein. Um eine derartige Bewertung vornehmen zu können, muss noch ein Kalkulationszinssatz festgelegt werden, den ich auf 10 Prozent (i = 0,1) festlege.

Aufgabe:

Entscheiden Sie nun subjektiv, welche Investition die bessere ist.

Abbildung 3-8: *Komplexitätsreduktion durch Kennzahlbildung in der Dynamik*

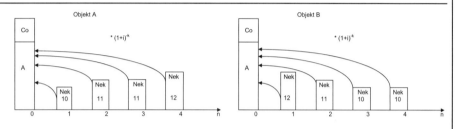

Lösung:

Wenn Sie ihre Entscheidung nun rechnerisch überprüfen, indem Sie für jedes Objekt für sich genommen die Nettoeinzahlungen einzeln mit $(1+i)^{-k}$ abzinsen und dann aufsummieren und davon die Anschaffungsauszahlung abziehen, werden Sie feststellen, dass Objekt A bei einer Rundung auf zwei Nachkommastellen einen Kapitalwert von 0,14 Mio. Euro hat, während Objekt B einen negativen Kapitalwert in Höhe von -0,16 Mio. Euro hat. Die für die Lösung notwendige Formel werden wir in Kapitel 3.4.1 erarbeiten. Der Lösungsweg lautet für Objekt A z. B.: $C_0 = 10 \times 1{,}1^{-1} + 11 \times 1{,}1^{-2} + 11 \times 1{,}1^{-3} + 12 \times 1{,}1^{-4} - 34{,}5 = 0.14$.

Hatten Sie sich „richtig" entschieden? Jedenfalls können Sie an diesem Beispiel sehen, dass durch Reduktion des komplexen Zeitstrahles nach vorgegebenen Regeln nun eine intersubjektiv nachvollziehbare Entscheidung möglich ist. Tatsächlich ist in diesem Beispiel auch eine sinnvolle Auswahl möglich, da ein Objekt einen positiven und ein Objekt einen negativen Kapitalwert hat.

Nach der Auseinandersetzung mit der ersten Definition des Kapitalwertes wird nun eine andere Definition, mit einer etwas anderen Perspektive auf den Kapitalwert, erarbeitet.

Der Kapitalwert ist ein Absolutbetrag zum Zeitpunkt null, der dem Wert der Investition über die Laufzeit äquivalent ist.

Diese Definition besagt zunächst, dass der Kapitalwert ein Absolutbetrag, also ein Währungsbetrag ist, der, da er eben keine prozentuale Größe ist, nicht in Relation zum Kapitaleinsatz steht. Er ist eine reine Vermögensgröße, die einen Überschuss aus der Investition ermittelt. Die zeitliche Bezugsgröße ist der Zeitpunkt heute (null), der

Zeitpunkt, an dem die Investition geplant und gegebenenfalls auch umgesetzt werden soll. Somit ermitteln wir den sofortigen Vermögensbeitrag, den ein durchzuführendes Investitionsprojekt durch Zahlungen, die in der Zukunft anfallen und auf den Zeitpunkt null abgezinst werden, leisten würde. Diese Konstruktion ist nur sinnvoll, wenn, wie dies annahmegemäß vorgegeben ist, alle Rechenelemente mit Sicherheit bekannt sind. Denn nur dann ist es kaufmännisch sinnvoll, Zahlungen der Zukunft auf heute zu „beleihen". Ein Beziehen auf einen späteren Zeitpunkt, wie dies z. B. mit dem Horizontwert, den wir im Unterabschnitt 3.5 behandeln werden, getan wird, ist nicht realitätsnäher, da dieser Wert mit den gleichen Daten ebenfalls vor Investitionsbeginn ausgerechnet wird. Nur die Zahlungen werden finanzmathematisch auf einen anderen Zeitpunkt bezogen.

Zuletzt ist der Relativsatz in der Definition bedeutend. Der Kapitalwert ist dem Wert der Investition äquivalent. In anderen Worten ausgedrückt heißt das, dass es wirtschaftlich genauso attraktiv ist, den Kapitalwert zu erhalten, wie die gesamte Investition durchzuführen.

Der Kapitalwert ist also der im Sinne dieses Modells faire Kauf- und Verkaufspreis eines Investitionsobjektes.

Bevor dieser Satz näher analysiert wird, soll zunächst das Kapitalwertkriterium näher beleuchtet werden.

(3.7) $\boxed{C_0 \geq 0}$

Bei diesem Kriterium handelt es sich um das einzige für die Kapitalwertmethode existierende Entscheidungskriterium.

Eine Investition ist lohnend, wenn der Kapitalwert nicht negativ ist. Damit handelt es sich um ein absolutes Kriterium, das bei der Bewertung von Investitionsprojekten nur zu den Aussagen „lohnt sich", also $C_0 > 0$, oder „lohnt sich nicht" mit $C_0 < 0$ kommen kann. Es existiert der Grenzfall $C_0 = 0$, bei dem sich das Investitionsobjekt gerade noch lohnt. Eine Rangierung von Investitionsprojekten, also eine Alternativenauswahl oder relative Betrachtung, ist durch dieses Kriterium nicht abgedeckt. Darauf werden wir in Kapitel 4 noch näher eingehen.

Ebenso wenig ist ein höherer positiver Kapitalwert besser als ein geringerer positiver Kapitalwert. Dies ergibt sich direkt aus den nachfolgenden Spiegelpunkten.

Ein positiver Kapitalwert bedeutet:

- eine vollständige Wiedergewinnung der Anschaffungsauszahlung,
- eine Verzinsung aller ausstehenden Beträge mit dem Kalkulationszinssatz i,

Die Kapitalwertmethode **3.4**

- einen barwertigen Überschuss in Höhe von Co.

Was unter der „Verzinsung aller ausstehenden Beträge mit dem Kalkulationszinssatz i" genau zu verstehen ist, wird am Ende dieses Unterabschnittes behandelt.

Wenn in einem Investitionsprojekt nur die **Anschaffungsauszahlung** wiedergewonnen wird (manche Projekte erreichen natürlich nicht einmal dieses Niveau), ist der Kapitalwert negativ, weil durch den Zeitverzug der Laufzeit der Investition Zinsen auf die Anschaffungsauszahlung fällig werden und weil vermutlich in dem laufenden Investitionsprojekt weitere laufende Zahlungen anfallen für z. B. Löhne oder Vorprodukte.

Wenn neben der Wiedergewinnung der Anschaffungsauszahlung auch die laufenden Zahlungen zum Kalkulationszinssatz, der ja die subjektive Mindestverzinsungsanforderung des Investors darstellt, verzinst werden können, dann sind die Erwartungen des Investors gerade erfüllt, dann ist der **Kapitalwert genau null.**

Falls zusätzlich zur Wiedergewinnung der Anschaffungsauszahlung und zur Verzinsung der laufenden Zahlungen zum Kalkulationszinssatz ein weiterer **barwertiger Betrag** übrig bleibt, sind gewissermaßen um diesen barwertigen Betrag die Erwartungen des Investors übererfüllt. Der Kapitalwert ist dann also positiv auf Höhe dieses barwertigen Überschusses.

Die Interpretation des Kapitalwertkriteriums an dieser Stelle verdeutlicht auch, warum der Kapitalwert den fairen Kauf- und Verkaufspreis für ein Investitionsobjekt darstellt.

Dies gilt zumindest bei Gültigkeit der getroffenen Annahmen. Dort haben wir festgelegt, dass alle Rechenelemente mit Sicherheit bekannt sind, was bedeutet, dass, egal wer Eigentümer eines Investitionsprojektes ist, die Zahlungen immer gleich bleiben. Managementunterschiede zwischen unterschiedlichen Eigentümern oder Synergieeffekte sind also ausgeschlossen.

Ein **potenzieller Käufer** eines Investitionsprojektes hat die Erwartung, dass er das eingesetzte Kapital zurückgewinnt und es zu seiner subjektiven Mindestverzinsungsanforderung verzinst bekommt. Ein Käufer kann also zusätzlich zur Anschaffungsauszahlung für das Investitionsobjekt auch noch den barwertigen Überschuss (Co) als Kaufpreis an den Verkäufer der Investitionsidee bezahlen. Seine Erwartung der Verzinsung seiner Investition zum Kalkulationszinssatz bleibt trotzdem erfüllt, der Kapitalwert ist jetzt null.

Der **potenzielle Verkäufer** eines Investitionsprojektes kann dieses wiederum genau zu Co verkaufen, ohne sich zu verschlechtern. Die nicht gezahlte Anschaffungsauszahlung kann er dann annahmegemäß (es gibt nur einen Zinssatz!) zum Kalkulationszinssatz in einem anderen Projekt anlegen. Dort wird er keinen barwertigen Überschuss generieren. Da sich alle Zahlungen zum Kalkulationszinssatz verzinsen, ist der Kapitalwert dieser Geldanlage genau null. Allerdings hat der Verkäufer ja noch den

Dynamische Investitionsrechnungsverfahren

Kapitalwert des verkauften Investitionsprojektes erhalten, der ebenfalls zum Kalkulationszinssatz angelegt werden kann. Soweit hat auch der Verkäufer seine Situation weder verbessert noch verschlechtert. Damit ist innerhalb der Annahmen des dynamischen Modells der Kapitalwert der faire Verkaufspreis einer Investition.

Ein Beispiel mag dies verdeutlichen:

Sie haben als Käufer die Möglichkeit, bei einem Finanzdienstleister eine Finanzanlage vermittelt zu bekommen. Ihre Verzinsungserwartung (Kalkulationszinssatz) ist 10 %. Es handelt sich um einen Zero Bond mit vierjähriger Laufzeit. Der Kaufpreis beträgt 10.000 Euro (Anschaffungsauszahlung). Der Rückzahlungswert beträgt 15.735,19 Euro (Restwert). Durch Abzinsen des Rückzahlungswertes mit 12 Prozent ermitteln Sie, dass sich das Kapital in der Finanzanlage mit 12 Prozent verzinst, da der Barwert dann genau 10.000 Euro ist, also dem Kaufpreis entspricht ($15.735{,}19 \times 1{,}12^{-4} = 10.000$). Die Verzinsung ist also höher, als Sie mit ihrem Kalkulationszinssatz von 10 Prozent erwarten. Bei einer Abzinsung des Rückzahlungswertes mit 10 Prozent ergäbe sich ein Barwert von 10.747,35 Euro und damit ein Kapitalwert von 747,35 Euro, da die Anschaffungsauszahlung für den Sparbrief 10.000 Euro betrug und vom Barwert zur Ermittlung des Kapitalwertes abzuziehen ist.

Leider verlangt der Finanzdienstleister für die Vermittlung dieses Sparbriefes eine Provision von 747,35 Euro, zahlbar bei Kauf des Sparbriefes, also genau in Höhe des Kapitalwertes. Insgesamt haben Sie also nun einen Betrag von 10.747,35 Euro zu zahlen, was der Anschaffungsauszahlung des Sparbriefes zuzüglich des Kapitalwertes entspricht. Dieses Kapital verzinst sich nun genau zu 10 Prozent über vier Jahre, denn es gilt: ($10.747{,}35 \times 1{,}1^4 = 15.735{,}19$). Soweit sind die Erwartungen des Käufers immer noch gerade erfüllt, wenn er dem Verkäufer den Kapitalwert als Kaufpreis zusätzlich zur eigentlichen Anschaffung des Investitionsobjektes zahlt.

Der Finanzdienstleister als Verkäufer ist durch den Verkauf dieser Finanzanlage auch nicht schlechtergestellt, denn die nicht angelegten 10.000 Euro kann er nun zum Kalkulationszinssatz anlegen. Den im verkauften Sparbrief nun nicht zu realisierenden zusätzlichen Überschuss hat der Finanzdienstleister als Vermittlungsprovision erhalten, er ist also durch den Verkauf zum Kapitalwert auch nicht schlechtergestellt.

Soweit ist bei Gültigkeit der getroffenen Annahmen der Kapitalwert der faire Kauf- und Verkaufspreis.

Betrachten müssen wir noch den bei der Interpretation des Kapitalwertes formulierten zweiten Spiegelstrich mit der Formulierung „Verzinsung aller ausstehenden Beträge mit dem Kalkulationszinssatz i." Ob es relevant ist, welche Beträge in einem Investitionsobjekt ausstehen, zeigt uns die folgende Abbildung 3.9. In der Praxis ist es bedeutend, ob eine Finanzierung während der Laufzeit eines Investitionsprojektes getilgt wird oder erst am Ende des Projektes bedient wird. Daraus ergeben sich im Regelfall unterschiedliche wirtschaftliche Erfolge eines Projektes. In Abbildung 3.9 gelten folgende Beispieldaten:

Die Kapitalwertmethode **3.4**

- Anschaffungsauszahlung: 40 Mio. Euro
- Nutzungsdauer: drei Jahre
- Restwert: null
- Nettoeinzahlungen in jeder Periode: 20 Mio. Euro
- Kalkulationszinssatz: 10 %

Abbildung 3-9: Entwicklung der Kapitalbindung in einem Investitionsprojekt

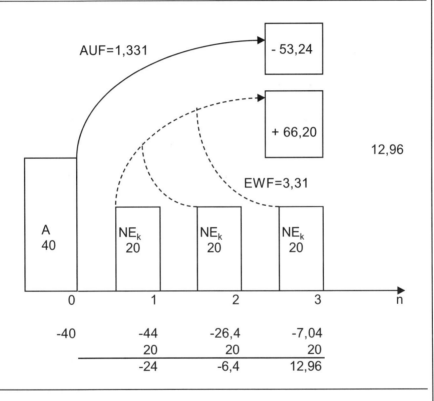

Um den Unterschied zu erarbeiten, werden die Zahlungen zunächst aufgezinst und erst am Ende abgezinst. Dabei ergibt sich ein identischer Kapitalwert wie beim direkten Abzinsen.

In der grafischen Variante **oberhalb des Zeitstrahls** wird die Anschaffungsauszahlung nicht getilgt. Die Nettoeinzahlungen werden mit dem Kalkulationszinssatz bis zum Ende des Jahres 3 angelegt. (20 × EWF), ebenso wird die ungetilgte Anschaffungsauszahlung verzinst (40 × Auf). Die Differenz beider Ergebnisse im Jahr 3 ergibt 12,96 Mio. Euro. Der Kapitalwert beträgt dann 9,737 Mio. Euro (12,96 × $1{,}1^{-3}$ = 9,737).

Unterhalb des Zeitstrahls wird ein Konto geführt, in dem die Anschaffungsauszahlung jährlich mit 10 Prozent verzinst wird. Sobald Nettoeinzahlungen anfallen, werden diese von der verzinsten Anschaffungsauszahlung abgezogen, sodass nur noch ein geringerer Kapitalbetrag gebunden ist und verzinst wird. Nach drei Jahren ergibt sich auch hier ein Kontostand von 12,96 Mio. Euro. Solange, wie das in der dynamischen Investitionsrechnung üblich ist, mit nur einem Zinssatz gearbeitet wird, ist die Entwicklung der Kapitalbindung für das Ergebnis der Investitionsrechnung unerheblich.

Das hier entwickelte Konzept der Kapitalwertmethode wird übrigens nicht nur in der dynamischen Investitionsrechnung angewendet. Als technisch inhaltsgleiche **Discounted-Cashflow-Methode (DCF Methode)** findet sie Eingang in die Bewertung von Unternehmen bei diversen Fragestellungen. So ist sie z. B. Grundlage des Shareholder-Value-Konzeptes und wird damit bei der Planung von Börsengängen (z. B. Initial Public Offerings, IPOs) oder Unternehmensfusionen oder -käufen (Mergers & Acquisitions, M&A) für die Wertermittlung eines Unternehmens herangezogen.

Nachdem wir das Konzept der Kapitalwertmethode erarbeitet haben, sollen nun die entsprechenden Rechenformeln entworfen werden. Dies geschieht in den drei folgenden Unterabschnitten. Zunächst wird der **Kapitalwert bei Einzeldiskontierung** entwickelt. Er ist der allgemeine Fall. Wenn die Rechenelemente eine besondere Struktur aufweisen, ist eine Berechnung mit dem Taschenrechner gegenüber dem allgemeinen Fall weniger rechenaufwändig. Diese beiden Spezialfälle sind der **Kapitalwert bei Anwendungsmöglichkeit des DSF** und der **Kapitalwert bei unendlicher Nutzungsdauer,** die in den dann folgenden beiden Abschnitten behandelt werden.

3.4.1 Kapitalwert bei Einzeldiskontierung

Der Berechnungsweg für den Kapitalwert bei Einzeldiskontierung lässt sich aus Abbildung 3.10 nachvollziehen. Darauf folgt die relevante Formel.

Zunächst wird die periodische Differenz aus den laufenden Zahlungen (e_k-a_k) abgezinst. In der Grafik ist das Abzinsen jedes einzelnen Zahlungsvorganges dargestellt, die laufenden Zahlungen einer Periode können aber natürlich nach der Saldierung gemeinsam abgezinst werden. Danach werden sie summiert. Stellen Sie sich die Abbildung und alle folgenden bitte so vor, dass die Säule der Einzahlungen e_k räumlich hinter der Säule der Auszahlungen a_k steht und der Teil der Einzahlungssäule nur den Teil darstellt, der die Auszahlungssäule überragt. Der abgezinste Restwert wird addiert. Das Ergebnis ist der Barwert der Investition. Dies ist die Gesamtsäule im Zeitpunkt null, (A + C0). Durch Abzug der Anschaffungsauszahlung vom Barwert erhalten wir den Kapitalwert. Die Formel dafür lautet:

Die Kapitalwertmethode **3.4**

Abbildung 3-10: Kapitalwert bei Einzeldiskontierung

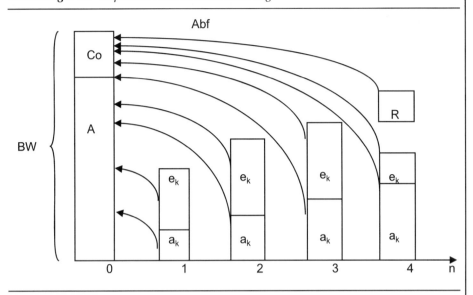

$$(3.8)\quad Co = \sum_{k=1}^{n}(e_k - a_k)\times(1+i)^{-k} + R\times(1+i)^{-n} - A$$

Damit sind Sie nun im Stande, den Kapitalwert eines jeden Investitionsobjektes bei gegebenem Datensatz zu berechnen. Dazu erhalten Sie auch sofort Gelegenheit.

Aufgabe:

Abbildung 3-11: Datensatz für die Kapitalwertberechnung

k	e_k	a_k
1	300	200
2	500	300
3	700	300
4	400	300

Dynamische Investitionsrechnungsverfahren

Ermitteln Sie bitte den Kapitalwert für den nachfolgenden Datensatz. Die Nutzungsdauer beträgt 4 Jahre, die Anschaffungsauszahlung 1.000 Euro. Der Restwert ist 600 Euro. Der Kalkulationszinssatz hat eine Höhe von 10 Prozent. Die laufenden Zahlungen können Sie der Abbildung 3.11 entnehmen.

Lösung:

Den Lösungsweg können Sie nachfolgend nachvollziehen.

$$(3.9)\quad \boxed{\begin{aligned}Co &= (300-200)\times 1{,}1^{-1} + (500-300)\times 1{,}1^{-2} + (700-300)\times 1{,}1^{-3} \\ &+ (400-300)\times 1{,}1^{-4} + 600\times 1{,}1^{-4} - 1000 = 34{,}83\end{aligned}}$$

Der Kapitalwert beträgt 34,83 Euro.

In den folgenden beiden Unterabschnitten werden zwei Spezialfälle bei besonderem Datensatz präsentiert.

3.4.2 Kapitalwert bei Anwendungsmöglichkeit des DSF

Wenn die Rechenelemente eine besondere Struktur aufweisen, ist eine Berechnung mit dem Taschenrechner gegenüber dem allgemeinen Fall weniger rechenaufwändig. Dies ist z. B. dann der Fall, wenn die Anwendungsvoraussetzungen des Diskontierungssummenfaktors erfüllt sind. Das trifft zu, wenn die laufenden jährlichen Einzahlungen (e_k) und die laufenden jährlichen Auszahlungen (a_k) in jeder Periode in gleicher Höhe vorhanden sind. Alternativ dazu ist es auch ausreichend, wenn nur die Nettoeinzahlungen (NE_k) in jeder Periode gleich hoch sind.

Diesen Fall zeigt die Abbildung 3.12, dort sind alle Zahlungen in den Jahren eins bis drei gleich. Im Jahr vier sind die Zahlungen absolut niedriger, aber die Differenz (e_k-a_k), also die Nettoeinzahlungen (NE_k), erreichen die gleiche Höhe wie in den vorangegangenen Jahren. In der Abbildung 3.12 wird das Abzinsen der Nettoeinzahlungen mit dem DSF dargestellt.

Die entsprechende Formel für den Kapitalwert bei Anwendungsmöglichkeit des DSF lautet:

$$(3.10)\quad \boxed{Co = (e-a)\times DSF_i^n + R\times (1+i)^{-n} - A}$$

Die Kapitalwertmethode **3.4**

Abbildung 3-12: Kapitalwert bei Anwendungsmöglichkeit des DSF

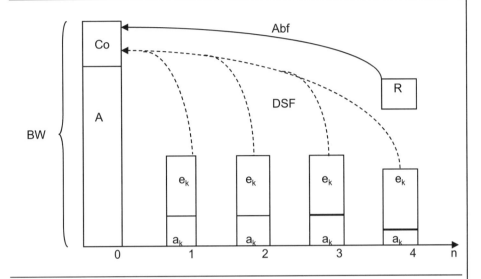

Auch diese Formel (3.10) können Sie sofort anwenden.

Aufgabe:

Ermitteln Sie bitte den Kapitalwert für den nachfolgenden Datensatz. Die Nutzungsdauer beträgt 4 Jahre, die Anschaffungsauszahlung 1.000 Euro. Der Restwert ist 600 Euro. Der Kalkulationszinssatz hat eine Höhe von 10 Prozent. Die laufenden Zahlungen können Sie der folgenden Abbildung 3.13 entnehmen.

Abbildung 3-13: Datensatz zur Kapitalwertberechnung mit dem DSF

k	e_k	a_k
1	500	300
2	500	300
3	500	300
4	500	300

Lösung:

Den Lösungsweg können Sie nachfolgend nachvollziehen.

$$(3.11) \quad Co = 200 \times 3{,}169865 + 600 \times 1{,}1^{-4} - 1000 = 43{,}78$$

Der Kapitalwert beträgt 43,78 Euro.

Bewertung: Der Vorteil dieser Formel bei Taschenrechnernutzung liegt auf der Hand. Während die Kapitalwertformel bei Einzeldiskontierung im allgemeinen Fall n+2 Summationen erfordert, n Diskontierungen der Nettoeinzahlungen plus barwertiger Restwert minus Anschaffungsauszahlung, benötigt diese Formel nur drei Rechenschritte, eine Diskontierung der Nettoeinzahlungen mit dem Diskontierungssummenfaktor plus barwertiger Restwert minus Anschaffungsauszahlung. Soweit ist dieser Weg bei Nutzung des Taschenrechners eine extreme Rechenvereinfachung. Dies gilt umso mehr, je länger die Nutzungsdauer des betrachteten Investitionsobjektes ist. Für die Anwendung in der Tabellenkalkulation ist dies natürlich unerheblich.

3.4.3 Kapitalwert bei unendlicher Nutzungsdauer

Eine spezielle Kapitalwertformel liegt ebenfalls bei der Ermittlung eines Kapitalwertes bei unbegrenzter Nutzungsdauer vor. Von einer unbegrenzten Nutzungsdauer (Going-Concern-Prinzip, das Prinzip der unendlichen Unternehmensfortführung) wird bei der Unternehmensbewertung häufig ausgegangen, um einen „terminal value" einer Unternehmung nach einer Phase eines konkreten Planungszeitraumes mit jährlich geplanten Rechenelementen zu ermitteln. Hier handelt es sich also um einen Wiederverkaufswert des Unternehmens nach einigen Jahren, der sich aus den abgezinsten Nettoeinzahlungen einer unendlichen Zukunft ergibt, der berechnet wird, um nicht alle Jahre einer unendlichen Zukunft in die Planung einzubeziehen.

Die Formel des Kapitalwertes bei unendlicher Nutzungsdauer lässt sich leicht aus der allgemeinen Kapitalwertformel ableiten. Dazu wird angenommen, dass die Nettoeinzahlungen der Zukunft konstant sind, eine Annahme, die wegen der extremen Datenunsicherheit der weiteren Zukunft nicht zu kritisieren ist. Da das Unternehmen unendlich fortgeführt wird, existiert kein Restwert.

Die Kapitalwertformel lautet dann zunächst:

$$(3.12) \quad Co = (e - a) \times DSF_i^n - A$$

Die Kapitalwertmethode **3.4**

Über eine Analyse des Diskontierungssummenfaktors wird eine Vereinfachung deutlich. Die Formel für den DSF lautet:

$$(3.13) = (3.3) \quad \boxed{DSF = \frac{(1+i)^n - 1}{i(1+i)^n}}.$$

Durch Kürzen mit dem Aufzinsungsfaktor $(1+i)^n$ ergibt sich folgende Schreibweise:

$$(3.14) \quad \boxed{DSF = \frac{1 - \frac{1}{(1+i)^n}}{i}}.$$

Da der Grenzwert des Bruches im Zähler wegen der Annahme der unendlichen Nutzungsdauer gegen null konvergiert,

$$(3.15) \quad \boxed{\lim_{n \to \infty} \frac{1}{(1+i)^n} \approx 0},$$

verbleibt der DSF als $1/i$.

Damit lautet die Kapitalwertformel bei unbegrenzter Nutzungsdauer:

$$(3.16) \quad \boxed{Co = (e - a) \times \frac{1}{i} - A}.$$

Auch diese Kapitalwertformel sollen Sie bitte an einem Beispiel erproben.

Aufgabe:

Ermitteln Sie bitte den Kapitalwert für den nachfolgenden Datensatz. Die Nutzungsdauer ist unendlich, die Anschaffungsauszahlung 1.000 Euro. Der Kalkulationszinssatz hat eine Höhe von 10 %. Die laufenden Zahlungen betragen 300 Euro.

Lösung:

Den Lösungsweg können Sie nachfolgend nachvollziehen.

$$(3.17) \quad \boxed{Co = 300 \times \frac{1}{0,1} - 1000 = 2000}$$

Der Kapitalwert beträgt 2.000 Euro.

Die Methode hat den Vorteil, sehr wenig rechenaufwändig zu sein. Die Annahme der unendlichen Nutzungsdauer ist wegen des Abzinsungseffektes von Zahlungen in der weiteren Zukunft nicht sehr problematisch.

3.4.4 Fallstudie Kapitalwertmethode

In diesen Unterabschnitt sollen Sie nun die erlernte Theorie der Kapitalwertmethode anwenden. Dazu setzen Sie sich bitte mit folgendem Fallbeispiel auseinander.

Sie haben die Möglichkeit, sich an einem Projekt für regenerative Energien zu beteiligen. Um festzustellen, ob eine Beteiligung für Sie attraktiv ist, ermitteln Sie den Kapitalwert des Gesamtprojektes aus den nachfolgenden Daten.

Abbildung 3-14: Daten zur Kapitalwert-Fallstudie

Zeit, k	Auszahlung, a_k	Einzahlung, e_k	Subvention, s_k
1	2,0	-	0,5
2	2,0	-	0,5
3	3,0	15	0,5
4	3,0	20	0,5
5	2,5	30	0,5
6	2,5	45	0,5

Die Kapitalwertmethode **3.4**

Der Staat fördert dieses Projekt, jedenfalls gehen Sie bei der Planung davon aus. Neben den Einzahlungen e_k, die sich aus dem Projekt ergeben, fließen also staatliche Fördergelder, Subventionen, die mit S bzw. s_k bezeichnet sind.

Die Anschaffungsauszahlung (A) beträgt insgesamt 60 Mio. Euro, die Anfangssubvention, die im Zeitpunkt null gezahlt wird, hat eine Höhe von 15 Mio. Euro. Ein Restwert (R) des Projektes ist nicht vorhanden, Ihr Kalkulationszinssatz (i) beträgt 10 Prozent. Die Nutzungsdauer (n) beträgt 6 Jahre. Die laufenden Zahlungen entnehmen Sie bitte der Abbildung 3.14, die Angabe der Zahlungshöhe erfolgt in Mio. Euro.

3.4.4.1 Aufgaben

- **Aufgabe a)** Ermitteln Sie den Kapitalwert des Projektes.
- **Aufgabe b)** Ermitteln Sie den Kapitalwert des Projektes ohne Berücksichtigung der Subventionen.

Sie können die Lösung in der Tabellenkalkulation oder mit dem Taschenrechner ermitteln.

Ich werde Ihnen für alle folgenden Aufgaben jeweils beide Varianten darstellen, da in Prüfungsleistungen an Hochschulen wegen der großen Gruppengrößen aus organisatorischen Gründen meist keine Möglichkeit besteht, die Prüfungsklausur „Investition" mit Computern bearbeiten zu lassen, sondern immer noch Taschenrechner eingesetzt werden. In der Praxis werden derartige Fragestellungen hoffentlich ausschließlich mit der IT bearbeitet.

3.4.4.2 Lösungen

Zunächst stelle ich Ihnen die Lösung als Ergebnisse in der Tabellenkalkulation dar. Da es sich um eine Abzinsung und Summation der Rechenelemente handelt, gibt es verschiedene richtige Vorgehensweisen der Formulierung in der Tabellenkalkulation. Soweit ist der gezeigte Lösungsweg nur ein Vorschlag, von dem Sie abweichen können, soweit Sie auf das gleiche Ergebnis kommen.

Hinweis: Abbildungen, in denen Lösungen dargestellt sind, die in Excel erstellt wurden, sind, wie bereits in Kapitel 2.7.3 erwähnt, mit einem „*" an der Abbildungsüberschrift gekennzeichnet und als Download beim Gabler Verlag verfügbar (www.gabler.de, Suchbegriff „Poggensee", Icon „Onlineplus").

Zwischen Darstellungen in Abbildungen und in Formeln kann es zu Rundungsdifferenzen kommen, da die abgedruckte Tabellendarstellung in den Nachkommastellen begrenzt ist.

3 Dynamische Investitionsrechnungsverfahren

Abbildung 3-15: Excel-Datei mit Ergebnissen zur Kapitalwert-Fallstudie*

k	e_k	s	a_k	NE_k	BW	Co	
1	0	0,5	2	-1,5	-1,364		
2	0	0,5	2	-1,5	-1,240		
3	15	0,5	3	12,5	9,391		
4	20	0,5	3	17,5	11,953		
5	30	0,5	2,5	28	17,386		
6	45	0,5	2,5	43	24,272		
Summe					60,399	15,399	Lösung a
		2,178				-1,779	Lösung b

Für die Lösung mit dem Taschenrechner benutze ich für Aufgabe a) die in der Tabellenkalkulation bereits gebildeten Nettoeinzahlungen, zinse die mit dem Abzinsungsfaktor $(1+i)^{-k}$, also $1{,}1^{-k}$, einzeln ab, summiere sie, ziehe die Anschaffungsauszahlung ab und addiere die Anfangssubvention.

$$(3.18) \quad \begin{aligned} Co = &-1{,}5 \times 1{,}1^{-1} - 1{,}5 \times 1{,}1^{-2} + 12{,}5 \times 1{,}1^{-3} + 17{,}5 \times 1{,}1^{-4} + 28 \times 1{,}1^{-5} \\ &+ 43 \times 1{,}1^{-6} - 60 + 15 \end{aligned}$$

Bei Lösung der Aufgabe b) mit dem Taschenrechner ist es sinnvoll, sich die Vorteile des Diskontierungssummenfaktors zunutze zu machen. Vom Ergebnis aus Aufgabe a) brauchen dann nur die Subventionen abgezogen zu werden, ohne neu zu rechnen.

$$(3.19) \quad Co = 15{,}3990407 - 0{,}5 \times DSF_{i=0{,}1}^{n=6} - 15$$

Bewertung der Ergebnisse:

Im Falle von Aufgabe a) handelt es sich also um eine lohnende Investition, bei der das Kapitalwertkriterium erfüllt ist. Die Interpretation sagt uns dann, dass:

- eine vollständige Wiedergewinnung der Anschaffungsauszahlung,
- eine Verzinsung aller ausstehenden Beträge mit dem Kalkulationszinssatz i und
- ein barwertiger Überschuss in Höhe von ca. 15,4 Mio. Euro

erreicht werden.

Diese Interpretation gilt natürlich nur unter den getroffenen Annahmen. Dies bedeutet insbesondere, dass die Rechenelemente wie geplant eintreten und alle Beträge zum Kalkulationszinssatz verzinst werden können.

Im Falle von Aufgabe b) ist das Kriterium nicht mehr erfüllt, die Investition wäre zu der gewünschten Verzinsung unvorteilhaft.

3.4.5 Abschnittsergebnisse

In diesem Abschnitt haben Sie:

- die Kapitalwertmethode kennen gelernt,
- das Kapitalwertkriterium erarbeitet,
- die Interpretation des Kapitalwertes erlernt,
- die Kapitalwertformel erarbeitet,
- Sonderfälle der Kapitalwertformel kennen gelernt,
- die Kapitalwertmethode angewendet.

3.5 Die Horizontwertmethode

Ebenso wie bei der Kapitalwertmethode ermittelt die Horizontwertmethode die absolute Vorteilhaftigkeit eines Investitionsobjektes anhand eines singulären Kriteriums in einer als sicher erachteten Welt, in der also alle Prämissen eintreten.

Das Zielkriterium der Horizontwertmethode, der Horizontwert C_n, betrachtet den Wert des Vermögenszuwachses am Zeitpunkt Ende der Nutzungsdauer der Investition, transformiert also alle Informationen der Zukunft auf eine Kennzahl, Zeitpunkt Ende der Nutzungsdauer des Investitionsprojektes, um so eine Beurteilung der Attraktivität der Investition vornehmen zu können.

Folgende mögliche **Definitionen** des Horizontwertes bieten sich an:

- Der Horizontwert ist die Differenz der endwertigen Ein- und Auszahlungen.
- Der Horizontwert ist ein Absolutbetrag zum Zeitpunkt n, der dem Wert der Investition über die Laufzeit äquivalent ist.

Wie bei der Kapitalwertmethode wird auch hier das Horizontwertkriterium als Entscheidungskriterium präsentiert.

(3.20) $\boxed{C_n \geq 0}$

Bei diesem Kriterium handelt es sich um das einzige für die Horizontwertmethode existierende Entscheidungskriterium. Eine Investition ist lohnend, wenn der Horizontwert nicht negativ ist.

Ein positiver Horizontwert bedeutet:

- eine vollständige Wiedergewinnung der Anschaffungsauszahlung,
- eine Verzinsung aller ausstehenden Beträge mit dem Kalkulationszinssatz i,
- einen endwertigen Überschuss in Höhe von Cn.

Der Horizontwert einer Investition ist also die Konzentration der transformierten Rechenelemente einer Investition auf dem Zeitpunkt n, also nur auf einem anderen Zeitpunkt als beim Kapitalwert. Soweit ist der Informationszuwachs über die Wertigkeit des Investitionsprojektes nur sehr gering.

Abbildung 3-16: Horizontwert bei Einzeldiskontierung

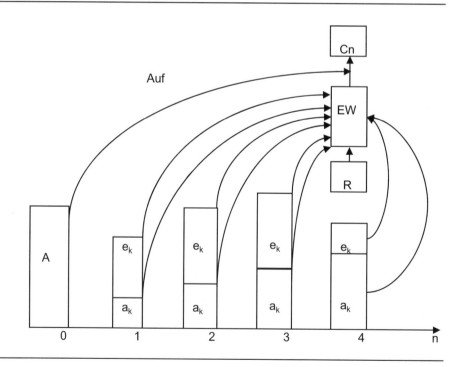

Die Horizontwertmethode 3.5

Zunächst sollen aber die Formeln für die Berechnung des Horizontwertes präsentiert werden. Dies erfolgt zuerst wieder mit einer grafischen Darstellung der Arbeitsweise der Horizontwertmethode im allgemeinen Fall in Abbildung 3.16. Alle Zahlungen werden nun auf den Zeitpunkt n aufgezinst.

Die Formel für den Horizontwert bei Einzeldiskontierung lautet:

$$(3.21) \quad \boxed{Cn = \sum_{k=1}^{n} (e_k - a_k) \times (1+i)^{n-k} + R - A \times (1+i)^n}.$$

Bewertung: Für die zunächst vielleicht etwas verwirrende Terminologie des Exponenten am Aufzinsungsfaktor $()^{n-k}$ betrachten Sie bitte z. B. die Zahlungen im Jahr 1 in Abbildung 3.16. Diese Zahlung kann offensichtlich noch für 3 Jahre angelegt werden, da die Gesamtlänge der Nutzungsdauer in der Darstellung 4 Jahre ist. In der vorgegebenen Terminologie ist die Variable n die Gesamtlänge der Nutzungsdauer des Investitionsobjektes, die Variable k steht für das Jahr, in das die Zahlung fällt, hier z. B. das Jahr 1. n-k ergibt für dieses Beispiel also 3, also die Anzahl der Perioden, in denen die Zahlung noch angelegt werden kann. Auf diese Weise kommt die Formulierung des Exponenten am Aufzinsungsfaktor zustande. In der Grafik ist das Aufzinsen jedes einzelnen Zahlungsvorganges dargestellt, die laufenden Zahlungen einer Periode können aber natürlich nach der Saldierung gemeinsam aufgezinst werden, wie dies die Formel auch vorschlägt.

Wenn die Rechenelemente eine besondere Struktur aufweisen, ist eine Berechnung mit dem Taschenrechner gegenüber dem allgemeinen Fall weniger rechenaufwändig. Dies ist z. B. dann der Fall, wenn die Anwendungsvoraussetzungen des finanzmathematischen Endwertfaktors erfüllt sind. Es handelt sich um die gleichen wie beim Diskontierungssummenfaktor, die bereits in Kapitel 3.3 dargestellt worden sind.

Die Formel für den Horizontwert Cn bei Anwendbarkeit des Endwertfaktors lautet:

$$(3.22) \quad \boxed{Cn = (e - a) \times EWF_i^n + R - A \times (1+i)^n}.$$

Der Vorteil dieser Formel bei Taschenrechnernutzung liegt auf der Hand. Während die Horizontwertformel bei Einzeldiskontierung im allgemeinen Fall n+2 Summationen erfordert, benötigt diese Formel nur drei Rechenschritte, eine Multiplikation der Nettoeinzahlungen mit dem Endwertfaktor plus Restwert minus aufgezinster Anschaffungsauszahlung. Soweit ist dieser Weg bei Nutzung des Taschenrechners eine große Rechenvereinfachung. Dies gilt umso mehr, je länger die Nutzungsdauer des betrachteten Investitionsobjektes ist.

Einen Horizontwert bei unendlicher Nutzungsdauer, wie die entsprechende spezielle Kapitalwertformel, kann es bei der Horizontwertmethode natürlich nicht geben, da dieser Wert selbst im Unendlichen läge und damit automatisch selbst unendlich groß wäre.

Es gibt allerdings noch einen wesentlich einfacheren Berechnungsweg für den Horizontwert, wenn der Kapitalwert bereits ermittelt ist. Dies gilt auch reziprok. Abbildung 3.17 veranschaulicht den Fall.

Abbildung 3-17: Ermittlung des Horizontwertes aus dem Kapitalwert

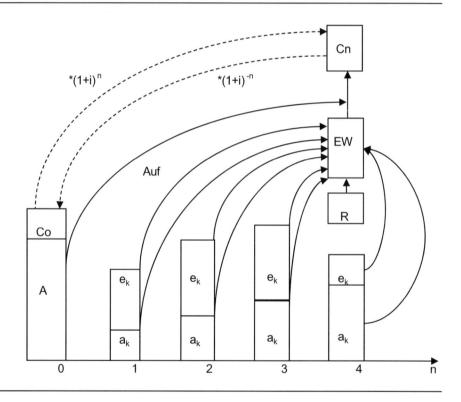

Der Kapitalwert Co in Abbildung 3.17 ist direkt aus den Zahlungen der Investition ermittelt worden, also eine Transformation aller Zahlungen auf den Zeitpunkt null. Dies ist in Abbildung 3.17 nicht ersichtlich, Ihnen aber aus Abbildung 3.10 bekannt. Der Horizontwert dieser Investition ist eine Transformation der gleichen Zahlungen auf den Zeitpunkt n. Somit lässt sich der Horizontwert auch durch einfaches Aufzin-

3.5 Die Horizontwertmethode

sen direkt aus dem Kapitalwert ermitteln bzw. der Kapitalwert durch Abzinsen aus dem bereits vorhandenen Horizontwert. Dies ist durch die gestrichelten Pfeile in Abbildung 3.17 dargestellt. Formelmäßig ergibt sich:

$$(3.23) \quad \boxed{Cn = Co \times (1+i)^n} \text{ oder}$$

$$(3.24) \quad \boxed{Co = Cn \times (1+i)^{-n}}.$$

Durch diese Darstellung wird auch der enge Zusammenhang zwischen Kapitalwert und Horizontwert deutlich. Für ein gegebenes Investitionsprojekt hängt der Multiplikator, um vom Kapitalwert zum Horizontwert zu gelangen, nur von den vorgegebenen Rechenelementen i und n ab. Der Horizontwert ist also eine Funktion des Kapitalwertes. Der Kapitalwert ist eine Funktion des Horizontwertes.

Aufgabe:

Berechnen Sie den Horizontwert der Fallstudie aus Kapitel 3.4.4.

Lösung:

Egal, ob Sie die Tabellenkalkulation oder den Taschenrechner benutzen, erreichen Sie die Lösung schnell über die Formel

$$(3.25) = (3.23) \quad \boxed{Cn = Co \times (1+i)^n}.$$

So ergibt sich

$$(3.26) \quad \boxed{Cn = 15{,}3990407 \times 1{,}1^6 = 27{,}28034 \; Mio. \; Euro}.$$

Wenn Sie die Lösung zwecks Übung auf dem eigenständigen Weg der Horizontwertmethode herbeiführen möchten, können Sie dies nach entsprechendem Muster wie bei der Aufgabe in Abschnitt 3.4.4 nachvollziehen und an Abbildung 3.18 überprüfen.

3 Dynamische Investitionsrechnungsverfahren

Abbildung 3-18: Excel-Datei mit Ergebnissen zur Horizontwert-Fallstudie*

k	e_k	s	a_k	NE_k	BW	Cn	
1	0	0,5	2	-1,5	-2,416		
2	0	0,5	2	-1,5	-2,196		
3	15	0,5	3	12,5	16,638		
4	20	0,5	3	17,5	21,175		
5	30	0,5	2,5	28	30,8		
6	45	0,5	2,5	43	43		
Summe					107,001	27,280	Lösung a
		3,858				-3,151	Lösung b

Für die Lösung mit dem Taschenrechner nach der eigenständigen Vorgehensweise der Horizontwertmethode benutze ich für Aufgabe a) die in der Tabellenkalkulation bereits gebildeten Nettoeinzahlungen, zinse diese mit dem Aufzinsungsfaktor $(1+i)^{n-k}$, also $1{,}1^{n-k}$, einzeln auf, summiere sie, ziehe die aufgezinste Anschaffungsauszahlung ab und addiere die aufgezinste Anfangssubvention.

$$(3.27) \quad \begin{aligned} Cn = &-1{,}5 \times 1{,}1^5 - 1{,}5 \times 1{,}1^4 + 12{,}5 \times 1{,}1^3 + 17{,}5 \times 1{,}1^2 + 28 \times 1{,}1^1 + 43 \\ &- 60 \times 1{,}1^6 + 15 \times 1{,}1^6 = 27{,}28034 \end{aligned}$$

Bei Lösung der Aufgabe b) mit dem Taschenrechner ist es sinnvoll, sich die Vorteile des Endwertfaktors zunutze zu machen. Vom Ergebnis aus Aufgabe a) brauchen dann nur die Subventionen abgezogen zu werden, ohne neu zu rechnen.

$$(3.28) \quad Cn = 27{,}28034 - 0{,}5 \times EWF_{i=0{,}1}^{n=6} - 15 \times 1{,}1^6$$

Die Interpretation der Ergebnisse entspricht der Interpretation für die Kapitalwertmethode.

Abschnittsergebnisse

In diesem Abschnitt haben Sie:

- die Horizontwertmethode kennen gelernt,
- das Horizontwertkriterium erarbeitet,

- die Interpretation des Horizontwertes erlernt,
- die Horizontwertformel bearbeitet,
- den Sonderfall der Horizontwertformel kennen gelernt,
- die Horizontwertmethode angewendet.

3.6 Die Annuitätenmethode

Ebenso wie bei der Kapitalwertmethode und der Horizontwertmethode ermittelt die Annuitätenmethode die absolute Vorteilhaftigkeit eines Investitionsrechnungsobjektes anhand eines singulären Kriteriums in einer als sicher erachteten Welt, in der also alle Prämissen eintreten.

Das Zielkriterium der Annuitätenmethode, die **Annuität**, dieser Begriff entspricht dem Begriff **durchschnittlicher jährlicher Überschuss (DJÜ)**, betrachtet den periodisch konstanten Überschuss einer Investition, transformiert also alle Informationen der Zukunft auf eine periodisch gleich hohe Kennzahl, um so eine Beurteilung der Attraktivität der Investition vornehmen zu können. Dieser Betrag könnte bei Eintreten aller Planungsdaten periodisch, also aufgrund der Nachschüssigkeitsannahme jährlich, entnommen werden, ohne dass die Investition unvorteilhaft wird.

Der durchschnittliche jährliche Überschuss (DJÜ) ist ein periodischer Absolutbetrag, der dem Wert der Investition über die Laufzeit äquivalent ist.

Wie bei den anderen Dynamiken wird auch hier das **Annuitätenkriterium** als Entscheidungskriterium präsentiert.

$$(3.29) \quad \boxed{DJÜ \geq 0}$$

Bei diesem Kriterium handelt es sich um das einzige für die Annuitätenmethode existierende Entscheidungskriterium. Eine Investition ist lohnend, wenn der durchschnittliche jährliche Überschuss nicht negativ ist.

Ein positiver DJÜ bedeutet:

- eine vollständige Wiedergewinnung der Anschaffungsauszahlung,
- eine Verzinsung aller ausstehenden Beträge mit dem Kalkulationszinssatz i,
- einen periodischen Überschuss in Höhe von DJÜ.

3 Dynamische Investitionsrechnungsverfahren

Die Annuität einer Investition ist also die gleichförmige Verteilung der transformierten Rechenelemente einer Investition auf die Zeitpunkte 1 bis n.

Vor der Darstellung des eigenständigen Ermittlungsweges der Annuität soll entsprechend dem Abschluss des vorangegangenen Kapitels gezeigt werden, dass die Annuität auch aus den anderen Dynamiken ermittelt werden kann. Dies soll Abbildung 3.19 verdeutlichen.

Abbildung 3-19: Ermittlung der Annuität aus Kapitalwert oder Horizontwert

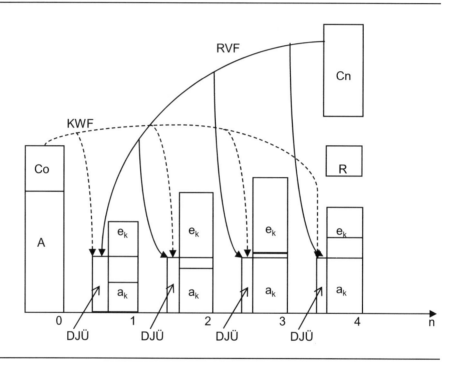

Der Kapitalwert Co ist ebenso wie der Horizontwert Cn direkt aus den Zahlungen der Investition ermittelt worden, also eine Transformation aller Zahlungen auf den Zeitpunkt null bzw. n. Der durchschnittliche jährliche Überschuss dieser Investition ist eine gleichförmige Transformation der gleichen Zahlungen auf die Zeitpunkte 1 bis n. Somit lässt sich die Annuität auch direkt aus dem Kapitalwert oder dem Horizontwert ermitteln. Ein reziprokes Vorgehen ist ebenfalls möglich.

(3.30) $\boxed{DJÜ = Co \times KWF}$

3.6 Die Annuitätenmethode

(3.31) $\boxed{Co = DJ\ddot{U} \times DSF}$

(3.32) $\boxed{DJ\ddot{U} = Cn \times RVF}$

(3.33) $\boxed{Cn = DJ\ddot{U} \times EWF}$

Durch diese Darstellung wird auch der enge Zusammenhang zwischen Annuität, Kapitalwert und Horizontwert deutlich.

Für ein gegebenes Investitionsprojekt hängt der Multiplikator, um vom Kapitalwert oder vom Horizontwert zur Annuität zu gelangen, nur von den vorgegebenen Rechenelementen i und n ab.

Diese Sichtweise verdeutlicht auch, dass **der Begriff der Annuität in der Betriebswirtschaftslehre nicht eindeutig definiert ist.** Die **Finanzierungslehre** fasst unter der Annuität die Summe der periodischen Zins- und Tilgungszahlungen auf. In einem Annuitätendarlehn wird dabei periodisch der Anteil der Zinsen geringer, der Anteil der Tilgungen wird größer. Die Summe aus beiden Aktivitäten ist konstant. Somit beschafft ein getilgtes Annuitätendarlehn in der Terminologie der **Investitionslehre** über die Tilgungen die Anschaffungsauszahlung wieder und über die Verzinsung den Zinsanspruch des eingesetzten Kapitals. Unter dieser Perspektive ist die nummerische Höhe des Kapitalwertes vorgegeben, nämlich null, da hier genau die ersten beiden Spiegelstriche des Kapitalwertkriteriums erfüllt sind.

Aus der investitionsrechnerischen Definition der Annuität DJÜ = Co × KWF könnte sich aus der Argumentation des vorangegangenen Absatzes nie eine positive Annuität ergeben, die sich bei positivem Kapitalwert und der mathematischen Struktur des KWF aber ergeben muss. Offensichtlich definiert die Investitionslehre den Begriff der Annuität also anders. Neben der oben bereits angeführten Definition können wir auch definieren:

Der durchschnittliche jährliche Überschuss (DJÜ) ist ein periodischer Absolutbetrag, der zusätzlich zu einer vollständigen Wiedergewinnung der Anschaffungsauszahlung und zusätzlich zu einer Verzinsung aller ausstehenden Beträge mit dem Kalkulationszinssatz i, in den Perioden 1 bis n zur Entnahme zur Verfügung steht, ohne dass die Investition unvorteilhaft wird.

Der Grund der unterschiedlichen Definitionen dürfte dem Leser durch das nachfolgende **Beispiel** schnell transparent werden. In der praktischen Finanzwirtschaft gilt natürlich die Annahme der Dynamik, dass nur ein Zinssatz existiert, nicht.

Ein Gläubiger einer Finanzierung refinanziert sich bei der Gewährung eines Darlehns

3 Dynamische Investitionsrechnungsverfahren

im Regelfall selbst. So sind die Tilgungen seines Schuldners nötig, um den nominalen Betrag der Refinanzierung zurückzuzahlen. Der Verzinsungsanteil teilt sich aber natürlich in den Teil, den der Gläubiger bei seinem Refinanzierer als Zinsen zahlen muss, und den Gewinnanteil für den Gläubiger, der den Darlehnsbetrag mit einem Zinsaufschlag an seinen Schuldner weitergegeben hatte. Beide Zinsbestandteile fließen in die finanzwirtschaftliche Definition gemeinsam ein. In der investitionsrechnerischen Definition sind diese beiden Teile aufgeteilt in den **Verzinsungsanteil** (Verzinsung aller ausstehenden Beträge mit dem Kalkulationszinssatz i) und die **Annuität** (DJÜ).

Dies können Sie in einem **Zahlenbeispiel** im nachfolgenden Text und in den Abbildungen 3.20 und 3.21 nachvollziehen.

In einem Annuitätendarlehn über 100.000 Euro, Tilgung jährlich nachschüssig, mit vierjähriger Laufzeit ergibt sich nach finanzwirtschaftlicher Definition bei einem Zinssatz von 10 % eine jährliche Annuität von 31.547,10 (100.000 * KWF(n = 4, i = 0,1). Wie sich die Zahlungen entwickeln, können Sie in Abbildung 3.20 überprüfen.

*Abbildung 3-20: Finanzwirtschaftliche Annuität zum Zahlenbeispiel**

k	geb. Kapital	Zinsen	Tilgung	fin. Annuität
0	100000,00			
1	78452,90	10000,00	21547,10	31547,10
2	54751,09	7845,29	23701,81	31547,10
3	28679,10	5475,11	26071,99	31547,10
4	-0,09	2867,91	28679,19	31547,10
Summe		26188,31	100000,09	126188,40

Unter der Annahme, dass gleiche Tilgungszahlungen wie bei der Ermittlung der finanzwirtschaftlichen Annuität erfolgen und der Gläubiger sich bei seinem Refinanzierer zu 4 % refinanziert und einen Gewinnanteil von 6 Prozentpunkten hat, ergibt sich die investitionsrechnerische Annuität (Co * KWF, Co = Summe BW Gewinn) in Höhe von 4.097,40 Euro. Dies ist in Abbildung 3.21 nachvollziehbar.

Hinweis: In der klassischen Annuitätenmethode gibt es natürlich nur einen Zinssatz, den Kalkulationszinssatz, soweit ist eine Zinsaufspaltung wie in diesem Beispiel in der Methode nicht üblich, bei einem Zinssatz von 10 % ergäbe sich eine investitionsrechnerische Annuität von null. Das Arbeiten mit mehreren Zinssätzen lernen Sie in Kapitel 4 kennen.

3.6 Die Annuitätenmethode

Abbildung 3-21: Investitionsrechnerische Annuität zum Zahlenbeispiel*

k	geb. Kapital	Zinsen	Gewinnbeitrag	Zins Gläubiger	Tilgung	fin. Annuität	BW Gewinn	DJÜ
0	100000,00							
1	78452,90	10000,00	6000,00	4000,00	21547,10	31547,10	5454,55	4097,40
2	54751,09	7845,29	4707,17	3138,12	23701,81	31547,10	3890,23	4097,40
3	28679,10	5475,11	3285,07	2190,04	26071,99	31547,10	2468,12	4097,40
4	-0,09	2867,91	1720,75	1147,16	28679,19	31547,10	1175,29	4097,40
Summe		26188,31	15712,99	10475,32	100000,09	126188,40	12988,18	

Bei nicht ermitteltem Kapitalwert und nicht ermitteltem Horizontwert muss die Annuität auf einem eigenen Berechnungsweg ermittelt werden. Hier wird die Annuität aus der Differenz der durchschnittlichen jährlichen Einzahlungen (DJE) und der durchschnittlichen jährlichen Auszahlungen (DJA) ermittelt.

(3.34) $\boxed{DJÜ = DJE - DJA}$

Zur Bildung der DJE werden die Einzahlungsbestandteile des Investitionsprojektes, also die laufenden Einzahlungen (e_k) und der Restwert (R), entweder auf den Zeitpunkt null oder den Zeitpunkt n transformiert und dann mit dem entsprechenden finanzmathematischen Faktor verteilt.

Abbildung 3.22 zeigt diesen Fall für das Aufzinsen auf den Zeitpunkt n. Dort ergibt sich dann der Einzahlungsendwert, der mit dem RVF zu den DJE verteilt wird.

Die Formeln für die Bildung der DJE lauten dann:

(3.35) $\boxed{DJE = \left[\sum_{k=1}^{n} e_k \times (1+i)^{-k} + R \times (1+i)^{-n}\right] \times KWF_i^n}$,

wenn zunächst der Einzahlungsbarwert gebildet wird, und

(3.36) $\boxed{DJE = \left[\sum_{k=1}^{n} e_k \times (1+i)^{n-k} + R\right] \times RVF_i^n}$,

3 Dynamische Investitionsrechnungsverfahren

wenn zunächst der Einzahlungsendwert, wie in Abbildung 3.22 dargestellt, gebildet wird.

Abbildung 3-22: DJE-Bildung

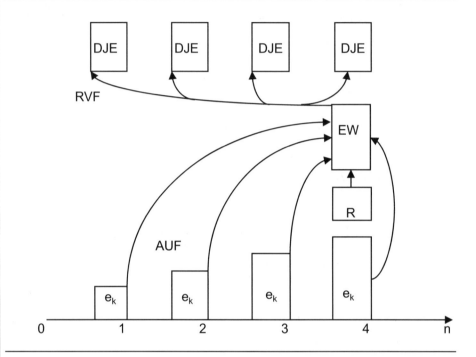

Zur Bildung der DJA werden die Auszahlungsbestandteile des Investitionsprojektes, also die laufenden Auszahlungen (a_k) und die Anschaffungsauszahlung (A), entweder auf den Zeitpunkt null oder den Zeitpunkt n transformiert und dann mit dem entsprechenden finanzmathematischen Faktor verteilt.

Abbildung 3.23 zeigt diesen Fall für die Abzinsung auf den Zeitpunkt null. Dort ergibt sich dann der Auszahlungsbarwert, der mit dem KWF zu den DJA verteilt wird.

Die Formeln für die Bildung der DJA lauten dann:

$$(3.37)\quad DJA = \left[\sum_{k=1}^{n} a_k \times (1+i)^{-k} + A\right] \times KWF_i^n$$

3.6 Die Annuitätenmethode

wenn zunächst, wie in Abbildung 3.23 dargestellt, der Auszahlungsbarwert gebildet wird, und

$$(3.38) \quad DJA = \left[\sum_{k=1}^{n} a_k \times (1+i)^{n-k} + A \times (1+i)^n \right] \times RVF_i^n ,$$

wenn zunächst der Auszahlungsendwert gebildet wird.

Abbildung 3-23: DJA-Bildung

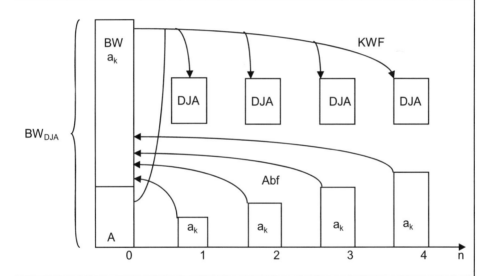

Aufgaben:

Berechnen Sie die Annuität der Fallstudie aus Kapitel 3.4.4.

- **Aufgabe a)** mit Subventionen,
- **Aufgabe b)** ohne Subventionen.

Lösungen:

Egal, ob Sie die Tabellenkalkulation oder den Taschenrechner benutzen, erreichen Sie die Lösung schnell z. B. über die Formel

3 Dynamische Investitionsrechnungsverfahren

(3.39) $\boxed{DJ\ddot{U} = Co \times KWF_i^n}$

So ergibt sich für Aufgabe a)

(3.40) $\boxed{DJ\ddot{U} = 15{,}3990407 \times 0{,}229607 = 3{,}53572754 \text{ Mio. Euro}}$

Wenn Sie die Lösung zwecks Übung auf dem eigenständigen Weg der Annuitätenmethode herbeiführen möchten, können Sie dies nach entsprechendem Muster wie bei der Aufgabe in Abschnitt 3.4.4 nachvollziehen. Im unten dargestellten Lösungsweg in Abbildung 3.24 ist die Barwertbildung dargestellt, auf die Darstellung der auch möglichen Endwertbildung wurde verzichtet.

Abbildung 3-24: Excel-Datei mit Ergebnissen zur Annuitäten-Fallstudie*

k	e_k	s	a_k	BW (e_k+s)	BW a_k		
1	0	0,5	2	0,455	1,818		
2	0	0,5	2	0,413	1,653		
3	15	0,5	3	11,645	2,254		
4	20	0,5	3	14,002	2,049		
5	30	0,5	2,5	18,938	1,552		
6	45	0,5	2,5	25,684	1,411		
Summen		2,178		71,137	10,738		
				DJE	DJA	DJÜ	
				19,778	16,242	3,536	Lösung a
				15,833	16,242	-0,408	Lösung b

Für die Lösung mit dem Taschenrechner addiere ich für Aufgabe a) die laufenden Einzahlungen e_k und die laufenden Subventionen s für jedes Jahr einzeln. Dann zinse ich sie mit dem Abzinsungsfaktor $(1+i)^{-k}$, also $1{,}1^{-k}$, einzeln ab, summiere sie, addiere die Anfangssubvention und verteile das Ergebnis mit dem KWF, erhalte so die DJE. Entsprechend werden a_k und A für die Bildung der DJA behandelt. Das Vorgehen ist in den Gleichungen (3.41) und (3.42) für den Beispieldatensatz für Aufgabe a) dokumentiert.

Die Annuitätenmethode 3.6

$$(3.41)\quad DJE = \begin{bmatrix} 0{,}5 \times 1{,}1^{-1} + 0{,}5 \times 1{,}1^{-2} + 15{,}5 \times 1{,}1^{-3} + \\ 20{,}5 \times 1{,}1^{-4} + 30{,}5 \times 1{,}1^{-5} + 45{,}5 \times 1{,}1^{-6} + 15 \end{bmatrix} \times KWF_{i=0{,}1}^{n=6}$$

$$(3.42)\quad DJA = \begin{bmatrix} 2 \times 1{,}1^{-1} + 2 \times 1{,}1^{-2} + 3 \times 1{,}1^{-3} + 3 \times 1{,}1^{-4} + 2{,}5 \times 1{,}1^{-5} \\ + 2{,}5 \times 1{,}1^{-6} + 60 \end{bmatrix} \times KWF_{i=0{,}1}^{n=6}$$

$$(3.43) = (3.34)\quad DJ\ddot{U} = DJE - DJA$$

Bei Lösung der Aufgabe b) mit dem Taschenrechner ist es sinnvoll, sich die Vorteile des Diskontierungssummenfaktors zunutze zu machen. Vom Ergebnis aus Aufgabe a) brauchen dann nur die Subventionen abgezogen zu werden, ohne neu zu rechnen. Soweit Sie hier oder an anderen Stellen marginale Rundungsdifferenzen erhalten, liegt das daran, dass in den Excel-Berechnungen die finanzmathematischen Faktoren als Formeln hinterlegt wurden, bei den Taschenrechnerberechnungen aber vermutlich die Finanzmathematischen Tabellenwerke benutzt werden, die die finanzmathematischen Faktoren auf sechs Stellen nach dem Komma runden.

$$(3.44)\quad DJE = 3{,}5357275 - 0{,}5 - 15 \times KWF_{i=0{,}1}^{n=6}$$

Die DJA bleiben unverändert, es gilt dann

$$(3.45) = (3.34)\quad DJ\ddot{U} = DJE - DJA$$

Die **Interpretation** der Ergebnisse entspricht der Interpretation für die Kapitalwertmethode.

Bewertung: Im Falle von Aufgabe a) handelt es sich also um eine lohnende Investition, bei der das **Annuitätenkriterium** erfüllt ist.

Die **Interpretation** sagt uns dann, dass:

- eine vollständige Wiedergewinnung der Anschaffungsauszahlung,
- eine Verzinsung aller ausstehenden Beträge mit dem Kalkulationszinssatz i und

3 Dynamische Investitionsrechnungsverfahren

■ ein periodischer Überschuss in Höhe von 3,53572754 Mio. Euro

erreicht werden.

Diese Interpretation gilt natürlich nur unter den getroffenen Annahmen. Dies bedeutet insbesondere, dass die Rechenelemente wie geplant eintreten und alle Beträge zum Kalkulationszinssatz verzinst werden können.

Im Falle von Aufgabe b) ist das Kriterium nicht mehr erfüllt, die Investition wäre zu der gewünschten Verzinsung unvorteilhaft.

Abschnittsergebnisse

In diesem Abschnitt haben Sie:

- die Annuitätenmethode kennen gelernt,
- das Annuitätenkriterium erarbeitet,
- die Interpretation der Annuitäten erlernt,
- die Annuitätenformel bearbeitet,
- die Annuitätenmethode

angewendet.

3.7 Die Interne Zinsfußmethode

Ebenso wie die anderen bisher behandelten Methoden ermittelt die Interne Zinsfußmethode die absolute Vorteilhaftigkeit eines Investitionsobjektes anhand eines singulären Kriteriums in einer als sicher erachteten Welt, in der also alle Prämissen eintreten.

Während die Kapitalwert-, Horizontwert- und Annuitätenmethode bei einem vorgegebenen Kalkulationszinssatz, mit dem diese Werte auch errechnet werden, bei lohnenden Investitionen einen positiven Zielwert (oder null) ausweisen, wird in der Internen Zinsfußmethode der Zinssatz, der nun als Rechenergebnis dieser Methode eine endogene, also abhängige Variable darstellt, solange verändert, bis die Zielwerte der genannten anderen Dynamiken null werden.

Während also die Kapitalwert-, Horizontwert- und Annuitätenmethode bei einem gegebenen dimensionslosen Kriterium (Prozentsatz) Kalkulationszinssatz einen Absolutbetrag ermitteln, ermittelt die Interne Zinsfußmethode ein ausschließlich dimensionsloses Kriterium.

3.7 Die Interne Zinsfußmethode

Die Interne Zinsfußmethode ermittelt die **Rendite** (r), (Interner Zinssatz, Interner Zinsfuß).

Der Interne Zinssatz ist der Zinssatz, bei dem Kapitalwert, Horizontwert und Annuität null sind.

Das Zielkriterium der Internen Zinsfußmethode, die Rendite, betrachtet den Zinssatz einer Investition, bei dem alle Zahlungen transformiert auf den Zeitpunkt Ende der Nutzungsdauer des Investitionsprojektes oder auf den Zeitpunkt Anfang der Nutzungsdauer des Investitionsprojektes oder den Zeitraum 1 bis n so groß sind, dass die Zielwerte der zugehörigen Dynamiken Werte von null ergeben.

Wie bei den anderen Dynamiken wird auch hier das **Interne Zinsfußkriterium** als Entscheidungskriterium präsentiert.

(3.46) $\boxed{r \geq i}$

Bei diesem Kriterium handelt es sich um das einzige für die Interne Zinsfußmethode existierende Entscheidungskriterium. Eine Investition ist lohnend, wenn die Rendite (r) nicht kleiner als der Kalkulationszinssatz (i) ist.

Daher ist die Tatsache, dass es sich bei dem Internen Zinssatz anders als bei den anderen Dynamiken um ein dimensionsloses Kriterium handelt, auch unerheblich im Vergleich der Aussagekraft der einzelnen Methoden. Alle Methoden bieten nur jeweils ein Kriterium an, das auf **Erfüllung oder Nicht-Erfüllung** überprüft wird. Qualitative Unterschiede zwischen den Methoden gibt es aus diesem Grund nicht.

Dass die Interne Zinsfußmethode zusätzlich zu den restriktiven Annahmen der anderen Dynamiken einige große Probleme birgt, wird an dieser Stelle ignoriert und erst in Kapitel 4 wieder aufgegriffen.

Eine Rendite (r) oberhalb des Kalkulationszinssatzes (i) bedeutet:

- eine vollständige Wiedergewinnung der Anschaffungsauszahlung,
- eine Verzinsung aller ausstehenden Beträge zur Rendite.

Bewertung: Hier liegt ein deutlicher Unterschied der Internen Zinsfußmethode zu den anderen Dynamiken. Während alle bisher behandelten Methoden die Annahme trafen, dass alle ausstehenden Beträge zum **Kalkulationszinssatz** (i) angelegt werden, nimmt die Interne Zinsfußmethode an, dass alle ausstehenden Beträge zur bei lohnenden Investitionen höheren **Rendite** (r) angelegt werden. Für gleiche Investitionsprojekte hat die Interne Zinsfußmethode also unterschiedliche Vorstellungen über die Verzinsung der jeweils noch gebundenen Beträge als die anderen Dynamiken. Auch dieses Phänomen wird in Kapitel 4 näher behandelt.

3 Dynamische Investitionsrechnungsverfahren

Für die Ermittlung der Rendite im allgemeinen Fall müsste entsprechend der obigen Definition die Kapitalwert-, Horizontwert- oder Annuitätengleichung null gesetzt werden und nach dem Zinssatz, der ja dann der Rendite entspräche, aufgelöst werden. Beispielhaft soll dies an der Kapitalwertgleichung verdeutlicht werden.

In den folgenden Abbildungen wird ebenfalls nur die Kapitalwertfunktion als Stellvertreter der weiteren Dynamiken zur Darstellung herangezogen.

$$(3.47) = (3.8) \quad \boxed{Co = \sum_{k=1}^{n}(e_k - a_k) \times (1+i)^{-k} + R \times (1+i)^{-n} - A}$$

Nach Nullsetzen des Kapitalwertes geht der Kalkulationszinssatz (i) in die Rendite (r) über.

$$(3.48) \quad \boxed{0 = \sum_{k=1}^{n}(e_k - a_k) \times (1+r)^{-k} + R \times (1+r)^{-n} - A}$$

Da es sich hier im allgemeinen Fall um eine Gleichung höherer Ordnung handelt, ist offensichtlich, dass ein Auflösen nach r und damit ein mathematisch exaktes Auffinden der Rendite nicht automatisch möglich ist. Außer in Sonderfällen, in denen der Datensatz des Investitionsprojektes eine besondere Struktur aufweist, ist nur eine Näherungslösung für die Bestimmung der Rendite möglich.

Die Näherungslösung wird in Abschnitt 3.7.1 behandelt, die Sonderfälle werden Sie in Abschnitt 3.7.2 analysieren.

3.7.1 Bestimmung der Rendite mit der regula falsi

Die Rendite kann arithmetisch beliebig genau mit verschiedenen Näherungsverfahren ermittelt werden. Das verbreitetste Verfahren ist die regula falsi (Latein: Regel des Falschen), das auf der linearen Interpolation beruht. Abbildung 3.25 verdeutlicht das Vorgehen.

Bevor ich den Ermittlungsweg der Rendite erarbeite, möchte ich auf den Verlauf der Kapitalwertkurve Co eingehen.

Abbildung 3-25: Ermittlung der Rendite mit der regula falsi

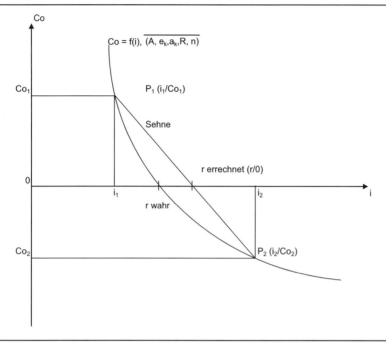

Die mathematische Funktion

$$(3.49) \quad Co = f(i), \overline{(A, e_k, a_k, R, n)}$$

besagt, dass die endogene Variable, der Kapitalwert Co, variiert wird durch 6 exogene Variablen, allerdings sind fünf der exogenen Variablen konstant gesetzt. Es wird nur die Änderung des Kapitalwertes bei Änderung des Kalkulationszinssatzes betrachtet.

Welche Auswirkung das hat, können Sie anhand von Abbildung 3.10 rekapitulieren. Wenn alle Zahlungsgrößen unverändert sind, aber der Zinssatz verändert wird, hat dies direkte Auswirkung auf den Kapitalwert. Eine Erhöhung des Zinssatzes führt dazu, dass ein größerer Teil der gegebenen Zahlungen für den Zinsanspruch reserviert werden muss. Es bleibt also weniger Barwert übrig, da stärker abgezinst wird. Bleibt weniger Barwert übrig, ist auch der Kapitalwert nach Abzug der gegebenen Anschaffungsauszahlung vom Barwert kleiner. Mit steigendem Zinssatz sinkt der Kapitalwert

3 Dynamische Investitionsrechnungsverfahren

also, mit sinkendem Zinssatz steigt der Kapitalwert. Dass die Funktion nach unten konvex ist, liegt an der in exponentieller Form vorliegenden Kapitalwertfunktion.

Nun aber zur eigentlichen Berechnung der Rendite mit der regula falsi. Mittels zweier **Versuchszinssätze** i_1 und i_2 werden zwei Kapitalwerte Co_1 und Co_2 mit der Kapitalwertformel bei Einzeldiskontierung errechnet. Dadurch ergeben sich die beiden Funktionspunkte P_1 und P_2 in Abbildung 3.25, durch die die an sich unbekannte Kapitalwertfunktion mit Sicherheit geht. In der Tabellenkalkulation kann die Anzahl dieser Punkte nahezu beliebig erhöht werden, eine mathematisch geschätzte Funktion ergibt sich dann allerdings auch nicht, nur eine für das menschliche Auge nicht auflösbare Aneinanderreihung von vielen kleinen linearen Abschnitten. Für das Verständnis und die Genauigkeit der arithmetischen Ermittlung ist dies aber unerheblich.

Die Gleichung der Interpolationsgerade (Sehne) kann nun nach der Zwei-Punkte-Form der Geradengleichung aufgestellt werden. In der hier benutzten investitionsrechnerischen Terminologie lautet sie:

$$(3.50) \quad \boxed{\frac{Co - Co_1}{i - i_1} = \frac{Co_2 - Co_1}{i_2 - i_1}}.$$

Der Punkt (i/Co) stellt die errechnete Rendite dar und hat die Koordinaten (r/0). Bei Berücksichtigung dieser Variablenbezeichnungen ergibt sich:

$$(3.51) \quad \boxed{\frac{0 - Co_1}{r - i_1} = \frac{Co_2 - Co_1}{i_2 - i_1}}.$$

Nach Auflösung der Gleichung nach der gesuchten Rendite r erhalten wir die regula falsi:

$$(3.52) \quad \boxed{r = i_1 - Co_1 \times \frac{i_2 - i_1}{Co_2 - Co_1}}.$$

Da es sich um eine nach unten konvexe Kapitalwertfunktion handelt, die interpoliert wird, überschätzt die errechnete Rendite die wahre Rendite. Es ist dabei nicht notwendig, dass, wie in der Abbildung 3.25 dargestellt, die Interpolation mit einem posi-

Die Interne Zinsfußmethode 3.7

tiven und einem negativen Kapitalwert als Ergebnis der Versuchszinssätze durchgeführt wird. Die Interpolation ist auch mit zwei positiven oder zwei negativen Kapitalwerten möglich.

Die Genauigkeit der interpolierten Rendite steht einem exakten Wert kaum nach. Wenn die beiden Versuchszinssätze i_1 und i_2 nicht weiter als einen Prozentpunkt von der so ermittelten Rendite entfernt liegen, überschätzt die errechnete Rendite die wahre Rendite in den meisten Fällen um weniger als einen hundertstel Prozentpunkt.

Die Arbeitsweise der Internen Zinsfußmethode wollen wir uns an einem **Beispiel** ansehen.

Die Nutzungsdauer des Investitionsobjektes beträgt 4 Jahre, die Anschaffungsauszahlung 1.000 Euro. Der Restwert ist 600 Euro. Der Kalkulationszinssatz hat eine Höhe von 10 %. Die Versuchszinssätze, die Sie für die Ermittlung der Kapitalwerte benötigen, betragen 10 und 12 %. Weitere Daten können Sie der Abbildung 3.26 entnehmen.

Abbildung 3-26: Datensatz zur Renditeberechnung

k	e_k	a_k
1	300	200
2	500	300
3	700	300
4	400	300

Aufgabe:

Ermitteln Sie bitte die Rendite für den vorstehenden Datensatz.

Lösung:

Zunächst ermitteln Sie die beiden Kapitalwerte mit den Versuchszinssätzen. Der Kapitalwert beim Versuchszinssatz 10 % beträgt 34,83 Euro. Den Lösungsweg können Sie nachfolgend nachvollziehen.

(3.53)
$$C_0 = (300-200) \times 1{,}1^{-1} + (500-300) \times 1{,}1^{-2} + (700-300) \times 1{,}1^{-3}$$
$$+ (400-300) \times 1{,}1^{-4} + 600 \times 1{,}1^{-4} - 1000 = 34{,}83 \; Euro$$

Der Kapitalwert beim Versuchszinssatz 12 Prozent beträgt -21,70 Euro. Den Lösungsweg können Sie nachfolgend nachvollziehen.

(3.54)
$$Co = (300-200) \times 1,12^{-1} + (500-300) \times 1,12^{-2} + (700-300) \times 1,12^{-3}$$
$$+ (400-300) \times 1,12^{-4} + 600 \times 1,12^{-4} - 1000 = -21,70\ Euro$$

Diese Kapitalwerte sind dann in die regula falsi einzusetzen.

(3.55) $$r = 0,1 - 34,83 \times \frac{0,12 - 0,1}{-21,70 - 34,83} = 0,1123$$

Daraus ergibt sich die **Rendite in Höhe von 11,23 %**. Die Investition ist also vorteilhaft, da die Rendite über dem Kalkulationszinssatz liegt.

3.7.2 Sonderfälle bei der Bestimmung der Rendite

Wenn die Rechenelemente der Investitionsprojekte abweichend vom allgemeinen Fall in besonderer Struktur vorliegen, dann sind Ermittlungen der Rendite ohne Anwendung der rechenaufwändigen regula falsi möglich.

Vier solcher Sonderfälle sind bekannt, drei davon führen zu mathematisch exakt ermittelten Renditen, sind also keine Näherungslösungen.

Die vier Sonderfälle sind:

- ewige Rente,
- Zweizahlungsfall,
- restwertgleiche Anschaffungsauszahlung und
- restwertlose Investition.

3.7.2.1 Die ewige Rente

Die Formel des Kapitalwertes bei unendlicher Nutzungsdauer ist Ihnen bereits aus Kapitel 3.4.3 bekannt.

3.7 Die Interne Zinsfußmethode

$$(3.56) = (3.16) \quad \boxed{Co = (e-a) \times \frac{1}{i} - A}.$$

Hier ist unmittelbar einsichtig, dass nach Nullsetzen des Kapitalwertes, wodurch der Kalkulationszinssatz (i) in die Rendite (r) übergeht, ein exaktes Auflösen nach r möglich ist. Die Formel für die Ermittlung der Rendite lautet dann:

$$(3.57) \quad \boxed{r = \frac{(e-a)}{A}}.$$

Die Ermittlung der Rendite nach der ewigen Rente ist natürlich nur möglich, wenn tatsächlich eine unendliche Nutzungsdauer vorliegt und wenn die Nettoeinzahlungen in jeder Periode gleich hoch sind.

Aufgabe:

Ermitteln Sie die Rendite für eine Investition mit unbegrenzter Nutzungsdauer mit jährlich konstanten Nettoeinzahlungen in Höhe von 15.000 Euro und einer Anschaffungsauszahlung von 100.000 Euro.

Lösung:

Die Rendite beträgt 15 Prozent.

$$(3.58) \quad \boxed{r = \frac{15.000}{100.000}}.$$

3.7.2.2 Der Zweizahlungsfall

Beim Zweizahlungsfall (Zero Bond) liegen nur eine Anschaffungsauszahlung und ein Restwert vor. Weitere Rechenelemente existieren nicht. Die Kapitalwertformel lautet dann:

$$(3.59) \quad \boxed{Co = R \times (1+i)^{-n} - A}.$$

3 Dynamische Investitionsrechnungsverfahren

Auch hier ist unmittelbar einsichtig, dass nach Nullsetzen des Kapitalwertes, wodurch der Kalkulationszinssatz (i) in die Rendite (r) übergeht, ein exaktes Auflösen nach r möglich ist. Die Formel für die Ermittlung der Rendite lautet dann:

$$(3.60) \quad r = \sqrt[n]{\frac{R}{A}} - 1$$

Die Ermittlung der Rendite nach dem Zweizahlungsfall ist natürlich nur möglich, wenn tatsächlich als relevante Zahlungsgrößen nur der Restwert und die Anschaffungsauszahlung vorliegen.

Aufgabe:

Ermitteln Sie die Rendite für eine Investition mit einer Nutzungsdauer von 4 Jahren, einer Anschaffungsauszahlung von 100.000 Euro und einem Restwert von 200.000 Euro.

Lösung:

$$(3.61) \quad r = \sqrt[4]{\frac{200.000}{100.000}} - 1$$

Die Rendite beträgt 18,92 Prozent.

3.7.2.3 Die restwertgleiche Anschaffungsauszahlung

Bei der restwertgleichen Anschaffungsauszahlung kann eine der Variablen wegen der betraglichen Gleichheit von Anschaffungsauszahlung und Restwert unterdrückt werden. Sind dann auch noch die Nettoeinzahlungen in jeder Periode gleich, kann die Rendite exakt und ohne Anwendung der regula falsi ermittelt werden. Die Kapitalwertfunktion lautet dann z. B.:

$$(3.62) \quad Co = (e - a) \times DSF_i^n + A \times (1+i)^{-n} - A$$

Durch Nullsetzen des Kapitalwertes geht der Kalkulationszinssatz (i) in die Rendite (r) über. Die Gleichung lautet dann:

3.7 Die Interne Zinsfußmethode

$$(3.63) \quad 0 = (e-a) \times \frac{(1+r)^n - 1}{r(1+r)^n} + A \times \frac{1}{(1+r)^n} - A.$$

Durch Übertragung der hinteren beiden Summanden auf die linke Seite der Gleichung und Division durch A ergibt sich:

$$(3.64) \quad 1 - \frac{1}{(1+r)^n} = \frac{(e-a)}{A} \times \frac{(1+r)^n - 1}{r(1+r)^n}.$$

Durch Multiplikation mit dem KWF (Kehrwert des DSF) und Kürzen des KWF durch den Aufzinsungsfaktor $(1+i)^n$ ergibt sich:

$$(3.65) \quad r = \frac{(e-a)}{A},$$

da sich die verbleibenden Multiplikatoren bis auf das r wegkürzen.

Die Ermittlung der Rendite bei der restwertgleichen Investition ist natürlich nur möglich, wenn tatsächlich Restwert und Anschaffungsauszahlung die gleiche betragliche Höhe erreichen und wenn die Nettoeinzahlungen in jeder Periode konstant sind.

Aufgabe:

Ermitteln Sie die Rendite für eine Investition mit jährlich konstanten Nettoeinzahlungen in Höhe von 15.000 Euro und einer Anschaffungsauszahlung und einem Restwert von 100.000 Euro.

Lösung:

$$(3.66) \quad r = \frac{15.000}{100.000}.$$

Die Rendite beträgt 15 %.

3.7.2.4 Die restwertlose Investition

Bei einer restwertlosen Investition mit konstanten Nettoeinzahlungen sieht die Kapitalwertfunktion folgendermaßen aus:

$$(3.67) \quad \boxed{Co = (e - a) \times DSF_i^n - A}.$$

Wird der Kapitalwert null gesetzt, geht der Kalkulationszinssatz (i) in die Rendite (r) über. Nach Auflösen der Funktion lautet die Formel:

$$(3.68) \quad \boxed{KWF_r^n = \frac{(e - a)}{A}}.$$

Hierbei handelt es sich um keine mathematisch exakt ermittelbare Lösung für den Internen Zinssatz. Die Interpolation der Kapitalwertfunktion wird durch die Interpolation der KWF (oder beim Kehrwert: DSF) -Funktion ersetzt. Diese Interpolation wird allerdings nicht mathematisch ausgeführt, sondern kann mithilfe der bereits angesprochenen Finanzmathematischen Tabelle ermittelt werden.

Empirisch wird mit der obigen Formel ein Kapitalwiedergewinnungsfaktor bei gegebener Nutzungsdauer des Investitionsobjektes ermittelt. Dieser Wert wird mit den in der Finanzmathematischen Tabelle hinterlegten Werten in der Spalte KWF und in der relevanten Zeile n abgeglichen. Dort, wo sich empirischer Wert und Tabellenwert möglichst nahekommen, kann die Rendite im Kopf der Tabelle abgelesen werden.

Dieses Verfahren ist, wie bereits erwähnt, kein exaktes Verfahren, aber soweit ein Sonderfall, dass die rechenaufwändige regula falsi nicht angewendet werden muss. Voraussetzung für die mögliche Anwendung sind das Fehlen eines Restwertes und die Konstanz der Nettoeinzahlungen.

Aufgabe:

Berechnen Sie die Rendite der Fallstudie aus Kapitel 3.4.4.

Lösung:

Es handelt sich um keinen Sonderfall der Internen Zinsfußmethode, somit ist die regula falsi anzuwenden. Soweit Sie in Abschnitt 3.4.4 die Kapitalwerte mit der Tabellenkalkulation ermittelt haben und entsprechend dem dort angegebenen Lösungsweg Ihre Tabelle aufgebaut haben, können Sie jetzt einfach den Zinssatz in der Zinszelle ändern und dadurch automatisch die notwendigen Kapitalwerte für die regula falsi erhalten. Wenn Sie dieses Vorgehen gewählt haben, schlage ich vor, Sie arbeiten mit

Die Interne Zinsfußmethode **3.7**

den Rechenzinssätzen i_1 und i_2 in Höhe von 16 % und 17 %. Haben Sie mit dem Taschenrechner gearbeitet, rechnen Sie die für die Lösung in Abschnitt 3.4.4 benutzte Kapitalwertformel mit dem 2. Zinssatz $i_2 = 0{,}17$ durch. Zur Aufwandsreduktion würde ich als ersten Zinssatz dann 10 Prozent wählen. Das Rechenergebnis der regula falsi wird dann natürlich ebenfalls abweichen. Auch können Sie für dieses Verfahren Rechenergebnisse der Horizontwert- oder Annuitätenmethode heranziehen, um zum gleichen Ergebnis zu kommen, bei der Ergebnisdokumentation habe ich die Kapitalwertmethode gewählt.

Als Rendite ergibt sich dann für Aufgabe a)

$$(3.69) \quad \boxed{r = 0{,}16 - 1{,}24564871 \times \frac{0{,}17 - 0{,}16}{-0{,}7001421 - 1{,}24564871} = 0{,}1664}$$

Damit ergibt sich eine Rendite von ca. 16,64 %.

Als Rendite ergibt sich dann für Aufgabe b)

$$(3.70) \quad \boxed{r = 0{,}10 + 1{,}77858962 \times \frac{0{,}09 - 0{,}10}{1{,}00568249 + 1{,}77858962} = 0{,}0936}$$

Damit ergibt sich eine Rendite von ca. 9,36 %.

Für die Interpretation der ermittelten Renditen gilt, dass in beiden Aufgaben

- eine vollständige Wiedergewinnung der Anschaffungsauszahlung,
- eine Verzinsung aller ausstehenden Beträge zur Rendite

erfolgt ist. Bei Aufgabe b) war die Rendite allerdings deutlich kleiner als bei Aufgabe a).

Da das Kriterium der Internen Zinsfußmethode $r \geq i$ lautet und der festgelegte Kalkulationszinssatz 10 % betrug, ist die Investition aus Aufgabe a) lohnend, während die aus Aufgabe b) nicht lohnend wäre.

Abschnittsergebnisse

In diesem Abschnitt haben Sie:

- die Interne Zinsfußmethode kennen gelernt,
- das Interne Zinsfußkriterium erarbeitet,

3 Dynamische Investitionsrechnungsverfahren

- die Interpretation des Internen Zinsfußkriteriums erlernt,
- Sonderfälle der Interne Zinsfußmethode kennen gelernt,
- die Interne Zinsfußmethode angewendet.

3.8 Die dynamische Amortisationsrechnung

Ebenso wie die anderen bisher behandelten Methoden ermittelt die dynamische Amortisationsrechnung die absolute Vorteilhaftigkeit eines Investitionsobjektes anhand eines singulären Kriteriums in einer als sicher erachteten Welt, in der also alle Prämissen eintreten.

Während die Kapitalwert-, Horizontwert- und Annuitätenmethode bei einer vorgegebenen Nutzungsdauer die Zielwerte dieser Dynamiken ermitteln, ist das technische Vorgehen der dynamischen Amortisationsrechnung dem der Internen Zinsfußmethode vergleichbar. Bei der **Internen Zinsfußmethode** wird der Zinssatz, der nun als Rechenergebnis dieser Methode eine endogene, also abhängige Variable darstellt, solange verändert, bis die Zielwerte der genannten anderen Dynamiken Kapitalwertmethode, Horizontwertmethode und Annuitätenmethode null werden.

Bei der dynamischen Amortisationsrechnung dagegen wird die Nutzungsdauer, die nun als Rechenergebnis dieser Methode eine endogene, also abhängige Variable darstellt, solange verändert, bis die Zielwerte der genannten anderen Dynamiken Kapitalwertmethode, Horizontwertmethode und Annuitätenmethode null werden.

Die dynamische Amortisationsrechnung ermittelt die dynamische Amortisationszeit n_{dyn}.

Die dynamische Amortisationszeit ist die Zeit, bei der Kapitalwert, Horizontwert und Annuität null sind.

Das Zielkriterium der dynamischen Amortisationsrechnung betrachtet die Zeitdauer einer Investition, nach der aus den zurückfließenden Nettoeinzahlungen die Anschaffungsauszahlung und die Verzinsung aller ausstehenden Beträge zum Kalkulationszinssatz (i) erreicht wird.

Wie bei den anderen Dynamiken wird auch hier das Kriterium der dynamischen Amortisationsrechnung als Entscheidungskriterium präsentiert.

(3.71) $\boxed{n_{dyn} \leq n_{max}}$.

3.8 Die dynamische Amortisationsrechnung

Bei diesem Kriterium handelt es sich um das einzige für die dynamische Amortisationsrechnung existierende Entscheidungskriterium. Eine Investition ist lohnend, wenn die dynamische Amortisationszeit nicht größer ist als die maximal vorgegebene Amortisationszeit (n_{max}).

Damit ist dieses Kriterium konsistent zu den anderen Dynamiken, da an dem Punkt der dynamischen Amortisationszeit Kapitalwert, Horizontwert und Annuität gerade null sind.

Ab diesem Punkt lohnt sich eine Investition nach den anderen Dynamiken, da deren Zielwerte dann positiv werden. Liegt die dynamische Amortisationszeit unter der maximal vorgegebenen Amortisationszeit, lohnt sich das Objekt auch nach der Technik der dynamischen Amortisationsrechnung. Umgekehrt gilt auch, dass, wenn ein Investitionsobjekt seine dynamische Amortisationszeit nicht in der vorgegebenen maximalen Amortisationsdauer erreicht, die Zielwerte der anderen Dynamiken nach Ablauf der maximalen Amortisationsdauer noch negativ sind bzw. ihren Kriterien nicht entsprechen und diese Techniken die Investition ebenfalls ablehnen würden.

Alle nun erarbeiteten fünf dynamischen Methoden bieten also jeweils nur ein Kriterium an, das auf Erfüllung oder Nicht-Erfüllung überprüft wird. Qualitative Unterschiede zwischen den Methoden gibt es aus diesem Grund nicht.

Eine dynamische Amortisationszeit (n_{dyn}) unterhalb der maximal zulässigen Amortisationszeit (n_{max}) bedeutet:

- eine vollständige Wiedergewinnung der Anschaffungsauszahlung,
- eine Verzinsung aller ausstehenden Beträge zum Kalkulationszinssatz i und
- einen Überschuss in unbekannter Höhe.

Bewertung: Das Kriterium der dynamischen Amortisationsrechnung wird in der dynamischen Investitionsrechnung für die Beurteilung der absoluten Vorteilhaftigkeit einer Investition nur auf Einhaltung oder Nichteinhaltung überprüft. Soweit ist das Kriterium auch sinnvoll. Die Konsistenz zu den Kriterien der anderen dynamischen Verfahren wurde bereits nachgewiesen. Dem ökonomischen Prinzip folgt dieses Kriterium aber nicht, da kein Überschuss in seiner Höhe ermittelt wird, sondern nur der Punkt gesucht wird, bei dem das eingesetzte Kapital inklusive der Verzinsungsanforderung zurückgewonnen wird. Unter einer Risikofragestellung wäre eine solche Fragestellung noch interessant zu analysieren, aber die Dynamik schließt durch die getroffenen Annahmen die Betrachtung einer riskanten Welt aus.

Für die Ermittlung der dynamischen Amortisationszeit im allgemeinen Fall müsste entsprechend der obigen Definition die Kapitalwert-, Horizontwert- oder Annuitätengleichung null gesetzt werden und nach der Nutzungsdauer, die dann der dynamischen Amortisationszeit entspräche, aufgelöst werden. Beispielhaft soll dies an der Kapitalwertgleichung verdeutlicht werden.

Dynamische Investitionsrechnungsverfahren

$$(3.72) = (3.8) \quad Co = \sum_{k=1}^{n}(e_k - a_k) \times (1+i)^{-k} + R \times (1+i)^{-n} - A$$

Nach Nullsetzen des Kapitalwertes geht die Nutzungsdauer (n) in die dynamische Amortisationszeit (n_{dyn}) über.

$$(3.73) \quad 0 = \sum_{k=1}^{n_{dyn}}(e_k - a_k) \times (1+i)^{-k} + R \times (1+i)^{-ndyn} - A$$

Da es sich hier im allgemeinen Fall, wie bei der Internen Zinsfußmethode, erneut um eine Gleichung höherer Ordnung handelt, ist offensichtlich, dass ein Auflösen nach n_{dyn} und damit ein mathematisch exaktes Auffinden der dynamischen Amortisationszeit nicht automatisch möglich ist.

Außer in Sonderfällen, in denen der Datensatz des Investitionsprojektes eine besondere Struktur aufweist, ist nur eine Näherungslösung für die Bestimmung der dynamischen Amortisationszeit möglich. Diese erfolgt erneut mit der regula falsi. Das Vorgehen ist vergleichbar mit dem bei der Internen Zinsfußmethode, allein dass nun der Kapitalwert in Abhängigkeit von der Nutzungsdauer und nicht vom Zinssatz betrachtet wird. Dies können Sie in Abbildung 3.27 nachvollziehen.

Bevor ich den Ermittlungsweg der dynamischen Amortisationszeit erarbeite, möchte ich auf den Verlauf der Kapitalwertkurve Co eingehen.

Die mathematische Funktion

$$(3.74) \quad Co = f(n), \overline{(A, e_k, a_k, R, i)}$$

besagt, dass die endogene Variable, der Kapitalwert Co, variiert wird durch 6 exogene Variable, allerdings sind fünf der exogenen Variablen konstant gesetzt, es wird nur die Änderung des Kapitalwertes bei Änderung der Nutzungsdauer betrachtet. Welche Auswirkung das hat, können Sie anhand von Abbildung 3.27 rekapitulieren.

Abbildung 3-27: Bestimmung der dynamischen Amortisationszeit

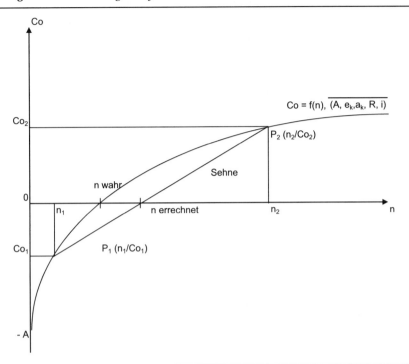

Wenn alle Zahlungsgrößen unverändert sind, also z. B. der Restwert nicht sinkt und die laufenden Auszahlungen nicht steigen, aber die Nutzungsdauer einer lohnenden Investition verlängert wird, steigt der Kapitalwert als vermögenssammelnde Größe immer weiter, allerdings deutlich unterproportional, da die weiter in der Zukunft liegenden Zahlungen immer stärker abgezinst werden. Daher ist die Funktion nicht linear, sondern nach oben konvex, der Kapitalwert konvergiert gegen einen Grenzwert. Jedenfalls ist dies die Ansatzweise, mit der die dynamische Investitionsrechnung den Kapitalwert in Abhängigkeit von der Nutzungsdauer betrachtet.

In Kapitel 5, in dem es um die Bestimmung der optimalen Nutzungsdauer geht, wird ein anderer funktionaler Zusammenhang zwischen Kapitalwert und Nutzungsdauer gesehen, dort werden dann im Zeitablauf alle Rechenelemente als variabel erachtet.

Nun aber zur eigentlichen Berechnung der dynamischen Amortisationszeit mit der regula falsi, die Sie in Abbildung 3.27 nachvollziehen können.

Mittels zweier **Versuchsnutzungsdauern** n_1 und n_2 werden zwei Kapitalwerte C_{01} und C_{02} mit der Kapitalwertformel bei Einzeldiskontierung errechnet. Dadurch ergeben sich die beiden Funktionspunkte P_1 und P_2 durch die die an sich unbekannte Kapi-

3 Dynamische Investitionsrechnungsverfahren

talwertfunktion mit Sicherheit geht. In der Tabellenkalkulation kann die Anzahl dieser Punkte nahezu beliebig erhöht werden, eine mathematisch geschätzte Funktion ergibt sich dann allerdings auch nicht, nur eine für das menschliche Auge nicht auflösbare Aneinanderreihung von vielen kleinen linearen Abschnitten. Für das Verständnis und die Genauigkeit der arithmetischen Ermittlung ist dies aber unerheblich.

Die Gleichung der Interpolationsgerade (Sehne) kann nun nach der bereits aus Abschnitt 3.7.1 bekannten Zwei-Punkte-Form der Geradengleichung aufgestellt werden. In der hier benutzten investitionsrechnerischen Terminologie lautet sie:

$$(3.75) \quad \boxed{\frac{Co - Co_1}{n - n_1} = \frac{Co_2 - Co_1}{n_2 - n_1}}.$$

Der Punkt (n/Co) stellt die errechnete dynamische Amortisationszeit dar und hat die Koordinaten (n_{dyn}/0). Bei Berücksichtigung dieser Variablenbezeichnungen ergibt sich:

$$(3.76) \quad \boxed{\frac{0 - Co_1}{n_{dyn} - n_1} = \frac{Co_2 - Co_1}{n_2 - n_1}}.$$

Nach Auflösung der Gleichung nach der gesuchten dynamischen Amortisationszeit erhalten wir die regula falsi:

$$(3.77) \quad \boxed{n_{dyn} = n_1 - Co_1 \times \frac{n_2 - n_1}{Co_2 - Co_1}}.$$

Da es sich um eine nach oben konvexe Kapitalwertfunktion handelt, die interpoliert wird, überschätzt die errechnete dynamische Amortisationszeit die wahre dynamische Amortisationszeit. Es ist dabei nicht notwendig, dass, wie in der Abbildung 3.27 dargestellt, die Interpolation mit einem positiven und einem negativen Kapitalwert als Ergebnis der Versuchsnutzungsdauern durchgeführt wird. Die Interpolation ist auch mit zwei positiven oder zwei negativen Kapitalwerten möglich.

Die Genauigkeit der mit der regula falsi interpolierten dynamischen Amortisationszeit ist als exakt anzusehen. Da wegen der Annahme der Nachschüssigkeit die gekrümmt gezeigte Funktion in Abbildung 3.27 eigentlich einen treppenförmigen Verlauf hat,

3.8 Die dynamische Amortisationsrechnung

kann durch Auswahl der entsprechenden Versuchsnutzungsdauern eine unter der Annahme der Nachschüssigkeit exakte dynamische Amortisationszeit ermittelt werden.

Aufgabe:

Berechnen Sie die dynamische Amortisationszeit der Fallstudie aus Kapitel 3.4.4.

Lösung:

Auch hier ist die regula falsi anzuwenden. Soweit Sie in Kapitel 3.4.4 die Kapitalwerte mit der Tabellenkalkulation ermittelt haben, können Sie durch Summation der Einzahlungsbarwete einer kürzeren Nutzungsdauer Kapitalwerte für geringere Nutzungsdauern für die regula falsi erhalten. Wenn Sie dieses Vorgehen gewählt haben, schlage ich vor, Sie arbeiten mit den Rechennutzungsdauern n_1 und n_2 in Höhe von 5 und 6 Jahren. Haben Sie mit dem Taschenrechner gearbeitet, rechnen Sie die für die Lösung in Kapitel 3.4.4 benutzte Kapitalwertformel mit der 2. Nutzungsdauer $n_2 = 5$ durch. Auch können Sie für dieses Verfahren Rechenergebnisse der Horizontwert- oder Annuitätenmethode heranziehen, um zum gleichen Ergebnis zu kommen, bei der Ergebnisdokumentation habe ich die Kapitalwertmethode gewählt.

Als dynamische Amortisationszeit ergibt sich dann für Aufgabe a)

$$(3.78) \quad n_{dyn} = 6 - 15{,}3990407 \times \frac{5-6}{-8{,}87333826 - 15{,}3990407} = 5{,}37$$

Damit ergibt sich eine dynamische Amortisationszeit von sechs Jahren. Rechnerisch erhalten Sie ein Ergebnis von ca. 5,37 Jahren. Da wir aber von der Annahme der Nachschüssigkeit der Zahlungen ausgegangen sind, macht es keinen Sinn, ein unterjähriges Ergebnis auszuweisen. Hier ist also auf das folgende ganzzahlige Jahr aufzurunden.

Daher ist die Investition lohnend, denn sie erfüllt das Kriterium gerade noch, da die dynamische Amortisationszeit (n_{dyn}) gleich der maximal zulässigen Amortisationszeit (n_{max}), die durch die Länge der Nutzungsdauer vorgegeben ist, ist. Gegeben ist somit

- eine vollständige Wiedergewinnung der Anschaffungsauszahlung,
- eine Verzinsung aller ausstehenden Beträge zum Kalkulationszinssatz i und
- ein Überschuss in Höhe von ca. 15,399 Mio. Euro.

In diesem Spezialfall, in dem die dynamische Amortisationszeit mit der maximalen Nutzungsdauer zusammenfällt, lässt sich der Überschuss tatsächlich angeben, da er mit dem Co identisch ist.

3 Dynamische Investitionsrechnungsverfahren

Eine Bearbeitung von Aufgabe b) ist nicht sinnvoll, da dort der Kapitalwert nach 6 Jahren noch negativ ist, die dynamische Amortisationszeit also oberhalb der maximalen dynamischen Amortisationszeit liegt.

Abschnittsergebnisse

In diesem Abschnitt haben Sie:

- die dynamische Amortisationsrechnung kennen gelernt,
- das Kriterium der dynamischen Amortisationsrechnung erarbeitet,
- die Interpretation dynamischer Amortisationszeit erlernt,
- die Formel der dynamischen Amortisationsrechnung bearbeitet,
- die dynamische Amortisationsrechnung angewendet.

3.9 Fallstudie

Angeregt durch die Lektüre dieses Buches haben Sie beschlossen, Ihr Leben zu verändern und am Kieler Strand Falkenstein eine Strandbar mit Cocktailausschank zu eröffnen. Die Anschaffungsauszahlung beträgt 150.000 Euro, Ihr Kalkulationszinssatz zehn % und die Zahlungen fallen nachschüssig an. Sie planen mit einer Nutzungsdauer von 6 Jahren, der Restwert der Bar wird dann null sein. Als weitere Rechnungselemente unterstellen Sie die Werte der Abbildung 3.28:

Abbildung 3-28: Datensatz zur Fallstudie Dynamik

k	e_k (Euro)	a_k (Euro)
1	80.000	40.179
2	85.500	45.679
3	51.950	12.129
4	53.020	13.199
5	99.850	60.029
6	96.250	56.429

3.9.1 Aufgaben

- **Aufgabe a)** Berechnen Sie Kapitalwert, Horizontwert und Annuität des Investitionsobjektes.
- **Aufgabe b)** Ermitteln Sie die dynamische Amortisationszeit des Objektes.
- **Aufgabe c)** Bestimmen Sie die Rendite des Objektes. Wenn Sie die regula falsi benutzen, verwenden Sie bitte den Kapitalwert aus Aufgabe a). Als zweiten Versuchszinssatz verwenden Sie 16 Prozent.

3.9.2 Lösungen

Sie können die Lösung in der Tabellenkalkulation oder mit dem Taschenrechner ermitteln.

Nach bekanntem Muster stelle ich Ihnen die Lösung in der Tabellenkalkulation dar. Da es sich um eine Abzinsung und Summation der Rechenelemente handelt, gibt es verschiedene richtige Vorgehensweisen der Formulierung in der Tabellenkalkulation. Soweit ist der gezeigte Lösungsweg nur ein Vorschlag, von dem Sie abweichen können, soweit Sie auf das gleiche Ergebnis kommen.

Abbildung 3-29: Lösung zur Fallstudie Dynamik*

k	e_k	a_k	NE_k	BW	Co	Cn	DJÜ
1	80	40,179	39,821	36,201	-113,799	-201,602	-125,179
2	85,5	45,679	39,821	32,910	-80,889	-143,300	-46,608
3	51,95	12,129	39,821	29,918	-50,971	-90,298	-20,496
4	53,02	13,199	39,821	27,198	-23,773	-42,115	-7,500
5	99,85	60,029	39,821	24,726	0,953	1,688	0,251
6	96,25	56,429	39,821	22,478	23,431	41,509	5,380

Für die Lösung mit dem Taschenrechner bietet sich als Ausgang die Kapitalwertformel bei Anwendungsmöglichkeit des Diskontierungssummenfaktors an.

Aufgabe a)

$$(3.79) \quad \boxed{Co = 39.821 \times DSF_{i=0,1}^{n=6} - 150.000}$$

Der Horizontwert lässt sich dann berechnen als:

$$(3.80) \quad \boxed{Cn = Co \times AUF_{i=0,1}^{n=6}}.$$

Die Annuität lässt sich berechnen als:

$$(3.81) \quad \boxed{DJÜ = Co \times KWF_{i=0,1}^{n=6}}.$$

Im Falle von Aufgabe a) handelt es sich also um eine lohnende Investition, bei der die entsprechenden Kriterien erfüllt sind. Die Interpretation sagt uns dann, dass:

- eine vollständige Wiedergewinnung der Anschaffungsauszahlung,
- eine Verzinsung aller ausstehenden Beträge mit dem Kalkulationszinssatz i und
- ein barwertiger oder endwertiger oder periodischer Überschuss in Höhe von Co oder Cn oder DJÜ erreicht wird.

Diese Interpretation gilt natürlich nur unter den getroffenen Annahmen. Dies bedeutet insbesondere, dass die Rechenelemente wie geplant eintreten und alle Beträge zum Kalkulationszinssatz verzinst werden können.

Aufgabe b)

Hier erfolgt die Lösung über die regula falsi,

$$(3.82) \quad \boxed{n_{dyn} = n_1 - Co_1 \times \frac{n_2 - n_1}{Co_2 - Co_1}},$$

soweit Sie mit dem Taschenrechner arbeiten. In der Tabellenkalkulation ist die Nullstelle in Verbindung mit der Annahme der Nachschüssigkeit der Zahlungen direkt ablesbar.

Die dynamische Amortisationszeit beträgt fünf Jahre, da der Kapitalwert nach fünf Jahren erstmalig positiv wird. Damit ist die Investition auch nach diesem Kriterium lohnend, da diese Zeitdauer unterhalb der maximalen dynamischen Amortisationszeit von sechs Jahren liegt.

Fallstudie **3.9**

Aufgabe c)

Hier erfolgt die Lösung entweder über die regula falsi,

$$(3.83) \quad \boxed{r = i_1 - Co_1 \times \frac{i_2 - i_1}{Co_2 - Co_1}}$$

oder über eine Sonderfalllösung.

Soweit Sie die Kapitalwerte mit der Tabellenkalkulation ermittelt haben und entsprechend dem in Abschnitt 3.4.4 angegebenen Lösungsweg Ihre Tabelle aufgebaut haben, können Sie jetzt einfach den Zinssatz in der Zinszelle ändern und dadurch automatisch die notwendigen Kapitalwerte für die regula falsi erhalten. Wenn Sie dieses Vorgehen gewählt haben, schlage ich vor, Sie arbeiten mit den Rechenzinssätzen i_1 und i_2 in Höhe von 15 % und 16 %. Auch können Sie für dieses Verfahren Rechenergebnisse der Horizontwert- oder Annuitätenmethode heranziehen um zum gleichen Ergebnis zu kommen, bei der Ergebnisdokumentation habe ich die Kapitalwertmethode gewählt.

Als Rendite ergibt sich dann für Aufgabe c)

$$(3.84) \quad \boxed{r = 0{,}15 - 701{,}88535 \times \frac{0{,}16 - 0{,}15}{-3270{,}13139 - 701{,}88535} = 0{,}1518}$$

ein Prozentsatz von ca. 15,18 %.

Wenn Sie mit dem Taschenrechner arbeiten, können Sie über die Sonderfallformel der restwertlosen Investition,

$$(3.85) \quad \boxed{KWF_r^n = \frac{39.821}{150.000} = 0{,}265473}$$

die Lösung ermitteln. Den ausgerechneten empirischen Wert von 0,265473 vergleichen Sie mit den Tabellenwerten in der Finanzmathematischen Tabelle in der Spalte KWF und in der Zeile n = 6. Dort, wo der empirische Wert dem Tabellenwert möglichst nahekommt, lesen Sie im Kopf der Tabelle die Rendite ab.

Dynamische Investitionsrechnungsverfahren

(3.86)

$i = 0{,}15 \langle$	r	$\langle i = 0{,}155$
0,264237	0,265473	0,267804

Die nach diesem Verfahren ermittelte Rendite liegt also zwischen 15 % und 15,5 %.

Für die Interpretation der ermittelten Rendite gilt, dass

- eine vollständige Wiedergewinnung der Anschaffungsauszahlung und
- eine Verzinsung aller ausstehenden Beträge zur Rendite erfolgt ist.

Da das Kriterium der Internen Zinsfußmethode r ≥ i lautet und da der festgelegte Kalkulationszinssatz 10 % betrug, ist die Investition aus Aufgabe c) lohnend.

3.10 Zusammenfassung

In diesem Kapitel konnten Sie sich mit den dynamischen Verfahren der Investitionsrechnung auseinander setzen. Sie haben gelernt:

- welche Annahmen dem dynamischen Modell zugrunde liegen,
- auf welchen finanzmathematischen Grundlagen die Modelle aufbauen,
- wie die einzelnen Dynamiken aufgebaut sind,
- wie die einzelnen Dynamiken zu berechnen sind,
- wie die einzelnen Dynamiken zu interpretieren sind,
- die einzelnen Dynamiken an einem Fallbeispiel auszurechnen,
- die Möglichkeiten und Begrenztheiten der Dynamiken zu verstehen.

Letztlich ist Ihnen bewusst geworden, dass alle Dynamiken die absolute Vorteilhaftigkeit eines Investitionsrechnungsobjektes anhand eines singulären Kriteriums in einer als sicher erachteten Welt, in der also alle Prämissen eintreten, ermitteln. Dabei wird nur die reine Erfüllung der Kriterien überprüft, die Höhe der Kriterien ist dabei bedeutungslos. Soweit ist die Aussage aller Dynamiken identisch, wie in Abbildung 3.30 sichtbar ist.

Zusammenfassung 3.10

Abbildung 3-30: Zusammenhang der dynamischen Entscheidungskriterien

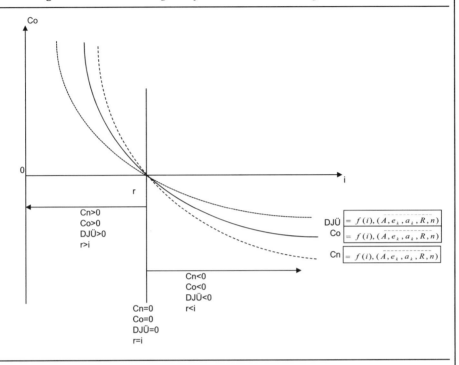

In Abbildung 3.30 können Sie erkennen, dass für ein einzelnes Investitionsobjekt, - Alternativenvergleiche sind ja mit der dynamischen Investitionsrechnung nicht möglich - alle Dynamiken zur gleichen Investitionsentscheidung kommen. Vor der gemeinsamen Nullstelle der entsprechenden Funktionen sind die Kriterien aller Dynamiken erfüllt, auf der Nullstelle sind alle Kriterien gerade noch erfüllt und danach sind alle Kriterien ab dem gleichen Punkt nicht mehr erfüllt. Da alle Methoden nur die Einhaltung der Kriterien überprüfen und die absolute Höhe der Kriterien bedeutungslos ist, sind alle Dynamiken aussagegleich und haben keinen unterschiedlichen Informationsgehalt. Die dynamische Amortisationszeit ist in dieser Abbildung nicht beachtet, da sie die Abhängigkeit der dynamischen Zielwerte von der Zeit und nicht, wie in Abbildung 3.30 dargestellt, vom Zins betrachtet.

Bei der Behandlung der dynamischen Amortisationszeit ist aber gezeigt worden, dass ihr Vorgehen zu den anderen Methoden konsistent ist, soweit gelten diese Ausführungen also auch für sie.

4 Alternativenauswahl und Investitionsprogrammplanung

4.1 Zielformulierung

In diesem Kapitel lernen Sie, das geeignete Investitionsprogramm aus mehreren lohnenden Investitionsprojekten auszuwählen. Ziel des Abschnittes ist also, Ihnen die Techniken der Alternativenauswahl von Investitionen und die Investitionsprogrammplanung zu präsentieren und Sie dort anwendungssicher zu machen. Als Ergebnis des Kapitels sollen Sie nach dem Durcharbeiten:

- die Problematik der Alternativenauswahl unter mehreren lohnenden Investitionsprojekten mit den Techniken der dynamischen Investitionsrechnung als Problem erkannt haben,

- Ursachen für die fehlende Möglichkeit der Alternativenauswahl unter mehreren lohnenden Investitionsprojekten mit den Techniken der dynamischen Investitionsrechnungsverfahren kennen,

- die Techniken der Aufhebung der Wiederanlageprämisse und der Differenzinvestition zur Alternativenauswahl unter mehreren lohnenden Investitionsprojekten kennen,

- die Techniken der Aufhebung der Wiederanlageprämisse und der Differenzinvestition zur Alternativenauswahl unter mehreren lohnenden Investitionsprojekten anwenden können,

- die Problematik der Mehrdeutigkeit der Internen Zinsfußmethode kennen und ihr begegnen können,

- die Nutzwertanalyse als Technik zur Berücksichtigung mehrdimensionaler Zielfunktionen bei der Investitionsentscheidung kennen und anwenden können,

- die Technik der Kontoentwicklungsplanung als Technik zur Berücksichtigung der Liquidität bei der Investitionsentscheidung kennen und anwenden können,

- das Dean-Modell kennen und auf Probleme der betrieblichen Investitionspraxis anwenden können,

- Unterschiede in den Techniken der Kontoentwicklungsplanung und des Dean-Modells kennen und bewerten können,

4 Alternativenauswahl und Investitionsprogrammplanung

- die lineare Optimierung als Technik zur Berücksichtigung mehrdimensionaler Zielfunktionen und der Liquidität bei der Investitionsentscheidung kennen und anwenden können,

- die Ergebnisse der Programmplanung mit der linearen Optimierung interpretieren können.

Damit Sie diese Ziele erreichen können, ist es notwendig, die angebotenen Übungskalkulationen eigenständig mit dem Taschenrechner oder der Tabellenkalkulation nachzuvollziehen.

Viel Spaß bei der Arbeit!

4.2 Alternativenauswahl als investitionsrechnerisches Problem

In dem vorhergehenden Kapitel haben wir uns bei Anwendung der dynamischen Investitionsrechnungsverfahren mit der Bestimmung der absoluten Vorteilhaftigkeit von Investitionen beschäftigt.

Wir haben uns bisher aber an keiner Stelle gefragt, **welche Investition aus einer Gruppe von lohnenden Investitionsprojekten denn durchgeführt werden soll,** also von uns ausgewählt werden soll. Wir unterscheiden hier zwei Fragestellungen in der Theorie der Investitionsrechnung.

Zunächst ist das die **Alternativenauswahl.** Hier wird aus einer relativ eng begrenzten Anzahl von lohnenden Investitionsprojekten ohne Berücksichtigung der Finanzierung das beste Investitionsprojekt ausgewählt. Die Alternativenauswahl wird in diesem und den folgenden vier Unterkapiteln dieses Abschnittes vier behandelt.

Des Weiteren gibt es die **Programmplanung.** In der Programmplanung wird aus einer Anzahl von Investitionsprojekten und einer Anzahl von dazu explizit vorhandenen Finanzierungsmöglichkeiten die unter einem bestimmten Ziel optimale Kombination von durchzuführenden Investitionsprojekten und ihren Finanzierungen ermittelt. Die Programmplanung wird in diesem Kapitel in den Unterabschnitten 4.7 bis 4.9 präsentiert.

Sicherlich sind die Alternativenauswahl und die Programmplanung deutlich **realitätsnäher** als die reine Anwendung der dynamischen Investitionsrechnungsverfahren, mit denen Sie sich in Kapitel 3 auseinandergesetzt haben. In der Praxis macht es selten Sinn, auf der Stufe der absoluten Vorteilhaftigkeitsanalyse abzubrechen, weil aus einer Anzahl lohnender Investitionsprojekte ausgewählt werden muss, da

- z. B. das verfügbare Kapital begrenzt ist, oder

- es keinen Platz im Unternehmen gibt, um alle lohnenden Investitionen durchzuführen, oder

- andere Faktoren begrenzend wirken, oder

- der Markt die Produktion nicht aufnimmt, um alle lohnenden Modelle anzuschaffen.

Die Durchführung aller lohnenden Investitionen empfiehlt aber die dynamische Investitionsrechnung, die nur die Erfüllung der Kriterien, z. B. $C_0 \geq 0$, überprüft. Dies wollen wir uns an einem **Beispiel** vergegenwärtigen.

Nehmen wir an, dass Sie bedingt durch die Lektüre dieses Buches länger am Schreibtisch sitzen als gewöhnlich. Daher denken Sie vielleicht über die Anschaffung eines neuen bequemeren Schreibtischstuhls nach. Diese Investitionsentscheidung führen Sie mit den Techniken der dynamischen Investitionsrechnungsverfahren herbei. Bei der Bewertung mehrerer Stühle verschiedener Funktionalität und verschiedener Anbieter ermitteln Sie für alle Stühle einen positiven Kapitalwert. Wir gehen für dieses Beispiel davon aus, dass Sie ihr Geld am Schreibtisch verdienen und dies auch anteilig der Lektüre dieses Buches (Fortbildung) und dem Schreibtischstuhl zuzurechnen ist, damit dieses Investitionsobjekt auch Einzahlungen vorweisen kann. In der konsequenten Umsetzung der dynamischen Investitionsrechnungsverfahren haben Sie nun diverse Schreibtischstühle verschiedener Anbieter und Funktionalität in ihrem Büro stehen, da alle dynamischen Investitionsrechnungsverfahren ja nur die Kriterienerfüllung überprüfen. Diese Investitionsentscheidung konsequent auf die Praxis anzuwenden macht sicherlich keinen Sinn und das gilt auch für viele weitere betriebliche Investitionsentscheidungen. So ist eine Auswahl aus verschiedenen lohnenden Investitionsalternativen in der Regel notwendig, die aber nicht durch das Vorgehen der dynamischen Investitionsrechnungsverfahren unterstützt wird, die ja nur die Kriterienerfüllung der absoluten Vorteilhaftigkeit überprüfen.

4.2.1 Ein Beispiel für die Mehrdeutigkeit bei der Alternativenauswahl

Dass eine Auswahl der Investitionsalternative mit der höchsten Kriterienerfüllung nicht sinnvoll ist, mag uns das folgende **Beispiel** zeigen.

In Abbildung 4.1 sind Datensätze von fünf verschiedenen Investitionsprojekten vorgestellt (I bis V). Alle haben die gleiche Anschaffungsauszahlung (A) in Höhe von 70.000 Euro. Der Kalkulationszinssatz (i) beträgt für alle Investitionsprojekte 8 %. Die Restwerte sind für alle Investitionsprojekte null. Die Nettoeinzahlungen (NE_k) der Projekte sind Abbildung 4.1 zu entnehmen.

4 Alternativenauswahl und Investitionsprogrammplanung

Abbildung 4-1: Datensatz zur Analyse des Auswahlproblems

0,08 (i) 70000 (A)					
	I	II	III	IV	V
k	6	4	4	3	3
1	10000	10000	40000	22000	70000
2	10000	20000	20000	30000	8000
3	10000	30000	20000	40000	2000
4	10000	40000	10000		
5	10000				
6	62000				

Berechnen Sie für alle fünf Investitionsprojekte die Kapitalwerte, Horizontwerte, Annuitäten in Euro, die Renditen in % und dynamische Amortisationszeiten in Jahren. Die dafür notwendigen Rechentechniken haben Sie sich in Kapitel 3 erarbeitet. Für die Ermittlung der Renditen ziehen Sie als Versuchszinssätze (i_1, i_2) bitte 8 und 14 % heran. Für die dynamische Amortisationsdauer n_{dyn} mag gelten, dass die Investitionsprojekte als vorteilhaft angesehen werden, wenn sie sich innerhalb ihrer maximalen Nutzungsdauer amortisieren.

Da der Berechnungsweg mit dem Taschenrechner identisch mit dem Vorgehen in der Tabellenkalkulation ist, wird nur die Lösung in der Tabellenkalkulation vorgestellt.

Abbildung 4-2: Ermittlungsweg der dynamischen Zielwerte der Investitionsprojekte aus Abbildung 4.1*

	0,08	(i)				0,14	(i)				0,08	(i)			
	I	II	III	IV	V	I	II	III	IV	V	I	II	III	IV	V
k	BW_k	BW_k	BW_k	BW_k	BW_k	BW_k	BW_k	BW_k	BW_k	BW_k	Co_k	Co_k	Co_k	Co_k	Co_k
1	9259,26	9259,26	37037,04	20370,37	64814,81	8771,93	8771,93	35087,72	19298,25	61403,51	-60740,74	-60740,74	-32962,96	-49629,63	-5185,19
2	8573,39	17146,78	17146,78	25720,16	6858,71	7694,68	15389,35	15389,35	23084,03	6155,74	-52167,35	-43593,96	-15816,19	-23909,47	1673,53
3	7938,32	23814,97	15876,64	31753,29	1587,66	6749,72	20249,15	13499,43	26998,86	1349,80	-44229,03	-19779,00	60,46	7843,82	3261,19
4	7350,30	29401,19	7350,30	0,00	0,00	5920,80	23683,21	5920,80	0,00	0,00	-36878,73	9622,20	7410,76		
5	6805,83	0,00	0,00	0,00	0,00	5193,69	0,00	0,00	0,00	0,00	-30072,90				
6	39070,52	0,00	0,00	0,00	0,00	28246,37	0,00	0,00	0,00	0,00	8997,62				
Co	8997,62	9622,20	7410,76	7843,82	3261,19	-7422,82	-1906,36	-102,70	-618,87	-1090,81					

Der Rechenweg ist in Abbildung 4.2 nummerisch dargestellt. Für die Darstellung wurde die Kapitalwertmethode herangezogen. Aus ihr wurden die anderen dynami-

4.2 Alternativenauswahl als investitionsrechnerisches Problem

schen Zielwerte abgeleitet. Natürlich ist auch eine Ermittlung über die anderen grundständigen dynamischen Verfahren möglich.

Abbildung 4-3: *Dynamische Zielwerte der Investitionsprojekte aus Abbildung 4.1**

	I	II	III	IV	V
Co	8997,62	**9622,20**	7410,76	7843,82	3261,19
Cn	**14278,09**	13090,89	10082,25	9880,96	4108,16
DJÜ	1946,32	2905,14	2237,46	**3043,67**	1265,45
r	0,1129	0,1301	**0,1392**	0,1356	0,1250
n$_{dyn}$	6	4	3	3	2

Ich hoffe, Sie haben mit Ihrer Berechnung die Ergebnisse aus Abbildung 4.3 eigenständig erarbeitet. Bevor Sie nun weiterlesen, interpretieren Sie bitte für sich selbst die Rechenergebnisse und legen Sie bitte für sich fest, wie Ihrer Meinung nach die rationale Investitionsentscheidung basierend auf den Modellen der dynamischen Investitionsrechnungsverfahren lautet.

Sie haben sich in Erinnerung gerufen, dass die dynamischen Investitionsrechnungsverfahren nur die **Einhaltung des jeweiligen Kriteriums** überprüfen, also

$$(4.1) \boxed{Cn, Co, DJÜ \geq 0, r \geq i, n_{dyn} \leq n_{max}}.$$

Die **Erfüllung des jeweiligen Kriteriums** ist für alle 5 Investitionsprojekte jeweils gegeben. Jeweils alle 5 Horizontwerte, Kapitalwerte und Annuitäten sind positiv. Alle fünf Renditen liegen über dem Kalkulationszinssatz von acht % und alle Investitionen amortisieren sich dynamisch in der vorgegebenen maximalen Laufzeit.

Soweit leiten alle fünf angewendeten dynamischen Investitionsrechnungsverfahren für alle fünf analysierten Investitionsprojekte in jedem Fall die gleiche Investitionsentscheidung ab, **alle Investitionsrechnungsverfahren empfehlen eindeutig die Realisierung aller Investitionsprojekte**. Bezogen auf dieses Beispiel sind die fünf dynamischen Investitionsrechnungsverfahren in dem, was sie leisten können, die Überprüfung der methodenspezifischen Kriterien, eindeutig.

Dass Rangfolgenbildungen unter mehreren lohnenden Investitionen nicht möglich sind, haben wir bereits in Kapitel 3 festgehalten, dort aber noch nicht begründet. Eine Begründung ist auch an den Beispielen in den Abbildungen 4.1 und 4.3 noch nicht erfolgt, aber es wird deutlich, dass eine relative Auswahl, eine Rangfolgenbildung, **eine „besser als" Entscheidung, nicht sinnvoll ist,** denn im Beispiel würde die Kapitalwertmethode Investitionsprojekt II als bestes unter den 5 Projekten ansehen, die

4 Alternativenauswahl und Investitionsprogrammplanung

Horizontwertmethode würde Investitionsprojekt I präferieren. Der Datensatz ist so konzipiert, dass jede dynamische Investitionsrechnungsmethode jeweils ein Investitionsprojekt favorisiert.

Soweit wäre eine qualifizierte Auswahl des „besten" Investitionsprojektes nicht sinnvoll möglich, denn wir haben uns in Kapitel 3 bewusst gemacht, dass alle Investitionsrechnungsverfahren letztlich auf die gleiche Weise vorgehen, und **wenn jedes Verfahren ein anderes Investitionsobjekt präferiert, ist keine qualifizierte Entscheidung möglich**. Aber eine relative Betrachtung mehrerer lohnender Investitionen, **eine Auswahl also,** war ja auch durch das Vorgehen der dynamischen Investitionsrechnungsverfahren nicht sachgerecht abgedeckt.

Wenn eine Auswahl eines Investitionsprojektes aus mehreren lohnenden Investitionsobjekten mathematisch sinnvoll mit den dynamischen Investitionsrechnungsverfahren auch nicht möglich ist, so ist gerade das für die praktische Arbeit in einem Unternehmen doch sehr wünschenswert und unbedingt notwendig. Daher sollen in den folgenden beiden Kapiteln die Techniken der dynamischen Investitionsrechnungsverfahren leicht modifiziert werden, damit mit ihnen dann auch mathematisch sinnvoll eine qualifizierte Auswahl unter mehreren lohnenden Investitionsprojekten getroffen werden kann.

4.2.2 Ursachen für die Mehrdeutigkeit bei der Alternativenauswahl

Grundsätzlich hat die fehlende mathematisch sinnvolle Auswahlmöglichkeit der dynamischen Investitionsrechnungsverfahren bei der relativen Rangfolgebildung von verschiedenen Investitionsprojekten **drei Ursachen**:

- die unterschiedliche Höhe der Anschaffungsauszahlung,
- die unterschiedliche Länge der Nutzungsdauer und
- die Verzinsungsannahme.

Die Horizontwertmethode, die Kapitalwertmethode, die Annuitätenmethode und die dynamische Amortisationsrechnung verzinsen die Zahlungen des Investitionsobjektes zum Kalkulationszinssatz, die Interne Zinsfußmethode verzinst die Zahlungen eines Investitionsprojektes zu ihrer Rendite, die bei lohnenden Investitionen ja über dem Kalkulationszinssatz liegt.

Diese drei Ursachen führen dazu, dass eine sinnvolle Rangfolgebildung von alternativen Investitionsprojekten und die Auswahl des besten Investitionsobjektes mit der partialanalytischen Dynamik nicht möglich sind.

Dies lässt sich bereits am **Vergleich** der verschiedenen dynamischen Investitionsrechnungsverfahren herleiten. Der Kapitalwert ist eine vermögenssammelnde Größe im

Zeitpunkt null, der Horizontwert eine vermögenssammelnde Größe im Zeitpunkt n, die Annuität eine jährliche entnahmeorientierte Größe. Bei zwei Investitionsobjekten, die unterschiedlich lange Nutzungsdauern haben und für die gleiche Kapitalwerte ermittelt wurden, muss also gelten, dass das Objekt mit der längeren Nutzungsdauer den höheren Horizontwert haben muss, weil der Kapitalwert über mehrere Perioden aufgezinst wird, und dass das Objekt mit der kürzeren Nutzungsdauer die höhere Annuität haben muss, weil der Kapitalwert über eine geringere Anzahl von Perioden verteilt wird. Der Kalkulationszinssatz muss für alle Projekte ja gleich hoch sein, da annahmegemäß alle Rechenelemente mit Sicherheit bekannt sind, das Risiko also null ist, und da Kapital wegen der Geldbeschaffungsprämisse nicht knapp ist. Horizontwertmethode, Kapitalwertmethode und Annuitätenmethode ermitteln absolute Größen in Währungsbeträgen, die Interne Zinsfußmethode ermittelt mit der Rendite eine dimensionslose, eine prozentuale Größe.

So führen kapitalintensive Investitionsprojekte ceteris paribus zu hohen absoluten Werten, die Rendite bleibt von der Höhe der Beträge unbeeinflusst. Bei Investitionsobjekten mit gleich hohen Renditen erreicht die Investition mit den höheren Zahlungen ceteris paribus den höheren Horizontwert, den höheren Kapitalwert und die höhere Annuität. Die unterschiedliche Verzinsungsannahme für ein identisches Investitionsobjekt, bei dem die Interne Zinsfußmethode modellendogen annimmt, dass alle Beträge zur Rendite verzinst werden, während die anderen dynamischen Investitionsrechnungsverfahren für dieses und alle anderen Investitionsprojekte von einer Verzinsung der Beträge zum Kalkulationszinssatz ausgehen, führt ebenfalls zu unterschiedlichen Rangfolgen.

Die dynamischen Investitionsrechnungsverfahren produzieren bei richtiger Anwendung keine fehlerhaften Vorschläge für Investitionsentscheidungen.

Sie ermitteln eben nur, und das auch konsistent, die **absolute Vorteilhaftigkeit** eines Investitionsobjektes. Für Auswahlentscheidungen aus mehreren lohnenden Investitionsobjekten können sie nicht sinnvoll herangezogen werden. Da aber gerade diese Auswahlentscheidungen in der betrieblichen Praxis notwendig sind, bedarf es einer Modifikation der dynamischen Investitionsrechnungsverfahren, um sie auf Wahlentscheidungen anwendbar zu machen.

Warum eine Auswahlentscheidung mit den dynamischen Investitionsrechnungsverfahren nicht möglich ist, mag uns neben den Beispielen aus Abbildung 4.3 auch die Grafik in Abbildung 4.4 verdeutlichen, die eine Erweiterung der Abbildung 3.30 aus Kapitel 3 darstellt.

Am Ende von Kapitel 3 hatten wir uns verdeutlicht, dass ein **Investitionsprojekt sich als eine Kurvenschar** darstellt, in der Horizontwert, Kapitalwert und Annuität in Abhängigkeit vom Kalkulationszinssatz und die Rendite dargestellt werden kann. Zwei Investitionsobjekte sind also zwei Kurvenscharen. Dies verdeutlicht Abbildung 4.4.

4 Alternativenauswahl und Investitionsprogrammplanung

Abbildung 4-4: Zielwertfunktionen zweier Investitionsobjekte

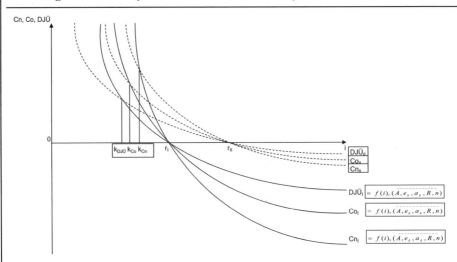

Investitionsobjekt I ist als durchgehend schwarze Kurvenschar dargestellt, Investitionsobjekt II ist eine gestrichelte Kurvenschar. Die jeweils steilste Kurve ist die Horizontwertfunktion, die jeweils mittlere Kurve die Kapitalwertfunktion und die jeweils flache Kurve die Annuitätenfunktion. Die Rendite ist unabhängig vom Kalkulationszinssatz. In dieser Darstellung hat das gestrichelt dargestellte Investitionsobjekt II die höhere Rendite als das durchgehend schwarz dargestellte Investitionsobjekt I. Ob eines oder beide Investitionsobjekte lohnend ist oder sind, hängt vom nicht festgelegten Kalkulationszinssatz ab.

Dort, wo sich die korrespondierenden Funktionen des durchgehend schwarzen Investitionsobjektes I und des gestrichelt schwarzen Investitionsobjektes II schneiden, ist ein Lot gefällt.

- Läge der **Kalkulationszinssatz z. B. zwischen dem rechten Lot und der Rendite r_I**, dann wären beide Investitionen nach allen Methoden vorteilhaft und alle dynamischen Verfahren würden für das gestrichelt schwarz dargestellte Investitionsobjekt II einen größeren Zielwert ermitteln als für das durchgehend schwarz dargestellte Investitionsobjekt I.

- Liegt der Kalkulationszinssatz zwischen der Rendite r_I und der Rendite r_{II}, wäre nur das gestrichelt schwarz dargestellte Investitionsobjekt absolut vorteilhaft.

- Liegt der Kalkulationszinssatz hinter der Rendite r_{II}, ist kein Investitionsobjekt absolut vorteilhaft.

- Liegt der Kalkulationszinssatz links des ersten Lotes, hat nach Horizontwert-, Kapitalwert- und Annuitätenmethode das durchgehend schwarz dargestellte Investitionsobjekt I die absolut höheren Werte als das gestrichelt schwarz dargestellte Investitionsobjekt II. Die Interne Zinsfußmethode ermittelt für das gestrichelt schwarz dargestellte Objekt II dagegen eine höhere Rendite als für das durchgehend schwarz dargestellte Objekt I.

- Liegt der **Kalkulationszinssatz zwischen den Loten,** dann wird die Interne Zinsfußmethode weiterhin und unabhängig davon für die Rendite eine höhere Rendite r_{II} und eine niedrigere Rendite r_I ausweisen, zunächst beim Horizontwert wird aber der durchgehend schwarz gezeichnete C_{nI} absolut höher sein als der gestrichelt schwarz gezeichnete C_{nII}. Wandert der Kalkulationszinssatz weiter nach links auf der Zinsachse, kehrt sich die Rangfolge auch für die Kapitalwerte und dann für die Annuitäten um.

In diesem gesamten Bereich auf der Zinsachse, wenn der Kalkulationszinssatz also links vom ersten Lot liegt, vorausgesetzt, die Funktionen schneiden sich in diesem Quadranten, ermitteln die dynamischen Verfahren unterschiedliche Rangfolgen bei der absoluten Höhe der Zielkriterien.

Natürlich ist nur die Kriterienerfüllung und nicht die absolute Höhe der Kriterien Entscheidungskriterium der dynamischen Investitionsrechnungsverfahren. Da der Kalkulationszinssatz eine exogene Variable ist, also zunächst festgelegt wird, bevor die eigentlichen Zielwerte ermittelt werden, ist im allgemeinen Fall eine Rangfolge der Investitionsobjekte nach der Höhe der Kriterienerfüllung nicht sinnvoll, da sich diese Rangfolge zwischen den einzelnen dynamischen Investitionsrechnungsverfahren für eine gegebene Anzahl von Investitionsobjekten anders darstellen kann.

4.2.3 Abschnittsergebnisse

In diesem Kapitel haben Sie:

- die Unzulänglichkeit der dynamischen Investitionsrechnungsverfahren für die Auswahl aus mehreren lohnenden Investitionsprojekten kennen gelernt und

- die Ursachen der Unzulänglichkeit der dynamischen Investitionsrechnungsverfahren für die Auswahl aus mehreren lohnenden Investitionsprojekten kennen gelernt.

4.3 Aufhebung der Wiederanlageprämisse

Im vorangegangenen Unterkapitel haben wir uns mit der Unmöglichkeit einer qualifizierten Alternativenauswahl unter lohnenden Investitionsprojekten mit den dynamischen Investitionsrechnungsverfahren und den zugehörigen Ursachen beschäftigt. In diesem Unterkapitel soll zunächst die negative Konsequenz der unterschiedlichen Verzinsungsannahmen der einzelnen dynamischen Investitionsrechnungsmethoden, die Horizontwertmethode, die Kapitalwertmethode und die Annuitätenmethode verzinsen die Beträge des Investitionsprojektes mit dem Kalkulationszinssatz (i), die Interne Zinsfußmethode verzinst die Beträge des Investitionsprojektes zur bei lohnenden Investitionen höheren Rendite (r), behoben werden.

Dies wird durch die Aufhebung der Wiederanlageprämisse erfolgen, die Sie bereits in Kapitel 3 kennen gelernt haben.

Die beiden anderen Einflussfaktoren auf die fehlende Möglichkeit der qualifizierten Alternativenauswahl unter lohnenden Investitionen mit den dynamischen Investitionsrechnungsverfahren, die Höhe der Anschaffungsauszahlung und die Länge der Nutzungsdauer, werden in Kapitel 4.4 bearbeitet.

Nach Durcharbeiten dieses Kapitels sind Sie dann in der Lage, mit den Rechenverfahren der dynamischen Investitionsrechnung unter Anwendung der hier erarbeiteten Modifikationen auch **qualifiziert eine Alternativenauswahl unter mehreren lohnenden Investitionsprojekten zu treffen.** Die dynamische Amortisationsrechnung wird an dieser Stelle in die Betrachtung nicht miteinbezogen, da der Zielwert der dynamischen Amortisationsrechnung, die dynamische Amortisationszeit, sich bei einer ceteris paribus Betrachtung der Ermittlung des Zielwertes durch die Variation der Nutzungsdauer verändert, während sich alle anderen Zielwerte der dynamischen Investitionsrechnungsverfahren durch Variation des Zinssatzes ändern.

Bei den das dynamische Modell der Investitionsrechnungsverfahren zu treffenden Annahmen sind besonders die Annahme der Sicherheit und die Annahme, dass nur ein Zinssatz vorhanden ist und dass Zahlungen über die Zeit verschoben werden können, sehr kritisch.

Die Sicherheitsannahme wird in Kapitel 6 in diesem Buch aufgehoben. Die Annahme der Verschiebbarkeit der Zahlungen wird in Unterkapitel 4.7 in diesem Abschnitt bearbeitet und die Verzinsungsannahme wird in diesem Unterkapitel aufgehoben.

In Kapitel 3 dieses Buches hatte ich Ihnen begründet dargelegt, warum die dynamischen Investitionsrechnungsverfahren von der Existenz von nur einem Zinssatz ausgehen. Realitätsnah ist dies natürlich nicht. **Auch ohne Einführung expliziter Finanzierungen lässt sich diese Annahme unter Erhalt der dynamischen Investitionsrechnungsverfahren zur Erzielung größerer Realitätsnähe aufweichen.** Dazu möchte ich folgenden Gedankengang entwickeln.

Der für die Bewertung eines Investitionsprojektes heranzuziehende Zinssatz wird in den unterschiedlichen Bereichen der Betriebswirtschaftslehre unterschiedlich aufwändig bestimmt. So wird z. B. im Shareholder-Value-Ansatz von Rappaport[1] oder im Capital Asset Pricing Model (CAPM) von Sharpe, Lintner und Mossin[2] der Zinssatz für die Bewertung eines Projektes recht aufwändig bestimmt. Auch für eine Investitionsrechnung gibt es unterschiedliche Ansätze zur Bestimmung des Kalkulationszinssatzes.

Bei Festlegung des Kalkulationszinssatzes nach dem in Kapitel 1.9 angesprochenen Opportunitätskostenprinzip, Opportunitätskosten sind der gesamte Nutzen der besten nicht gewählten Alternative, bedeutet also ein positiver Kapitalwert eines Investitionsobjektes mit dem so ermittelten Zinssatz in der Kapitalwertmethode angewendet, dass es keine bessere Möglichkeit der Kapitalverwertung gibt. Denn wenn die Verzinsung der besten nicht gewählten bekannten Alternative, deren Rendite also, als Kalkulationszinssatz für ein Investitionsprojekt zugrunde gelegt wird und sich bei dem Projekt immer noch ein positiver Kapitalwert ergibt, dann heißt das also, dass sich das im Investitionsprojekt gebundene Geld noch besser, also lohnender, verzinst.

4.3.1 Kapitalverwendung in der Dynamik und der Realität

Für die meisten praktischen Investitionsprojekte ergibt sich durch diese Form der Festlegung des Kalkulationszinses ein Problem bei der Bewertung von Zahlungen mit dem Zinssatz. Zwar haben Sie gesehen, dass es bei Existenz von nur einem Zinssatz egal ist, ob Zahlungsströme während der Laufzeit des Investitionsprojektes aus dem Investitionsobjekt entnommen werden, oder dort verbleiben und mit verzinst werden (Abbildung 3.9), **bei Existenz von mehreren Zinssätzen ist das allerdings nicht so.**

In der Realität wird ein Investitionsprojekt vom Investor vermutlich anders bewertet, als es das Vorgehen z. B. nach der Kapitalwertmethode suggeriert. So ist es unter der Sicherheitsannahme zwar mathematisch richtig, dass Zahlungen auf den Zeitpunkt null diskontiert werden, in der Realität wird sich ein Investor aber anders verhalten. In der Realität hat ein Investitionsobjekt im Regelfall zunächst eine Auszahlung, dann folgen Nettoeinzahlungen. Die Anschaffungsauszahlung kann gut mit dem Kalkulationszinssatz bewertet werden, denn sie soll ja die subjektive Verzinsungsanforderung erwirtschaften, aber **welchen Zinssatz die Nettoeinzahlungen erbringen, ist meist in der Realität völlig offen.** Generell können Nettoeinzahlungen

- reinvestiert werden,
- konsumiert werden, oder
- einer anderen Verwendung zugeführt werden (z. B. Finanzanlage, Tilgung).

---

[1] Rappaport
[2] Sharpe

Mischformen sind möglich. **Diese Aktivitäten können unterschiedliche Verzinsungen besitzen.**

Ein wenn auch noch nicht realitätsnahes **Beispiel** mag die Problematik verdeutlichen.

Ein Investor rechnet mit dem Kalkulationszinssatz 10 %. Die Nutzungsdauer ist fünf Jahre. Die Anschaffungsauszahlung beträgt 10 Euro. Im Jahr 3 gibt es Nettoeinzahlungen in Höhe von 19 Euro, im Jahr fünf gibt es Nettoeinzahlungen von 2 Euro. Weitere Nettoeinzahlungen sind nicht vorhanden. Der Restwert ist null.

Dies wollen wir uns auf dem Zeitstrahl verdeutlichen.

Abbildung 4-5:   Zinsansprüche von Nettoeinzahlungen

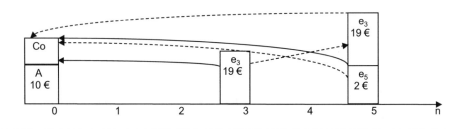

Berechnen Sie für diesen Datensatz den Kapitalwert nach dem Verfahren der klassischen Kapitalwertmethode (durchgehend schwarze Pfeile).

(4.2) $\boxed{C_o = 19 \times 1{,}1^{-3} + 2 \times 1{,}1^{-5} - 10 = 5{,}52}$

Die Berechnung ergibt einen Kapitalwert von 5,51 Euro. Dieses Verfahren, alle Zahlungen mit dem Kalkulationszinssatz zu bewerten, hatte ich bereits oben kritisiert.

Gehen wir nun davon aus, dass unser Investor die umfangreichen Nettoeinzahlungen dieser Investition zu dem Zeitpunkt, zu dem sie anfallen, in den Tresor des Unternehmens legt. **Diese Aktion ist sicher zinslos.** Die Konsequenz ist, dass am Ende der Nutzungsdauer der Investition, nach fünf Jahren also, 21 Euro aus dem Projekt im Tresor der Unternehmung lagern. Wenn wir uns nun fragen, wie hoch der Kapitalwert dieser Aktivität insgesamt ist, ergibt sich:

(4.3) $\boxed{C_o = 21 \times 1{,}1^{-5} - 10 = 3{,}04}$.

4.3 Aufhebung der Wiederanlageprämisse

Vollziehen Sie bitte den Berechnungsweg eigenständig nach. In Abbildung 4.5 ist er durch die gestrichelten Pfeile angedeutet. Der Kapitalwert ist niedriger als nach der klassischen Kapitalwertmethode, da die Nettoeinzahlungen der Periode 3 nicht verzinst wurden, sondern nur in den Tresor gelegt wurden. Der Kapitalwert ist in diesem Fall trotzdem positiv, obwohl die Nettoeinzahlungen nicht die erwartete Verzinsung in Höhe des Kalkulationszinssatzes erbracht haben, da die Nettoeinzahlungen insgesamt viel höher waren als die Anschaffungsauszahlung. Er kann aber auch negativ werden, obwohl der klassische Kapitalwert für ein Investitionsprojekt noch positiv ist.

Der Kalkulationszinssatz bewertet also nur die gesamte Investitionsaktivität und fordert nicht, dass alle Teilaktivitäten zum Kalkulationszinssatz verzinst werden.

Die Konsequenz dieser Überlegung ist, dass Nettoeinzahlungen mit dem Zinssatz bewertet werden, den sie in der verbleibenden Restlaufzeit des Investitionsprojektes noch erbringen. Dieser Zinssatz wird im Regelfall niedriger sein als der Kalkulationszinssatz, denn sonst hätte der Investor ja gleich das gesamte Kapital in eine bessere Aktivität investiert, kann aber im Einzelfall auch höher sein als der Kalkulationszinssatz, da die Desinvestitionen zeitlich nach dem Projektbeginn anfallen und sich dann eine Veränderung der Zinskonditionen ergeben haben kann.

Werden die Nettoeinzahlungen eines Jahres in verschiedenen Bereichen verwendet, die unterschiedliche Verzinsungen erbringen, ist ein gewichteter Mischzinssatz zu verwenden. Werden die frei gewordenen Nettoeinzahlungen in den verschiedenen Jahren der Restlaufzeit zu unterschiedlichen Zinssätzen angelegt, ist auch dies darstellbar.

Ist die Restlaufzeit für die Anlage einer Nettoeinzahlung z. B. noch vier Jahre, wird ihr Endwertbeitrag ermittelt über:

$$(4.4) \quad \boxed{NE \times (1+i_1) \times (1+i_2) \times (1+i_3) \times (1+i_4)}$$

Der dann insgesamt ermittelte Endwert ist dann mit dem **Kalkulationszinssatz** abzuzinsen, um nach Abzug der Anschaffungsauszahlung einen Kapitalwert zu bekommen, denn die Bewertung eines Endwertes ist ja subjektiv. Einem Investor mag ein erreichter Endwert nach einer gegebenen Zahl von Jahren und einer gegebenen Höhe einer Anschaffungsauszahlung hoch genug für eine lohnende Investition erscheinen, ein anderer Investor mag anderer Auffassung sein. Daher ist die Einschätzung subjektiv und muss mit dem subjektiven Zinssatz, dem Kalkulationszinssatz, bewertet werden.

Durch dieses Vorgehen können die frei werdenden Nettozahlungen in der verbleibenden Investitionslaufzeit zu einem festgelegten Wiederanlagezinssatz angelegt werden, während die Anschaffungsauszahlung und die Konkretisierung der ange-

4.3.2 Kapitalwertformel bei aufgehobener Wiederanlageprämisse

Die für eine derartige Fragestellung **anzuwendende Kapitalwertformel** lautet dann im allgemeinen Fall:

$$(4.5) \quad Co^* = \left[\sum_{k=1}^{n} (e_k - a_k) \times (1+i_w)^{n-k} + R \right] \times (1+i_k)^{-n} - A$$

Zur Kennzeichnung, dass mit mehr als einem Zinssatz gerechnet wurde, wird der Zielwert mit einem Stern gekennzeichnet. i_w steht für den Wiederanlagezinssatz, i_k für den Kalkulationszinssatz.

Die entsprechende Formel für den Kapitalwert bei Anwendungsmöglichkeit des EWF lautet:

$$(4.6) \quad Co^* = (NE \times EWF + R) \times (1+i_k)^{-n} - A$$

Die Vorgehensweise der Kapitalwertformel (4.5) können Sie grafisch in Abbildung 4.6 nachvollziehen. Zunächst werden alle Zahlungen aufgezinst und der Endwert (EW*) wird gebildet. Dann wird dieser Endwert (gestrichelter Pfeil) abgezinst und der Barwert (BW*) wird gebildet.

Nun habe ich Ihnen zwar begründet, dass es viel praxisnäher ist, Nettoeinzahlungen vom Zeitpunkt ihres Anfalles an für die Restlaufzeit der Investitionsprojektes mit einem individuellen Zinssatz wieder anzulegen, bevor sie als gesamter Endwert abgezinst werden. Welche Konsequenz dies aber auf unser eigentlich hier behandeltes Problem, die Möglichkeit der Auswahl der geeignetsten Investition aus mehreren lohnenden Objekten, hat, darauf bin ich noch nicht eingegangen. Dies wollen wir uns nachfolgend in Kapitel 4.3.3 überlegen.

Abbildung 4-6: Kapitalwert bei Berücksichtigung von Wiederanlagezinssätzen

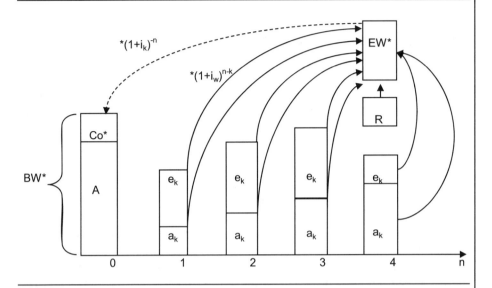

4.3.3 Konsequenz der Kapitalwertformel bei aufgehobener Wiederanlageprämisse auf die Alternativenauswahl

Zunächst präsentiere ich das für einen Spezialfall. Ich betrachte nur zwei Investitionsalternativen. Dies dient nur dazu, den Schreibaufwand zu reduzieren, **eine Verallgemeinerung auf unendlich viele Investitionsalternativen ist sofort möglich**. Die Alternativen bezeichne ich mit I und II. Ich betrachte außerdem nur Alternativen, die die gleiche Höhe der Anschaffungsauszahlung und die gleiche Länge der Nutzungsdauer haben. Diese Annahme ist einschränkend, aber diese beiden Phänomene werden im folgenden Unterkapitel 4.4 betrachtet.

Es gilt also:

(4.7) $\boxed{A_I = A_{II}; n_I = n_{II}}$.

Falls für beliebige zwei Investitionsalternativen gilt **EW*$_I$>EW*$_{II}$**, dann gilt:

(4.8) $\boxed{Co^*_I \rangle Co^*_{II}, da\ Co = EW \times (1+i)^{-n} - A}$ und

4 Alternativenauswahl und Investitionsprogrammplanung

(4.9) $\boxed{Cn^*_I \rangle Cn^*_{II}, \; da \; Cn = Co \times (1+i)^n}$ und

(4.10) $\boxed{DJ\ddot{U}^*_I \rangle DJ\ddot{U}^*_{II}, \; da \; DJ\ddot{U} = Co \times KWF_i^n}$.

Soweit ist für ein Investitionsobjekt, das einen höheren Endwert hat als ein anderes Investitionsobjekt, bereits klar, dass es immer den höheren Horizontwert, Kapitalwert und auch die höhere Annuität hat.

Dies war wegen der Annahme der gleichen Länge der Nutzungsdauer und der gleichen Höhe der Anschaffungsauszahlung auch zu erwarten, denn aus Gleichung (4.7) ergeben sich jeweils identische finanzmathematische Faktoren für die Transformation der Endwerte I und II zu den in den Gleichungen (4.8) bis (4.10) dargestellten dynamischen Kennzahlen. Soweit kann es keine Umkehr einer Rangfolge der Investitionsobjekte I und II geben. Daher brauchen unter diesen Annahmen auch keine Kurvenscharen von Investitionsobjekten wie in Abbildung 4.4 mehr verglichen zu werden, es ist ausreichend, z. B. die Kapitalwertmethode als Stellvertreter der Horizontwertmethode, der Kapitalwertmethode und der Annuitätenmethode zu betrachten und den Verlauf mit den Ergebnissen der Internen Zinsfußmethode zu vergleichen. Dies ist in Abbildung 4.7 dargestellt.

Dass für die Renditen die gleiche Rangfolge wie für die Endwerte gilt, lässt sich nachfolgend zeigen. Wegen

(4.11) $\boxed{r^* = \sqrt[n]{\dfrac{EW^*}{A}} - 1}$ gilt auch

(4.12) $\boxed{r^*_I \rangle r^*_{II}}$.

Die Formel (4.11) für die Bestimmung des Internen Zinssatzes ist anwendbar, obwohl es sich um keinen reinen Zweizahlungsfall handelt, da der Endwert weder mit dem Kalkulationszinssatz noch mit der Rendite ermittelt wurde, sondern mit echten Wiederanlagezinssätzen.

Somit handelt es sich bei dem errechneten Endwert um einen tatsächlich zu erwartenden Endwert, wenn alle Rechenelemente eintreten wie angenommen, der daher auch als Äquivalent für die Zahlungen in der Laufzeit angesehen werden kann. So reduziert die Bewertung der Investitionszahlungen mit Wiederanlagezinssätzen den Zeitstrahl eines solchen Investitionsobjektes immer auf einen Zweizahlungsfall, auf den die oben stehende Formel (4.11) angewendet werden kann.

Abbildung 4-7: Kapitalwertfunktionen zweier Investitionsobjekte

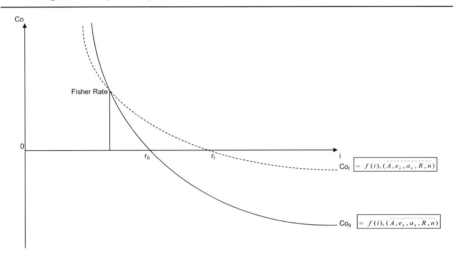

Durch das Vorgehen der Benutzung eines oder mehrerer Wiederanlagezinssätze, hier noch unter der einschränkenden Annahme, dass die Nutzungsdauern gleich lang und die Anschaffungsauszahlungen der Investitionsobjekte gleich hoch sind, ist immer garantiert, dass **das Investitionsobjekt mit dem höchsten Endwert auch automatisch die höchste Rendite, den höchsten Horizontwert, den höchsten Kapitalwert und die höchste Annuität hat.**

Dann kann auch qualifiziert aus mehreren lohnenden Investitionsobjekten das beste oder die Gruppe der besten Objekte über alle dynamischen Investitionsrechnungsmethoden hinweg eindeutig ermittelt werden.

Dadurch werden auch mit den so modifizierten dynamischen Investitionsrechnungsverfahren Auswahlentscheidungen möglich.

Mathematisch ergibt sich dies, da nur noch der Endwert mit dem Kalkulationszinssatz bewertet wird. Bei gleichen Nutzungsdauern der Investitionsalternativen kann sich dadurch keine Veränderung der Reihenfolge der absoluten Vorteilhaftigkeit ergeben. Grafisch kommt es zu einer Drehung der Kapitalwertfunktionen und einer Verschiebung nach links (rechts), wenn die Wiederanlagezinssatz kleiner (größer) als der Kalkulationszinssatz ist. Die Kapitalwertfunktionen schneiden sich dann im betriebswirtschaftlich relevanten Bereich nicht mehr und eine qualifizierte Alternativenauswahl kann erfolgen. Dies ist in Abbildung 4.8 sichtbar. Im mathematischen Sinne müssen sich diese Funktionen schneiden, da es sich im allgemeinen Fall um keine Geraden handelt, sondern um Äquidistanten und nur parallele Geraden sich im mathematischen Raum nicht schneiden, aber in dem engen Raum der relevanten betriebswirtschaftlich sinnvollen Zinssätze kommt ein Schneiden der Funktionen und damit eine Mehrdeutigkeit bei der Auswahl nicht vor.

Abbildung 4-8: Kapitalwertfunktionen zweier Investitionsobjekte nach Aufhebung der Wiederanlageprämisse

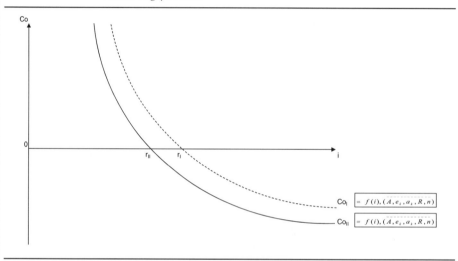

Dieses Wissen sollen Sie nun in einem Beispiel anwenden und den Kapitalwert unter Benutzung eines Wiederanlagezinssatzes ermitteln.

4.3.4 Anwendungsbeispiel

Ein Unternehmen Ihrer Familie soll im Rahmen des Generationswechsels von Ihrem Nachwuchs in zwölf Jahren übernommen werden. Bis dahin wird dem Nachwuchs eine Mio. Euro zur Verfügung gestellt, die er für eigene Unternehmungen nutzen soll. Zwei Pachtbetriebe hat er dafür in die engere Wahl gezogen. Bitte überprüfen Sie die Planungen mittels der Investitionsrechnung.

Abbildung 4-9: Beispieldaten zur Dynamik unter Aufhebung der Wiederanlageprämisse

Jahr (k)	Betrieb A (NE_k in TEuro)	Betrieb B (NE_k in TEuro)
1	100	80
2	110	90
3	120	95
4	125	400
5	130	
6	135	
7	250	
8	250	
9	250	
10	250	
11	250	
12	250	

Betrieb A bedarf einer Anschaffungsauszahlung von einer Mio. Euro und kann für zwölf Jahre gepachtet werden, Betrieb B ist für eine Anschaffungsauszahlung von 333.333,33 Euro für vier Jahre zu pachten.

4.3.4.1 Aufgaben

- **Aufgabe a)** Berechnen Sie die Kapitalwerte der beiden Betriebe bei einem Kalkulationszinssatz von 10 %.

- **Aufgabe b)** Berechnen Sie die Kapitalwerte der beiden Betriebe bei einem Kalkulationszinssatz von 10 %, gehen Sie dabei von einem Wiederanlagezinssatz für die Rückflüsse von 5 % aus.

4.3.4.2 Lösungen

Da der Berechnungsweg mit dem Taschenrechner identisch mit dem Vorgehen in der Tabellenkalkulation ist, wird nur die Lösung in der Tabellenkalkulation vorgestellt. Der Rechenweg wird in Abbildung 4.10 nummerisch dargestellt.

Abbildung 4-10: Lösungen zur Dynamik unter Aufhebung der Wiederanlageprämisse*

k	Ne_k A	BW NE_k A	EW NE_k A	NE_k B	BW NE_k B	EW NE_k B
1	100	90,909	171,034	80	72,727	92,610
2	110	90,909	179,178	90	74,380	99,225
3	120	90,158	186,159	95	71,375	99,750
4	125	85,377	184,682	400	273,205	400,000
5	130	80,720	182,923			
6	135	76,204	180,913			
7	250	128,290	319,070			
8	250	116,627	303,877			
9	250	106,024	289,406			
10	250	96,386	275,625			
11	250	87,623	262,500			
12	250	79,658	250,000			
BW		1128,884			491,688	
EW			2785,368			691,585
Co		128,884			158,354	
Co*			-112,496			139,029
A_A =	1000					
A_B =	333,333					
ik =	0,1					
iw =	0,05					
Einheit	T Euro					

Die Kapitalwerte für Aufgabe a) betragen also für Betrieb A 128.884,17 Euro und für Betrieb B 158.354,43 Euro. Beide Alternativen sind lohnend.

Die Kapitalwerte unter Berücksichtigung eines Wiederanlagezinssatzes für Aufgabe b) betragen also für Betrieb A – 112.495,97 Euro und für Betrieb B 139.028,56 Euro. Alternative A ist nicht lohnend, Alternative B ist lohnend.

4.3.5 Abschnittsergebnisse

In diesem Kapitel haben Sie gelernt:

- die Bedeutung der Wiederanlageprämisse zu erkennen,

- die Wiederanlageprämisse unter Formulierung expliziter Wiederanlagezinssätze aufzuheben,

- die dadurch gegebene qualifizierte Auswahlmöglichkeit unter der Annahme identischer Nutzungsdauern und Anschaffungsauszahlungen zu erkennen und

- die Techniken auf betriebliche Planungsprobleme anzuwenden.

4.4 Differenzinvestitionen

Die Technik der Differenzinvestition macht Investitionsobjekte hinsichtlich der Höhe der Anschaffungsauszahlung und der Länge der Nutzungsdauer voll vergleichbar.

Mit diesem Satz ist im Prinzip die komplette Theorie zu diesem Thema präsentiert, der Rest der Technik liegt in der Durchführung des Investitionsrechners nach den betriebsindividuellen Gegebenheiten. So gibt es dort allerdings **kein Rezept,** das befolgt werden kann, aber einige übliche Vorgehensweisen, die hier präsentiert werden sollen. Die Technik nimmt also die verbleibenden beiden Ursachen der Mehrdeutigkeit der Alternativenauswahl mit den dynamischen Investitionsrechnungsverfahren, die wir in Kapitel 4.3 ausgespart hatten, wieder auf.

Generell wird durch die Technik der Differenzinvestition nicht zwischen zwei oder mehreren Investitionsobjekten verglichen, sondern es **wird ein gegebenes Budget über eine gegebene Zeit betrachtet,** und die originären Investitionen werden in ihrer Bewertung durch die Zielwerte der dynamischen Investitionsrechnungsverfahren ergänzt um die Verwendung des durch die Anschaffungsauszahlung nicht voll genutzten Kapitalbudgets und die ggf. nicht voll ausgenutzte Laufzeit der Kapitalverwendung. Nur so kann der Tatsache aus der Praxis sinnvoll Rechnung getragen werden, dass Kapital knapp ist und zwar in Bezug auf die Höhe des vorhandenen Kapitals und die Zeitdauer der Überlassung. Es ist nicht sinnvoll, ein Investitionsobjekt aus zwei Alternativen auszuwählen, das den höheren Kapitalwert hat, wenn es auch eine höhere Anschaffungsauszahlung und/oder eine längere Laufzeit hat. Denn so wäre mehr Kapital über eine gegebenenfalls längere Zeit gebunden, das nicht für andere ertragbringende Aktivitäten zur Verfügung steht.

Bei der Durchführung der Differenzinvestition unterscheiden wir bei der Anwendung

- den begrenzten und

- den vollständigen

Vorteilhaftigkeitsvergleich.

Der **begrenzte Vorteilhaftigkeitsvergleich** hat den Nachteil, dass nur die Zahlungen, um die sich die Investitionsobjekte unterscheiden, betrachtet werden. Dadurch wird für die originären Investitionen weiter angenommen, dass sie nach der traditionellen

Kapitalwert- oder Internen Zinsfußmethode betrachtet werden. Ein Vorgehen, dessen Mängel wir bereits kennen gelernt haben.

Außerdem ist die Entscheidungssituation im allgemeinen Fall sehr unpraktisch. Legt man die Beträge, um die die Investitionen differieren, zur Rendite der Investition an, ist der Kapitalwert dieser Differenzinvestition null und wir haben keine Veränderung der Entscheidungssituation erreicht. Wird die Differenzinvestition zum Kalkulationszinssatz angelegt, ergibt sich die Gleichheit der Kapitalwerte, sodass kein Objekt qualifiziert ausgewählt werden kann, denn es gilt

(4.13) $\boxed{Co_I = Co_{II} + Co_{Diff}}$.

Daher wird der begrenzte Vorteilhaftigkeitsvergleich an dieser Stelle nicht behandelt. Wir werden nur den vollständigen Vorteilhaftigkeitsvergleich bearbeiten.

4.4.1 Grafische und kontierte Form der Differenzinvestition

Für diese Technik gibt es sowohl eine grafische als auch eine kontierte Darstellungsform, die wir uns beide nachfolgend ansehen wollen.

Die **grafische Darstellungsform** ist sehr gut für eine erste Strukturierung des betrieblichen Planungsproblems geeignet, bei ihr wird für die betrachteten Investitionsobjekte mit deren dynamischen Zielwerten gearbeitet. Besonders sinnvoll sind hier der Kapitalwert oder der Horizontwert (bzw. der Barwert oder der Endwert), da der Rechenaufwand zur Ermittlung der Rendite recht hoch ist und es schwierig ist, Investitionsobjekte mit unterschiedlichen Renditen und unterschiedlichen originären Laufzeiten betriebswirtschaftlich sinnvoll zu vergleichen. Letzteres gilt auch für die Annuität.

Bei der grafischen Betrachtung wird ein Koordinatensystem betrachtet, bei dem die **Investitionsobjekte als rechteckige Flächen** dargestellt werden. Auf der Y-Achse wird dabei die Höhe der Anschaffungsauszahlung abgetragen, auf der X-Achse die Länge der Nutzungsdauer. Wenn alle betrieblich möglichen Investitionsalternativen eingetragen sind, ergibt sich durch das Investitionsobjekt mit der **höchsten Anschaffungsauszahlung** das notwendige Kapital, denn wenn dieses Kapital nicht zur Verfügung stünde, wäre das Investitionsobjekt keine echte Planungsalternative, da es nicht finanzierbar wäre.

Entsprechendes gilt für das Investitionsobjekt mit der **längsten Nutzungsdauer**. Das Kapital muss für diesen maximalen Zeitraum zur Verfügung stehen. Für die Investitionsobjekte, die die maximale Höhe des Kapitalbudgets oder die maximale Länge der Nutzungsdauer nicht ausschöpfen, müssen zusätzliche Aktivitäten festgelegt werden, die das freie Kapital in der freien Zeit verwenden, um alle Alternativen sinnvoll vergleichbar zu machen. **Der eigentliche Vergleich kann dann auf Basis der Kapital- oder Barwerte bzw. der Horizont- oder Endwerte erfolgen.** Dies kann mit oder ohne Berücksichtigung von Wiederanlagezinssätzen, wie sie in Abschnitt 4.3 dargestellt wurden, erfolgen. Dieses Vorgehen werden wir uns in Abbildung 4.11 gleich an einem Beispiel ansehen.

Alternativ zu dieser Vorgehensweise kann die Analyse der Investitionsalternativen auch in **kontierter Form** stattfinden. Diese Darstellung erfolgt unter der gleichen Zielsetzung. Das gleiche Kapital soll über die gleiche Zeit bewertet werden. Für die Investitionsobjekte, die die maximale Höhe des Kapitalbudgets oder die maximale Länge der Nutzungsdauer nicht ausschöpfen, müssen zusätzliche Aktivitäten festgelegt werden, die das freie Kapital in der freien Zeit verwenden, um alle Alternativen sinnvoll vergleichbar zu machen.

Der Vergleich wird nicht mit den Zielwerten der dynamischen Investitionsrechnungsverfahren, sondern mit den Nettoeinzahlungen der Investitionsobjekte durchgeführt. Verglichen wird dann auf Basis der ermittelten End- oder Horizontwerte. Diese Vergleichsform ist ungleich rechenaufwändiger und sollte nur innerhalb der IT, z. B. mit Excel, durchgeführt werden. Auch dies werden wir uns in diesem Kapitel in einem Beispiel noch ansehen.

Zunächst ein einfaches Beispiel, mit dem wir uns beide Planungstechniken vergegenwärtigen können.

Abbildung 4-11: *Datensatz zur Differenzinvestition*

Rechenelement	Objekt A	Objekt B
A	100	200
n	1	2
i	0,1	0,1
$NE_k = 1$	132	--
$NE_k = 2$	--	266,20
Co	20	20
r	32 %	15,37 %

Überprüfen Sie zunächst die Kapitalwerte und Renditen (Zweizahlungsfall) mit einer eigenen Berechnung. Beide Investitionsobjekte haben den gleichen Kapitalwert, allerdings hat Objekt B eine doppelt so hohe Anschaffungsauszahlung und eine doppelt so lange Nutzungsdauer wie A. Objekt A hat die höhere Rendite. Welches Investitionsobjekt besser als das andere ist, lässt sich mit der Kapitalwertmethode und der Internen Zinsfußmethode nicht feststellen, da beide ja die Durchführung von beiden Investitionsobjekten empfehlen. Ob es besser ist, mit wenig Kapitaleinsatz, wie bei Objekt A, einen Kapitalwert von 20 zu erzielen, oder ob es besser ist, einen doppelt so hohen Betrag über doppelt so lange Zeit zum erwarteten Kalkulationszinssatz zu verzinsen und zusätzlich einen Überschuss wie bei Objekt B von 20 Euro zu erzielen, ist subjektiv. Ob Sie also lieber 100 Euro ausgeben und nach einem Jahr mit Sicherheit 132 Euro zurückbekommen, oder ob Sie lieber 200 Euro ausgeben und nach zwei Jahren mit Sicherheit 266,20 Euro zurückbekommen, was dem jeweiligen Datensatz unseres Beispiels entspricht, ist subjektiv. **Ein Vergleich ist nur durch eine Differenzinvestition qualifiziert möglich.**

4.4.2 Grafische Form der Differenzinvestition

Zunächst folgt eine grafische Darstellung der Entscheidungssituation:

Abbildung 4-12: Grafische Darstellung einer Differenzinvestition

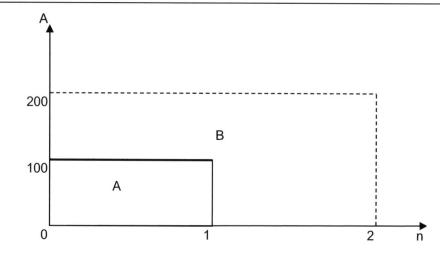

Die Abbildung 4.12 zeigt die Investitionsobjekte A und B als Rechtecke, definiert durch ihre Anschaffungsauszahlungen in Höhe von 100 bzw. 200 Euro und ihre Nutzungsdauern von einem Jahr bzw. zwei Jahren.

In diesem einfachen Beispiel muss **für das Investitionsobjekt A das freie Kapital von 100 Euro im ersten Jahr und von 200 Euro im zweiten Jahr verplant werden**, um qualifiziert mit Investitionsobjekt B vergleichen zu können. Für ein einfaches Ausgangsbeispiel wird davon ausgegangen, dass es möglich und betrieblich sinnvoll ist, Investitionsobjekt A identisch zu wiederholen. Natürlich lässt sich diese Annahme sofort verallgemeinern, generell gilt nur, **die maximalen Budgets über die maximale Zeit mit investiven Aktivitäten zu beplanen.**

Abbildung 4-13: *Grafische Darstellung einer Differenzinvestition*

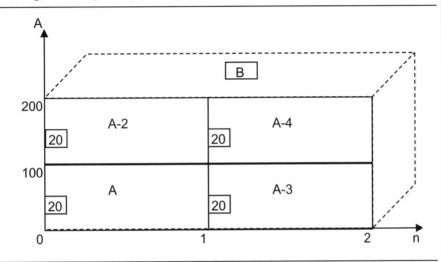

Die Abbildung 4.13 stellt die beschriebene Situation dar. Objekt B, in gestrichelten Linien gehalten, ist dabei nicht als Rechteck, sondern als Quader dargestellt, damit das Objekt gegenüber Objekt A und seinen Differenzinvestitionen erkennbar bleibt. Objekt A der Ausgangssituation beginnt im Jahr null und endet im Jahr eins, hat eine Anschaffungsauszahlung von 100 Euro. Es ist in durchgängig schwarzen Linien dargestellt und trägt die Bezeichnung A. Um beide Investitionsobjekte bezüglich der Höhe der Anschaffungsauszahlung vergleichbar zu machen, muss A-2 angeschafft werden, dann sind im ersten Jahr insgesamt auch für die Alternative A 200 Euro Kapital verplant. Im Jahr zwei sind die Investitionsobjekte A und A-2 bereits ausgelaufen, dann werden die Objekte A-3 und A-4 angeschafft. Es bleiben insgesamt 200 Euro in Objekt A und seinen Differenzinvestitionen gebunden, obwohl insgesamt vier Objekte A angeschafft wurden, da das Kapital aus den Objekten A und A-2 bereits wieder zurückgeflossen ist, andernfalls könnten die Objekte ja keinen positiven Kapitalwert haben.

Die Kapitalwerte der Differenzinvestitionen A-2 bis A-4 in Höhe von je 20 Euro sind ebenso wie der Kapitalwert der Ausgangsinvestition A ebenfalls in der Abbildung

4.13 zu den Zeitpunkten ihres Anfalles eingetragen. Nach Differenzinvestition ergibt sich dann für das Investitionsobjekt A ein Kapitalwert von:

$$(4.14) \quad \begin{aligned} Co_{Diff}^{A} &= 20(Co_A) + 20(Co_{A-2}) + 20 \times (1+0{,}1)^{-1}(Co_{A-3} \times Abf) + \\ &\quad 20 \times (1+0{,}1)^{-1}(Co_{A-4} \times Abf) = 76{,}36 \end{aligned}$$

Der Kapitalwert von Investitionsobjekt A nach Differenzinvestition ist also deutlich vorteilhafter als der Kapitalwert von Objekt B.

4.4.3 Kontierte Form der Differenzinvestition

Für das Beispiel aus Abbildung 4.11 lässt sich die Differenzinvestition auch über eine Kontierung der Investition A und seiner Differenzinvestitionen vornehmen.

Abbildung 4-14: Darstellung der kontierten Form der Differenzinvestition

Vorgang	k_0	k_1	k_2
A_A	-100,00		
R_A		+132,00	
A_{A-2}	-100,00		
R_{A-2}		+132,00	
A_{A-3}		-100,00	
R_{A-3}			+132,00
A_{A-4}		-100,00	
R_{A-4}			+132,00
Zinsanlage		-64,00	
Zinsrückzahlung			+70,40
Summe	-200,00	0,00	334,40

In der Abbildung 4.14 sind die Zahlungsentwicklungen in den Jahren k_0 bis k_2 dargestellt. Am Ende des Jahres 1 ergibt sich ein Überschuss von 64 Euro, der im grafischen

Differenzinvestitionen **4.4**

Konzept nicht sichtbar wird, da es sich hier um den Betrag nach einem Jahr für Zinsen und Überschuss, in diesem Fall Kapitalwert, handelt. Dieses Geld wird zum Zinssatz 10 % angelegt. Auch für diese Darstellungsform gilt, dass sich mit dieser Technik jedes allgemeine Kapitalbudget über jede beliebige Nutzungsdauer darstellen lässt. Im Ergebnis erhalten wir in k$_2$ einen Endwert von 334,40 Euro, der sich durch Abzinsen und Abziehen des eingesetzten Kapitals wieder in den bereits in der grafischen Darstellung ermittelten Kapitalwert überführen lässt.

(4.15) $$\boxed{Co_{Diff}^{A} = EW \times (1+i_k)^{-n} - A}$$

(4.16) $$\boxed{76{,}36\ Euro = 334{,}40\ Euro \times 1{,}1^{-2} - 200}$$

Die Rendite beträgt dann 29,3 %.

Diese Technik wollen wir nun auf Beispiele anwenden.

4.4.4 Anwendungsbeispiel

Aufgabe a)

Berechnen Sie für das Beispiel aus Abbildung 4.9 den Horizontwert unter Berücksichtigung eines Wiederanlagezinssatzes der Investition B (Kalkulationszins i$_k$ = 0,1, Wiederanlagezins i$_w$ = 0,05), nachdem Sie durch eine Differenzinvestition in Form von paralleler und fortgesetzter Führung mehrerer identischer Betriebe B Betrieb B hinsichtlich Höhe der Anschaffungsauszahlung und Länge der Nutzungsdauer Betrieb A voll vergleichbar gemacht haben. Die Anzahl parallel geführter Betriebe ist über die Nutzungsdauer konstant zu halten, überschüssige Beträge werden zum Wiederanlagezinssatz angelegt. Das Vergleichskriterium ist der Gesamthorizontwert unter Berücksichtigung eines Wiederanlagezinssatzes nach Differenzinvestition. Ermitteln Sie **die Lösung nach der grafischen Variante und nach der kontierten Variante**.

Grafische Lösung:

Der Horizontwert des Objektes B nach Berücksichtigung eines Wiederanlagezinssatzes ergibt sich aus der Formel:

(4.17) $$\boxed{Cn^{*} = Co^{*} \times (1+i_k)^{n} = 203.551\ Euro}$$

4 Alternativenauswahl und Investitionsprogrammplanung

Abbildung 4-15: Grafische Form der Differenzinvestition zum Anwendungsbeispiel

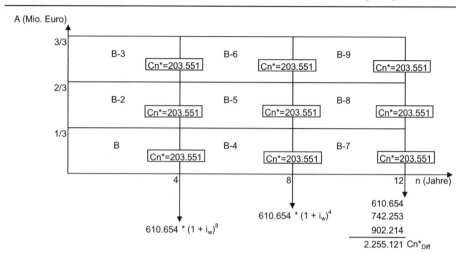

Der Gesamthorizontwert unter Berücksichtigung eines Wiederanlagezinssatzes nach Differenzinvestition für Betrieb B beträgt dann 2,255.121 Mio. Euro. Leichte Abweichungen zur kontierten Variante unten ergeben sich durch unterschiedliche Rundungen.

Damit ist Betrieb B dem Betrieb A als Investitionsalternative vorzuziehen. Dass auf Basis der Horizontwerte zu vergleichen ist und dass die Zahl der Betriebe B konstant zu halten ist, statt die z. B. 610.654 Euro, die nach vier Jahren frei werden, in weitere Betriebe B zu investieren, ist in der Aufgabenstellung vorgegeben. Eine allgemeine Problemstellung folgt nach der Darstellung der kontierten Variante in einem weiteren Beispiel.

Kontierte Lösung:

Da der Berechnungsweg mit dem Taschenrechner identisch mit dem Vorgehen in der Tabellenkalkulation ist, wird nur die Lösung in der Tabellenkalkulation vorgestellt. Der Rechenweg wird in Abbildung 4.16 nummerisch dargestellt.

Die 3 zeitgleich anfallenden Nettoeinzahlungen der parallel geführten Betriebe sind in Abbildung 4.16 jeweils direkt addiert, da es Zahlungen gleicher Zeitpunkte sind, andernfalls wäre die kontierte Darstellung noch wesentlich umfangreicher geworden.

4.4 Differenzinvestitionen

Abbildung 4-16: Kontierte Form der Differenzinvestition zum Anwendungsbeispiel*

RE	k_0	k_1	k_2	k_3	k_4	k_5	k_6	k_7	k_8	k_9	k_{10}	k_{11}	k_{12}	k_{12} Ergebnis
A	-1000	-1100	-1210	-1331	-1464,1									
$NE_{k=1}$		240	252	265	277,83									
$NE_{k=2}$			270	284	297,675									
$NE_{k=3}$				285	299,25									
$NE_{k=4}$					1200									
						610,655	641,188	673,247	706,909	742,255	779,368	818,336	859,253	902,216	902,216
A					-1000	-1100	-1210	-1331	-1464,1					
$NE_{k=1}$						240	252	264,6	277,83					
$NE_{k=2}$							270	283,5	297,675					
$NE_{k=3}$								285	299,25					
$NE_{k=4}$									1200					
									610,655	641,188	673,247	706,909	742,255	742,255
A									-1000	-1100	-1210	-1331	-1464,100	
$NE_{k=1}$										240	252	264,6	277,830	
$NE_{k=2}$											270	283,5	297,675	
$NE_{k=3}$												285	299,250	
$NE_{k=4}$													1200,000	
													610,655	610,655
$i_k =$	0,1													
$i_w =$	0,05													2255,126

Aufgabe b)

Sie haben die Möglichkeit, in ein Investitionsobjekt A zu investieren, für das Sie Werte aus Abbildung 4.17 ermittelt haben:

Bilden Sie die Differenzinvestition und vergleichen Sie auf Basis der Kapitalwerte unter Berücksichtigung eines Wiederanlagezinssatzes (Co*).

Bevor Sie mit der Lösung beginnen, möchte ich Ihnen einige Hinweise zur Lösung geben. Hier handelt es sich um ein Beispiel, bei dem die Alternativen nicht durch Wiederholung ganzzahlig ineinandergesetzt werden können. Freie Beträge bezogen auf die Nutzungsdauer oder die Anschaffungsauszahlung müssen also, in diesem Fall zu einem Wiederanlagezinssatz, angelegt werden. Der Vergleich soll auf Basis der Co* durchgeführt werden, für Objekt B ist aber nur ein Co angegeben. Sie müssen den grafischen Lösungsweg wählen, da keine Nettoeinzahlungen für die Investitionsobjekte genannt sind, die die kontierte Lösungsform ermöglichen.

Alternativenauswahl und Investitionsprogrammplanung

Abbildung 4-17: Datensatz Differenzinvestition Aufgabe b)

Rechenelement/-ergebnis	Einheit	Wert
Objekt A		
A	Euro	12.000
n	Jahre	6
i_k	dezimal	0,1
i_w	dezimal	0,06
C_0^*	Euro	-581,58
Objekt B		
A	Euro	10.000
n	Jahre	5
i_k	dezimal	0,1
i_w	dezimal	0,06
C_0	Euro	500

Lösung:

Die Investition B ist als Fläche mit einer durchgezogenen schwarzen Linie umrandet in Abbildung 4.18 dargestellt. Investitionsobjekt A, das selbst in der Abbildung 4.18 nicht in Erscheinung tritt, ist in seinem Bedarf an Kapital und der Länge der Nutzungsdauer als mit einer gestrichelt umrahmten Fläche dargestellt. Investitionsobjekt B ist nach Differenzinvestition bezogen auf das Kriterium Kapitalwert unter Berücksichtigung eines Wiederanlagezinssatzes absolut unvorteilhaft, während das Ausgangsobjekt B ohne Differenzinvestition noch einen positiven Kapitalwert von 500 Euro hatte.

Dies liegt an der schlechten Verwertung des freien Kapitals bezogen auf die höhere Anschaffungsauszahlung und längere Nutzungsdauer von Objekt A. Aufgrund des vorgegebenen Vergleichskriteriums C_0^* musste für das Objekt B zunächst der Barwert gebildet werden ($C_0 + A = 10.500$ Euro), um den Endwert zu bilden:

$$(4.18)\quad EW = BW \times Auf_{ik}^n = 16.910\ Euro$$

Abbildung 4-18: Lösung zur Differenzinvestition Aufgabe b)

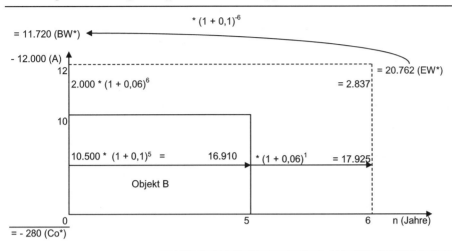

damit ermittelt werden kann, wie viel Kapital nach fünf Jahren zur Verfügung steht, das für ein Jahr zu 6 % angelegt werden kann. Dazu sind die freien 2.000 Euro aus dem Zeitpunkt null, die die Differenz der Anschaffungsauszahlungen der beiden Alternativen darstellt, zunächst für 6 Jahre zu 6 % Verzinsung anzulegen.

Es ergibt sich ein Gesamtendwert unter Berücksichtigung eines Wiederanlagezinssatzes von 20.762 Euro. Dieser Endwert* ist mit dem Kalkulationszinssatz abzuzinsen, vom so gebildeten Barwert* sind die 12.000 Euro Anschaffungsauszahlung abzuziehen. Es ergibt sich ein negativer Co* in Höhe von –280 Euro. Die angegebenen Werte sind ohne Nachkommastelle gerundet.

Die Investition B ist zwar absolut unvorteilhaft, aber relativ vorteilhaft gegenüber der ebenfalls absolut unvorteilhaften Alternative A.

4.4.5 Abschnittsergebnisse

In diesem Unterkapitel haben Sie:

- die Bedeutung der Differenzinvestition kennen gelernt,
- erkannt, dass es nicht sinnvoll ist, lohnende Investitionsalternativen zu vergleichen, sondern Kapitalbudgets über eine bestimmte Zeit, wobei die Höhe des Budgets von der teuersten Investitionsalternative bestimmt wird und die Länge der Betrachtungsdauer von der Länge der längsten Investitionsalternative,

4 Alternativenauswahl und Investitionsprogrammplanung

- das Vorgehen der Differenzinvestition in der grafischen Variante und in der kontierten Variante kennen gelernt und

- die Technik der Differenzinvestition auf betriebliche Probleme empirisch angewendet.

4.5 Mehrdeutigkeit des Internen Zinssatzes

In diesem Kapitel wurden bisher die Techniken zur Überwindung des Widersprüchlichkeitsproblems bei der Anwendung der klassischen dynamischen Investitionsrechnungsverfahren auf Auswahlprobleme unter mehreren lohnenden Investitionsobjekten formuliert. Hier handelte es sich um Phänomene bei der Anwendung der dynamischen Investitionsrechnungsverfahren, die nur bei der Alternativenauswahl, nicht aber bei der Beurteilung von Einzelinvestitionen auftraten. Eine der dynamischen Investitionsrechnungsmethoden, die in Kapitel 3 behandelt wurde, weist allerdings zusätzliche Anwendungsprobleme auf, die auch bei der Beurteilung von Einzelinvestitionen auftreten können. Dies ist die Interne Zinsfußmethode. Diese Probleme wurden in diesem Buch bisher nicht behandelt, also auch nicht in Kapitel 3.

Das entscheidende Problem, das die sachgerechte Anwendung der Internen Zinsfußmethode schwierig macht, ist, dass die Interne Zinsfußmethode nicht immer betriebswirtschaftlich sinnvolle Renditen als Rechenergebnisse des Verfahrens liefert.

Insbesondere ist problematisch, dass dies nicht automatisch erkennbar ist. Ursache dafür ist die mathematische Struktur der zur Ermittlung der Rendite herangezogenen Lösungsverfahren.

Die Rendite wird, wie in Kapitel 3.7 erarbeitet wurde, im allgemeinen Fall z. B. nach der regula falsi ermittelt. Dies ist in Kapitel 3.7 in Gleichung (3.52) dargestellt.

$$(4.19) = (3.52) \quad \boxed{r = i_1 - Co_1 \times \frac{i_2 - i_1}{Co_2 - Co_1}}.$$

Die regula falsi ergab sich aus dem in Gleichung (3.48) dargestellten Ausgangsproblem eines Polynoms n-ten Grades, dessen Nullstelle zu suchen ist.

4.5 Mehrdeutigkeit des Internen Zinssatzes

$$(4.20) = (3.48) \quad \boxed{0 = \sum_{k=1}^{n}(e_k - a_k) \times (1+r)^{-k} + R \times (1+r)^{-n} - A}$$

Bei Gleichung (4.20) handelt es sich also um eine Gleichung n-ter Ordnung, die Rendite stellt die Nullstelle dieser Gleichung dar.

Gleichungen n-ter Ordnung können im allgemeinen Fall aber mehrere oder keine Nullstellen haben, die Rendite ist also gegebenenfalls nicht eindeutig feststellbar. Hier liegt das Problem der Internen Zinsfußmethode.

Grundsätzlich ist die Bestimmung der Rendite identisch mit der Lösung einer algebraischen Gleichung n-ter Ordnung. Eine derartige Gleichung kann bis zu n Lösungen haben, die den reellen und/oder den komplexen Zahlen zuzuordnen sind.

Die Probleme der Internen Zinsfußmethode liegen also in der gegebenenfalls nicht eindeutigen Bestimmbarkeit einer Rendite und in der fehlerhaften Anwendung der regula falsi durch den Investitionsrechner, dem die mögliche mathematische Komplexität seines mit der Internen Zinsfußmethode zu bewertenden Problems nicht deutlich wird und der die regula falsi fehlerhaft anwendet.

Ziele in diesem Unterkapitel sind somit:

- Die besondere mathematische Struktur von Polynomgleichungen zu präsentieren,

- Konsequenzen der Anwendung der Internen Zinsfußmethode auf ausgewählte Polynome zu zeigen und

- Prüfroutinen zu entwerfen, die zeigen, ob für ein Investitionsproblem die Anwendung der Internen Zinsfußmethode im allgemeinen Fall sinnvoll möglich ist.

4.5.1 Besondere Kapitalwertfunktionen bei der Renditebestimmung

Die Auflösung der Gleichung (4.20) kann also grundsätzlich zu den in Abbildung 4.19 dargestellten Verläufen der Kapitalwertfunktion in Abhängigkeit vom Zinssatz führen. Dabei können natürlich nicht nur Kapitalwertfunktionen betrachtet werden, mit Annuitäten- oder Horizontwertfunktionen wäre dies ebenfalls möglich. Der Verlauf der Funktion „A" im linken Drittel in Abbildung 4.19 zeigt die Existenz mehrerer Lösungen, Funktion „B" im mittleren Drittel in Abbildung 4.19 zeigt keine Existenz von Renditen und erst der Verlauf der Funktion „C" im rechten Drittel in Abbildung 4.19 ist der klassische Verlauf einer Kapitalwertfunktion in Abhängigkeit vom Zinssatz, von der wir in Kapitel 3 immer ausgegangen sind. Hier ist eine eindeutige Renditebestimmung immer möglich, wenn genau eine Nullstelle vorhanden ist.

Abbildung 4-19: Verläufe von Kapitalwertfunktionen in Abhängigkeit vom Zinssatz

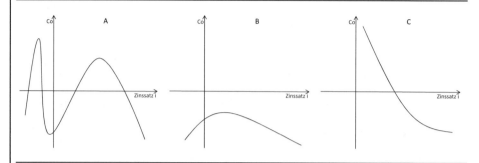

Die in Abbildung 4.19 dargestellten grafischen Verläufe von Kapitalwertfunktionen in Abhängigkeit vom Zinssatz und deren Nullstellen wollen wir nun algebraisch und an konkreten Beispielen betrachten.

4.5.2 Beispiele mehrdeutiger Renditen

Algebraisch soll nur der Spezialfall einer Gleichung n-ter Ordnung, eine quadratische Gleichung, also ein Investitionsproblem mit zweijähriger Nutzungsdauer, betrachtet werden. Für eine quadratische Gleichung in der mathematisch üblichen Variablenbezeichnung:

$$(4.21) \quad \boxed{x^2 + px + q = 0}$$

ergibt sich folgende Lösung:

$$(4.22) \quad \boxed{x_{1,2} = -\frac{p}{2} \pm \sqrt{\left(\frac{p}{2}\right)^2 - q}}.$$

Für einen Datensatz der Nettoeinzahlungen der Jahre null bis zwei der Höhe (-1.000; 2.090; -1092)[3] ergibt sich also folgende Kapitalwertformel:

---

[3] Dieser Datensatz geht auf ein Beispiel von C. A. Wright zurück und ist in der Standardliteratur immer wider aufgegriffen worden. Vgl.: Wright, S. 438

4.5 Mehrdeutigkeit des Internen Zinssatzes

$$(4.23) \quad \boxed{0 = -1000 + 2090 \times \frac{1}{(1+r)} - 1092 \times \frac{1}{(1+r)^2}}.$$

Bei einer Auflösung der Gleichung (4.23) nach dem Schema (4.22), die Variable p ist dabei der Faktor, der vor der Variablen r (x) stehenbleibt, wenn die Gleichung (4.23) in die Form der Gleichung (4.21) umgeschrieben wird, ergeben sich zwei mögliche Renditen in Höhe von 4 % oder 5 %. Dies lässt sich ansatzweise in den Gleichungen (4.24) und (4.25) nachvollziehen. Gleichung (4.24) bringt zunächst die Gleichung (4.23) in die Struktur der Gleichung (4.21).

$$(4.24) \quad \boxed{0 = r^2 - \frac{9}{100}r + \frac{2}{1000}}.$$

Gleichung (4.25) löst die Gleichung (4.24) entsprechend der Gleichung (4.22) nach den gesuchten Renditen r auf.

$$(4.25) \quad \boxed{r_{1,2} = \frac{9}{200} \pm \sqrt{\left(-\frac{9}{200}\right)^2 - \frac{2}{1000}}}.$$

Die Renditen sind dann wie in Gleichung (4.26) sichtbar:

$$(4.26) \quad \boxed{r_1 = 0{,}04; \quad r_2 = 0{,}05}.$$

Dieser Datensatz ist also in seiner Struktur dem Bild „A" in Abbildung 4.19 zuzuordnen, er hat mehr als eine Nullstelle. In diesem Fall sind es 4 % und 5 %. Welche der errechneten Renditen die betriebswirtschaftlich wahre Rendite ist und ob überhaupt ein errechneter Wert betriebswirtschaftlich sinnvoll ist, vermag ein Investitionsrechner im allgemeinen Fall sicher nicht festzulegen.

Das Ergebnis für diesen Datensatz sollte auch verwundern, denn ohne Berücksichtigung von Zeit und Zins ist eine Investition in diesen Datensatz ein Verlust. Insgesamt fließen 2.092 Euro ab und nur 2.090 Euro fließen dem Investor wieder zu. Dass dies insgesamt zu einer positiven Rendite führen soll, ist zunächst erstaunlich, kann aber als Rechenweg in Abbildung 4.20 nachvollzogen werden:

4 Alternativenauswahl und Investitionsprogrammplanung

Abbildung 4-20: Verzinsung des Datensatzes zu 4 % und 5 %

Zeit	0		1		2
i = 0,04					
Auszahlung	-1000		2090		-1092
Verzinsung Auszahlung	↘	x 1,04	-1040		
Saldo t₁			1050		
Verzinsung Saldo t₁			↘	x 1,04	1092
Saldo t₂					0
i = 0,05					
Auszahlung	-1000		2090		-1092
Verzinsung Auszahlung	↘	x 1,05	-1050		
Saldo t₁			1040		
Verzinsung Saldo t₁			↘	x 1,05	1092
Saldo t₂					0

Tatsächlich handelt es sich in den in Gleichung (4.26) ermittelten und in Abbildung 4.20 dokumentierten Verzinsungen nicht um betriebswirtschaftlich sinnvolle Renditen, denn ein Verlust an Zahlungsmitteln insgesamt kann unter dieser Perspektive keine lohnende wirtschaftliche Aktivität sein.

Ähnlich verhält es sich mit dem folgenden Datensatz der Nettoeinzahlungen der Jahre null bis zwei der Höhe (+80; -160; +160). Es ergibt sich eine Ausgangsgleichung zur Renditebestimmung der Struktur (4.27).

$$(4.27) \quad 0 = +80 - 160 \times \frac{1}{(1+r)} + 160 \times \frac{1}{(1+r)^2}.$$

$$(4.28) \quad r_{1,2} = \pm\sqrt{-1}.$$

Dieser Datensatz ist also in seiner Struktur dem Bild „B" in Abbildung 4.19 zuzuordnen, er hat keine reelle Nullstelle. Bei der Lösung handelt es sich um eine komplexe Zahl. Dass es sich bei dem behandelten Datensatz nicht um eine ökonomisch sinnvolle Investition handelt, sollte der Leser natürlich bezweifeln. So ergeben sich bei der Berechnung des Kapitalwertes oder des Horizontwertes bei einem Kalkulationszinssatz von 10 % die folgenden Ergebnisse in den Gleichungen (4.29) und (4.30):

(4.29) $\boxed{Cn = 80 \times 1{,}1^2 - 160 \times 1{,}1 + 160 = 80{,}8}$

(4.30) $\boxed{Co = 80 - 160 \times 1{,}1^{-1} + 160 \times 1{,}1^{-2} = 66{,}78}$

Also handelt es sich hier, zumindest bei einem Kalkulationszinssatz von 10 %, um eine attraktive Investition.

Als Fazit der bisherigen Ausführungen in diesem Unterabschnitt ist deutlich geworden,

- dass auch ein mathematisch einwandfrei ermitteltes Rechenergebnis keine sinnvolle Rendite darstellen muss und

- dass ein Investitionsrechner einem Datensatz nicht automatisch ansehen kann, ob es sich um eine attraktive Investition handelt.

4.5.3 Prüfroutinen zur Kontrolle der betriebswirtschaftlichen Validität ermittelter Renditen

Daher muss zur sinnvollen Anwendung der Internen Zinsfußmethode zusätzlich eine Prüfroutine implementiert werden, an der überprüft werden kann, ob eine betriebswirtschaftlich sinnvolle Rendite ermittelt werden kann. Das hier vorgestellte Verfahren setzt nicht an der mathematischen Struktur der Kapitalwertformel als Funktion n-ter Ordnung an, sondern am Datensatz. Dieses Verfahren wird hier wegen seiner einfachen Handhabbarkeit dokumentiert.

Das Verfahren setzt bei den Vorzeichenwechseln der Zahlungen eines Investitionsobjektes in ihrer zeitlichen Abfolge an. Folgt also auf eine (natürlich negative) Anschaffungsauszahlung im Zeitpunkt null eine (natürlich positive) Nettoeinzahlung im Jahr 1 bei einem Investitionsobjekt, ist der erste Vorzeichenwechsel (VZW) der Zahlungen auf dem Zeitstrahl erfolgt. Abbildung 4.21 strukturiert hier einige Fälle. Investitionen, die nur einen Vorzeichenwechsel auf dem Zeitstrahl aufweisen, haben nur exakt einen Internen Zinssatz und der ist auch betriebswirtschaftlich sinnvoll. Die ersten 4 Varianten in der Darstellung in Abbildung 4.21 sind also unabhängig von den tatsächlichen Rechenelementen Zahlungsreihen mit nur einem Vorzeichenwechsel auf

Alternativenauswahl und Investitionsprogrammplanung

dem Zeitstrahl, für die genau eine Nullstelle existiert, die eine betriebswirtschaftlich sinnvolle Rendite darstellt.

Abbildung 4-21: Vorzeichenwechsel auf dem Zeitstrahl

Anzahl VZW	Art der Investition	Zeitstrahl
1	normale Investition	− (0) + (1) + (2) + (3) + (4) + (5) → Zeit (Jahre)
1	normale Investition, verteilte Anschaffungsauszahlung	− (0) − (1) − (2) + (3) + (4) + (5) → Zeit (Jahre)
1	normale Finanzierung	+ (0) − (1) − (2) − (3) − (4) − (5) → Zeit (Jahre)
1	normale Finanzierung, verteilte Kreditauszahlung	+ (0) + (1) + (2) − (3) − (4) − (5) → Zeit (Jahre)
2	Investition mit negativem Restwert	− (0) + (1) + (2) + (3) + (4) − (5) → Zeit (Jahre)
2	Investition mit vorgelagerter Anzahlung	+ (0) − (1) + (2) + (3) + (4) + (5) → Zeit (Jahre)
4	Investition mit negativem Restwert und Großreparatur	− (0) + (1) + (2) − (3) + (4) − (5) → Zeit (Jahre)

Ist mehr als ein Vorzeichenwechsel in den Plandaten der Investitionsrechnung vorhanden, kann diese Aussage nicht aufrechterhalten werden, wie auch z. B. die Kalkulationen in Abbildung 4.20 gezeigt haben. In einer solchen Situation sollten die anderen verfügbaren Dynamiken verwendet werden oder es sollte, wie in Kapitel 4.3 dargestellt, unter der Aufhebung der Wiederanlageprämisse mir expliziten Wiederanlagezinssätzen gearbeitet werden.

Nach Däumler[4], der dies an der Stelle selbst nach Küpper/Knoop und Schierenbeck zitiert, gibt es darüber hinausgehend weitere Konstellationen, unter denen auch für mehrere Vorzeichenwechsel betriebswirtschaftlich sinnvolle Renditen ermittelt werden können. **Grundsätzlich nennt er 3 Konstellationen, bei denen eine Ermittlung einer sinnvollen Rendite möglich ist. Nur eine der 3 Konstellationen muss erfüllt sein.** Bei der ersten Konstellation handelt es sich allerdings um die Forderung, dass nur ein Vorzeichenwechsel auf dem Zeitstrahl vorhanden ist.

- In der Zahlungsreihe der Investition tritt nur ein Vorzeichenwechsel auf.

- Man berechnet für die Zeit t = 1, 2, …, n die Summe der bisher anfallenden Investitionszahlungen; nachdem die Summe erstmalig positiv geworden ist, treten nur noch Einzahlungsüberschüsse auf.

- Die Zahlungsreihe lässt sich in 3 aufeinanderfolgende Teile zerlegen: eine Teilfolge mit Auszahlungsüberschüssen, eine Teilfolge mit Einzahlungsüberschüssen und

---

[4] Däumler, Klaus-Dieter, S. 267.

eine weitere Teilfolge mit Auszahlungsüberschüssen; ferner muss gelten, dass die Summe der Auszahlungen kleiner ist als die Summe der Einzahlungen.

Der zweite Spiegelpunkt könnte in der Abbildung 4.21 durch die vorletzte Investition (Investition mit vorgelagerter Anzahlung) repräsentiert sein. Da in Abbildung 4.21 allerdings keine nummerischen Daten dargestellt sind, ist für diesen Zeitstrahl in der Abbildung natürlich nicht überprüfbar, ob die Summe der Zahlungen überhaupt positiv wird. Wäre dies der Fall, wäre die Ermittlung einer betriebswirtschaftlich sinnvollen Rendite möglich.

Der dritte Spiegelpunkt könnte in der Abbildung 4.21 durch die fünfte Investition (Investition mit negativem Restwert) repräsentiert sein. Da in Abbildung 4.21 allerdings keine nummerischen Daten dargestellt sind, ist für diesen Zeitstrahl in der Abbildung natürlich nicht überprüfbar, ob die Differenz der summierten Einzahlungen und Auszahlungen überhaupt nicht negativ wird. Wäre dies der Fall, wäre die Ermittlung einer betriebswirtschaftlich sinnvollen Rendite möglich.

Diese Kriterien lassen sich mit einer Logikabfrage in der Tabellenkalkulation oder einer genauen Prüfung des Datensatzes durch den Investitionsrechner überprüfen. Wenn die Interne Zinsfußmethode das einzige verwendete Entscheidungskriterium ist und wenn Investitionsrechnung ohne Aufhebung der Wiederanlageprämisse betrieben wird, ist eine derartige Kontrolle zwingend nötig, um sicherzustellen, dass kein ökonomischer Unsinn ermittelt wird.

4.5.4 Abschnittsergebnisse

In diesem Unterkapitel haben Sie:

- festgestellt, dass die Renditeermittlung problematisch sein kann,

- erkannt, dass die Definition der Rendite aus Kapitel 3.7 voraussetzt, dass Kapitalwertfunktionen in Abhängigkeit vom Zinssatz nur eine Nullstelle haben,

- mögliche Verläufe von Kapitalwertfunktionen in Abhängigkeit vom Zinssatz als Polynome höherer Ordnung mit ihren Nullstellen grafisch betrachtet,

- an Beispieldatensätzen gesehen, dass eine sinnvolle Renditeermittlung nicht in allen Fällen möglich ist,

- Prüfroutinen kennen gelernt, mit denen die betriebswirtschaftliche Sinnhaftigkeit mathematisch ermittelter Renditen in Spezialfällen bestätigt werden kann.

4.6 Die Nutzwertanalyse

Die Nutzwertanalyse ist eine Technik zur Investitionsalternativenauswahl, bei der eine mehrdimensionale Zielfunktion der Auswahlentscheidung zugrunde gelegt werden kann. Während die dynamischen Investitionsrechnungsverfahren immer nur ein einziges monetäres Zielkriterium betrachtet haben, ist es mit der Nutzwertanalyse möglich, komplexere Ziele zu verfolgen. Widerspruchsfrei zu den dynamischen Verfahren ist dieses Vorgehen nicht, denn in den Annahmen zu den dynamischen Investitionsrechnungsverfahren wird unter anderem festgelegt, dass alle Zahlungen mit Sicherheit bekannt sind, dass es nur einen Zinssatz gibt, dass nur Zahlungen relevant sind und dass der Investor das Ziel der Gewinnmaximierung hat.

Bei Gültigkeit dieser Annahmen ist keine mehrdimensionale Zielfunktion notwendig oder sinnvoll. **Die Nutzwertanalyse ist also eine pragmatische Vorgehensweise, die die in den dynamischen Investitionsrechnungsverfahren getroffenen Annahmen ignoriert, um eine größere Praxisnähe der Vorgehensweise zu erreichen.** So kann z. B. durch Aufnahme eines Teilzieles Risikominimierung die Rangfolge bei der Alternativenauswahl nach dem reinen Verfahren der dynamischen Investitionsrechnungsmethoden unter Berücksichtigung der Aufhebung der Wiederanlageprämisse und von Differenzinvestitionen verändert werden.

Die Berücksichtigung unterschiedlicher Kunden- oder Lieferantenbindungswirkungen von Investitionsalternativen wird so ebenfalls möglich. Wenn der Zielwert der dynamischen Investitionsrechnungsverfahren Teilziel im Rahmen der Nutzwertanalyse bleibt, was in der Praxis immer üblich ist, so muss dieser Zielwert natürlich unter Berücksichtigung von Differenzinvestitionen und der Aufhebung der Wiederanlageprämisse erstellt sein, damit eine fehlerfreie Auswahl möglich ist.

Das Hauptproblem bei der Vorgehensweise liegt in der Gewichtung der Teilziele und weiterhin in der Bewertung des Zielbeitrages der einzelnen Investitionsaktivitäten. **Diese beiden Aspekte sind leider hoch subjektiv.** So bleibt zwar die Wissenschaftlichkeit dieses Ansatzes erhalten, da die zu treffenden Annahmen zu dokumentieren sind und damit intersubjektiv nachvollziehbar sind, aber verschiedene Investoren werden über die Gewichtung der Teilziele oder die Zielerreichung einer Investitionsalternative sehr schnell unterschiedlicher Meinung sein.

Diskutieren Sie doch einmal mit Freunden, wie hoch das Teilziel „Sicheres Auftreten beim Kunden" für einen erfolgreichen Geschäftsabschluss zu bewerten ist. Teilziele sind dabei zwischen 0 und 1 zu gewichten. Die Summe aller Teilzielgewichtungen hat 1 zu ergeben. Diskutieren Sie dann bitte weiter, wie sehr die Aktivität „Tragen einer Krawatte mit dem Unternehmenslogo" dieses Teilziel unterstützt. Dabei dürfen Punktbewertungen zwischen 0 und 10 genannt werden, wobei 10 eine volle Unterstützung des Teilzieles ergäbe und 0 keine Unterstützung des Teilzieles ergibt. Wenn Sie sich alleine ihren Freundeskreis vorstellen, wird vermutlich deutlich, dass sowohl bei der Zielgewichtung als auch bei der Bewertung der Zielerreichung der Aktivität erhebliche Meinungsunterschiede auftreten werden.

Dies zeigt deutlich die Subjektivität dieser Technik. Hier liegt ihre größte Schwäche.

4.6.1 Vorgehensweise der Nutzwertanalyse

Nun möchte ich Ihnen aber die **Vorgehensweise der Nutzwertanalyse** vorstellen. Folgende Schritte sind notwendig, die Reihenfolge ist an einigen Stellen veränderbar:

- Ermittlung aller zu beurteilenden Investitionsprojekte.
- Bestimmung aller relevanten Zielkriterien (Teilziele).
- Gewichtung der Zielkriterien. Jedes Teilziel hat einen Gewichtungsfaktor zwischen 0 und 1, die Summe aller Gewichtungsfaktoren ergibt 1.
- Bestimmung der Zielerreichung eines jeden Investitionsprojektes für alle Teilziele. Sinnvoll ist eine Bewertung der Zielerreichung mit einer Punkteskala zwischen null und 10, wobei der Wert 10 eine vollständige Erreichung des Teilzieles durch die Investitionsalternative bedeutet.
- Ermittlung des gesamten Nutzwertes für ein jedes Investitionsprojekt durch Gewichtung der Zielerreichung mit dem Teilzielgewicht und Summation aller gewichteten Teilziele.
- Auswahl der geeignetsten Investitionsalternative.

Natürlich ist eine Gewichtung der Zielkriterien auch über 1 hinaus möglich, soweit vor der Investitionsentscheidung durch Division auf 1 normiert wird. Auch ist die Bewertung der Zielerreichung sowohl mit ordinaler als auch mit kardinaler Nutzenmessung möglich, und die gegebenenfalls vorgenommene Bewertung mit einer Punkteskala muss natürlich nicht zwischen 0 und 10 liegen, sondern kann beliebig verändert werden, aber die oben vorgeschlagene Vorgehensweise ist in der Praxis bei der Anwendung der Nutzwertanalyse verbreitet.

Das Ergebnis der Nutzwertanalyse kann durch **Sensitivitätsanalysen,** in denen die Zielgewichte oder die Zielerreichungen verändert werden, überprüft werden.

Die dynamischen Verfahren waren durch ihre umfangreichen Annahmen kritisch zu beurteilen. Diese Annahmen gelten bei Berücksichtigung eines dynamischen Zielwertes als Teilziel weiter. Subjektiv sind hier zusätzlich die Festlegung der relevanten Zielkriterien, die Gewichtung der Teilziele und die Festlegung der Teilzielerreichung der einzelnen Alternativen sowie der Zielkonflikt zwischen den Annahmen der Nutzwertanalyse und der Dynamik.

Diese Technik wollen wir nun auf ein Beispiel anwenden.

4.6.2 Anwendungsbeispiel

Sie haben sich entschieden, einen unternehmerischen Neuanfang bezogen auf Branche und Standort zu beginnen, damit Ihr Leben einen höheren Freizeitwert hat. Sie wollen im schönsten Bundesland der Welt, in Schleswig-Holstein also, eine Reederei eröffnen, mit dem Ziel, Touristen in Tagesausflügen durch das Norddeutsche Wattenmeer zu befördern. Sie haben sich entschieden, zunächst ein Schiff anzuschaffen, damit Sie jede Fahrt auch persönlich begleiten können. Ihr Wohnort wird im Ort Niebüll liegen. Sie haben mit vier Werften Verhandlungen geführt, die Ihnen unterschiedliche Schiffe anbieten. Technische Details sind in die Bewertung der Zielkriterien bereits eingeflossen, die Schiffe werden hier nur mit dem Namen der Modellreihe genannt und sind nach absteigender Größe sortiert. Abbildung 4.22 zeigt die Modelle und die Zielkriterien, sowie deren Bewertung. Die Werte werden nachfolgend begründet.

Abbildung 4-22: Datensatz für die Nutzwertanalyse

Zielkriterium	Messgröße	See-löwe	See-hund	See-möwe	See-schwalbe
Kapitalwert	T Euro	3.000	2.800	2.500	2.000
Markteintrittsbarriere	Wahrscheinlichkeitsprozente	0,95	0,92	0,88	0,80
Finanzielles Risiko	Wahrscheinlichkeitsprozente	0,4	0,22	0,15	0,1
Unsinkbarkeit	Wahrscheinlichkeitsprozente	0,99	0,98	0,97	0,95
Sonderausstattung	Rangplatz	4	3	1	2
Prestige	Rangplatz	1	2	3	4

Die Zielkriterien wurden von Ihnen festgelegt. Dabei sollten die einzelnen Zielkriterien möglichst unabhängig voneinander sein, damit es zu keiner doppelten Gewichtung kommt. So ist durch die Berücksichtigung des Kapitalwertes eine separate Berücksichtigung von Anschaffungsauszahlung, Betriebsauszahlungen (z. B. Treibstoff, Personal, Versicherung etc.) und Sitzplatzzahl (Einzahlungen) nicht sinnvoll, da diese bereits in den Kapitalwert eingeflossen sind. Der Kapitalwert wurde natürlich unter Berücksichtigung von Differenzinvestitionen und unter Aufhebung der Wiederanlageprämisse ermittelt, sodass die verschiedenen Modelle auch alternativ betrachtet

Die Nutzwertanalyse 4.6

werden können. Die einzelnen Zielkriterien sind in unterschiedlichen Messgrößen ermittelt, sodass keine einfache Gewichtung mit den Gewichten der Zielkriterien erfolgen kann, die Messgrößen müssen in eine einheitliche Dimension übersetzt werden. Da eine monetäre Bewertung nicht sinnvoll ist, werden alle Messgrößen in einen Zielausprägungszustand übersetzt, der zwischen null und zehn liegt, wie oben bereits angesprochen.

Das Teilzielkriterium Markteintrittsbarriere stellt über die Schiffsgröße sicher, dass zukünftig weniger Wettbewerber in den Markt eintreten, je größer Ihr Schiff ist. Das Kriterium wurde mit Eintrittswahrscheinlichkeiten gemessen, ebenso wie die Kriterien „finanzielles Risiko", das die Insolvenzwahrscheinlichkeit misst, die mit der Größe des Schiffes wegen der Auslastung und der Kapitalbindung zunimmt, und „Unsinkbarkeit", das mit der Schiffsgröße positiv korreliert ist und im Kollisionsfall verschiedene wirtschaftliche Verlustformen mit sich bringt. Das Ihnen für dieses Beispiel wichtige Sozialprestige in der regionalen Gesellschaft ist ebenfalls mit der Schiffsgröße positiv korreliert. Gemessen wurde hier mit einem Rangplatzverfahren. Die Sonderausstattungen hat die Werft Ihnen unentgeltlich angeboten und erhöht vermutlich dadurch die Kundenbindung. Auch hier wird mit einem Ranglatzverfahren gemessen. Zielgewichte sind in der folgenden Abbildung 4.23 festgelegt. Die Teilzielausprägung ist in eine Skala von 0 bis 10 mit dem Wert 10 als höchstem Zielbeitrag übersetzt worden.

Abbildung 4-23: Teilzielgewichte und Merkmalsausprägungen der Alternativen für die Nutzwertanalyse

Zielkriterium	Zielgewicht (ZG)	Teilzielausprägung (MATZ)			
	Modell:	Seelöwe	Seehund	Seemöwe	Seeschwalbe
Kapitalwert	0,4	10	9	8	7
Markteintrittsbarriere	0,15	9	8	7	5
Finanzielles Risiko	0,2	3	6	8	9
Unsinkbarkeit	0,1	9	8	7	5
Sonderausstattung	0,1	4	6	10	9
Prestige	0,05	10	9	8	7

Ermitteln Sie nun die Nutzwerte der einzelnen Modelle. Der Nutzwert (NW) ermittelt sich nach der Formel:

$$(4.31) \quad NW = \sum_{j=1}^{n} MATZ_j \times ZG_j.$$

MATZ steht für die Merkmalsausprägung Teilziel, ZG ist das Zielgewicht.

4 Alternativenauswahl und Investitionsprogrammplanung

Abbildung 4-24: Nutzwerte der Investitionsalternativen*

Zielkriterium	Zielgewicht (ZG)	Teilzielausprägung (MATZ)			
	Modell:	Seelöwe	Seehund	Seemöwe	Seeschwalbe
Kapitalwert	0,4	10	9	8	7
Markteintrittsbarriere	0,15	9	8	7	5
Finanzielles Risiko	0,2	3	6	8	9
Unsinkbarkeit	0,1	9	8	7	5
Sonderausstattung	0,1	4	6	10	9
Prestige	0,05	10	9	8	7
		Teilnutzen			
	Modell:	Seelöwe	Seehund	Seemöwe	Seeschwalbe
Kapitalwert		4	3,6	3,2	2,8
Markteintrittsbarriere		1,35	1,2	1,05	0,75
Finanzielles Risiko		0,6	1,2	1,6	1,8
Unsinkbarkeit		0,9	0,8	0,7	0,5
Sonderausstattung		0,4	0,6	1	0,9
Prestige		0,5	0,45	0,4	0,35
Nutzwert (NW)		7,75	7,85	7,95	7,1

Die „Seemöwe" wird also Ihr neues Schiff, es hat den höchsten Nutzwert in Höhe von 7,95, wie Sie in Abbildung 4.24 nachvollziehen können.

Versuchen Sie bitte eine Veränderung der Zielgewichte, um festzustellen, wie sensibel die Rangfolge reagiert. Überprüfen Sie auch, ob Sie mit meiner Zuordnung der Zielausprägung von Abbildung 4.23 auf Abbildung 4.24 einverstanden sind. Nehmen Sie Änderungen vor, um den Einfluss auf die Rangfolge zu überprüfen.

4.6.3 Abschnittsergebnisse

In diesem Kapitel haben Sie:

- die Bedeutung der Nutzwertanalyse kennen gelernt,

- die Annahmen und die Vorgehensweise einer Nutzwertanalyse präsentiert bekommen,

- die Kritikpunkte an der Technik der Nutzwertanalyse erfahren,

- die Technik der Nutzwertanalyse auf ein Beispielproblem empirisch angewendet.

4.7 Die Kontoentwicklungsplanung

4.7.1 Darstellung der Kontoentwicklungsplanung

Die Kontoentwicklungsplanung ist eine Planungstechnik, in der auch der Liquiditätsstatus explizit ausgewiesen werden kann. In der Literatur wird diese Technik außerdem als vollständige Finanzplanung bezeichnet.

Anders als bei der klassischen Kapitalwertmethode oder der Kapitalwertmethode unter Aufhebung der Wiederanlageprämisse werden bei der Betrachtung der Kontoentwicklung Nettoeinzahlungen weder zum Kalkulationszinssatz noch zum Wiederanlagezinssatz angelegt, sondern Sie werden zur Tilgung der Anschaffungsauszahlung bzw. des gebundenen Kapitals benutzt.

Die Kapitalwertmethode wurde in Kapitel 3.4 und die Kapitalwertmethode unter Aufhebung der Wiederanlageprämisse in Kapitel 4.3 behandelt.

Die Anschaffungsauszahlung kann aus unterschiedlichen Quellen finanziert sein, z. B. aus Fremd- und aus Eigenkapital. Eine beliebige Anzahl von Finanzierungsquellen ist hier möglich. Die Nettoeinzahlungen können in vollem Umfang zur Tilgung verwendet werden, in Form einer freien Tilgung also, z. B. bei Kontokorrentkrediten oder bei Eigenkapital; es können aber auch Tilgungspläne berücksichtigt werden, z. B. bei vorhandenen Raten- oder Annuitätendarlehen.

Die Technik ist für die Alternativenauswahl geeignet, wenn gleiche Budgets über eine gleiche Zeit betrachtet werden, ist aber auch der Investitionsprogrammplanung zuzuordnen, in der aus mehreren Investitionsobjekten und mehreren Finanzierungsquellen eine optimale Kombination der durchzuführenden Investitionen und Finanzierungen erarbeitet wird. Die Entscheidung erfolgt auf Basis des Kontostandes.

Dabei kann entsprechend den dynamischen Investitionsrechnungsverfahren **ein Barwert-, ein Entnahme- und ein Endwertkonzept** befolgt werden. Das Endwertkonzept kommt in der Praxis am häufigsten zur Anwendung und wird hier ausschließlich betrachtet.

In der Investitionsprogrammplanung werden **Ermittlungsmodelle,** bei denen periodisch sukzessive Zwischenentscheidungen des Investors erfolgen, und **Optimierungsmodelle,** in denen IT-Programme die simultane Planung mittels eines Algorithmus übernehmen, unterschieden. Beide Formen lassen sich mit dem Kontoentwicklungsplan verknüpfen. In diesem Unterkapitel wird nur die Form als Ermittlungsmodell präsentiert, die Optimierungsmodelle werden in den Unterkapitel 4.9 betrachtet.

Die besonderen Vorteile der Kontoentwicklungsplanung liegen in der mitlaufenden Kontrolle des Liquiditätsstatus des Investitionsprojektes oder der Investitionsprojekte

Alternativenauswahl und Investitionsprogrammplanung

und in der tilgungsadäquaten Verwendung der Nettoeinzahlungen. Daher ist diese Planungstechnik im Investitions-Controlling unverzichtbar.

4.7.2 Anwendungsbeispiel für die Kontoentwicklungsplanung

Das Vorgehen soll nun an einem Beispiel entwickelt werden, dazu erfolgt zunächst die Abgrenzung zur Kapitalwertrechnung als repräsentativer Vertreterin der Dynamiken, die Verwendung anderer Dynamiken wäre möglich.

Abbildung 4-25: Datensatz zur Kontoentwicklungsplanung

Rechenelement	Wert
n	7 Jahre
NE_k	20.000 Euro p. a.
A	80.000 Euro
i_k	0,1
i_w	0,05
EK	20.000 Euro
FK	60.000 Euro

Aufgaben:

- Aufgabe a) Berechnen Sie den klassischen Kapitalwert bei einem Kalkulationszinssatz von 10 %.

- Aufgabe b) Berechnen Sie den Kapitalwert bei einem Kalkulationszinssatz von 10 % und einem Wiederanlagezinssatz von 5 %.

- Aufgabe c) Stellen Sie einen Kontoentwicklungsplan auf und gehen Sie von einer ausschließlichen Finanzierung durch Fremdkapital zu einem Zinssatz von 10 % aus.

- Aufgabe d) Stellen Sie einen Kontoentwicklungsplan auf und gehen Sie von einer Finanzierung durch Fremdkapital zu einem Zinssatz von 10 % aus. Guthabenbeträge können zu 5 % angelegt werden.

Die Kontoentwicklungsplanung

- Aufgabe e) Stellen Sie einen Kontoentwicklungsplan auf und gehen Sie von einer Finanzierung durch Fremdkapital zu einem Zinssatz von 10 % in Höhe von 60.000 Euro und einer Eigenkapitalfinanzierung von 20.000 Euro aus. Guthabenbeträge können zu 5 % angelegt werden. Das Eigenkapital hat einen Verzinsungsanspruch von 5 %.

Lösungen:

Lösung a)

$$(4.32) \quad \boxed{C_0 = 20.000 \times DSF_{i=0,1}^{n=7} - 80.000 = 17368,38 \; Euro}$$

Lösung b)

$$(4.33) \quad \boxed{C_0^* = 20.000 \times EWF_{iw=0,05}^{n=7} \times Abf_{ik=0,1}^{n=7} - 80.000 = 3562,73 \; Euro}$$

Lösung c)

Abbildung 4-26: Kontoentwicklungsplan mit Fremdfinanzierung*

k	NE	FK	FK Zins	Tilgung	Saldo
0	-80	80		0	-80,000
1	20	68	8	12	-68,000
2	20	54,8	6,8	13,2	-54,800
3	20	40,28	5,48	14,52	-40,280
4	20	24,308	4,028	15,972	-24,308
5	20	6,739	2,431	17,569	-6,739
6	20	-12,587	0,674	19,326	12,587
7	20	-33,846	-1,259	21,259	33,846
i =	0,1				

Durch Bildung des C_0 als $C_n \times Abf$ können wir erkennen, dass das Vorgehen dieses Kontoentwicklungsplanes in Aufgabe c) mit dem Vorgehen der Kapitalwertmethode in Aufgabe a) bis auf Rundungsdifferenzen identisch ist. Bei dem ermittelten Wert im Jahr 7 handelt es sich um einen Horizontwert und keinen Endwert, da die eingesetzte

4
Alternativenauswahl und Investitionsprogrammplanung

Anschaffungsauszahlung über die Tilgungen bereits zurückgewonnen und verzinst wurde.

(4.34) $\boxed{Co = 33.846 \times Abf_{i=0,1}^{n=7} = 17368{,}35 \; Euro}$

Lösung d)

Abbildung 4-27: Kontoentwicklungsplan mit 2 Finanzierungen*

k	NE	FK	FK Zins	EK	EK Zins	Saldo
0	-80	-80		0		-80,000
1	20	-68	-8	0	0	-68,000
2	20	-54,8	-6,8	0	0	-54,800
3	20	-40,28	-5,48	0	0	-40,280
4	20	-24,308	-4,028	0	0	-24,308
5	20	-6,739	-2,431	0	0	-6,739
6	20	0	-0,674	12,587	0	12,587
7	20	0	0	33,217	0,629	33,217
i_{FK} =	0,1					
i_{EK} =	0,05					

Durch Bildung des Co als Cn × Abf in Höhe von 16.352 Euro können wir erkennen, dass das Vorgehen dieses Kontoentwicklungsplanes mit dem Vorgehen der Kapitalwertmethode **nicht identisch** ist. Während bei der Kapitalwertmethode unter Berücksichtigung eines Wiederanlagezinssatzes alle Nettoeinzahlungen zum Wiederanlagezinssatz angelegt werden und die Anschaffungsauszahlung, gewissermaßen als Festdarlehen ungetilgt zum Kalkulationszinssatz über die gesamte Laufzeit verzinst wird, werden bei dieser Form des Kontoentwicklungsplanes die Nettoeinzahlungen zunächst zur Tilgung der relativ teuren Anschaffungsauszahlung benutzt und erst in dem Fall, bei dem Überschüsse aus der Investition vorhanden sind, werden diese zum Kalkulationszinssatz angelegt.

Ob dieses Vorgehen oder das Vorgehen der Kapitalwertmethode unter Aufhebung der Wiederanlageprämisse realitätsnäher ist, kann nur im Einzelfall durch die betrieblichen Gegebenheiten des Investors festgelegt werden.

Auf jeden Fall werden in der Darstellung der Kontoentwicklung Zinszahlungen, Tilgungszahlungen und der Saldo explizit sichtbar, was in der klassischen Kapitalwertmethode nicht der Fall ist.

Lösung e)

Die Lösung ist auf zwei Arten möglich. In der **komplexen Form** werden die Fremd- und Eigenkapitalkonten separat geführt. Dies ist in Abbildung 4.28 nachvollziehbar. In der **einfacheren** Form wird das Eigenkapital direkt vom Ausgangssaldo abgezogen und dann vom Endwert mit dem Eigenkapitalzinssatz aufgezinst abgezogen. Dies ist in Abbildung 4.29 erfolgt. Beide Verfahren kommen zum gleichen Ergebnis. Das rechenaufwändigere Verfahren in Abbildung 4.28 bietet den Vorteil, dass Eigen- und Fremdkapitalentwicklung separat beobachtet werden können.

Abbildung 4-28: Kontoentwicklungsplan mit Fremd- und Eigenkapitalkonto*

	A	B	C	D	E	F	G	H
1	k	NE	FK	FK Zins	EK	EK Zins	Tilgung	Saldo
2	0	-80	-60		20		0	-80,000
3	1	20	-46	-6	21	1	13,000	-67,000
4	2	20	-30,6	-4,6	22,05	1,05	14,350	-52,650
5	3	20	-13,66	-3,06	23,153	1,103	15,838	-36,813
6	4	20	0	-1,366	19,336	1,158	17,476	-19,336
7	5	20	0	0	0,303	0,967	19,033	-0,303
8	6	20	0	0	0	0,015	19,985	19,682
9	7	20	0	0	0	-0,984	20,984	40,666
10	$i_{FK}=$	0,1						
11	$i_{EK}=$	0,05						

Ein negativer Eigenkapitalzins bedeutet in Abbildung 4.28 in Spalte „EK Zins" und Zeile k = 7 einen Guthabenzins für bereits erworbenes Vermögen.

Der Endwert von 68.808 Euro in Abbildung 4.29 in Zelle G9 lässt sich durch Abzug des mit dem Eigenkapitalzinssatz aufgezinsten Eigenkapitals in den Horizontwert in Höhe von 40.666 Euro aus Abbildung 4.28 in Zelle H9 überführen. Dies kann in den Gleichungen (4.35) und (4.36) unter Akzeptanz der Rundungsdifferenzen nachvollzogen werden.

$$(4.35) \quad \boxed{Cn = EW - EK \times Auf_{iEK=0,05}^{n=7}}$$

4 Alternativenauswahl und Investitionsprogrammplanung

(4.36) $\boxed{40.666\ Euro = 68.808\ Euro - 20.000\ Euro \times 1{,}4071}$

Abbildung 4-29: Kontoentwicklungsplan mit Eigenkapitalvorwegabzug*

	A	B	C	D	E	F	G
1	k	NE	FK	FK Zins	EK	EK Zins	Saldo
2	0	-80	-60		0		-60,000
3	1	20	-46	-6	0	0	-46,000
4	2	20	-30,6	-4,6	0	0	-30,600
5	3	20	-13,66	-3,06	0	0	-13,660
6	4	20	0	-1,366	4,974	0	4,974
7	5	20	0	0	25,223	0,249	25,223
8	6	20	0	0	46,484	1,261	46,484
9	7	20	0	0	68,808	2,324	68,808
10	$i_{FK}=$	0,1					
11	$i_{EK}=$	0,05					

4.7.3 Abschnittsergebnisse

In diesem Unterkapitel haben Sie:

- die Bedeutung der Kontoentwicklungsplanung kennen gelernt,
- die Annahmen der Kontoentwicklungsplanung kennen gelernt,
- die Vorgehensweise der Kontoentwicklungsplanung präsentiert bekommen und
- die Technik der Kontoentwicklungsplanung auf ein Beispielproblem empirisch angewendet.

4.8 Das Dean-Modell

4.8.1 Darstellung des Dean-Modells

Auch beim Dean-Modell[5] handelt es sich um einen Vertreter der Investitionsprogrammplanung. Aus einer Kohorte mehrerer möglicher Investitionen und mehrerer möglicher Finanzierungen wird das optimale Programm entsprechend diesem Modell ermittelt.

Das Modell hat seine Bedeutung primär darin, einer der zeitlich ersten Vertreter der Programmplanung zu sein und die Idee der Investitionsprogrammplanung befördert zu haben. Auch ist es besonders einfach handhabbar. Zu einem optimalen Investitionsprogramm führt es allerdings nicht.

Außerdem sind einige der zu treffenden Annahmen relativ realitätsfern. Es gelten die Annahmen der partialanalytischen Dynamik, die wir in Kapitel 3 kennen gelernt haben weiter.

Zusätzlich gilt, dass die Investitionen und Finanzierungen voneinander unabhängig sein müssen und beliebig teilbar sein sollten.

Dean ordnet alle möglichen Investitionen nach absteigenden Renditen und alle möglichen Finanzierungen nach aufsteigenden Effektivzinssätzen und stellt diese in einem Schaubild mit den Verzinsungen auf der Y-Achse und den benötigten Kapitalmengen auf der X-Achse dar. Im Schnittpunkt dieser beiden Funktionen liegt das optimale Investitionsprogramm.

Der Schnittpunkt der Funktionen der Investitionen und Finanzierungen ist die so genannte Cut-Off-Rate. Kann nicht von beliebiger Teilbarkeit der Investitionen und Finanzierungen ausgegangen werden, verschiebt sich der optimale Programmpunkt entsprechend nach links.

Dean geht also davon aus, dass zusätzliche Investitionsaktivitäten abnehmende Grenzerträge (Renditen) haben und zusätzliche Finanzierungen zusätzliche Grenzkosten (Effektivzinssätze). Dort, wo die Grenzkosten dem Grenzertrag entsprechen, ist seiner Meinung nach das optimale Investitionsprogramm zu finden. Allerdings setzt dies die feste Zuordnung der Finanzierung mit dem niedrigsten Effektivzinssatz zur Investition mit der höchsten Rendite voraus.

Würde eine beliebige Investition mit einer marginal günstigeren Finanzierung finanziert, hätte sie immer noch einen positiven Beitrag zum Gesamtkapitalwert des Investitionsprogramms, das dann insgesamt wesentlich umfangreicher sein könnte. Daher ist diese Modell sehr strittig und eignet sich in der Praxis nur für eine erste Strukturierung eines Planungsproblems.

---

[5] Dean

4 Alternativenauswahl und Investitionsprogrammplanung

Ein Beispiel soll uns die Vorgehensweise des Dean-Modells verdeutlichen. Folgende Aktivitäten in Abbildung 4.30 in Form von Investitionen (I) und Finanzierungen (F) seien realisierbar:

Abbildung 4-30: Datensatz für ein Dean-Modell

Aktivität	r, i_{eff} (%)	Kapitalvolumen (TEuro)
I1	24	50
I2	22	50
I3	18	150
I4	13	150
F1	3	100
F2	9	200
F3	20	100

Die folgende Grafik in Abbildung 4.31 stellt eine typische Grafik des Dean-Modells dar.

Abbildung 4-31: Darstellung einer Cut-off-Rate im Dean-Modell

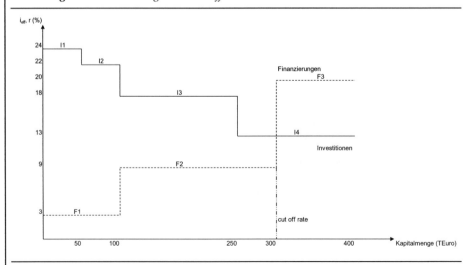

4.8 Das Dean-Modell

In Abbildung 4.31 liegt die Cut-off-Rate bei 300 TEuro. 2 Finanzierungen finanzieren 3 1/3 Investitionen. Sollte Investition (I4) nicht teilbar sein, werden nur die ersten 3 Investitionen durchgeführt. Ist auch Finanzierung (F2) nicht teilbar, werden nur die Investitionen (I1) und (I2) durchgeführt und mit Finanzierung (F1) finanziert.

Wie die Investitionsprogrammentscheidung des Dean-Modells sich von der Investitionsentscheidung des Kontoentwicklungsplans unterscheidet, sehen wir uns im folgenden Abschnitt an.

4.8.2 Vergleich der Programmentscheidung nach Dean-Modell und Kontoentwicklungsplanung

Zwei Investitionen sind im folgenden Beispiel in Abbildung 4.32 möglich, die mit zwei Finanzierungen finanziert werden können.

Dazu soll die Grafik des Dean-Modells aufgestellt werden und die Investitionsentscheidung abgeleitet werden, was dann mit der Kontoentwicklungsplanung für diesen Datensatz überprüft werden soll.

Abbildung 4-32: Datensatz für den Vergleich Dean-Modell und Kontoentwicklungsplanung

Zeit k	Inv I	Inv II	Fin I	Fin II
0	-200	-120	200	120
1	190	12		
2	75	132		
r	25	10	5	12

Aufgabe:

Stellen Sie bitte die Grafik des Dean-Modells auf und vergleichen Sie die Entscheidung des Dean-Modells mit der Entscheidung der Kontoentwicklungsplanung, indem Sie einmal einen Kontoentwicklungsplan mit Investition I und Finanzierung I durchrechnen und dann einen Kontoentwicklungsplan für beide Investitionen und beide Finanzierungen aufstellen. Die richtigen Lösungen können Sie nachfolgend überprüfen.

Lösung:

Das Dean-Modell in Abbildung 4.33 empfiehlt, nur Investition I durchzuführen und die mit Finanzierung I zu finanzieren. Zu welchem Ergebnis der Kontoentwicklungsplan kommt, soll in den Abbildungen 4.34 und 4.35 überprüft werden.

4 Alternativenauswahl und Investitionsprogrammplanung

Abbildung 4-33: Dean-Modell für den Beispieldatensatz

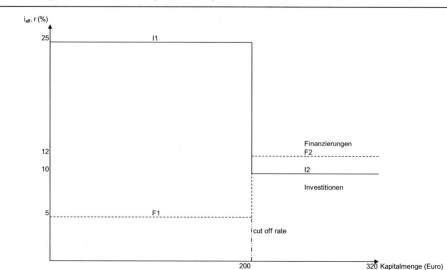

Zunächst wird der Kontoentwicklungsplan in Abbildung 4.34 für zwei Investitionen und zwei Finanzierungen dargestellt.

Abbildung 4-34: Kontoentwicklungsplan für das Programm mit zwei Investitionen und zwei Finanzierungen*

k	NE	FK I	FK I Zins	FK II	FK II Zins	Tilgung	Saldo
0		-200		-120		0	-320,00
1	202	-142,4	-10	0	-14,4	177,600	-142,40
2	207	0	-7,12	0	0	199,880	57,48
i_{FKI} =	0,05						
i_{FKII} =	0,12						

Der Kontoentwicklungsplan unter Berücksichtigung beider Investitionen und beider Finanzierungen ermittelt einen Vermögensendwert von 57,48 Euro.

Jetzt wird der Kontoentwicklungsplan für die Investition I, finanziert mit der Finanzierung I, aufgestellt.

Der Kontoentwicklungsplan unter Berücksichtigung nur der Investition I und der Finanzierung I, die Situation, die das Dean-Modell für diesen Datensatz in Abbildung 4.33 als optimal ermittelt, errechnet einen Vermögensendwert von 54 Euro, wie in Abbildung 4.35 nachvollzogen werden kann. Also einen geringeren Wert als der Kontoentwicklungsplan mit beiden Investitionen und beiden Finanzierungen, bei dem in Abbildung 4.34 ein Vermögensendwert von 57,48 Euro ermittelt wurde.

Abbildung 4-35: Kontoentwicklungsplan für das Programm mit einer Investition und einer Finanzierung*

k	NE	FK I	FK I Zins	Tilgung	Saldo
0		-200		0	-200,00
1	190	-20	-10	180,000	-20,00
2	75	54	-1	74,000	54,00
$i_{FKI} =$	0,05				

Dean-Modell und Kontoentwicklungsplanung kommen also zu unterschiedlichen Investitionsprogrammentscheidungen. Während das optimale Investitionsprogramm nach dem Dean-Modell eine höhere Gesamtrendite aufweist, die aber in ihrer Höhe unbekannt ist, ist das optimale Investitionsprogramm nach der Kontoentwicklungsplanung größer im Volumen. Da für jede Investition die Mindestverzinsungsanforderung erfüllt ist, ist das Vorgehen der Kontoentwicklungsplanung im Regelfall das für die Praxis sinnvollere Vorgehen.

4.8.3 Abschnittsergebnisse

In diesem Unterkapitel haben Sie:

- die Bedeutung des Dean-Modells kennen gelernt,
- die Annahmen des Dean-Modells kennen gelernt,
- die Kritikpunkte am Dean-Modell erfahren,
- die Vorgehensweise des Dean-Modells präsentiert bekommen,
- die Technik des Dean-Modells auf ein Beispielproblem empirisch angewendet und
- die Techniken von Dean-Modell und Kontoentwicklungsplanung verglichen.

4.9 Die lineare Optimierung

4.9.1 Technik der linearen Optimierung

Die lineare Optimierung, eine Planungstechnik des Operations Research, kann für die Investitionsprogrammplanung herangezogen werden. **Aus einer definierten Menge von Investitionsalternativen und Finanzierungsmöglichkeiten wird durch simultane Überplanung mit dem mathematischen Simplex Algorithmus aus der Ausgangsplanungssituation mit allen Investitionen und Finanzierungen in mehreren Iterationen das optimale Investitionsprogramm mit den zugehörigen Finanzierungen ermittelt.** Die Optimalität gilt dabei bezogen auf ein Ziel.

Hier bieten sich wieder die Kriterien der dynamischen Investitionsrechnungsverfahren an. Verbreitet ist die **Endwertmaximierung** als **Zielfunktion**. Die Zielfunktion ist nicht eindimensional, da Nebenbedingungen formuliert werden, z. B. die Anforderung, in keiner Periode illiquide zu werden. Auch **Höchst- oder Mindestsummenrestriktionen,** die die Durchführung von Investitionen oder Finanzierungen nur bis zu einem maximalen oder minimalen Umfang erlauben, sind möglich. **Ganzzahligkeitsbedingungen** können als Nebenbedingungen formuliert werden, die sicherstellen, dass eine Investition nur ganz oder gar nicht durchgeführt wird, damit der Algorithmus keine anteilige Investitionsrealisierung als optimal ermitteln kann.

Als Nebenbedingungen können auch **Verbundaktivitäten** formuliert werden, die z. B. eine staatlich geförderte Finanzierung nur erlauben, wenn sie für ein bestimmtes Investitionsobjekt verwendet wird. Das **Hineinzwingen** von bestimmten Investitionen oder Finanzierungen in die optimale Lösung ist ebenfalls als Nebenbedingung möglich. Es werden weiterhin **Nicht-Negativitätsbedingungen** formuliert, die verhindern, dass ein Prozess in negativem Umfang realisiert wird. Andernfalls würde der Algorithmus z. B. eine teure Finanzierung als Investition auffassen und die Finanzierung z. B. minus zehnmal durchführen.

Diese Planungstechnik geht von einer **linearen Welt** aus, d. h. dass eine doppelte Menge von Vorleistungen zu einer doppelten Produktmenge führt und der Verkauf der doppelten Produktmenge zu doppeltem Umsatz und doppeltem Gewinn führt. Gleiches gilt für die Anwendung von jedem beliebigen Faktor auf die Veränderung des Umfanges. Weiterhin geht die Planungstechnik von der Unabhängigkeit der Prozesse aus, es gibt also keine Synergieeffekte.

Eine Planung dieser Ausgangssituation mit dem Simplex Algorithmus im Taschenrechner ist über der Ermittlung der Pivotwerte möglich, davon rate ich wegen des immensen Rechenaufwandes und der hohen Fehleranfälligkeit aber dringend ab. Die Lösung von Investitions- und Finanzierungsplanungen sollte in der IT erfolgen. Dazu sind diverse Programmpakete verfügbar. Besonders hohe Funktionalität weisen die Programmpakete des Operations Research auf. Wegen der geringen Verbreitung die-

Die lineare Optimierung 4.9

ser Programme greife ich aber auf das Tabellenkalkulationspaket Excel zurück, bei dem im Solver der Simplex Algorithmus auch hinterlegt ist und zu einwandfreien Lösungen kommt. Das Vorgehen des Simplex Algorithmus werde ich als Black Box betrachten, es geht hier primär darum, dass Sie ein Planungsproblem aufstellen können, es in programmadäquate Form bringen können, die Ergebnisse generieren können und die Ergebnisse dann interpretieren können. Umfangreiche Sensitivitätsanalysen sind möglich. Über die Dualvariablen lassen sich die Konsequenzen der Änderung der Ausgangsplanung auf die Zielwerte ermitteln.

Bei der Interpretation der vom Algorithmus ermittelten optimalen Lösung sind folgende Aspekte zu beachten:

- Die Umfangzeile gibt den optimalen Prozentsatz der Aktivitäten in der Lösung an.
- Alle Zeilen einer Aktivität werden im gleichen Umfang ausgeführt.
- Grenzverlustwerte geben den Verlust an Zielwert bei Einführung einer Einheit einer suboptimalen Aktivität in die Lösung an.
- Aktivitäten, die einen Umfang haben, können keinen Grenzverlustwert haben.
- Die Betriebswerte (Dualvariablen) der Liquiditätsrestriktionen geben den Betrag an, um den sich der Zielwert erhöht, wenn die Restriktion um eine Einheit gelockert wird.
- Eigenkapitalrenditen und Renditen von Restriktionslockerungen berechnen sich nach dem Zweizahlungsfall.
- Die Liquiditätssituation einzelner Jahre lässt sich durch Multiplikation der Umfangzeile mit der Zeile des betreffenden Jahres in der Ausgangsmatrix ermitteln.

Diese Technik wollen wir nun auf eine nachstehende betriebliche Planungssituation anwenden und die Ergebnisse interpretieren.

4.9.2 Anwendungsbeispiel

Stellen Sie dazu bitte entsprechend der oben entwickelten Technik die Ausgangsmatrix für die lineare Optimierung im Tabellenkalkulationsprogramm Excel auf. Wenden Sie den Excel Solver auf das Planungsproblem an und interpretieren Sie die Ergebnisse. Wenn Sie mit dem Arbeiten mit dem Excel Solver nicht vertraut sind, gibt Ihnen die Hilfefunktion im Programm gute Hinweise zu den relevanten Schritten. Als Ergebnisse sollen Sie die Umfänge der einzelnen Aktivitäten in der optimalen Lösung ermitteln, die Dualvariablen der Liquiditätsrestriktionen ermitteln, die Liquidität des optimalen Programms ermitteln, die Eigenkapitalrendite errechnen und die Renditen der Eigenkapitalveränderung in den einzelnen Perioden erarbeiten.

4.9.2.1 Aufgaben

Für die nachfolgenden Investitions- und Finanzierungsaktivitäten ist eine LP-Ausgangsmatrix aufzustellen. Der Planungszeitraum beträgt vier Jahre. Es wird die Maximierung des Endkapitals angestrebt. Zu Beginn des ersten Jahres ist liquides Eigenkapital in Höhe von 30.000 Euro vorhanden.

Investitionsaktivitäten:

I1: Vergabe einer 6 %igen Hypothek in Höhe von maximal 50.000 Euro zum Zeitpunkt k_0. Rückzahlung am Ende von Zeitpunkt 4. Die zu zahlenden Zinsen sind jeweils jährlich am Jahresende fällig.

I2: Beteiligung an einer Sachinvestition von maximal 100.000 Euro zu Beginn des ersten Jahres. Die Einzahlungen an den vier folgenden Jahresenden betragen in der entsprechenden Reihenfolge: 5.000 Euro, 55.000 Euro, 2.500 Euro, 52.500 Euro.

I3: Beteiligung an einer Sachinvestition von maximal 40.000 Euro zu Beginn des dritten Jahres. Die Einzahlungen an den beiden folgenden Jahresenden betragen in der entsprechenden Reihenfolge: 10.000 Euro, 40.000 Euro.

I4: Am Anfang eines jeden Jahres kann eine beliebige Summe zu 4 % Zinsen für jeweils ein Jahr angelegt werden.

Finanzierungsmöglichkeiten:

F1: Aufnahme eines Darlehns in Höhe von maximal 50.000 Euro zu Beginn des ersten Jahres, Rückzahlung am Ende des dritten Jahres. Zinsen in Höhe von 5 % jährlich werden jeweils am Jahresende fällig.

F2: Zu Beginn des zweiten Jahres kann ein Kredit von maximal 80.000 Euro aufgenommen werden, dessen Verzinsung und Tilgung erfolgt durch eine Einmalzahlung in Höhe von 105.000 Euro am Ende des vierten Jahres.

F3: Zu Beginn eines jeden Jahres besteht die Möglichkeit, ein 8 %-Darlehn in unbegrenzter Höhe für jeweils ein Jahr aufzunehmen. Zinsen sind am Jahresende fällig.

4.9.2.2 Lösungen

Ausgangsmatrix und Lösungsmatrix sind in Abbildung 4.36 dokumentiert. Für die **Ausgangsmatrix** sind die Aktivitäten, die Investitionen und Finanzierungen also, die Zielfunktion und die Nebenbedingungen, z. B. die Liquiditätsrestriktionen, zu formulieren. Dies ist im oberen Teil von Abbildung 4.36 in den Zeilen 3 bis 7 nur zum Teil nachvollziehbar. Generell lässt sich eine derartige Ausgangsmatrix für diverse Programmpakete formulieren, hier wurde Excel benutzt, auch wenn andere Software Excel in der Funktionalität bei der Bearbeitung von linearen Optimierungen durchaus überlegen ist. Entscheidend bei der **Formulierung in Excel** ist, dass Zelladressen im Solver spezifiziert werden, so dass dem Algorithmus bekannt ist, wo relevante Zellin-

Die lineare Optimierung **4.9**

halte vorhanden sind. Dies lässt sich an einem Abdruck aber nur schwer nachvollziehen. Hier rät der Autor dem Leser, sich mit dem Download der Datei auseinanderzusetzen, daraus wird die Struktur der Datei offensichtlich. Kenntnisse der Technik der linearen Optimierung sind hier hilfreich.

Die Lösung der Ausgangsmatrix wird von dem Algorithmus nach diversen Iterationen unter Beachtung von Ausgangsmatrix, Zielfunktion und Nebenbedingungen ermittelt. Die **Lösung** ist im unteren Teil von Abbildung 4.36 zu erkennen und ebenso in Abbildung 4.37, dem Antwortbericht aus dem Excel Solver zu dieser Ausgangsmatrix. In Abbildung 4.36 ist die Lösung in den Zeilen 12 bis 16 zu erkennen. **Dort sind der Umfang der einzelnen Aktivitäten in der optimalen Lösung und der gesamte Zielbeitrag zu erkennen.** Die Lösung ergibt sich durch Multiplikation der Zeile 9, die den vom Algorithmus ermittelten optimalen Umfang der Aktivitäten angibt, mit den Ausgangszeilen 3 bis 7. In Zeile 12 steht also das Produkt aus Zeile 9 und Zeile 3, in Zeile 13 steht das Produkt aus Zeile 9 und Zeile 4. Dort, wo in der Zeile 9 eine Null steht, handelt es sich also um Aktivitäten der Ausgangsmatrix, die keinen Eingang in die optimale Lösung gefunden haben. Für diese Aktivitäten müssen dann Grenzverlustwerte vorhanden sein, diese sind im Sensitivitätsbericht in Abbildung 4.38 erkennbar. So bedeutet z. B. in Abbildung 4.38 in Zelle E7 der Wert -0,740544 für Investition 2, dass ein Hineinzwingen der Aktivität Investition 2 in die optimale Lösung, in der sie bisher nicht vorhanden ist, einen Verlust des Zielwertes von ca. 741 Euro nach sich ziehen würde.

Abbildung 4-36: Ausgangs- und Lösungsmatrix des Planungsproblems*

	A	B	C	D	E	F	G	H	I	J	K	L	M	N	O	P
1	Ausgangsmatrix															
2	k	I1	I2	I3	I40	I41	I42	I43	F1	F2	F30	F31	F32	F33	EK	
3	0	-50	-100		-100				50		100				30	
4	1	3	5		104	-100			-2,5	80	-108	100				
5	2	3	55	-40		104	-100		-2,5			-108	100			
6	3	3	2,5	10			104	-100	-52,5				-108	100		
7	4	53	52,5	40				104		-105				-108		
8	Lösungsmatrix															
9		1	0	1	0,3	0,317	0	0	1	0	0	0	0,06532	0,465546	1	
10																
11	k,d	I1	I2	I3	I40	I41	I42	I43	F1	F2	F30	F31	F32	F33	EK	Kontostand
12	1,26	-50	0	0	-30	0	0	0	50	0	0	0	0	0	30	2,06057E-10
13	1,21	3	0	0	31,2	-31,7	0	0	-2,5	0	0	0	0	0	0	-7,4607E-12
14	1,16	3	0	-40	0	32,968	0	0	-2,5	0	0	0	6,532	0	0	-2,8594E-11
15	1,08	3	0	10	0	0	0	0	-52,5	0	0	0	-7,05456	46,55456	0	-6,21867E-11
16	1	53	0	40	0	0	0	0	0	0	0	0	0	-50,2789	0	42,7210752

Der maximierte Zielbeitrag ist in der Zelle P16 der Abbildung 4.36 zu erkennen, der maximale Endwert des optimierten Programms liegt bei 42.721 Euro. Dies ist der geplante und optimierte Kontostand am Ende der Nutzungsdauer. Die anderen Kontostände in der Spalte P in den vorhergehenden Jahren der Nutzungsdauer sind natürlich minimal klein, da alles Kapital in den Aktivitäten gehalten wird, um es dort wegen des Ziels der Endwertmaximierung zu verzinsen.

4 Alternativenauswahl und Investitionsprogrammplanung

Abbildung 4-37: *Antwortbericht aus dem Excel Solver**

Antwortbericht
Zielzelle (Max)

Zelle	Name	Ausgangswert	Lösungswert
P16	Kontostand	36,5	42,7210752

Veränderbare Zellen

Zelle	Name	Ausgangswert	Lösungswert
B9	I1	1	1
C9	I2	1	0
D9	I3	1	1
E9	I40	1	0,3
F9	I41	1	0,317
G9	I42	1	0
H9	I43	1	0
I9	F1	1	1
J9	F2	1	0
K9	F30	1	0
L9	F31	1	0
M9	F32	1	0,06532
N9	F33	1	0,4655456
O9	EK	1	1

Nebenbedingungen

Zelle	Name	Zellwert	Formel	Status	Differenz
P15	Kontostand	-6,21867E-11	P15>=0	Einschränkend	0
P12	Kontostand	2,06057E-10	P12>=0	Einschränkend	0
P13	Kontostand	-7,4607E-12	P13>=0	Einschränkend	0
P14	Kontostand	-2,8594E-11	P14>=0	Einschränkend	0
P16	Kontostand	42,7210752	P16>=0	Nicht einschränkend	42,7210752
B9	I1	1	B9<=1	Einschränkend	0
C9	I2	0	C9<=1	Nicht einschränkend	1
D9	I3	1	D9<=1	Einschränkend	0
I9	F1	1	I9<=1	Einschränkend	0
J9	F2	0	J9<=1	Nicht einschränkend	1
B9	I1	1	B9>=0	Nicht einschränkend	1
C9	I2	0	C9>=0	Einschränkend	0
D9	I3	1	D9>=0	Nicht einschränkend	1
E9	I40	0,3	E9>=0	Nicht einschränkend	0,3
F9	I41	0,317	F9>=0	Nicht einschränkend	0,317
G9	I42	0	G9>=0	Einschränkend	0
H9	I43	0	H9>=0	Einschränkend	0
I9	F1	1	I9>=0	Nicht einschränkend	1
J9	F2	0	J9>=0	Einschränkend	0
K9	F30	0	K9>=0	Einschränkend	0
L9	F31	0	L9>=0	Einschränkend	0
M9	F32	0,06532	M9>=0	Nicht einschränkend	0,06532
N9	F33	0,4655456	N9>=0	Nicht einschränkend	0,4655456
O9	EK	1	O9>=0	Nicht einschränkend	1
O9	EK	1	O9<=1	Einschränkend	0

Die lineare Optimierung 4.9

Abbildung 4-38: Sensitivitätsbericht aus dem Excel Solver*

	A	B	C	D	E	F	G	H
1								
2		Sensitivitätsbericht						
3		Veränderbare Zellen						
4				Lösung	Reduzierter	Ziel-	Zulässige	Zulässige
5		Zelle	Name	Endwert	Kosten	Koeffizient	Zunahme	Abnahme
6		B9	I1	1	0,299456	53	1E+30	0,299456
7		C9	I2	0	-0,740544	52,5	0,740544	1E+30
8		D9	I3	1	4,144	40	1E+30	4,144
9		E9	I40	0,3	0	0	0,598912	0,740544
10		F9	I41	0,317	0	0	0,611134694	0,748024243
11		G9	I42	0	-4,32	0	4,32	1E+30
12		H9	I43	0	-4	104	4	1E+30
13		I9	F1	1	0,430272	0	1E+30	0,430272
14		J9	F2	0	-7,95552	-105	7,95552	1E+30
15		K9	F30	0	-4,852224	0	4,852224	1E+30
16		L9	F31	0	-4,6656	0	4,6656	1E+30
17		M9	F32	0,06532	0	0	0,87846468	0,624386989
18		N9	F33	0,4655456	0	-108	1,502215154	0,613679585
19		O9	EK	1	37,8473472	0	1E+30	37,8473472
20								
21		Nebenbedingungen						
22				Lösung	Schatten	Nebenbedingung	Zulässige	Zulässige
23		Zelle	Name	Endwert	Schattenpreis	Rechte Seite	Zunahme	Abnahme
24		P15	Kontostand	-6,21867E-11	-1,08	0	39,55655111	46,55456
25		P12	Kontostand	2,06057E-10	-1,26157824	0	30	6,039201184
26		P13	Kontostand	-7,4607E-12	-1,213056	0	31,7	6,280769231
27		P14	Kontostand	-2,8594E-11	-1,1664	0	36,62643621	6,532
28		P16	Kontostand	42,7210752	1	0	42,7210752	1E+30

Abbildung 4-39: Grenzwertbericht aus dem Excel Solver*

Grenzwertbericht							
	Zielzelle						
Zelle	Name	Endwert					
P16	Kontostand	42,7210752					
Veränderbare Zellen			Untere	Zielzelle	Obere	Zielzelle	
Zelle	Name	Endwert	Grenze	Ergebnis	Grenze	Ergebnis	
B9	I1	1	1	42,7210752	1	42,7210752
C9	I2	0	1,49214E-12	42,7210752	2,06057E-12	42,7210752
D9	I3	1	1	42,7210752	1	42,7210752
E9	I40	0,3	0,3	42,7210752	0,3	42,7210752
F9	I41	0,317	0,317	42,7210752	0,317	42,7210752
G9	I42	0	5,97949E-13	42,7210752	-2,85939E-13	42,7210752
H9	I43	0	0	42,7210752	-6,21867E-13	42,7210752
I9	F1	1	1	42,7210752	1	42,7210752
J9	F2	0	9,32587E-14	42,7210752	0,406867383	2,61807E-10
K9	F30	0	0	42,7210752	-6,90805E-14	42,7210752
L9	F31	0	0	42,7210752	-2,64759E-13	42,7210752
M9	F32	0,06532	0,06532	42,7210752	0,06532	42,7210752
N9	F33	0,4655456	0,4655456	42,7210752	0,861111111	5,84066E-12
O9	EK	1	1	42,7210752	1	42,7210752

4 Alternativenauswahl und Investitionsprogrammplanung

Die Ergebnisse des Sensitivitätsberichtes und des Grenzwertberichtes in den Abbildungen 4.38 und 4.39 sollen in dieser Darstellungsform nicht weiter interpretiert werden. Sie dienen dazu, den Leser darauf hinzuweisen, wie die entsprechenden Lösungsinformationen in dem Programm Excel aussehen, damit der Leser sich nach dem Download der Datei damit auseinandersetzen kann. Die in Kapitel 4.9.1 unter den Spiegelpunkten angesprochene Interpretation der Ergebnisse soll in einem für den Leser weniger komplex nachvollziehbaren Format an Bespielen aus der Lösungsmatrix in Kapitel 4.9.2.3 erfolgen.

4.9.2.3 Interpretationsmöglichkeiten der Lösung

In diesem Unterabschnitt sollen nun einige betriebswirtschaftliche Analysen der Ergebnisse der optimalen Lösung vorgenommen werden. Die angewendeten Techniken sind aus vorangegangenen Abschnitten des Buches bekannt. Die überwiegende Zahl der Ergebnisse ist auch, aber eben in der gedruckten Form nicht leicht nachvollziehbar, aus den Abbildungen 4.38 und 4.39 zu entnehmen. Daher werden die Analysen separat in diesem Abschnitt 4.9.2.3 erneut präsentiert.

(1) Ermittlung der Eigenkapitalrendite

Die Eigenkapitalrendite ist nach nachstehender Formel ermittelbar:

$$(4.37) \quad \boxed{r_{EK} = \sqrt[n]{\frac{EW}{EK}} - 1}.$$

$$(4.38) \quad \boxed{r_{EK} = \sqrt[4]{\frac{42{,}72108}{30}} - 1 = 0{,}092396354}.$$

Die Eigenkapitalrendite der optimalen Lösung des gesamten geplanten Programms beträgt also 9,24 %. Sie ergibt sich aus der n-ten Wurzel des optimalen Endwertes dividiert durch das eingesetzte Eigenkapital, bezogen auf den Zeitpunkt null. Ob ein Investor diese Aktivität lohnend findet, hängt von seinem Kalkulationszinssatz, der subjektiven Mindestverzinsungsanforderung des Investors, ab.

(2) Ermittlung der Liquidität der Periode k

$$(4.39) \quad \boxed{Liquidität\ Periode\ k = \sum_{A=1}^{A=m} NE_k A * U}$$

Die lineare Optimierung **4.9**

Die Liquidität des optimalen Investitionsprogrammes in einer Periode ergibt sich aus der Multiplikation der Werte der Umfangzeile (Zeile 9 in Abbildung 4.36) mit der Zeile des betrachten Jahres. Die in Gleichung (4.39) benutzten Variablenbezeichnungen sind in Abbildung 4.40 dargestellt. Beim Jahr 3 in Abbildung 4.36 wäre dies die Zeile 6. Das Ergebnis steht direkt in Zeile 15 in Abbildung 4.36. Für die Periode 3 wird dies in Gleichung 4.40 wiederholt:

$$(4.40) \quad \begin{array}{l} 3 \times 1\,(I1) + 10 \times 1\,(I3) + (-52{,}5) \times 1\,(F1) + \\ (-108) \times 0{,}06532\,(F32) + 100 \times 0{,}4655456\,(F33) = 0 \end{array}$$

Die Vorzeichen in Gleichung (4.40) sind nach dem partialanalytisch dynamischen Modell gesetzt. Die Summe darf, außer durch Rundungsungenauigkeiten, dann nicht negativ werden.

Abbildung 4-40: *Variablenbezeichnungen für Gleichung (3.39)*

Variablenbezeichnung	Bedeutung
A	Aktivität (Investitionen und Finanzierungen)
1..m	Anzahl der Aktivitäten
NE	Wert der Aktivität in der Periode k (z. B. NE_k)
U	Wert (U) der Aktivität in der Optimallösung
k	betrachtete Periode

(3) Auswirkung der Kapitalveränderung in der Periode k auf den Endwert

Die Liquiditätsrestriktionen legen fest, wie viel Eigenkapital pro Periode maximal verfügbar ist. Die Dualvariablen (Schattenpreise, Betriebswerte) dieser Restriktionen dokumentieren, wie sich der Zielwert bei Lockerung dieser Restriktion verändert. Die Lockerung der Liquiditätsrestriktion kann dabei als Zurverfügungstellung zusätzlichen Eigenkapitals interpretiert werden. Dies ist allgemein in Gleichung (4.41) und konkret für das Beispiel der Liquiditätsrestriktion des Jahres 1 aus der Abbildung 4.36 in der Gleichung (4.42) für die Erhöhung des Eigenkapitals um 1.000 Euro festgelegt. d_k ist dabei die Variablenbezeichnung der Dualvariablen in der Periode k. Durch eine

Lockerung der Eigenkapitalrestriktion um 1.000 Euro im Zeitpunkt 1 steigt der Zielwert, also der Endwert in dem Beispiel, um 1.210 Euro.

Die ermittelten Dualvariablen (Schattenpreis) und ihr Gültigkeitsbereich sind in dem unteren Teil von Abbildung 4.38 sichtbar.

$$(4.41) \quad \boxed{\begin{array}{l} d_k \times (\text{m arg}\,inale) \text{ Änderung der Liquiditätsrestriktion der} \\ \text{Periode } k = \text{Änderung Endwert} \end{array}}$$

$$(4.42) \quad \boxed{1{,}21 \times 1.000\ Euro = 1.210\ Euro}$$

(4) Rendite der Kapitalveränderung in der Periode k

Welche Rendite (durchschnittliche endogene Kapitalverzinsung) eine solche Kapitalveränderung, wie sie in Punkt (3) beschrieben wurde, hat, kann allgemein durch Gleichung (4.43) und konkret für eine Eigenkapitalerhöhung im Jahr 1 um 1.000 Euro durch Gleichung (4.44) bestimmt werden. Es geht also um die Rendite einer isolierten Veränderung des Eigenkapitals in einer konkreten Periode k.

$$(4.43) \quad \boxed{\sqrt[n-k]{d_k} - 1 =}$$

$$(4.44) \quad \boxed{\sqrt[4-1]{1{,}21} - 1 = 0{,}0656}$$

Die Rendite, also die Verzinsung des in Periode 1 nachschüssig eingesetzten Kapitals, für die verbleibenden 3 Perioden beträgt also 6,56 %.

(5) Endwertsteigerung durch zusätzliche Durchführung einer Aktivität aus der Optimallösung

An dieser Stelle soll angenommen werden, dass eine Aktivität, die eine positive Dualvariable hat, also einer Knappheit unterliegt, abweichend von den Höchstsummenrestriktionen oder sonstigen Restriktionen ein weiteres Mal durchgeführt werden kann. Die allgemeine Formel für die Ermittlung des Veränderungsbeitrages des Zielwertes, in diesem Beispiel des Endwertes, steht in Gleichung (4.45). Für Investition 1 wird dieses Vorgehen konkret in Gleichung (4.46) durchgeführt.

$$(4.45)\quad \boxed{Veränderung\ Endwert = \sum_{k=0}^{n} d_k * NE_k A}$$

$$(4.46)\quad \boxed{\begin{array}{l} -50\ (k_0)\times 1{,}26\ (d_0) + 3\ (k_1)\times 1{,}21\ (d_1) + 3\ (k_2)\times 1{,}16\ (d_2) + \\ 3\ (k_3)\times 1{,}08\ (d_3) + 53\ (k_4)\times 1\ (d_4) = 350\ Euro\ (Steigerung\ EW) \end{array}}$$

Eine zusätzliche Durchführung von Investition 1 würde also den Endwert um 350 Euro steigern.

(6) Gesamtkapitalrendite

Zur Bildung der Gesamtkapitalrendite ist zunächst die Liquidität entsprechend dem Vorgehen in Gleichung (4.39) zu ermitteln. Allerdings erfolgt die Bildung der Liquidität über **alle** Perioden, also nicht nur für ein Jahr, und nur für die **Investitionen**, die Finanzierungen werden nicht beachtet. Die Liquidität des optimalen Investitionsprogrammes aus Abbildung 4.36 ist in Abbildung 4.41 nachvollziehbar:

Abbildung 4-41: Liquidität des optimalen Investitionsprogramms

NE_k	-80	2,5	-4,032	13	93
Jahr	k_0	k_1	k_2	k_3	k_4

Die Ermittlung der Gesamtkapitalrendite erfolgt mit der regula falsi nach Festlegung zweier Versuchszinssätze. Die Versuchszinssätze werden für diese Analyse mit i_1 = 0,07 und i_2 = 0,08 festgelegt. Die Versuchszinssätze für die Kapitalwertermittlung betragen also 7 % und 8 %. Als Kapitalwerte ergeben sich dann nach Auswertung der Gleichung (4.47) Kapitalwerte von 375,87 Euro bei einem Versuchszinssatz von 7 % und -2.464,37 Euro bei einem Versuchszinssatz von 8 %.

(4.47)
$$\boxed{C_0 = -80 + 2{,}5\times (1+i)^{-1} - 4{,}032\times (1+i)^{-2} + 13\times (1+i)^{-3} + 93\times (1+i)^{-4}}$$

Als Gesamtkapitalrendite ergibt sich nach Einsetzen der nach Gleichung (4.47) ermittelten Kapitalwerte in die regula falsi in Gleichung (4.48) ein Wert von 7,13 %.

(4.48)
$$r = i_1 - Co_1 * \frac{i_2 - i_1}{Co_2 - Co_1} = 0{,}07 - 375{,}87 * \frac{0{,}08 - 0{,}07}{-2464{,}38 - 375{,}87} = 0{,}0713$$

(7) Leverage-Faktor

Der Leverage-Faktor bildet die Relation von Eigenkapitalrendite zur Gesamtkapitalrendite. Nach Gleichung (4.49) beträgt er für das optimale Programm aus Abbildung 4.36 1,2959.

(4.49)
$$\frac{r_{EK}}{r_{GK}} = \frac{9{,}24}{7{,}13} = 1{,}2959$$

4.9.3 Abschnittsergebnisse

In diesem Unterkapitel haben Sie:

- die Bedeutung der linearen Optimierung kennen gelernt,
- die Annahmen der linearen Optimierung kennen gelernt,
- die Kritikpunkte an der linearen Optimierung erfahren,
- die Vorgehensweise der linearen Optimierung präsentiert bekommen,
- die Technik der linearen Optimierung auf ein Beispielproblem empirisch angewendet und
- die Optimallösung betriebswirtschaftlich interpretiert.

4.10 Fallstudie

Animiert durch die Lektüre dieses Kapitels möchten Sie einige anstehenden Projekte in Ihrem Leben mit den hier erlernten Techniken überprüfen.

Für Ihr Unternehmen bieten sich die nachfolgenden Investitionen (Ix) an:

I1 hat eine Anschaffungsauszahlung von 200 TEuro in t_0 und 4 Jahre lang jährliche Nettoeinzahlungen von 84,68840 TEuro. I2 hat eine Anschaffungsauszahlung von 100 TEuro in t_0 und 4 Jahre lang jährliche Nettoeinzahlungen von 31,5471 TEuro.

Zwei Finanzierungen (Fx) sind möglich, beide mit jährlich nachschüssiger Verzinsung und variabler jährlich nachschüssiger Tilgung.

F1 ist ein Kredit über 100 TEuro, Effektivverzinsung 5 %.

F2 ist ein Kredit über 200 TEuro, Effektivverzinsung 12 %.

Die Aktivitäten I1, I2, F1 und F2 sind jeweils nur maximal einmal durchführbar. Ihr Kalkulationszinssatz beträgt 10 %.

Freie Mittel können in unbegrenzter Höhe zu 5 % wieder angelegt werden (I31-I34).

Zusätzliches unbegrenztes Fremdkapital kann in Form einjähriger Kredite zu einem Zinssatz von 30 % aufgenommen werden (F31-F34).

Ihr Planungshorizont ist 4 Jahre.

Soweit Sie nicht partialanalytisch dynamisch rechnen müssen, ist Ihr Ziel die Endwertmaximierung (VEW).

Alle Aktivitäten können beliebig teilbar durchgeführt werden.

4.10.1 Aufgaben

- **Aufgabe a)** Berechnen Sie die **Kapitalwerte und Renditen** der beiden Investitionen I1 und I2.
- **Aufgabe b)** Berechnen Sie die **Kapitalwerte** der beiden Investitionen I1 und I2 unter Aufhebung der Wiederanlageprämisse bei einem **Wiederanlagezinssatz** von 5 %.
- **Aufgabe c)** Erstellen Sie eine **Differenzinvestition** für die Investitionsobjekte I1 und I2. Vergleichen Sie auf Basis der in Aufgabe b) ermittelten Kapitalwerte unter Aufhebung der Wiederanlageprämisse.
- **Aufgabe d)** Ermitteln Sie das optimale Investitionsprogramm aus den Investitionen I1 und I2 sowie den Finanzierungen F1 und F2 nach dem **Dean-Modell**. Benutzen Sie für die Renditen der Investitionen die in Aufgabe a) ermittelten Werte.

Alternativenauswahl und Investitionsprogrammplanung

■ **Aufgabe e)** Stellen Sie einen **Kontoentwicklungsplan** auf. Benutzen Sie die Aktivitäten I1, I2, und nach Bedarf I3 sowie F1 und F2.

■ **Aufgabe f)** Erstellen Sie ein **Ausgangstableau** mit den möglichen Investitionen und Finanzierungen für die lineare Optimierung. Setzen Sie die Ausgangsbeträge von I3 und F3 auf jeweils 100 TEuro. Behandeln Sie in dieser Unteraufgabe die Finanzierungen F1 und F2 als Annuitätendarlehn. Gehen Sie abweichend von den vorangegangenen Unteraufgaben davon aus, dass Sie zusätzlich 10 TEuro Eigenkapital zur Verfügung haben.

■ **Aufgabe g)** Berechnen Sie aus dem nachfolgend gegebenen Lösungsvektor der optimalen LP Lösung **die Ein- und Auszahlungen im Zeitpunkt k = 2**. Berechnen Sie die **Eigenkapitalrendite** des Unternehmens in k = 4. Umfänge: I1, I2, F1, F2 jeweils = 1, I30 = 0.10, I31 = 0.11, I32 = 0.34, I33 = 0.36, F30-F33 = 0. VEW = 99,864 TEuro.

■ **Aufgabe h)** Erklären Sie die Bedeutung des **Betriebswertes** (Dualvariable, Schattenpreis) im Zeitpunkt k = 1 in Höhe von 1,1576.

4.10.2 Lösungen

Aufgabe a)

$$(4.50) \quad \boxed{Co_{I1} = 84.688{,}40 \times DSF^{n=4}_{i=0,1} - 200.000 = 68.450{,}80\, Euro}$$

$$(4.51) \quad \boxed{Co_{I2} = 31.547{,}10 \times DSF^{n=4}_{i=0,1} - 100.000 = 0{,}00\, Euro}$$

$$(4.52) \quad \boxed{r_{I1} \to KWF^{n=4}_r = \frac{84{,}6884}{200} = 0{,}423442 \to r_{I1} = 0{,}25}$$

Die Kapitalwerte er Investitionen I1 und I2 betragen also 68.450,80 Euro und 0,00 Euro. Die Rendite von I1 ist nach Gleichung (4.52) 25 %. Hier handelt es sich um eine Sonderfalllösung, die in Kapitel 3.7.2.4 präsentiert wurde. Die Rendite von I2 muss 10 % betragen, da der Kapitalwert bei einem Kalkulationszinssatz von 10 % genau null ist.

Fallstudie **4.10**

Aufgabe b)

(4.53)
$$Co_{I1}^* = 84.688{,}40 \times EWF_{iw=0{,}05}^{n=4} \times Abf_{ik=0{,}1}^{n=4} - 200.000 = 49.311{,}76\,Euro$$

(4.54)
$$Co_{I2}^* = 31.547{,}10 \times EWF_{iw=0{,}05}^{n=4} \times Abf_{ik=0{,}1}^{n=4} - 100.000 = -7.129{,}39\,Euro$$

Die Kapitalwerte unter Aufhebung der Wiederanlageprämisse und bei einem Wiederanlagezinssatz von 5 % betragen für die Investitionen I1 und I2 49.311,76 Euro und -7.129,39 Euro. Investition I2 wäre unter dieser Konstellation also unvorteilhaft, Investition I1 wäre lohnend.

Aufgabe c) Grafische Lösung Differenzinvestition

Abbildung 4-42: Differenzinvestition Aufgabe c)

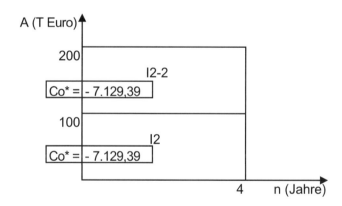

$Co^*_{Diff\,I2}$ =   -14.258,78 Euro

Die Differenzinvestition ist in diesem Fall besonders einfach, da beide Investitionsobjekte die gleiche Nutzungsdauer haben. Außerdem ist die Anschaffungsauszahlung von I2 ganzzahlig genau in I1 abzubilden, nämlich genau zwei Mal. Da der zum Entscheidungskriterium erhobene Kapitalwert unter Berücksichtigung einer Wiederanlageprämisse bei Objekt I2 bereits negativ war, während der Kapitalwert unter Beach-

4 Alternativenauswahl und Investitionsprogrammplanung

tung einer Wiederanlageprämisse bei I1 noch positiv war, ist eine Auswahlentscheidung in diesem Fall auch ohne Differenzinvestition möglich. Investition I1 ist besser als Investition I2. Bei I2 nach Differenzinvestition ist der Gesamtkapitalwert -14.258,78 Euro, bei Investition I1 beträgt er dagegen 49.311,76 Euro.

Aufgabe d) Dean-Modell

Das Dean-Modell empfiehlt, die Investition I1 durchzuführen und diese mit der Finanzierung F1 vollständig und mit der beliebig teilbaren Finanzierung F2 anteilig zu finanzieren. Die Investition I2 wird nicht berücksichtigt. Dies ist in Abbildung 4.43 nachvollziehbar.

Abbildung 4-43: Dean-Modell Aufgabe d)

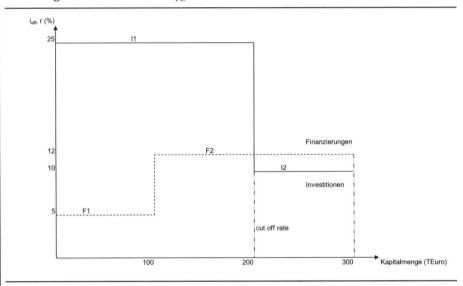

Aufgabe e) Kontoentwicklungsplanung

Abbildung 4-44: Kontoentwicklungsplan, Aufgabe e)*

	A	B	C	D	E	F	G	H
1	k	NE	FK1	FK1 Zins	FK2	FK2 Zins	Tilgung	Saldo
2	0	-300	-100		-200		0	-300,000
3	1	116,2355	-100	-5	-112,7645	-24	87,236	-212,765
4	2	116,2355	-100	-5	-15,06074	-13,53174	97,704	-115,061
5	3	116,2355	-5,6325288	-5	0	-1,8072888	109,428	-5,633
6	4	116,2355	0	-0,28162644	0	0	115,954	110,321
7	$i_{FK1} =$	0,05						
8	$i_{FK2} =$	0,12						

Fallstudie **4.10**

Der Kontoentwicklungsplan zeigt einen Endstand von 110,321 TEuro. Die beiden Investitionen I1 und I2, deren Nettozahlungen in Spalte B aufgeführt sind, werden durch die Fremdfinanzierungen F1 und F2 vollständig finanziert. Die Kapitalbindung und Verzinsung von Finanzierung 1 ist in den Spalten C und D nachvollziehbar. Die Kapitalbindung und Verzinsung von Finanzierung 2 ist in den Spalten E und F aufgelistet. Die Investition I3 wird nicht berücksichtigt, da ihre Rendite mit 5 % nicht größer ist als die Fremdfinanzierungskosten.

Aufgabe f), g)

Abbildung 4-45: *Ausgangsmatrix, Aufgabe f)**

	A	B	C	D	E	F	G	H	I	J	K	L	M	N	O	P
1	k	I1	I2	I30	I31	I32	I33	F1	F2	F30	F31	F32	F33	Z		RHS
2	0	-200	-100	-100				100	200	100					≤	10
3	1	84,6884	31,5471	105	-100			-28,2012	-65,1548	-130	100				≤	0
4	2	84,6884	31,5471		105	-100		-28,2012	-65,1548		-130	100			≤	0
5	3	84,6884	31,5471			105	-100	-28,2012	-65,1548			-130	100		≤	0
6	4	84,6884	31,5471				105	-28,2012	-65,1548				-130	1	≤	0
7	a			1											≤	1
8	b				1										≤	1
9	c							1							≤	1
10	d										1				≤	1
11																
12	Umfang	1	1	0,1	0,11	0,34	0,36	1	1	0	0	0	0	99,864		
13	Liquidität	84,6884	31,5471	0	11,55	-34	0	-28,2012	-65,1548	0	0	0	0	0,4295		
14																
15	EK Rendite	0,777674														

Im oberen Teil der Abbildung 4.45 bis zur Zeile 10 einschließlich sehen Sie die Lösung der Aufgabe f), die Ausgangsmatrix für die lineare Optimierung. Die in der Aufgabe g) genannten Umfänge sind in Zeile 12 aufgelistet. Die Ein- und Auszahlungen für die in Aufgabe g) geforderte Liquiditätsermittlung ergeben sich durch Multiplikation der Umfangzeile 12 mit der Zeile des betrachteten Jahres k = 2, also Zeile Nummer 4. Die Ergebnisse sind in Zeile 13 sichtbar. Die Tatsache, dass die Liquidität leicht positiv ist, ergibt sich aus den gerundeten Werten der Umfangzeile.

Die Eigenkapitalrendite ergibt sich aus der Formel:

$$(4.55) \quad \sqrt[n=4]{\frac{VEW}{EK}} - 1 \quad \text{mit } 77{,}77\ \%.$$

Aufgabe h)

Die Zuführung von einer Einheit Eigenkapital am Ende des Jahres k = 1 führt zu einer Erhöhung des Zielwertes, hier des Vermögensendwertes, um 1,1576 Einheiten. Da die

Zuführung des Eigenkapitals am Ende des Jahres k = 1 erfolgt, hat es eine Anlagedauer von 3 Jahren, die Rendite dieser Aktivität ergibt sich also aus

$$(4.56) \quad \left[\sqrt[n=3]{\frac{1{,}1576}{1}} - 1 \right] = 5\,\%.$$

4.11 Zusammenfassung

In diesem Kapitel 4 konnten Sie sich mit der Alternativenauswahl und der Investitionsprogrammplanung befassen. Sie haben gelernt:

- dass eine Alternativenauswahl unter mehreren lohnenden Investitionen mit den dynamischen Investitionsrechnungsverfahren nicht möglich ist,
- warum eine Alternativenauswahl unter mehreren lohnenden Investitionen mit den dynamischen Investitionsrechnungsverfahren nicht möglich ist,
- wie eine Alternativenauswahl unter mehreren lohnenden Investitionen mittels der Aufhebung der Wiederanlageprämisse und der Einführung von Differenzinvestitionen mit den dynamischen Investitionsrechnungsverfahren möglich ist,
- wie die Alternativenauswahl bei praktischen betrieblichen Problemen durchzuführen ist,
- wie die Nutzwertanalyse aufgebaut ist und wie sie auf praktische betriebliche Probleme anzuwenden ist,
- wie Kontoentwicklungsplanung und Dean-Modell aufgebaut sind, wie sie für die Praxis zu bewerten sind und wie sie auf betriebliche Probleme anzuwenden sind,
- wie die lineare Optimierung aufgebaut ist, auf welchen Annahmen sie beruht, wie sie für betriebliche Fragestellungen anzuwenden ist und wie die Ergebnisse zu interpretieren sind.

Letztlich sind Sie durch die Lektüre dieses Kapitels nun in der Lage, die verschiedenen zur Verfügung stehenden Techniken zur Alternativenauswahl von Investitionsprojekten oder zur Investitionsprogrammplanung für Ihre betriebliche Fragestellung qualifiziert auszuwählen, anzuwenden und die Ergebnisse sachgerecht zu interpretieren. Dies haben Sie auch durch die Lösung der Fallstudie bewiesen.

5 Optimale Nutzungsdauer und optimaler Ersatzzeitpunkt

5.1 Zielformulierung

Nachdem Sie in den vorangegangenen Kapiteln bereits die Grundlagen der Investitionsrechnung in Form der Begrifflichkeiten, der statischen Investitionsrechnungsverfahren, der dynamischen Investitionsrechnungsverfahren sowie der Auswahl- und Programmproblematiken kennen gelernt haben, ist es das Ziel dieses Kapitels, Ihnen die wirtschaftliche Optimierung der bisher als exogene Variable betrachteten Nutzungsdauer zu präsentieren und Sie die wirtschaftliche Nutzungsdauer unter diversen Aspekten ermitteln zu lassen. Als Ergebnis dieses Kapitels sollen Sie nach dem Durcharbeiten:

- die Optimierung der Nutzungsdauer als wirtschaftliches Problem kennen,
- die Modellannahmen bei der Nutzungsdauerberechnung kennen,
- die verschiedenen Fallunterscheidungen bei der Nutzungsdauerberechnung vornehmen können,
- den mathematischen Ermittlungsweg der Verfahren zur Nutzungsdauerberechnung kennen,
- die Entscheidungskriterien der Verfahren kennen,
- die Verfahren zur Nutzungsdaueroptimierung auf Praxisfälle anwenden können,
- die Rechenergebnisse der Nutzungsdauerermittlung interpretieren können,
- die Möglichkeiten der rechnerischen Bestimmung der optimalen Nutzungsdauer sachgerecht auf Ihre praktischen betrieblichen Investitionsprobleme anwenden können und
- die Ergebnisse der Nutzungsdauerberechnung sachgerecht für Ihre praktischen betrieblichen Entscheidungsprobleme nutzen können.

Damit Sie diese Ziele erreichen können, ist es notwendig, die angebotenen Übungskalkulationen eigenständig mit dem Taschenrechner oder der Tabellenkalkulation nachzuvollziehen.

Viel Spaß bei der Arbeit!

5.2 Nutzungsdaueroptimierung als wirtschaftliches Problem

In den bisherigen Kapiteln dieses Buches haben wir die Nutzungsdauer eines Investitionsobjektes als eine feststehende Größe erachtet. Wir haben uns unter anderem das Problem der Datenbeschaffung für die Investitionsrechnung bewusst gemacht, wir haben uns mit den Annahmen der dynamischen Investitionsrechnung und den damit verbundenen Unzulänglichkeiten bei der Übertragung der Rechenergebnisse in die Realität vertraut gemacht. Aber immer war die Nutzungsdauer eine der gegebenen exogenen Variablen, von denen ausgehend der Zielwert der Investitionsrechnung ermittelt wurde.

Aber die Ermittlung der Nutzungsdauer selbst ist eine wirtschaftlich interessante Fragestellung von weit reichender praktischer Bedeutung. Dabei ermittelt die Investitionsrechnung eine bezogen auf den Überschuss (Erfolgsbeitrag) optimale Nutzungsdauer. Fragestellungen der Liquidität, Modellpolitik, Kapazitätswirksamkeit oder eine Bestimmung einer technisch oder rechtlich wahrscheinlichen oder sinnvollen Nutzungsdauer erfolgen mit der eigentlichen Investitionsrechnung nicht. Sie können nur in der vorgelagerten Phase der Datensammlung, also bei der Beschaffung der Rechenelemente, gegebenenfalls berücksichtigt werden.

Die zentrale Frage der investitionsrechnerischen Nutzungsdaueroptimierung lautet also: **Wie lange soll ich ein Investitionsobjekt wirtschaftlich sinnvoll nutzen, damit ich meinen Unternehmenserfolg aus diesem Investitionsprojekt maximiere?**

Dies setzt eine tatsächliche Entscheidungssituation voraus. Eine Maschine mit einem technischen Totalschaden, bei der also das Ende der technischen Nutzungsdauer erreicht ist, oder eine ausgelaufene Franchise-Vereinbarung, die nicht verlängert wird, bei der also die rechtliche Nutzungsdauer beendet ist, sind keine Entscheidungssituation im investitionsrechnerischen Sinne. Dort ist ein Ersatz oder eine Umorientierung notwendig, dazu bedarf es für diese Altobjekte keiner Berechnung.

Die Bestimmung einer wirtschaftlich optimalen Nutzungsdauer kann also nur dort erfolgen, wo eine technische oder rechtliche Nutzungsmöglichkeit noch gegeben ist, andernfalls wäre keine Entscheidungssituation vorhanden. Die wirtschaftliche Nutzungsdauer ist also immer kürzer, maximal gleichlang der technischen oder rechtlichen Nutzungsdauer eines Investitionsobjektes.

Investitionsrechnerisch wird die Bestimmung der Nutzungsdauer in zwei Bereiche unterteilt. Die Bestimmung der **optimalen Nutzungsdauer** erfolgt vor Beginn einer Investition, also zu dem Zeitpunkt, zu dem das Investitionsobjekt angeschafft wird. Der **optimale Ersatzzeitpunkt** ist Ergebnis der Überplanung eines bestehenden Investitionsobjektes, einer rollierenden Planung also, bei der z. B. durch das Auftreten neuer Marktinformationen, z. B. durch Auftreten von technischem Fortschritt und damit verbundenem Angebot einer gegenüber der bestehenden Investition stark verbesserten technischen Anlage, die ex ante geplante optimale Nutzungsdauer des bestehenden Investitionsobjektes durch Aufkommen einer wirtschaftlich attraktiveren Alternative verkürzt werden kann. Der optimale Ersatzzeitpunkt wird also beim Controlling einer bestehenden Investition ermittelt. Beide Techniken werden in diesem Kapitel behandelt. Mit der Ermittlung der optimalen Nutzungsdauer befassen Sie sich in Kapitel 5.4, die Bestimmung des optimalen Ersatzzeitpunktes erarbeiten Sie in Kapitel 5.5.

Um betriebliche Probleme einer derartigen Komplexität zur Entscheidungsreife mittels den Techniken der dynamischen Investitionsrechnungsverfahren zu bringen, bedarf es einiger Modellannahmen, Abstraktionen von der Realität also, die die Techniken der investitionsrechnerischen Nutzungsdauerbestimmung leider nicht in jedem Praxisfall anwendbar machen. Mit diesen Annahmen befassen wir uns im folgenden Kapitel.

Abschnittsergebnisse

In diesem Unterkapitel haben Sie:

- die Nutzungsdauer eines Investitionsobjektes als wirtschaftliches Problem betrachtet,
- den Begriff der optimalen Nutzungsdauer erarbeitet,
- den Begriff des optimalen Ersatzzeitpunktes erarbeitet und
- den Unterschied zwischen optimaler Nutzungsdauer und optimalem Ersatzzeitpunkt erkannt.

5.3 Modellannahmen der Nutzungsdauerberechnung

Für die Bestimmung aller Nutzungsdauerfragestellungen gelten die für die Ermittlung der Zielwerte der dynamischen Investitionsrechnungsverfahren getroffenen Annahmen weiter, die wir in Kapitel 3.2.2 erarbeitet haben.

Darüber hinaus sind **zusätzliche Annahmen** erforderlich, die hier präsentiert werden sollen.

Grundsätzlich sind diese Annahmen nötig, um monotone Funktionsverläufe der für die Bestimmung der optimalen Nutzungsdauer oder des optimalen Ersatzzeitpunktes im allgemeinen Fall eingesetzten Zielwerte der dynamischen Investitionsrechnungsverfahren zu erreichen. Detailliert wird dies in den folgenden Abschnitten bei der praktischen Optimierung der Nutzungsdauer sichtbar werden. Eine Idee dazu zeigt die folgende Abbildung 5.1:

5 Optimale Nutzungsdauer und optimaler Ersatzzeitpunkt

Abbildung 5-1: Monotone und nicht-monotone Verläufe von Kapitalwertfunktionen

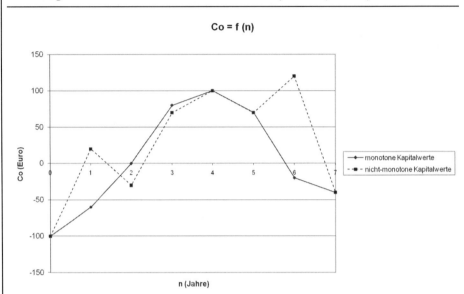

In der Abbildung 5.1 zeigt die in Form der durchgehenden Linie dargestellte Funktion einen monotonen Verlauf. Die Kapitalwerte steigen bis zum Jahr vier kontinuierlich an, nach dem Maximum sinken sie kontinuierlich, hier handelt es sich um eine Funktion mit einem monoton steigenden und einem monoton fallenden Abschnitt. Die gestrichelte Linie zeigt einen in diesem Bereich nicht monotonen Verlauf der Funktion. Ein Investitionsobjekt mit einem derartigen Verlauf z. B. der Kapitalwertfunktion als einer Vertreterin der möglichen Funktionen der dynamischen Zielwerte kann im allgemeinen Fall nicht bezüglich der wirtschaftlichen Nutzungsdauer investitionsrechnerisch optimiert werden. Das werden die Kriterien zur Optimierung im Einzelfall in den folgenden beiden Kapiteln noch zeigen.

Soweit gibt es durchaus ein Problem für die Anwendung der investitionsrechnerischen Optimierung der wirtschaftlichen Nutzungsdauer auf den Praxisfall. Während eine monotone Kurve für den Aggregatzustand eines Investitionsportfolios häufig gilt, z. B. für einen gesamten Fuhrpark, trifft diese Annahme für ein einzelnes Objekt häufig nicht zu.

So führt z. B. eine Großreparatur an einem Lkw im Jahr x dort wahrscheinlich zu einem insgesamt verringerten Kapitalwert im Vergleich zu den Kapitalwerten in den Jahren x-1 und x+1. Dann wäre die Monotoniebedingung verletzt und eine optimale Nutzungsdauer im allgemeinen Fall nicht mehr sinnvoll zu ermitteln.

5.3 Modellannahmen der Nutzungsdauerberechnung

Allerdings ist auch schon für den allgemeinen Fall die in Kapitel 3.2.2 getroffene Annahme der absoluten Datensicherheit ein erhebliches Problem für die Übertragung der Planungsergebnisse in die Praxis. Wann z. B. eine Großreparatur anfällt, ist nicht in jedem Fall vorhersehbar.

Die wirtschaftliche Nutzungsdauer ist generell optimierbar und nicht automatisch vorgegeben, da es **zwei gegenläufige Effekte der optimalen wirtschaftlichen Nutzungsdauer** gibt.

Der **Vorteil der langen Nutzungsdauer** liegt in der Verteilung der Anschaffungsauszahlung auf eine zunehmende Anzahl von Perioden, sodass pro Jahr auch unter Berücksichtigung der Verzinsung weniger Kapital gebunden ist. In Abbildung 5.2 wird dies durch die verteilte Anschaffungsauszahlung gezeigt.

Der **Vorteil der kurzen Nutzungsdauer** liegt darin, dass zu Beginn meist geringere Instandhaltungsauszahlungen, die im Zeitablauf steigen, zu zahlen sind. Dies sind in der Abbildung 5.2 die laufenden Auszahlungen a_k.

Abbildung 5-2: Gegenläufige Effekte der Länge der Nutzungsdauer

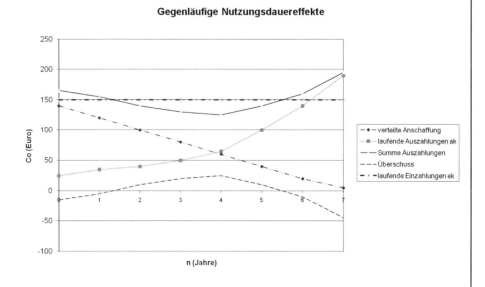

Die Summe beider Zahlungsreihen ergibt in Abbildung 5.2 die Summe der Auszahlungen, die ein Minimum haben, das in dieser Abbildung nach vier Jahren erreicht wird. Bei einer als konstant angenommenen periodischen Einzahlung von 150 Euro ergibt sich so in Abbildung 5.2 eine Überschusskurve, die nach vier Jahren ihr Maximum hat. Wenn es möglich ist, für ein praktisches Investitionsobjekt anzunehmen, dass die laufenden Auszahlungen kontinuierlich steigen, und wenn die Umsatzseite periodisch relativ stabil ist, dann ist die Voraussetzung eines monotonen Funktionsverlaufes weniger problematisch. Über die optimale wirtschaftliche Nutzungsdauer trifft Abbildung 5.2 noch keine Aussage.

Bei der Bestimmung der optimalen Nutzungsdauer sind die Fälle der Bestimmung der optimalen Nutzungsdauer einer einmaligen, also unwiederholten Investition, und die Bestimmung der optimalen Nutzungsdauer von wiederholten Investitionen zu unterscheiden.

Die Entscheidungskriterien für die Bestimmung der optimalen Nutzungsdauer sind unterschiedlich, da im einen Fall die unwiederholte Investition isoliert betrachtet wird, im anderen Fall müssen die Effekte der nachfolgenden Investitionen auf die vorangehenden berücksichtigt werden.

Für wiederholte Investitionen sind weitere Annahmen zu treffen.

In der Praxis sind Beispiele für wiederholte Investitionen die regelmäßige Beschaffung von Notebooks oder Dienstwagen für einen bestimmten Mitarbeiter, der dem Unternehmen ggf. bis zu 50 Jahre zur Verfügung steht. In dieser Zeit wird er vermutlich verschiedene IT-Geräte und Automobile verbrauchen. Diese wird er im Regelfall nicht jedes für sich gleich lange nutzen, sie werden auch nicht gleich teuer sein, es gibt eventuell eine überlappende Nutzung oder eine Zeitdauer ohne diese Objekte.

Die investitionsrechnerische Theorie zu identisch wiederholten Investitionsketten als in der akademischen Literatur praktisch **einzige Form der Nutzungsdaueroptimierung wiederholter Investitionsstrategien** nimmt mit dem Begriff der **Kapitalwertgleichheit** an, dass:

- jedes Objekt einer wiederholten Investitionsstrategie die gleiche Anschaffungsauszahlung hat,
- jedes Objekt einer wiederholten Investitionsstrategie die gleiche Länge der Nutzungsdauer hat,
- jedes Objekt einer wiederholten Investition den gleichen Kapitalwert hat und
- das Nachfolgeobjekt genau in dem Zeitpunkt angeschafft wird, in dem das Vorgängermodell abgeschafft wird.

Außerdem wird eine im mathematischen Sinne unendliche Fortsetzung der Investitionswiederholung unterstellt, damit im Ergebnis die optimale Nutzungsdauer eines Objektes in der Kette schließlich gleich lang ist, wie wir im folgenden Abschnitt noch erkennen werden.

Die Annahme der unendlichen Fortführung der Investitionswiederholung ist nicht sehr problematisch, da z. B. der Wert von Zahlungen in 50 Jahren bei einem Zinssatz von 10 % heute unter einem Prozent (0,852 v.H.) des zukünftigen Zahlungswertes liegt. Zahlungen der weiteren Zukunft werden also durch den Abzinsungseffekt praktisch ignoriert, sodass faktisch doch eine Begrenzung des Zeithorizontes vorliegt.

Soweit sind erneut die für die Rechnung zu treffenden Annahmen recht restriktiv, sind aber notwendig, um das komplexe Problem der Nutzungsdaueroptimierung auf eine Kennzahl reduzieren zu können.

Die Optimierung von nicht identisch wiederholten endlichen Investitionsketten wird in diesem Buch nicht behandelt.

Sie ist ungleich rechenaufwändiger als die Anwendung der Theorie zu identisch wiederholten unendlichen Investitionsketten. Insbesondere ist hier eine exakte Datenprognose z. B. über einen endlichen Zeitraum von 50 Jahren sehr fragwürdig und wissenschaftlich kaum vertretbar. Daher können Nutzungsdauerprobleme mit endlichem Betrachtungshorizont besser in Kontoentwicklungsplänen, die Sie in Abschnitt 4.7 kennen gelernt haben, empirisch optimiert werden.

Abschnittsergebnisse

In diesem Unterkapitel haben Sie:

- die zusätzlich zu den Annahmen der Dynamik zu treffenden Annahmen präsentiert bekommen,
- die Bedeutung der Monotonieannahme für die Funktionsverläufe der Dynamiken erarbeitet,
- die einschränkende praktische Verwertbarkeit der Methoden aufgrund der Annahmen erkannt,
- die die Nutzungsdauer bestimmenden Faktoren erarbeitet,
- den Unterschied zwischen einmaligen Investitionen und wiederholten Investitionen in der Konsequenz auf die optimale Nutzungsdauer erkannt und
- den Begriff der Investitionskette erarbeitet.

5.4 Bestimmung der optimalen Nutzungsdauer

In diesem Abschnitt wird nun die ex ante, also vor Investitionsbeginn vorzunehmende, Optimierung der wirtschaftlichen Nutzungsdauer erarbeitet. Das Kapitel ist in drei Abschnitte unterteilt. **Da sie mit unterschiedlichen Techniken zu bearbeiten sind, werden die optimale Nutzungsdauer einer einmaligen Investition in Abschnitt 5.4.1 und die optimale Nutzungsdauer bei wiederholten Investitionen in Abschnitt 5.4.2 entwickelt.** Es folgt eine Abschnittszusammenfassung. Die Präsentation der Techniken zur Bestimmung des optimalen Ersatzzeitpunktes erfolgt in Kapitel 5.5.

5.4.1 Optimale Nutzungsdauer bei einmaliger Investition

Zunächst ist zu klären, welches das investitionsrechnerisch relevante Kriterium für die Bestimmung der optimalen Nutzungsdauer einer unwiederholten Investition ist. Unwiederholte Investitionen sind für Unternehmen typischerweise Spezialprojekte, die nicht zum Kerngeschäft gehören und durch räumliche oder inhaltliche Besonderheiten gekennzeichnet sind.

Eine Marketingaktion eines am Ort stattfindender Olympischer Winterspiele ansässigen Wintersportgeräteherstellers anlässlich der Veranstaltung mag ebenso ein Beispiel sein wie das finanzielle Engagement eines Baustoffherstellers bei der Erhaltung eines regionalen Kulturdenkmals. Für eine Vielzahl von Unternehmern ist auch die Errichtung eines neuen Produktionsstandortes eine einmalige Aktivität im Unternehmerleben. Das hier anzuwendende investitionsrechnerische Entscheidungskriterium für die Bestimmung der optimalen Nutzungsdauer für den Produktionsstandort ist ein anderes als das investitionsrechnerische Kriterium zur Bestimmung der optimalen Nutzungsdauer von an diesem Produktionsstandort hergestellten Modellserien. Modellserien wechseln in kürzeren Zyklen, sind also mit den Techniken der Bestimmung der optimalen Nutzungsdauer von wiederholten Investitionen, die in Abschnitt 5.4.2 erarbeitet werden, zu bearbeiten.

Grundsätzlich stehen als Kriterien für die Optimierung der Nutzungsdauer zunächst die Zielwerte der Dynamiken zur Verfügung. Der Natur des Entscheidungsproblems nach sind nicht alle dieser Techniken für die Entscheidungsfindung geeignet, obwohl bei einer vorgegebenen Nutzungsdauer letztlich alle Dynamiken zur gleichen Investitionsentscheidung gelangen.

Für die Durchführung einer einmaligen Investition hat ein Investor gewisse Erwartungen. Diese Erwartungen liegen in einer Mindestverzinsung des eingesetzten Kapitals und gegebenenfalls in einem Überschuss. Die Höhe der Erfüllung der Erwartung hängt dabei von der Nutzungsdauer ab, andernfalls wäre sie ja nicht zu optimieren. Soweit fällt also bereits die **Technik der dynamischen Amortisationsrechnung** aus den zur Bestimmung der optimalen Nutzungsdauer geeigneten Techniken heraus, da sie eine definierte Nutzungsdauer ermittelt und keinen Überschuss.

Die **Annuitätenmethode** ist zur Optimierung ebenfalls nicht geeignet, da es bei einer einmaligen Investition nicht um den jährlichen Überschuss, sondern um den Gesamtüberschuss geht. Hier gibt es eine Diskrepanz zum Vorgehen der Annuitätenmethode. Diese Aussage wird erst in Kapitel 5.4.2 bewiesen.

Die **Interne Zinsfußmethode** ist wegen des Rechenaufwandes zur Renditebestimmung im allgemeinen Fall weniger geeignet, da die Anwendung der regula falsi zunächst die Bestimmung von zwei Kapitalwerten und dann die Ermittlung der Rendite über die regula falsi erfordert. Außerdem passt das Vorgehen der internen Zinsfußmethode nicht zum formulierten Kriterium. Sie geht nicht von einer gegebenen Verzinsung und einem ermittelten Überschuss aus, sondern ermittelt eine Verzinsung beim

Bestimmung der optimalen Nutzungsdauer **5.4**

Überschuss null. Das zeitliche Maximum der ermittelten Rendite liegt natürlich auch nicht zeitgleich mit dem Maximum der unter Variation der Nutzungsdauer ermittelten Kapitalwerte, da der Kapitalwert als vermögenssammelnde Größe durch jede positive Nettoeinzahlung in der Zukunft weiter steigt, während die Rendite dort bereits sinkt, sobald die Grenzrendite einer Verlängerungsperiode unter der Durchschnittsrendite liegt.

Verbleiben noch die **Kapitalwert- und die Horizontwertmethode** für die Bewertung. Da bei wechselnden Nutzungsdauern eines Investitionsobjektes, die für die Optimierung ja betrachtet werden müssen, die Horizontwerte immer auf unterschiedlichen Endzeitpunkten liegen, ist auch letztere Methode für einen Vergleich nicht sinnvoll.

So verbleibt die **Kapitalwertmethode.** Diese erfüllt allerdings das oben genannte Kriterium der Mindestverzinsung eines Kapitalengagements und einer möglichst großen Überschussbeteiligung sehr gut, was nämlich genau dem Konzept der Kapitalwertmethode entspricht. Dies verdeutlicht Abbildung 5.3.

Abbildung 5-3: Entwicklung des Kapitalwertes bei variabler Nutzungsdauer

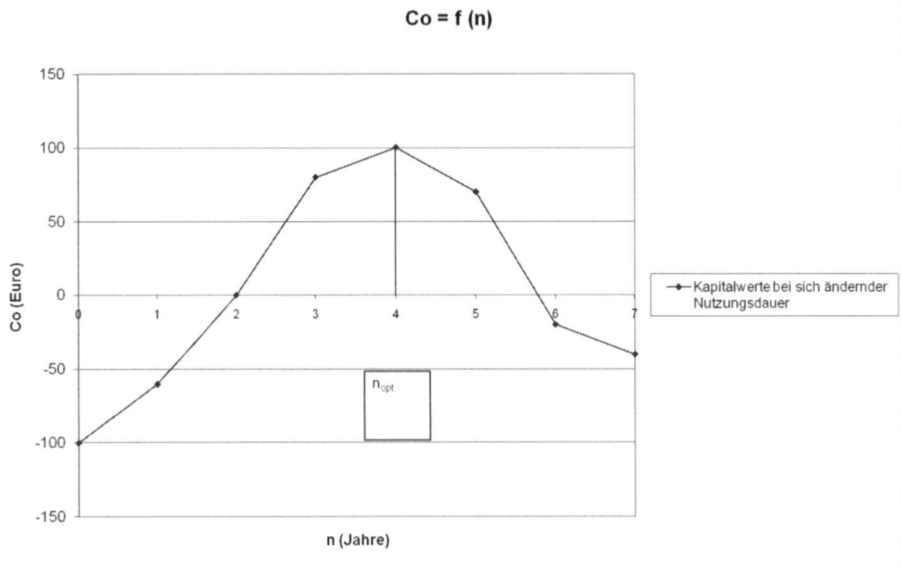

5.4.1.1 Allgemeiner Lösungsansatz

Die Funktion in Abbildung 5.3 beginnt im Zeitpunkt null im negativen Bereich bei der Anschaffungsauszahlung, da nur sie im Zeitpunkt null fällig wird. Im Falle einer lohnenden Investition wird der Kapitalwert nach einer gewissen Zeit durch das Ansam-

5 Optimale Nutzungsdauer und optimaler Ersatzzeitpunkt

meln der diskontierten Nettoeinzahlungen null. An dieser Stelle ist die dynamische Amortisationszeit erreicht. In Abbildung 5.3 ist das im Jahr 2 der Fall. Der Kapitalwert wird positiv, erreicht ein Maximum, in Abbildung 5.3 ist das im Jahr 4 der Fall, und fällt wieder.

Wegen der Nachschüssigkeitsannahme der Zahlungen kann sich eigentlich keine kontinuierlich verlaufende Kapitalwertfunktion ergeben. Die Kapitalwertfunktion müsste bei gleichen Datenpunkten einen diskreten Verlauf haben, da sich die Kapitalwerte aufgrund der Nachschüssigkeitsannahme nur am Jahresende verändern. Dies ist in Abbildung 5.4 dargestellt. Die durchgehende Funktion wiederholt den Verlauf der Darstellung aus Abbildung 5.3, die gestrichelte Funktion zeigt die Berücksichtigung der Nachschüssigkeitsannahme durch einen diskreten, sich am Periodenende verändernden Funktionsverlauf. Alternativ dazu wären die Datenpunkte gar nicht zu verbinden, da unterjährige Werte nicht definiert sind. Auf die Lage oder den Ermittlungsweg des optimalen Funktionspunktes hat dieser Unterschied allerdings keinen Einfluss, weswegen die Abbildungen im Folgenden weiter mit kontinuierlichem Funktionsverlauf dargestellt werden.

Abbildung 5-4: Kontinuierlicher und diskreter Verlauf der Kapitalwertfunktion

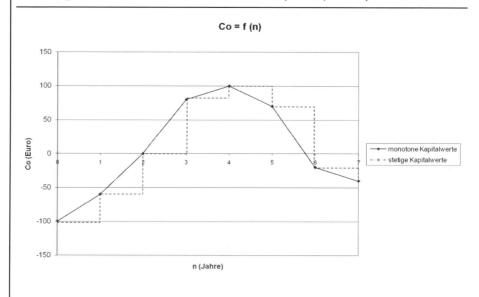

Die Darstellungen in den Abbildungen 5.3 und 5.4 unterscheiden sich hinsichtlich des präsentierten Verlaufs der Kapitalwertfunktion in Abhängigkeit von der Nutzungsdauer gegenüber der in Kapitel 3.8 dargestellten Funktion des Kapitalwertes in Ab-

Bestimmung der optimalen Nutzungsdauer — 5.4

hängigkeit von der Nutzungsdauer bei der Berechnung der dynamischen Amortisationszeit.

Die dynamische Amortisationsrechnung unterstellt die Funktion

(5.1) $\boxed{Co = f(n), (A, e_k, a_k, R, i)}$,

also die Variation der Nutzungsdauer unter Konstanz aller anderen exogenen Variablen. Die Bestimmung der optimalen Nutzungsdauer bei einmaliger Investition unterstellt sinnvollerweise die Variation aller exogener Variablen. Also

(5.2) $\boxed{Co = f(n)}$.

Dadurch sinkt der Kapitalwert im Zeitablauf wieder, weil Effekte wie ein sinkender Restwert und steigende Auszahlungen zum Tragen kommen.

Abbildung 5.3 löst auch ein **mathematisches Optimierungsproblem.** Denn in Kapitel 3 war nur eine endogene Variable, der Zielwert des dynamischen Investitionsrechnungsverfahrens, bei sechs exogenen Variablen vorhanden. Nun wird die Nutzungsdauer endogenisiert, wird also selbst eine zu optimierende Variable. Damit lässt sich das Problem wegen der Unterbestimmtheit der mathematischen Funktion eigentlich nicht mehr lösen.

Allerdings ist die Bestimmung der optimalen Nutzungsdauer bei einer einmaligen Investition unter den gemachten Annahmen und mit der Kapitalwertmethode logisch möglich.

Wenn eine Investition nur einmal genutzt werden kann, ist ihre optimale Nutzungsdauer dort, wo der Kapitalwert maximal ist. Dies ist in Abbildung 5.3 sichtbar.

Ein Abbruch vor diesem Zeitpunkt führt zu einem Verzicht auf den Kapitalwertzuwachs einer Verlängerungsperiode. Zwar würde dadurch die Rendite der Investition im Regelfall steigen, aber das Ziel war ja, das Projekt solange fortzusetzen, wie eine festgelegte Mindestverzinsung erreicht wird, und dann den Überschuss zu maximieren. Das ist nur am maximalen Kapitalwert möglich. Nach diesem Punkt wird die Mindestverzinsung auf den Gesamtzeitraum immer noch erreicht, aber einmal erworbenes Vermögen wird in den Perioden nach dem maximalen Kapitalwert wieder verbraucht. Die Investition wird also aus dem durch die Investition erworbenem Vermögen subventioniert, dies ist bei freier Kapitaldisposition kein wirtschaftliches Verhal-

5 Optimale Nutzungsdauer und optimaler Ersatzzeitpunkt

ten, also liegt die optimale Nutzungsdauer dort, wo der Kapitalwert maximal ist. Am zweiten Schnittpunkt der Kapitalwertfunktion mit der Nutzungsdauerachse ist der gesamte erwirtschaftete Überschuss unter Beachtung der Zinsen wieder verbraucht, der Kapitalwert ist null. Nach diesem Zeitpunkt wird der Kapitalwert wieder negativ.

Damit ist es ausreichend, den Kapitalwert unter Variation der Nutzungsdauer zu maximieren, die optimale Nutzungsdauer fällt als Nebenprodukt an der Stelle ab, an der der Kapitalwert maximal ist.

Soweit ist wieder ein mathematisch bestimmtes Problem zu lösen. Dieses Problem lässt sich sowohl mit dem Taschenrechner als auch mit der Tabellenkalkulation ohne großen Aufwand lösen. Bevor dies an einem Beispiel gezeigt wird, möchte ich für einen Spezialfall einen noch weniger rechenaufwändigen Weg zeigen, der bei Nutzung eines Taschenrechners zur Lösung deutlich schneller geht.

5.4.1.2 Spezialfall jährlich konstanter Einzahlungen

Wenn in dem Investitionsobjekt, für das die optimale Nutzungsdauer zu bestimmen ist, **die laufenden Einzahlungen e_k in jeder Periode konstant sind**, reduziert sich der Rechenaufwand für die Bestimmung der optimalen Nutzungsdauer. Da die Bestimmung der optimalen Nutzungsdauer eine „von Jahr zu Jahr"-Betrachtung ist, wie die Maximierung des Kapitalwertes bei sich ändernder Nutzungsdauer besagt, fragt sich der Investor, welche wirtschaftlichen Konsequenzen die Weiternutzung eines Investitionsobjektes um ein Jahr hat. Da wegen der Nachschüssigkeitsannahme das Jahr die kleinste mögliche Betrachtungseinheit ist und nur der Erfolgsbeitrag dieses isolierten Jahres betrachtet wird, handelt es sich hier um eine ökonomische Grenzbetrachtung.

Auf der Einzahlungsseite ergeben sich also Grenzeinzahlungen (GE) in der Höhe von e, die ja annahmegemäß periodisch konstant sind.

(5.3) $\boxed{GE = e}$.

Die Ermittlung der **Grenzauszahlungen (GA)** ist inhaltlich etwas komplexer. Generell **bestehen Grenzauszahlungen aus drei Bestandteilen**, die Grenzauszahlungsformel hat also drei Summanden.

Da die Grenzauszahlungen die Auszahlungen eines weiteren Jahres k betrachten, sind die **laufenden Auszahlungen a_k** auf jeden Fall Bestandteil der Grenzauszahlungen.

Ein Verlängerungsjahr einer Investition führt weiterhin zu einer **Restwertminderung**. Der Vermögensgegenstand verliert an Wert. Das wird ausgedrückt durch den Term

5.4 Bestimmung der optimalen Nutzungsdauer

(5.4) $\boxed{R_{k-1} - R_k}$,

die Differenz des Vorjahresrestwertes zum Restwert des aktuellen Jahres.

Drittens hätte im Falle des Verzichts auf eine Weiternutzung das Investitionsobjekt zum Vorjahresrestwert R_{k-1} verkauft werden können. Der Wert R_{k-1}, der ja wegen der Nachschüssigkeitsannahme zeitgleich mit dem Beginnzeitpunkt des Jahres k anfällt, ist gewissermaßen die Anschaffungsauszahlung des Investitionsobjektes für ein Jahr der Weiternutzung in der Periode k. Dieses bei Verkauf des Investitionsobjektes wegen Nutzungsabbruch **freiwerdende Kapital hätte zinsbringend angelegt werden können,** der relevante Term ist also:

(5.5) $\boxed{i \times R_{k-1}}$.

Soweit ergeben sich die Grenzauszahlungen nach der Formel:

(5.6) $\boxed{GA_k = a_k + (R_{k-1} - R_k) + i \times R_{k-1}}$.

Der Punkt der optimalen Nutzungsdauer wird dann in Abbildung 5.5 deutlich.

Die optimale Nutzungsdauer liegt dort, wo die Grenzauszahlungen die Grenzeinzahlungen schneiden, unter der Nebenbedingung steigender Grenzauszahlungen.

Am ersten Schnittpunkt, der nicht immer vorhanden sein muss, falls die Grenzauszahlungen am Beginn der Investition unter den Grenzeinzahlungen liegen, sinken die Grenzauszahlungen noch. Wenn der erste Schnittpunkt existiert, erwirtschaftet das Investitionsobjekt ab diesem Zeitpunkt Überschüsse. Am zweiten Schnittpunkt der Grenzauszahlungen mit den Grenzeinzahlungen ist die Nebenbedingung steigender Grenzauszahlungen erfüllt. Dort verlässt das Investitionsobjekt die Zone jährlich erwirtschafteter Überschüsse. Nach dem Punkt sind die jährlichen Auszahlungen höher als die jährlichen Einzahlungen. Der Schnittpunkt entspricht dem allgemeinen Kriterium, dem maximalen Kapitalwert. An dieser Stelle ist der Grenzüberschuss (GÜ) null. Es gilt:

(5.7) $\boxed{GÜ = GE - GA}$.

5 Optimale Nutzungsdauer und optimaler Ersatzzeitpunkt

Abbildung 5-5: Bestimmung der optimalen Nutzungsdauer einmaliger Investitionen bei jährlich konstanten Einzahlungen

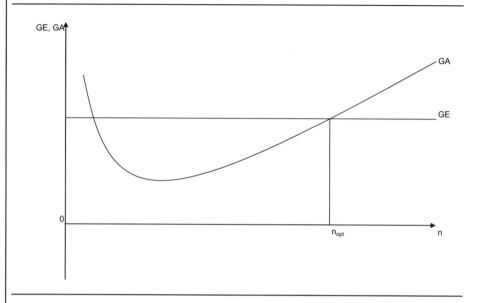

5.4.1.3 Anwendungsbeispiel

Abbildung 5-6: Beispieldatensatz zur Bestimmung der optimalen Nutzungsdauer einmaliger Investitionen*

	A	B	C	D
19	k	e_k (GE)	a_k	R_k
20				
21	1	11000	4000	11000
22	2	11000	5000	8000
23	3	11000	6000	6000
24	4	11000	7000	5000
25	5	11000	8000	4200
26	6	11000	9000	3500
27	7	11000	10000	3000
28	8	11000	11000	2700
29	9	11000	12000	2500
30	A =	15000		
31	i =	0,1		

5.4 Bestimmung der optimalen Nutzungsdauer

Soweit haben Sie nun die Theorie zur Bestimmung der optimalen Nutzungsdauer bei einmaligen Investitionen kennen gelernt. Dieses Wissen sollen Sie nun auf ein Fallbeispiel aus Abbildung 5.6 anwenden. Die Lösung können Sie in der Tabellenkalkulation oder mit dem Taschenrechner erarbeiten. Auch nach dem Verstehen der Theorie ist es unbedingt notwendig, dass Sie die Lösung des Beispiels eigenständig nachvollziehen, damit Sie Nutzungsdauerprobleme dieser Struktur in der Praxis eigenständig lösen können.

Aufgabe:

Berechnen Sie die optimale Nutzungsdauer des Projektes mit der Sonderfalllösung GE = GA unter der Nebenbedingung steigender Grenzauszahlungen. Da der Berechnungsweg mit dem Taschenrechner identisch mit dem Vorgehen in der Tabellenkalkulation ist, wird nur die Lösung in der Tabellenkalkulation vorgestellt.

Lösung:

Abbildung 5-7: Lösung zur Bestimmung der optimalen Nutzungsdauer einmaliger Investitionen*

k	e_k (GE)	a_k	R_k	$R_{k-1}-R_k$	$i*R_{k-1}$	GA_k
0			15000			
1	11000	4000	11000	4000	1500	9500
2	11000	5000	8000	3000	1100	9100
3	11000	6000	6000	2000	800	8800
4	11000	7000	5000	1000	600	8600
5	11000	8000	4200	800	500	9300
6	11000	9000	3500	700	420	10120
7	11000	10000	3000	500	350	10850
8	11000	11000	2700	300	300	11600
9	11000	12000	2500	200	270	12470
A =	15000					
i =	0,1					

Die optimale Nutzungsdauer liegt bei sieben Jahren, da dort die Grenzauszahlungen letztmalig unter den Grenzeinzahlungen liegen. Eine Interpolation des genauen Schnittpunktes der Grenzeinzahlungen mit den Grenzauszahlungen ist nicht notwendig, da wir von der Nachschüssigkeitsannahme ausgehen.

Aufgabe:

Berechnen Sie die optimale Nutzungsdauer des Projektes durch Maximierung des Kapitalwertes.

5 Optimale Nutzungsdauer und optimaler Ersatzzeitpunkt

Lösung:

Die optimale Nutzungsdauer liegt bei sieben Jahren, da dort der Kapitalwert in Höhe von 7.855,29 Euro maximal ist. Dies ist in Abbildung 5.8 nachvollziehbar.

Abbildung 5-8: Lösung zur Bestimmung der optimalen Nutzungsdauer einmaliger Investitionen mit der Kapitalwertmethode*

k	e_k (GE)	a_k	R_k	NE_k	Abf	Ne_k * Abf	Sum Ne_k * Abf	R_k * Abf	BW	Co
1	11000	4000	11000	7000	0,909091	6363,64	6363,64	10000,00	16363,64	1363,64
2	11000	5000	8000	6000	0,826446	4958,68	11322,31	6611,57	17933,88	2933,88
3	11000	6000	6000	5000	0,751315	3756,57	15078,89	4507,89	19586,78	4586,78
4	11000	7000	5000	4000	0,683013	2732,05	17810,94	3415,07	21226,01	6226,01
5	11000	8000	4200	3000	0,620921	1862,76	19673,71	2607,87	22281,58	7281,58
6	11000	9000	3500	2000	0,564474	1128,95	20802,65	1975,66	22778,31	7778,31
7	11000	10000	3000	1000	0,513158	513,16	21315,81	1539,47	22855,29	7855,29
8	11000	11000	2700	0	0,466507	0,00	21315,81	1259,57	22575,38	7575,38
9	11000	12000	2500	-1000	0,424098	-424,10	20891,71	1060,24	21951,96	6951,96
A =	15000									
i =	0,1									

Den Verlauf der Funktionen für beide Lösungen können Sie in Abbildung 5.9 betrachten.

Abbildung 5-9: Grafische Darstellung der optimalen Nutzungsdauer einmaliger Investitionen zum Beispiel

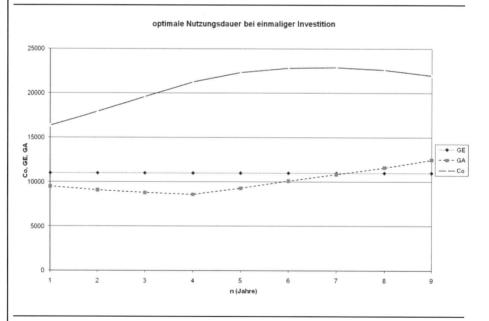

Die optimale Nutzungsdauer liegt bei 7 Jahren, also dort, wo der Kapitalwert maximal ist oder die Grenzeinzahlungen die Grenzauszahlungen schneiden, unter der Nebenbedingung der steigenden Nutzungsdauer. In der Grafik liegt der Schnittpunkt der Grenzzahlungen bei ca. 7,2 Jahren. Dies liegt an dem kontinuierlich gezeichneten Funktionsverlauf. Wegen der Nachschüssigkeitsannahme ergeben sich auch hier 7 Jahre.

5.4.2 Optimale Nutzungsdauer bei wiederholter Investition

5.4.2.1 Kriteriendiskrepanz bei der Optimierung der Nutzungsdauer einmaliger und wiederholter Investitionen

Für die Bestimmung der optimalen Nutzungsdauer bei einer einmaligen Investition haben wir im vorangegangenen Abschnitt die Maximierung des Kapitalwertes unter alternativen Nutzungsdauern als Zielkriterium identifiziert. Für wiederholte Investitionen gilt dieses Kriterium nicht. Dies wollen wir zunächst an einem Beispiel nachvollziehen, bevor wir das Zielkriterium für die Optimierung der wiederholten Investitionen ableiten.

Folgender Datensatz aus Abbildung 5.10 möge Gegenstand unserer Betrachtung sein.

Abbildung 5-10: *Datensatz für den Vergleich von einmaliger und wiederholter Investition**

A	30				
i	0,1				
n	4				
k	e_k	a_k	NE_k	BW	Co
1	90	40	50	45,455	15,45
2	77	42	35	28,926	44,38
3	53	45	8	6,011	50,39
4	51	50	1	0,683	51,07

Die Kapitalwerte sind bereits im Datensatz mit ausgewiesen. Bitte überprüfen Sie die Werte eigenständig in der Tabellenkalkulation oder im Taschenrechner.

Lösung:

Bei einer einmaligen Investition läge die optimale Nutzungsdauer bei vier Jahren, da bei einer Nutzungsdauer von vier Jahren der Kapitalwert maximal ist.

Ob diese Nutzungsdauer auch bei Wiederholungen optimal ist, überprüfen wir nun an einer zwölfjährigen Nutzungsdauer. Diese Länge habe ich gewählt, da jede mögliche Nutzungsdauer des Beispielobjektes als ganzzahlige Wiederholung im Betrachtungszeitraum zwölf Jahre dargestellt werden kann. Betrachtet werden nur gleichlange Nutzungsdauern bei wiederholten Investitionen. So sind vier Kombinationen möglich, um die Investitionsobjekte in einem zwölfjährigen Betrachtungshorizont zu nutzen. Es können drei vierjährige Investitionsobjekte oder vier dreijährige oder sechs zweijährige oder zwölf einjährige Objekte im Zeitraum genutzt werden. Die Investitionsobjekte sind in Abbildung 5.11 als liegende Rechtecke auf dem Zeitstrahl dargestellt, sodass Laufzeit und zeitliche Lage erkennbar sind. Die zum Investitionsobjekt ermittelten Kapitalwerte sind in den Rechtecken aufgeführt. Der Gesamtkapitalwert (C_{gesamt}) ergibt sich aus der abgezinsten Summe der einzelnen Kapitalwerte. Dies zeigt die folgende Abbildung 5.11:

Abbildung 5-11: Kapitalwerte bei zwölfjährigem Betrachtungszeitraum und unterschiedlich langen individuellen Nutzungsdauern der Investitionsketten

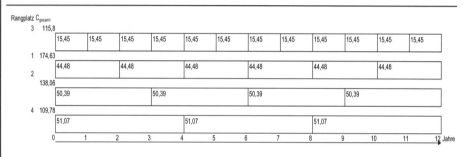

Überprüfen Sie die Werte bitte eigenständig in der Tabellenkalkulation oder mit dem Taschenrechner. Bei Anwendung des Optimalitätskriteriums der einmaligen Investition auf dieses Investitionsobjekt für eine Investitionswiederholung in einem zwölfjährigen Zeitraum müssten drei vierjährige Investitionen durchgeführt werden. Dies führt zu einem Gesamtkapitalwert von 109,78. Eine ein-, zwei- oder dreijährige Nutzungsdauer mit entsprechend zwölf-, sechs- oder vierfacher Wiederholung führt aber zu höheren Kapitalwerten. Die Rangplätze und die absolute Höhe der entsprechenden Kapitalwerte sind im linken Teil von Abbildung 5.11 angegeben.

Das Kriterium zur Bestimmung der optimalen Nutzungsdauer bei einmaligen Investitionen kann also auf wiederholte Investitionen nicht angewendet werden.

5.4.2.2 Optimierung der Nutzungsdauer bei endlich wiederholten Investitionen

Wiederholte Investitionen sind in endlich wiederholte und unendlich wiederholte Investitionen zu unterscheiden. Die Wiederholung kann identisch („kapitalwert-

5.4 Bestimmung der optimalen Nutzungsdauer

gleich") oder nicht identisch erfolgen. Letzterer Fall wird, wie bereits in Kapitel 5.3 angesprochen, wegen des großen Rechenaufwandes hier nicht erarbeitet. Dieser Fall kann mit der in Abschnitt 4.7 behandelten Technik der Kontoentwicklungspläne sinnvoller bearbeitet werden.

Auch für identisch wiederholte **endliche** Investitionen lässt sich keine einheitliche Optimierung des einzelnen Objektes in der Kette vornehmen. Jedes Objekt in einer endlichen Nutzungsdauer hat eine individuelle Nutzungsdauer, was wegen der Nachschüssigkeitsannahme nicht an jeder Stelle sichtbar wird.

Die folgende Abbildung 5.12 soll dies für den bereits benutzten Datensatz verdeutlichen. Die Betrachtung erfolgt ausgehend von einer vierjährigen Nutzungsdauer des einzelnen Investitionsobjektes im zwölfjährigen Betrachtungszeitraum. An unterschiedlichen Stellen werden die Nutzungsdauern der einzelnen Objekte in der Kette verkürzt und die Gesamtkapitalwerte ermittelt. Die Investitionsobjekte sind als liegende Rechtecke auf dem Zeitstrahl dargestellt, so dass Laufzeit und zeitliche Lage erkennbar sind. Die zum Investitionsobjekt ermittelten Kapitalwerte sind in den Rechtecken aufgeführt. Der Gesamtkapitalwert (C_{gesamt}) ergibt sich aus der abgezinsten Summe der einzelnen Kapitalwerte.

Abbildung 5-12: *Gesamtkapitalwerte endlicher Investitionsketten*

Rang	C_{gesamt}	Objekt 1	Objekt 2	Objekt 3
7	93,6	15,45 (0–1)	51,07 (1–5)	51,07 (5–12)
1	115,42	44,38 (0–3)	51,07 (3–7)	51,07 (7–12)
4	110,22	51,07 (0–4)	44,38 (4–7)	51,07 (7–12)
2	114,97	50,39 (0–3)	51,07 (3–7)	51,07 (7–12)
3	111,7	51,07 (0–4)	50,39 (4–7)	51,07 (7–12)
6	109,47	51,07 (0–4)	51,07 (4–8)	50,39 (8–11)
5	109,78	51,07 (0–4)	51,07 (4–8)	51,07 (8–12)

Die unterste Variante (Rangplatz 5) stellt unsere Ausgangssituation dar. Ein Verkürzen des Gesamtzeitraumes auf elf Jahre durch Abschneiden des letzten Jahres der letzten Investition (Rangplatz 6) führt zu einer Reduktion des Gesamtkapitalwertes auf 109,47. Eine weitere Verkürzung dieses Objektes durch den Wegfall des jeweils letzten Jahres der Nutzungsdauer würde zu einer weiteren Reduktion des Gesamtkapitalwertes führen.

Daraus lässt sich direkt folgende Erkenntnis ableiten:

Die optimale Nutzungsdauer des letzten Investitionsobjektes in einer endlichen Kette wird wie die optimale Nutzungsdauer einer einmaligen Investition bestimmt.

Eine Verkürzung des zweiten Investitionsobjektes in der Kette auf 3 Jahre, während die Objekte 1 und 3 ihre vierjährige Nutzungsdauer behalten (Rangplatz 3), führt, trotz des nur elfjährigen Betrachtungszeitraumes, zu einem in diesem Beispiel insgesamt höheren Gesamtkapitalwert von 111,70 als in der zwölfjährigen Ausgangssituation. Hier ist also durch Verkürzung eines Investitionsobjektes die Erhöhung des Gesamtkapitalwertes möglich. Dies ergibt sich aus zwei gegenläufigen Effekten, dem Verlust durch Verzicht auf Kapitalwert durch Verkürzen eines Objektes (hier: (51,07 − 50,39) ×1,1⁻⁴) und dem Zinsgewinn durch Vorziehen der nachfolgenden Investition (hier: 51,07 × 0,1 × 1,1⁻⁸), jeweils abgezinst auf den Zeitpunkt null..

Rechnerisch ergibt sich für den Vergleich der Rangplatz 5- und der Rangplatz 3-Variante:

(5.8) $\boxed{111{,}70 = 109{,}78 - (51{,}07 - 50{,}39) \times 1{,}1^{-4} + 51{,}07 \times 0{,}1 \times 1{,}1^{-8}}$ oder

(5.9)
$$\boxed{111{,}70 = 109{,}78 - (51{,}07 - 50{,}39) \times 1{,}1^{-4} + 51{,}07 \times 1{,}1^{-7} - 51{,}07 \times 1{,}1^{-8}}$$

Dieser Gewinn lässt sich durch Verkürzen des ersten Objektes in der Kette auf 3 Jahre bei 2 folgenden vierjährigen Objekten noch erhöhen, weil sich dann der Zinsgewinn durch die Verkürzung der Nutzungsdauer für das erste Objekt sowohl beim zweiten wie auch beim dritten Objekt ergibt. Rechnerisch ergibt sich für den Vergleich der Rangplatz 5- und der Rangplatz 2-Variante:

(5.10)
$$\boxed{114{,}97 = 109{,}78 - (51{,}07 - 50{,}39) + 51{,}07 \times 0{,}1 \times 1{,}1^{-4} + 51{,}07 \times 0{,}1 \times 1{,}1^{-8}}$$

Eine weitere Verkürzung der Nutzungsdauer auf einen zehnjährigen Betrachtungszeitraum wirkt sich in dem Beispiel folgendermaßen aus:

5.4 Bestimmung der optimalen Nutzungsdauer

Eine Verkürzung des zweiten Investitionsobjektes auf eine zweijährige Nutzungsdauer bei Erhalt der Nutzungsdauer 4 Jahre für die Objekte 1 und 3 (Rangplatz 4) führt zu einer Senkung des Gesamtkapitalwertes auf 110,22.

Eine Verkürzung des ersten Investitionsobjektes auf eine zweijährige Nutzungsdauer bei Erhalt der Nutzungsdauer 4 Jahre für die Objekte 2 und 3 (Rangplatz 1) führt zu einer Erhöhung des Gesamtkapitalwertes auf 115,42. Der Effekt der Verkürzung von Objekt 1 entsteht durch den doppelten Zinsgewinneffekt bei den Objekten 2 und 3.

Eine weitere Verkürzung der Gesamtnutzungsdauer auf 9 Jahre durch Verkürzung von Investition 1 auf ein Jahr ist bei diesem Datensatz nicht sinnvoll (Rangplatz 7).

Das Beispiel zeigt also, dass die optimale Nutzungsdauer eines einzelnen Objektes in einer endlichen Kette individuell ist und dass eine Verkürzung eines vorderen Objektes in einer Kette wirtschaftlich sinnvoller ist, da so alle folgenden Investitionsobjekte einen Zinsgewinn erwirtschaften.

Die optimale Nutzungsdauer eines einzelnen Investitionsobjektes in einer endlichen identischen Investitionskette nimmt zu.

5.4.2.3 Bestimmung der optimalen Nutzungsdauer in unendlich wiederholten Investitionsketten

Allgemeiner Lösungsansatz

Nachfolgend wollen wir uns nun mit der Bestimmung der optimalen Nutzungsdauer kapitalwertgleicher unendlich wiederholter Investitionsketten befassen. Der Vorteil der Annahme der unendlichen Wiederholung liegt in der Reduktion des Rechenaufwandes, da nun alle Investitionsobjekte in der Kette die gleiche Nutzungsdauer haben, da alle gleich viele, nämlich unendlich viele, Nachfolger haben. Ich hatte bereits in Kapitel 5.3 darauf hingewiesen, dass die Annahme der unendlichen Wiederholung für die Praxis kaum verfälschend ist, da durch den Abzinsungseffekt die Zahlungen der weiteren Zukunft praktisch keinen Gegenwartswert haben. Grafisch kann die Planungssituation wie in Abbildung 5.13 dargestellt werden:

Abbildung 5-13: Gesamtkapitalwert bei unendlich wiederholten kapitalwertgleichen Investitionsketten

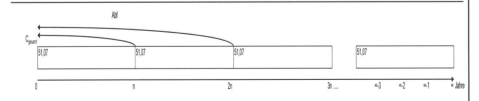

5 Optimale Nutzungsdauer und optimaler Ersatzzeitpunkt

Der **Gesamtkapitalwert dieser Investitionskette** wird durch die Länge der einzelnen Objekte in der Kette mitbestimmt. Er errechnet sich durch die Abzinsung der einzelnen Kapitalwerte in der Kette und anschließende Addition. Damit handelt es sich bei dieser Situation mathematisch um eine geometrische Reihe, da man in der obigen Reihe von jedem beliebigen k-ten Glied zum k+1-ten Glied durch Multiplikation mit dem Abzinsungsfaktor gelangt. Die Anzahl der Glieder ist unendlich. Übertragen in unsere investitionsrechnerische Terminologie ergibt sich dann die Summenformel der geometrischen Reihe, also der Gesamtkapitalwert (Cg) der Reihe als:

$$(5.11) \quad C_g = Co \times \frac{1 - \left[\frac{1}{(1+i)^n}\right]^\infty}{1 - \frac{1}{(1+i)^n}}.$$

Der Kapitalwert Co ist dabei der entsprechend ermittelte Kapitalwert des einzelnen Objektes in der Kette, der ja für alle Objekte gleich ist, bei einer vorgegebenen Nutzungsdauer. Der Bruch in der eckigen Klammer in Gleichung (5.11) wird durch den unendlichen Exponenten unendlich klein und kann vernachlässigt werden:

$$(5.12) \quad C_g = Co \times \frac{1}{1 - \frac{1}{(1+i)^n}}.$$

Nach Erweitern des Bruches mit dem mit dem Zinssatz multiplizierten Aufzinsungsfaktor und Ausklammern des Zinssatzes auf dem Nenner des Bruches ergibt sich:

$$(5.13) \quad Cg = \frac{Co}{i} \times \frac{i \times (1+i)^n}{(1+i)^n - 1} = \frac{Co}{i} \times KWF_i^n = \frac{DJÜ}{i}.$$

Damit ist das Entscheidungskriterium für die Bestimmung der optimalen Nutzungsdauer in unendlich wiederholten identischen Investitionsketten hergeleitet.

Der Gesamtkapitalwert einer Investitionskette Cg ergibt sich durch Division des DJÜ des einzelnen Objektes in der Kette durch den Kalkulationszinssatz.

Bestimmung der optimalen Nutzungsdauer **5.4**

(5.14) $$Cg = \frac{DJÜ}{i}.$$

Entsprechend den in Kapitel 3 gewonnenen Erkenntnissen zur partialanalytischen Dynamik ist dies ein sinnvolles Konzept. Der Gesamtkapitalwert Cg stellt so wiederum den fairen Kauf- und Verkaufspreis der Investitionskette dar. Cg ergibt sich durch Division des durchschnittlichen jährlichen Überschuss durch den Zinssatz. Bei Anlage des Cg zum Kalkulationszinssatz, was im Modell der partialanalytischen Dynamik ja jederzeit möglich ist, ergibt sich für Cg ein Zinsertrag in Höhe von DJÜ. Soweit ist dieses Konzept also ein sinnvolles Kriterium.

Die Fragestellung in diesem Abschnitt war allerdings die Optimierung der Nutzungsdauer in identischen unendlich langen Investitionsketten. Diese ist durch dieses Konzept auch bereits gelöst. So wie der Kapitalwert bei der einmaligen Investition zu maximieren war, erfolgt hier **die Maximierung der Annuität einer einzelnen Investition aus der Kette,** indem für jede mögliche Länge der Nutzungsdauer des einzelnen Investitionsobjektes der DJÜ ermittelt wird. Dort, wo der maximale DJÜ erreicht ist, liegt die optimale Nutzungsdauer. Damit ist für jedes Objekt in der unendlichen Kette die Länge der Nutzungsdauer des einzelnen Objektes in der Kette und auch jede Annuität bestimmt. Durch Division dieser Annuität durch den Zinssatz ergibt sich der optimale Gesamtkapitalwert der Investitionskette.

5.4.2.4 Anwendungsbeispiel

Aufgaben:

Ermitteln Sie für das Beispiel aus Abbildung 5.6 in Kapitel 5.4.1.3 die optimale Nutzungsdauer, die Annuität und den Gesamtkapitalwert unter der Annahme, dass es sich um eine unendlich wiederholte kapitalwertgleiche Investitionskette handelt.

Lösungen:

Abbildung 5-14: Ermittlung der optimalen Nutzungsdauer für die Investitionskette*

k	e_k (GE)	a_k	R_k	NE_K	Abf	Ne_k * Abf	Sum Ne_k * Abf	R_k * Abf	BW	Co	KWF	DJÜ
1	11000	4000	11000	7000	0,909091	6363,64	6363,64	10000,00	16363,64	1363,64	1,1	1500
2	11000	5000	8000	6000	0,826446	4958,68	11322,31	6611,57	17933,88	2933,88	0,576190	1690,48
3	11000	6000	6000	5000	0,751315	3756,57	15078,89	4507,89	19586,78	4586,78	0,402115	1844,41
4	11000	7000	5000	4000	0,683013	2732,05	17810,94	3415,07	21226,01	6226,01	0,315471	1964,12
5	11000	8000	4200	3000	0,620921	1862,76	19673,71	2607,87	22281,58	7281,58	0,263797	1920,86
6	11000	9000	3500	2000	0,564474	1128,95	20802,65	1975,66	22778,31	7778,31	0,229607	1785,96
7	11000	10000	3000	1000	0,513158	513,16	21315,81	1539,47	22855,29	7855,29	0,205405	1613,52
8	11000	11000	2700	0	0,466507	0,00	21315,81	1259,57	22575,38	7575,38	0,187444	1419,96
9	11000	12000	2500	-1000	0,424098	-424,10	20891,71	1060,24	21951,96	6951,96	0,173641	1207,14
A =	15000											
i =	0,1											

5 Optimale Nutzungsdauer und optimaler Ersatzzeitpunkt

Es wird nur die Lösung in der Tabellenkalkulation in Abbildung 5.14 und folgend vorgestellt:

Die optimale Nutzungsdauer liegt bei vier Jahren, da dort die Annuität (DJÜ) in Höhe von 1.964,12 Euro maximal ist. Der Gesamtkaptialwert der Kette berechnet sich nach der Formel

$$(5.15)\quad Cg = \frac{DJ\ddot{U}}{i}$$

und beträgt 19.641,2 Euro.

Spezialfall konstanter jährlicher Einzahlungen

Wie bei der einmaligen Investition kann bei der unendlich wiederholten Investition der Spezialfall konstanter jährlicher Einzahlungen betrachtet werden. Das allgemeine DJÜ-Kriterium vereinfacht sich dann zum DJA-Kriterium, da die Einzahlungen wegen ihrer zeitlichen Konstanz nicht mehr beachtet werden müssen.

Die optimale Nutzungsdauer unendlich wiederholter kapitalwertgleicher Investitionsketten liegt also für jedes Objekt dort, wo die DJA minimal sind, wenn die Einzahlungen des Investitionsobjektes in jedem Jahr konstant sind.

Dies ist ohne weiteren Beweis logisch. Die DJA lassen sich darüber hinaus aus den Grenzauszahlungen, deren Ermittlungsweg bereits in Gleichung (5.6) in Abschnitt 5.4.1.2 beschrieben wurde, ermitteln.

Außerdem schneiden die Grenzauszahlungen die DJA, die ja deren finanzmathematischer Durchschnitt sind, zwingend im Minimum, denn solange Grenzauszahlungen fallen, solange also durch ein weiteres Jahr der Nutzungsdauer neue Auszahlungen hinzukommen, die niedriger sind als die Vorjahreszahlungen, müssen auch die DJA sinken. Wenn die Grenzauszahlungen bereits wieder steigen, fallen die DJA weiter auf ein Minimum, da die Grenzauszahlungen ja gewichtet durch den Zinssatz und die Anzahl der bereits berücksichtigten Jahre in die DJA eingehen. Im Minimum der DJA werden sie von den Grenzauszahlungen geschnitten, dann steigen beide Funktionen an, die Grenzauszahlungen allerdings mit stärkerer Rate. Abbildung 5.15 zeigt diesen Zusammenhang.

Die entsprechende Formel für die Bestimmung der DJA lautet:

$$(5.16)\quad DJA = \left[\sum_{k=1}^{n} GA_k \times (1+i)^{-k}\right] \times KWF_i^n.$$

5.4 Bestimmung der optimalen Nutzungsdauer

Abbildung 5-15: Optimale Nutzungsdauer bei unendlich wiederholten kapitalwertgleichen Investitionsketten mit konstanten Einzahlungen

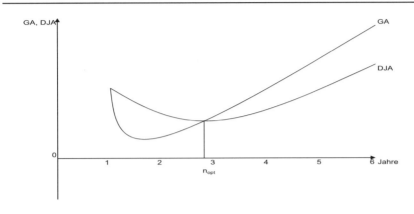

Die Grenzauszahlungen berechnen sich nach folgender Formel:

$$(5.17) = (5.6) \quad \boxed{GA_k = a_k + (R_{k-1} - R_k) + i \times R_{k-1}}.$$

Anwendungsbeispiel

Aufgabe:

Abbildung 5-16: Datensatz zur Nutzungsdauerbestimmung in Investitionsketten

k	e_k	a_k	R_k
1	20000	9200	54000
2	48320	10840	50000
3	45194,34	11000	45000
4	49809,75	12000	38000
5	47549,28	13000	30000
6	33747,47	15000	20000
7	892,646	15000	10000
A =	50000		
i =	0,08		
Einheit=	Euro		

Optimale Nutzungsdauer und optimaler Ersatzzeitpunkt

Ermitteln Sie für den nachfolgenden Datensatz die optimale Nutzungsdauer des einzelnen Investitionsobjektes in einer unendlich wiederholten kapitalwertgleichen Kette.

Lösung:

Sie können die Lösung in der Tabellenkalkulation oder mit dem Taschenrechner erstellen. Die Lösung ist in Abbildung 5.17 dargestellt.

Abbildung 5-17: Nutzungsdauerbestimmung in Investitionsketten*

k	e_k	a_k	R_k	NE_k	Abf	Ne_k * Abf	Sum Ne_k * Abf	R_k * Abf	BW	Co	KWF	DJÜ
1	20000	9200	54000	10800	0,925926	10000,00	10000,00	50000,00	60000,00	10000,00	1,080000	10800
2	48320	10840	50000	37480	0,857339	32133,06	42133,06	42866,94	85000,00	35000,00	0,560769	19626,92
3	45194,34	11000	45000	34194,34	0,793832	27144,57	69277,63	35722,45	105000,08	55000,08	0,388034	21341,87
4	49809,75	12000	38000	37809,75	0,735030	27791,29	97068,92	27931,13	125000,06	75000,06	0,301921	22644,08
5	47549,28	13000	30000	34549,276	0,680583	23513,66	120582,58	20417,50	141000,08	91000,08	0,250456	22791,56
6	33747,47	15000	20000	18749,465	0,630170	11814,08	132396,66	12603,39	145000,06	95000,06	0,216315	20549,97
7	892,646	15000	10000	-14107,35	0,583490	-8231,51	124165,16	5834,90	130000,06	80000,06	0,192072	15365,80

Die optimale Nutzungsdauer eines jeden Objektes in der unendlichen Kette der Lösung in Abbildung 5.17 beträgt 5 Jahre. Dort ist der DJÜ mit 22.791,56 Euro maximal.

Aufgabe:

Ermitteln Sie mit den Daten aus dem Beispiel in Abbildung 5.6 in Abschnitt 5.4.1.3 mittels der DJA die optimale Nutzungsdauer des einzelnen Investitionsobjektes in einer unendlich wiederholten kapitalwertgleichen Kette.

Lösung:

Abbildung 5-18: Nutzungsdauerbestimmung in Investitionsketten für die Daten aus Abbildung 5.6*

k	e_k (GE)	a_k	R_k	$R_{k-1}-R_k$	$i*R_{k-1}$	GA_k	Abf	BW GA_k	ΣGA_k*Abf	KWF	DJA
0			15000								
1	11000	4000	11000	4000	1500	9500	0,909091	8636,36	8636,36	1,1	9500
2	11000	5000	8000	3000	1100	9100	0,826446	7520,66	16157,02	0,57619	9309,52
3	11000	6000	6000	2000	800	8800	0,751315	6611,57	22768,60	0,402115	9155,59
4	11000	7000	5000	1000	600	8600	0,683013	5873,92	28642,51	0,315471	9035,88
5	11000	8000	4200	800	500	9300	0,620921	5774,57	34417,08	0,263797	9079,14
6	11000	9000	3500	700	420	10120	0,564474	5712,48	40129,56	0,229607	9214,04
7	11000	10000	3000	500	350	10850	0,513158	5567,77	45697,32	0,205405	9386,48
8	11000	11000	2700	300	300	11600	0,466507	5411,49	51108,81	0,187444	9580,04
9	11000	12000	2500	200	270	12470	0,424098	5288,50	56397,30	0,173641	9792,86

A = 15000
i = 0,1

Sie können die Lösung in der Tabellenkalkulation oder mit dem Taschenrechner erstellen. Die Lösung ist in Abbildung 5.18 dargestellt.

Die optimale Nutzungsdauer beträgt in diesem Fall 4 Jahre, da dort die DJA mit 9.035,88 Euro minimal sind.

5.4.3 Abschnittsergebnisse

In diesem Unterkapitel haben Sie gelernt,

- die optimale Nutzungsdauer bei einmaliger Investition als wirtschaftliches Problem zu behandeln,
- die optimale Nutzungsdauer bei wiederholten Investitionen als wirtschaftliches Problem zu betrachten,
- die Unterscheidung zwischen einmaligen und wiederholten Investitionen vorzunehmen,
- die Unterscheidung zwischen endlich und unendlich wiederholten Investitionen vorzunehmen,
- das Optimalitätskriterium für einmalige Investitionen anzuwenden,
- das Optimalitätskriterium für unendlich wiederholte Investitionen anzuwenden,
- Sonderfälle im Datensatz beider Problemkreise in der Entscheidung zu berücksichtigen und
- die Entscheidungskriterien auf Beispiele anzuwenden.

5.5 Bestimmung des optimalen Ersatzzeitpunktes

Bei der Bestimmung des optimalen Ersatzzeitpunktes wird eine bereits laufende Investition überplant. Dabei gehen wir davon aus, dass es sich bei der bereits laufenden Investition um einen beliebigen Vertreter einer unendlich wiederholten kapitalwertgleichen Investitionskette handelt, der gegebenenfalls durch eine neue unendliche kapitalwertgleiche Investitionskette ersetzt werden soll. Es gelten also die allgemeinen und die in Kapitel 5.3 getroffenen Annahmen weiter.

Bei vollständiger Gültigkeit aller Annahmen würde es sich beim Ersatzproblem eigentlich gar nicht um eine Entscheidungssituation handeln. Denn entsprechend der Annahme, dass alle Rechenelemente mit Sicherheit bekannt sind, könnten gar keine neuen Informationen auf dem Markt verfügbar sein, die ein Überplanen einer laufenden Investitionskette nötig machen. Dass das Auftreten neuer Informationen in der

5 Optimale Nutzungsdauer und optimaler Ersatzzeitpunkt

Praxis aber ein sehr häufiger Fall ist, muss nicht besonders betont werden. Die Technik der Bestimmung des optimalen Ersatzzeitpunktes weicht die Annahme der Datensicherheit ausschließlich bezüglich des Auftretens neuer Informationen über Alternativobjekte also etwas auf. Für die Investitionsketten selbst gilt die Annahme weiter. Diese modelltheoretische Inkonsistenz mag akzeptiert werden, damit eine etwas realitätsnähere Überplanung laufender Investitionsketten sinnvoll ist.

Das Zielkriterium für den Ersatz oder Weiterbetrieb der bestehenden Investitionskette ist uns bezüglich der ggf. **neu anzuschaffenden Investitionskette** bereits aus Kapitel 5.4 bekannt. Denn eine aufgrund neuer Marktinformationen aufkommende neue Alternative wird als eine unendlich wiederholte kapitalwertgleiche Investitionskette betrachtet.

Daher ist das Optimierungskriterium für eine neue Investitionskette die Maximierung des durchschnittlichen jährlichen Überschusses des einzelnen Objektes aus der Kette.

Für die potenzielle Ersatzinvestition in Form der neuen Investitionskette gilt also:

$$(5.18)\quad \boxed{DJ\ddot{U}_{neu} = \max!}$$

Dabei handelt es sich natürlich nicht um das Entscheidungskriterium für die Bestimmung des optimalen Ersatzzeitpunktes, sondern um das Vergleichskriterium mit dem entsprechenden Wert bei der bereits laufenden alten Investitionskette. Welches Kriterium für die alte Investitionskette herangezogen werden muss, hängt von den Ersatzmöglichkeiten ab. An der folgenden Abbildung 5.19 wollen wir uns das verdeutlichen.

Abbildung 5-19: Ersatzzeitpunkt in Investitionsketten

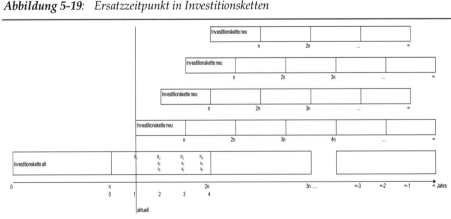

5.5 Bestimmung des optimalen Ersatzzeitpunktes

In der Abbildung 5.19 sehen wir im unteren Teil direkt über dem Zeitstrahl die alte unendlich wiederholte kapitalwertgleiche Investitionskette. Die Nutzungsdauer der einzelnen Objekte in der Kette ist natürlich annahmegemäß für alle Objekte gleichlang. Die Kette wurde in der Vergangenheit begonnen. Der Zeitpunkt „aktuell" ist die Gegenwart. Dort ist in dieser beispielhaften Darstellung vom zweiten Investitionsobjekt der alten Investitionskette bereits ein Jahr abgelaufen. Zu diesem Zeitpunkt erfolgt die Überplanung mit der Fragestellung, ob die alte Investitionskette gegen eine neue Investitionskette ersetzt werden soll. Der Übergang kann im allgemeinen Fall selbstverständlich in jedem Investitionsobjekt der alten Investitionskette zu jedem beliebigen nachschüssigen Zeitpunkt erfolgen.

Daraus wird zunächst deutlich, dass das am vergangenen Beginn der alten Investitionskette für die Bestimmung der damals optimalen Nutzungsdauer für die Objekte der alten Investitionskette gültige Kriterium, die Maximierung des durchschnittlichen jährlichen Überschusses, nicht für den Vergleich mit der neuen Investitionskette herangezogen werden kann, denn ein im allgemeinen Fall beliebig langer Teil des derzeit laufenden Investitionsobjektes der alten Investitionskette ist bereits abgelaufen.

Die Anschaffungsauszahlung für das laufende Objekt der alten Investitionskette ist z. B. also bereits in der Vergangenheit gezahlt worden und damit aktuell kein Entscheidungskriterium mehr.

In der Darstellung in Abbildung 5.19 ist, wie bereits angeführt, das erste Jahr des zweiten Objektes der alten Investitionskette abgelaufen. Die Anschaffungsauszahlung wurde also in der Vergangenheit getätigt. Laufende Ein- und Auszahlungen der im betrachteten Investitionsobjekt bereits abgelaufenen Jahre werden ebenfalls nicht betrachtet, da sie in der nicht mehr entscheidungsrelevanten Vergangenheit angefallen sind. Die laufenden Ein- und Auszahlungen fallen in der Realität im gesamten Jahr an und werden nur wegen der Nachschüssigkeitsannahme auf den Jahresendzeitpunkt gesetzt. Daher werden die laufenden Ein- und Auszahlungen, die auf dem Zeitpunkt „aktuell" liegen, ebenfalls nicht betrachtet, da sie dem gesamten bereits abgelaufenen Jahr zuzuordnen sind.

Der Restwert zum Zeitpunkt „aktuell", R_1 in der Darstellung in der Abbildung 5.19, ist gewissermaßen der Wiederkaufpreis zum aktuellen Zeitpunkt. Wenn wir erwägen, die Nutzung des alten Investitionsobjektes zu beenden, und uns fragen, was uns die Weiternutzung kostet, würden wir bei der Weiternutzung auf den Erhalt des Restwertes R_1 aus dem Verkauf des Investitionsobjektes verzichten. Daher ist der Wert R_1 gewissermaßen die Anschaffungsauszahlung für die Weiternutzung des bereits laufenden alten Investitionsobjektes. Die ehemals geplanten Rechenelemente des laufenden Investitionsobjektes in der alten Investitionskette, die noch in der Zukunft liegen, bleiben unverändert. Da sich die relevanten Daten des bereits laufenden Objektes der alten Kette verändert haben, kann die ehemals als Entscheidungskriterium für die gegenüber der aktuellen Situation historisch bestimmte optimale Nutzungsdauer der alten Investitionskette an deren Beginn, die Maximierung des DJÜ, auch nicht mehr

5 Optimale Nutzungsdauer und optimaler Ersatzzeitpunkt

als Vergleichskriterium herangezogen werden. Dies ist nur möglich, wenn der Zeitpunkt „aktuell" gerade auf das Ende eines Investitionsobjektes der alten Kette fällt.

Der Vergleich der durchschnittlichen jährlichen Überschüsse der einzelnen Investitionsobjekte in einer alten und in einer neuen Investitionskette als Entscheidungskriterium für den Ersatz ist nur sinnvoll, wenn in der alten Investitionskette ein laufendes Investitionsobjekt zum Vergleichszeitpunkt gerade geplant beendet wird.

Trifft dieser Spezialfall nicht zu, der in der Abbildung 5.19 durch die oberste neue Investitionskette dargestellt wird, dann ist zu unterscheiden, ob die neue Investitionskette jederzeit während der Restnutzungsdauer des laufenden Altobjektes in der Kette, wegen der Nachschüssigkeitsannahme wäre das zu den Periodenenden der geplanten Restnutzungsdauer, angeschafft werden kann oder nur zu bestimmten Zeitpunkten.

Bei einer jederzeitigen Beschaffungsmöglichkeit gehen wir von einer jährlichen Ersatzmöglichkeit aus, bei einer Ersatzmöglichkeit zu bestimmten Zeitpunkten gehen wir von einer überjährigen Ersatzmöglichkeit aus.

Für beide Situationen gelten unterschiedliche Zielkriterien für die Ersatzentscheidung beim Altobjekt, die jetzt in zwei separaten Abschnitten erarbeitet werden.

5.5.1 Optimaler Ersatzzeitpunkt bei jährlicher Ersatzmöglichkeit

Bei der jährlichen Ersatzmöglichkeit des laufenden alten Investitionsobjektes gegen eine neue Investitionskette hat der Investor die Möglichkeit, an jedem Periodenende der geplanten Restnutzungsdauer des Altobjektes gegen eine neue Investitionskette mit immer gleichen Daten zu ersetzen.

Für den Vergleich der Vorteilhaftigkeit des Weiterbetriebes der Altanlage gegenüber einer neuen Investitionskette sind also die Daten der Verlängerungsperiode des Altobjektes im Vergleich zum durchschnittlichen jährlichen Überschuss des Neuobjektes relevant.

Beim **Altobjekt** wird also **keine Durchschnittsbetrachtung,** wie bei der Bestimmung der optimalen Nutzungsdauer, durchgeführt, sondern **eine Grenzbetrachtung** bezogen auf die Zeit. Die Weiternutzung einer marginalen Zeitdauer, die wegen der Annahme der Nachschüssigkeit ein Jahr betragen muss, wird durchgeführt. Also sind für das Entscheidungskriterium aufseiten des Altobjektes die Grenzzahlungen einer Verlängerungsperiode, die Grenzüberschüsse, relevant. Die Formel für die Grenzüberschüsse (GÜ) kennen wir bereits aus Kapitel 5.4.1.2.

$$(5.19) = (5.7) \boxed{GÜ = GE - GA}$$

Bestimmung des optimalen Ersatzzeitpunktes 5.5

Da es sich bei der Verlängerungsperiode um ein einzelnes Jahr handelt, sind die Grenzeinzahlungen (GE) gleich den laufenden Einzahlungen in dieser Periode (e$_k$). Die Grenzauszahlungen ergeben sich aus der aus Abschnitt 5.4.1.2 bekannten Formel.

$$(5.20) = (5.6) \quad \boxed{GA_k = a_k + (R_{k-1} - R_k) + i \times R_{k-1}}.$$

Damit ergibt sich für den Grenzüberschuss:

$$(5.21) \quad \boxed{GÜ_k = e_k - a_k - (R_{k-1} - R_k) - i \times R_{k-1}}.$$

Die Zusammensetzung der relevanten Rechenelemente können Sie auch an Objekt 2 der alten Investitionskette in Abbildung 5.19 nachvollziehen.

Das Entscheidungskriterium für die Fragestellung des Ersatzes der alten laufenden Investitionskette gegenüber einer neuen Investitionskette lautet also:

$$(5.22) \quad \boxed{GÜ_{k,alt} \leq DJÜ_{neu}}.$$

Wenn der Grenzüberschuss des Altobjektes in der aktuell betrachteten Periode k kleiner ist als der durchschnittliche jährliche Überschuss des Neuobjektes, wird die alte Investitionskette sofort gegen eine neue Kette ersetzt. Das gilt auch, wenn Grenzüberschuss des Altobjektes und durchschnittlicher jährlicher Überschuss des Neuobjektes gleich hoch sein sollten. Ist der Grenzüberschuss des Altobjektes größer als der durchschnittliche jährliche Überschuss des Neuobjektes, wird das Altobjekt zunächst für eine Periode weitergenutzt. Entsprechend den getroffenen Annahmen sinkt der Grenzüberschuss des Altobjektes mit jeder Fortführungsperiode. Für die dann folgende Periode wird der Grenzüberschuss $_{k+1,\,alt}$ des Altobjektes mit den für das Jahr k+1 relevanten Daten erneut ermittelt und mit dem durchschnittlichen jährlichen Überschuss des Neuobjektes verglichen. Dieses Verfahren wird solange fortgesetzt, bis eine Ersatzentscheidung getroffen wird, oder bis die geplante Nutzungsdauer des Altobjektes beendet ist, ohne dass eine Ersatzentscheidung getroffen wurde.

Auch für dieses Verfahren gibt es den Sonderfall konstanter und bei den Investitionsobjekten in der alten und neuen Investitionskette gleich hohen laufenden Einzahlungen e$_k$. Trifft dieser Fall auf einen Datensatz zu, dann lautet das für diesen Spezialfall vereinfachte Entscheidungskriterium für den Sofortersatz:

(5.23) $\boxed{GA_{k,alt} \geq DJA_{neu}}$.

5.5.2 Optimaler Ersatzzeitpunkt bei überjähriger Ersatzmöglichkeit

Bei der überjährigen Ersatzmöglichkeit hat der Investor nicht an jedem Periodenende der laufenden Nutzungsdauer des Investitionsobjektes der alten Investitionskette die Möglichkeit, einen Ersatz gegen die neue Investitionskette vorzunehmen. Die Ursache kann in den Investitionsobjekten der alten Investitionskette begründet liegen, indem z. B. rechtliche Regelungen (Kündigungsfristen) einen jährlichen Ersatz unmöglich machen. Die Ursachen können auch bei der Kette der neuen Investitionsobjekte liegen, wenn diese z. B. nicht permanent verfügbar sind.

Die Konsequenz aus der überjährigen Ersatzmöglichkeit lässt sich aus der Abbildung 5.20 im Unterschied zu der Darstellung in Abbildung 5.19 erkennen.

Abbildung 5-20: Ersatz von Investitionsobjekten in Investitionsketten mit überjähriger Ersatzmöglichkeit

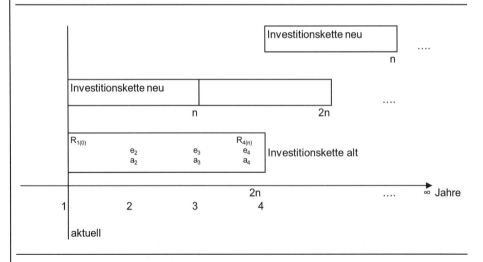

In der Darstellung in Abbildung 5.20 wurde beispielhaft davon ausgegangen, dass in der alten Investitionskette jedes Objekt eine Nutzungsdauer von vier Jahren hat. Im Zeitpunkt „aktuell" ist gerade ein Jahr der Nutzungsdauer des laufenden Investitionsobjektes in der alten Kette abgelaufen. Der oben beschriebene Wiederkaufpreis beträgt also im Beispiel R_1, in der allgemeinen Formel wird dieser Wert als R_0 bezeichnet, der Restwert am Beginn der Restnutzungsdauer (RND).

Bestimmung des optimalen Ersatzzeitpunktes — 5.5

Entsprechend den obigen Ausführungen sind für diesen Zeitpunkt keine laufenden Ein- und Auszahlungen zu berücksichtigen. Das Altobjekt hat in diesem Beispiel eine maximale Restnutzungsdauer von drei Jahren. Am Ende der Nutzungsdauer fällt der Restwert R_4 an, der in der allgemeinen Terminologie des zu entwickelnden Entscheidungskriteriums mit R_n, dem Restwert am Ende der betrachteten Restnutzungsdauer, bezeichnet wird. In den verbleibenden Perioden der Restnutzungsdauer fallen laufende Ein- und Auszahlungen e_k und a_k an. In der Darstellung in Abbildung 5.20 wird beispielhaft davon ausgegangen, dass ein Ersatz des Altobjektes gegen die neue Kette nur sofort (Zeitpunkt 1 in der Abbildung 5.20) oder am Ende der geplanten Nutzungsdauer des Altobjektes (Zeitpunkt 4 in der Abbildung 5.20) erfolgen kann. Diverse andere Kombinationen wären möglich, soweit sie das Kriterium der Mehrjährigkeit erfüllen. So wären also auch in der Abbildung 5.20 nicht dargestellte Kombinationen von Ersatz in Jahr 2 oder erst in Jahr 4 oder Ersatz in Jahr 1 oder erst wieder in Jahr 3 für dieses Beispiel denkbar. In der Konsequenz dieses Beispiels in Abbildung 5.20 bedeutet dies, dass, anders als in Abbildung 5.19, **in den Zeitpunkten 2 und 3 in Abbildung 5.20 keine Restwerte des Altobjektes definiert sind,** da zu diesen Zeitpunkten kein Ersatz erfolgen kann. Daher ist auf diese Entscheidungssituation das Kriterium des optimalen Ersatzzeitpunktes bei jährlicher Ersatzmöglichkeit nicht anwendbar, da aus der Formel

$$(5.24) = (5.21) \quad \boxed{G\ddot{U}_k = e_k - a_k - (R_{k-1} - R_k) - i \times R_{k-1}}$$

der Term $(R_{k-1} - R_k)$ nicht definiert ist, da die Restwerte in diesem Beispiel in den Jahren 2 und 3 nicht existieren.

Da es sich bei dieser Betrachtung um eine mehrjährige Betrachtung handelt, müssen alle relevanten Zahlungen der Betrachtungsperiode in die Kriterienermittlung einfließen. Dies hat z. B. zur Konsequenz, dass die Grenzeinzahlungen nicht einfach die laufenden Einzahlungen einer Verlängerungsperiode sind. Betriebswirtschaftlich bleibt die Betrachtung eine **Grenzbetrachtung,** da nach wie vor der kleinste mögliche Zeitraum betrachtet wird, der nun allerdings länger als ein Jahr ist. Das allgemeine Entscheidungskriterium für den Sofortersatz

$$(5.25) \quad \boxed{G\ddot{U}_{k,alt} \leq DJ\ddot{U}_{neu}}$$

gilt also weiter. Allerdings sind die **Grenzüberschüsse** des Altobjektes anders zu ermitteln, mathematisch kommt dies einer **Durchschnittsbildung** gleich, die der Technik der Ermittlung der durchschnittlichen jährlichen Überschüsse, die Sie aus

Kapitel 3.6 kennen, mathematisch entspricht. Alle relevanten Zahlungen werden wahlweise bar- oder endwertig gemacht und dann mit dem entsprechenden finanzmathematischen Faktor auf den Betrachtungszeitraum verteilt. Die Formel für die Bildung der Grenzüberschüsse des Altobjektes lautet dann:

$$(5.26)\quad G\ddot{U}_{alt} = \left[\sum_{k=1}^{n}(e_k - a_k) \times (1+i)^{-k} - R_0\right] \times KWF_i^{RND} + R_n \times RVF_i^{RND}$$

Auch für dieses Verfahren gibt es den **Sonderfall konstanter und bei den Investitionsobjekten in der alten und neuen Investitionskette gleich hohen laufenden Einzahlungen e**$_k$. Trifft dieser Fall auf einen Datensatz zu, dann lautet das für diesen Spezialfall vereinfachte Entscheidungskriterium für den Sofortersatz:

$$(5.27)\quad GA_{alt} \geq DJA_{neu}.$$

Die Grenzauszahlungen des Altobjektes berechnen sich dann nach der Formel:

$$(5.28)\quad GA_{alt} = \left[\sum_{k=1}^{n} a_k \times (1+i)^{-k} + R_0\right] \times KWF_i^{RND} - R_n \times RVF_i^{RND}.$$

5.5.3 Anwendungsbeispiel

Aufgabe:

Ermitteln Sie für den nachfolgenden Datensatz, ob ein Ersatz der alten laufenden Investitionskette gegen eine neue Investitionskette erfolgen soll. Ermitteln Sie auch die optimale Nutzungsdauer des einzelnen Investitionsobjektes in einer unendlich wiederholten kapitalwertgleichen neuen Investitionskette. Gehen Sie zunächst davon aus, dass

Aufgabe a) das Altobjekt an jedem Periodenende gegen die neue Investitionskette ersetzt werden kann.

Gehen Sie dann davon aus, dass

5.5 Bestimmung des optimalen Ersatzzeitpunktes

Aufgabe b) das Altobjekt nur sofort gegen die neue Kette ersetzt werden kann oder sonst bis zum Ende seiner geplanten Nutzungsdauer weitergenutzt werden muss.

Abbildung 5-21: Daten Altobjekt

k	e_k (GE)	a_k	R_k
1	78000	45000	25000
2	70000	46000	20000
3	69000	47000	15000
4	68000	48000	10000
$R_0=$	30000		
$i=$	0,1		

Lösung Altobjekt:

In der Berechnung für das Altobjekt sind die Lösungsansätze für die Aufgaben a) und b) gemeinsam enthalten. Da das Vorgehen bei der Berechnung mit dem Taschenrechner nicht unterschiedlich ist, wird darauf nicht eingegangen, sondern nur die Excel-Lösung betrachtet. Die Berechnungen für das Altobjekt sind in Abbildung 5.22 nachvollziehbar.

Abbildung 5-22: Lösung Altobjekt*

	A	B	C	D	E	F	G	H	I	J	K	L	M	N	O
1	k	e_k (GE)	a_k	R_k	NE_k	$R_{k-1}-R_k$	$i*R_{k-1}$	GA_k	$GÜ_k$	Abf	Ne_k * Abf	ΣNe_k * Abf	Rn * Abf	KWF	GÜ/DJÜ
2	1	78000	45000	25000	33000	5000	3000	53000	25000	0,909091	30000,00	30000,00		1,100000	17935,79
3	2	70000	46000	20000	24000	5000	2500	53500	16500	0,826446	19834,71	49834,71		0,576190	17935,79
4	3	69000	47000	15000	22000	5000	2000	54000	15000	0,751315	16528,93	66363,64		0,402115	17935,79
5	4	68000	48000	10000	20000	5000	1500	54500	13500	0,683013	13660,27	80023,91	6830,13	0,315471	17935,79

In den Spalten A bis D steht der Datensatz. In den Spalten C und F bis I steht die Berechnung für das Altobjekt nach Aufgabe a). In den Spalten J bis O steht die Berechnung für das Altobjekt nach Aufgabe b).

Für die eigentliche Investitionsentscheidung müssen noch die Daten des Neuobjektes bearbeitet werden.

Optimale Nutzungsdauer und optimaler Ersatzzeitpunkt

Abbildung 5-23: Daten Neuobjekt

k	e_k	a_k	R_k
1	100000	40000	70000
2	100000	50000	50000
3	95000	50000	40000
4	95000	60000	30000
5	90000	60000	25000
6	85000	60000	10000
A =	100000		
i =	0,1		

Lösung Neuobjekt:

Abbildung 5-24: Lösung Neuobjekt*

	A	B	C	D	E	F	G	H	I	J	K	L	M
1	k	e_k	a_k	R_k	NE_k	Abf	Ne_k * Abf	ΣNe_k * Abf	R_k * Abf	BW	Co	KWF	DJÜ
2	1	100000	40000	70000	60000	0,909091	54545,45	54545,45	63636,36	118181,82	18181,82	1,1	20000
3	2	100000	50000	50000	50000	0,826446	41322,31	95867,77	41322,31	137190,08	37190,08	0,576190	21428,57
4	3	95000	50000	40000	45000	0,751315	33809,17	129676,93	30052,59	159729,53	59729,53	0,402115	24018,13
5	4	95000	60000	30000	35000	0,683013	23905,47	153582,41	20490,40	174072,81	74072,81	0,315471	23367,81
6	5	90000	60000	25000	30000	0,620921	18627,64	172210,05	15523,03	187733,08	87733,08	0,263797	23143,77
7	6	85000	60000	10000	25000	0,564474	14111,85	186321,89	5644,74	191966,63	91966,63	0,229607	21116,22

Das Neuobjekt hat also eine optimale Nutzungsdauer von drei Jahren und damit in der optimalen Form einen jährlichen DJÜ von 24.018,13 Euro.

Für die Investitionsentscheidung unter Aufgabe a) ist die relevante Formel für das Altobjekt:

$$(5.29) = (5.21) \quad \boxed{G\ddot{U}_k = e_k - a_k - (R_{k-1} - R_k) - i \times R_{k-1}}.$$

Die Lösung ist in Spalte I in Abbildung 5.22 mit den Rechenergebnissen für das Altobjekt zu erkennen. Der Grenzüberschuss des Altobjektes nach einem Jahr beträgt 25.000 Euro. Der durchschnittliche jährliche Überschuss des Neuobjektes beträgt in jedem Jahr 24.018,14 Euro. Daher ist die Investitionsentscheidung, das alte Objekt ein Jahr weiter zu nutzen, da gilt:

5.5 Bestimmung des optimalen Ersatzzeitpunktes

(5.30) $\boxed{GÜ_{k,alt} > DJÜ_{neu}}$.

Nach Ablauf des Jahres wird das Altobjekt dann ersetzt, weil im zweiten Jahr gilt:

(5.31) $\boxed{GÜ_{k,alt} < DJÜ_{neu}}$,

da der Grenzüberschuss des Altobjektes im zweiten Verlängerungsjahr nur noch 16.500 Euro beträgt.

Für die Investitionsentscheidung unter b) ist die relevante Formel für das Altobjekt

(5.32) $\boxed{GÜ_{alt} = \left[\sum_{k=1}^{n}(e_k - a_k) \times (1+i)^{-k} - R_0\right] \times KWF_i^{RND} + R_n \times RVF_i^{RND}}$

Die Lösung ist in Spalte O in Abbildung 5.22 mit den Rechenergebnissen für das Altobjekt zu erkennen. Der Grenzüberschuss (der vom Berechnungsweg einem DJÜ entspricht) des Altobjektes beträgt 17.935,79 Euro. Der durchschnittliche jährliche Überschuss des Neuobjektes beträgt in jedem Jahr 24.018,13 Euro, wie in Zelle M4 in Abbildung 5.24 nachvollziehbar ist, da der maximale DJÜ bei Wahl der entsprechenden Nutzungsdauer dann für jedes Jahr der Nutzungsdauer gilt. Daher ist die Investitionsentscheidung, das alte Objekt sofort zu ersetzen, weil gilt

(5.33) $\boxed{GÜ_{alt} < DJÜ_{neu}}$.

5.5.4 Abschnittsergebnisse

In diesem Unterkapitel haben Sie gelernt:

- die Unterscheidung zwischen der Bestimmung der optimalen Nutzungsdauer und dem optimalen Ersatzzeitpunkt vorzunehmen,
- die Unterscheidung zwischen der Bestimmung des optimalen Ersatzzeitpunktes bei jährlicher und überjähriger Ersatzmöglichkeit vorzunehmen,

5 Optimale Nutzungsdauer und optimaler Ersatzzeitpunkt

- die Bestimmung des optimalen Ersatzzeitpunktes bei jährlicher Ersatzmöglichkeit vorzunehmen,
- die Bestimmung des optimalen Ersatzzeitpunktes bei überjähriger Ersatzmöglichkeit vorzunehmen,
- Sonderfälle mit vereinfachtem Rechenweg zu identifizieren und
- die erarbeiteten Kriterien auf Praxisfälle anzuwenden.

5.6 Fallstudie

Angeregt durch die Lektüre dieses Kapitels haben Sie beschlossen, Ihr Leben zu verändern. Daher überdenken Sie Ihr Engagement in einigen potenziellen und bereits laufenden wirtschaftlichen Projekten. Die Anschaffungsauszahlung (A) für ein Projekt beträgt 100.000 Euro. Sie kalkulieren mit einem Zinssatz (i) von 10 %. Die Nutzungsdauer (n) beträgt maximal 6 Jahre. Die jährlichen Einzahlungen (e_k) durch den Verkauf Ihrer Produkte können mit 41.200 Euro pro Jahr als konstant angesehen werden. Nachstehende Rechnungselemente aus Abbildung 5.25 nehmen Sie für die Zukunft an:

Abbildung 5-25: Datensatz für das Fallbeispiel

k	R (Euro)	a_k (Euro)
1	70.000	8.000
2	50.000	12.000
3	40.000	20.000
4	30.000	30.000
5	24.000	41.000
6	20.000	54.000

5.6.1 Aufgaben

Aufgabe a) Ermitteln Sie die optimale Nutzungsdauer des Investitionsobjektes, wenn es sich um eine einmalige Investition handelt.

Fallstudie **5.6**

Aufgabe b) Bestimmen Sie die optimale Nutzungsdauer, wenn die folgenden Investitionen kapitalwertgleich sind und unendlich wiederholt werden. Sie können dazu die Daten aus Aufgabe a) aufnehmen.

Aufgabe c) Zu Beginn von k_5, und nur dort, wird Ihnen als Ersatz für das laufende Investitionsprojekt ein Nachfolgemodell mit aus rechtlichen Gründen festgelegter Nutzungsdauer von 6 Jahren und einem Kapitalwert von 10.000 Euro angeboten. Berechnen Sie, ob ein Sofortersatz stattfinden sollte oder ob das Altobjekt bis zum geplanten Ende durchgeführt werden soll.

5.6.2 Lösungen

Sie können die Lösung in der Tabellenkalkulation oder mit dem Taschenrechner ermitteln.

Nach bekanntem Muster stelle ich Ihnen die Lösung in der Tabellenkalkulation dar. Da es sich um eine Abzinsung und Summation der Rechenelemente handelt, gibt es verschiedene richtige Vorgehensweisen der Formulierung in der Tabellenkalkulation. Soweit ist der gezeigte Lösungsweg nur ein Vorschlag, von dem Sie abweichen können, soweit Sie auf das gleiche Ergebnis kommen. Aufgrund der Datensatzstruktur sind in den Aufgaben a) und b) jeweils auch Sonderfalllösungen möglich. In der Abbildung 5.26 sind alle Lösungswege für Aufgabe a) und Aufgabe b) dargestellt.

Abbildung 5-26: Lösung zum Fallbeispiel, Bereich Nutzungsdauer*

	A	B	C	D	E	F	G	H	I	J	K	L	M	N	O	P	Q	R	S	T
1	k	e_k (GE)	a_k	R_k	NE_k	$R_{k-1}-R_k$	$i*R_{k-1}$	GA	Abf	BW GA	Ao	KWF	DJA	Ne_k * Abf	ΣNe_k * Abf	R_k * Abf	BW	Co	KWF	DJÜ
2	1	41200	8000	70000	33200	30000	10000	48000	0,909091	43636,36	43636,36	1,1	48000	30181,82	30181,82	63636,36	93818,18	-6181,82	1,1	-6800
3	2	41200	12000	50000	29200	20000	7000	39000	0,826446	32231,40	75867,77	0,576190	43714,29	24132,23	54314,05	41322,31	95636,36	-4363,64	0,576190	-2514,29
4	3	41200	20000	40000	21200	10000	5000	35000	0,751315	26296,02	102163,79	0,402115	41081,57	15927,87	70241,92	30052,59	100294,52	294,52	0,402115	118,43
5	4	41200	30000	30000	11200	10000	4000	44000	0,683013	30052,59	132216,38	0,315471	41710,41	7649,75	77891,67	20490,40	98382,08	-1617,92	0,315471	-510,41
6	5	41200	41000	24000	200	6000	3000	50000	0,620921	31046,07	163262,44	0,263797	43068,22	124,18	78015,86	14902,11	92917,97	-7082,03	0,263797	-1868,22
7	6	41200	54000	20000	-12800	4000	2400	60400	0,564474	34094,23	197356,67	0,229607	45314,55	-7225,27	70790,59	11289,48	82080,07	-17919,93	0,229607	-4114,55
8	A =	100000																		
9	i =	0,1																		

Die Lösung für die Aufgabe a) erfolgt mit den Kriterien Co = max! oder GÜ = GA unter der Nebenbedingung steigender Grenzauszahlungen. Der gegebene Datensatz steht in den Spalten A bis D der Lösung in Abbildung 5.26.

Die **Sonderfalllösung** GÜ = GA unter der Nebenbedingung steigender Grenzauszahlungen ist in den Spalten C, F – H nachzuvollziehen. Die Grenzauszahlungen steigen

5 Optimale Nutzungsdauer und optimaler Ersatzzeitpunkt

nach dem dritten Jahr wieder und sind nach vier Jahren bereits größer als die Grenzeinzahlungen, also ist die optimale Nutzungsdauer drei Jahre.

Die **allgemeine Lösung** mit den Kriterien Co = max! ist in den Spalten N bis R nachzuvollziehen. Der Kapitalwert ist nach dem dritten Jahr maximal, also ist die optimale Nutzungsdauer drei Jahre.

Die Lösung für die Aufgabe b) erfolgt mit den Kriterien DJÜ = max! oder DJA = min!.

Die **Sonderfalllösung** DJA = min! ist in den Spalten H bis M in Abbildung 5.26 nachzuvollziehen. Die DJA sind nach dem dritten Jahr minimal, also ist die optimale Nutzungsdauer drei Jahre. Die Tatsache, dass bei wiederholten Investitionen die optimale Nutzungsdauer kürzer ist als bei einmaligen Investitionen, gilt auch hier, wegen der Nachschüssigkeitsannahme wird dies in diesem Datensatz nur nicht sichtbar.

Die **allgemeine Lösung** mit den Kriterien DJÜ = max! ist in den Spalten R bis T nachzuvollziehen. Die Annuität ist nach dem dritten Jahr maximal, also ist die optimale Nutzungsdauer drei Jahre. Dies war bereits ohne Berechnung klar. Da der Datensatz nur einen positiven Kapitalwert enthält, wie in Aufgabe a) bereits ermittelt wurde, kann es wegen der mathematischen Struktur des KWF nur einen positiven DJÜ geben.

Die Lösung für die Aufgabe c) erfolgt mit dem Kriterium:

$$(5.34) \quad \boxed{G\ddot{U}_{alt} \leq DJ\ddot{U}_{neu}}.$$

Die Grenzauszahlungen können nicht herangezogen werden, da beim Neuobjekt nur ein Kapitalwert, aber keine Einzahlungen bekannt sind. Da nur überjähriger Ersatz möglich ist, gilt für das Altobjekt die Formel:

$$(5.35) \quad \boxed{G\ddot{U}_{alt} = \left[\sum_{k=1}^{n}(e_k - a_k) \times (1+i)^{-k} - R_0\right] \times KWF_i^{RND} + R_n \times RVF_i^{RND}}.$$

Abbildung 5-27: Lösung zum Fallbeispiel, Bereich Ersatzzeitpunkt*

k	e_k (GE)	a_k	R_k	NE_K	Abf	Ne_k * Abf	ΣNe_k * Abf	Rn * Abf	KWF	GÜ/DJÜ
0			30000							
1	41200	41000		200	0,909091	181,82	181,82		1,1	-13752,38
2	41200	54000	20000	-12800	0,826446	-10578,51	-10396,69	16528,93	0,576190	-13752,38
Ro=	30000									
i=	0,1									

Da der Grenzüberschuss des Altobjektes negativ ist, wie in Abbildung 5.27 sichtbar, ist ein Sofortersatz nötig, da der durchschnittliche jährliche Überschuss des Neuobjektes positiv sein muss, da sein Kapitalwert positiv ist. Der DJÜ des Neuobjektes beträgt:

(5.36) $\boxed{DJÜ = Co \times KWF_i^n = 2.296{,}07}$.

5.7 Zusammenfassung

In diesem Kapitel haben Sie gelernt, die Nutzungsdauer eines Investitionsobjektes nicht als gegebenes Datum aufzufassen, sondern sie wirtschaftlich zu optimieren. Diese Optimierung erfolgt unter zu treffenden, über die allgemeinen Annahmen der Dynamik hinausgehenden, notwendigen Annahmen, um eine eindeutige optimale Nutzungsdauer oder einen eindeutigen optimalen Ersatzzeitpunkt zu bestimmen. Die Annahmen führen dazu, dass die Optimierung der Dauer der Nutzung eines Investitionsobjektes nicht für alle in der Praxis interessanten Fragestellungen nutzbar ist.

Die Optimierung der Nutzungsdauer eines Investitionsobjektes erfolgt unter zwei verschiedenen Aspekten. Bei der Bestimmung der optimalen Nutzungsdauer wird vor Beginn der Investition die wirtschaftliche Nutzungsdauer rechnerisch optimiert. Bei der Bestimmung des optimalen Ersatzzeitpunktes wird überprüft, ob bei einer bereits laufenden Investition die Nutzungsdauer angepasst werden sollte.

Die Bestimmung der optimalen Nutzungsdauer erfolgt in der Fallunterscheidung, ob es sich um eine einmalige oder eine wiederholte Investition handelt. Die Entscheidungskriterien unterscheiden sich. Bei der einmaligen Investition ist der Kapitalwert unter Variation der Nutzungsdauer zu maximieren. In dem Jahr der Nutzungsdauer, in dem der Kapitalwert maximal ist, ist die optimale wirtschaftliche Nutzungsdauer erreicht. Bei der unendlich wiederholten kapitalwertgleichen Investition ist die Annuität unter Variation der Nutzungsdauer zu maximieren. Im Jahr der Nutzungsdauer, in dem die Annuität maximal ist, liegt die optimale wirtschaftliche Nutzungsdauer.

Die Bestimmung des optimalen Ersatzzeitpunktes erfolgt unter der Fallunterscheidung, ob ein jährlicher oder überjähriger Ersatz des Altobjektes möglich ist. Die Entscheidungskriterien unterscheiden sich dann. Grundsätzlich wird der Ersatz einer laufenden unendlichen kapitalwertgleichen Investitionskette gegen eine laufende unendliche kapitalwertgleiche neue Investitionskette vorgenommen, wenn der Grenzüberschuss im aktuellen Jahr oder im aktuellen Zeitraum des laufenden Investitionsobjektes in der laufenden alten Investitionskette kleiner ist als der durchschnittliche jährliche Überschuss eines Investitionsobjektes in einer neuen unendlich wiederholten kapitalwertgleichen Investitionskette.

6 Investitionsentscheidungen unter Unsicherheit

6.1 Zielformulierung

Ziel dieses Kapitels 6 ist es, Risiko bei den Investitionsentscheidungen zu berücksichtigen. Bisher haben wir sowohl bei der Anwendung der statischen und der dynamischen Investitionsrechnungsverfahren in den Kapiteln 2 und 3 als auch bei den Investitionsprogrammentscheidungen in Kapitel 4 sowie bei den Investitionsdauerentscheidungen in Abschnitt 5 angenommen, dass alle Rechenelemente mit Sicherheit bekannt sind. Dies ist natürlich nur in den seltensten Fällen wahr. Wenn wir z. B. einen Sparbrief mit festem Zinssatz als Finanzanlageform betrachten und diesen über die gesamte Laufzeit halten, dann sind wohl alle Rechenelemente über die gesamte Laufzeit aus praktischer Sicht mit Sicherheit bekannt. Einige theoretische Bedenken zu dieser Sichtweise sollen hier ignoriert werden. Wenn nun im Rahmen eines Alternativenvergleiches diese Finanzanlage mit einer betrieblichen Investition verglichen werden soll, bei der im Unternehmen z. B. ein neuer Betriebszweig eröffnet werden soll, so macht es in der Regel keinen Sinn, die beiden klassisch unter Berücksichtigung von Differenzinvestitionen und unter Aufhebung der Wiederanlageprämisse ermittelten Kapitalwerte zu vergleichen, denn die Daten der geplanten betrieblichen Investition werden mit deutlich geringerer Wahrscheinlichkeit exakt eintreten. Auch wenn die Investitionsdaten sehr aufwändig geplant wurden und mit Brancheninformationen und -experten abgestimmt wurden, ist die Planung z. B. eines Restwertes einer Produktionsstätte deutlich schwieriger als die Ermittlung des Rückzahlungsbetrages eines Sparbriefes mit festem Zinssatz. In Abschnitt 1.9 deutete sich dies bereits an. Bei zwei gleich hohen Kapitalwerten oder anderen Zielwerten der dynamischen Investitionsrechnungsverfahren wäre die rationale Investitionsentscheidung eines vorsichtigen Kaufmannes sicherlich, in den sicheren Sparbrief zu investieren statt in die Investitionsalternative mit dem gleich hohen geplanten Kapitalwert, der aber mit größerer Wahrscheinlichkeit vom geplanten Wert abweicht. Wie aber die rationale Investitionsentscheidung lauten sollte, wenn der Kapitalwert der sichereren Investition kleiner ist als der Kapitalwert der unsichereren Variante, ist durchaus offen. **Mit der rationalen Entscheidung des Investors in einer derartigen Situation befasst sich dieses Kapitel.**

Um Risiko in der Investitionsrechnung zu berücksichtigen, gibt es generell zwei Ansätze. Der theoretisch höher stehende Ansatz ist die **Berücksichtigung des Risikonutzens** einer Investitionsentscheidung. Hier muss der Investor eine Risikonutzenfunktion angeben oder er legt bei unbekannten Eintrittswahrscheinlichkeiten der

Umweltsituationen die so genannten Ad-hoc-Entscheidungsregeln als festgelegte Entscheidungsroutinen zugrunde. Dieses Vorgehen der Ermittlung des Risikonutzens ist recht komplex und theoretisch erfordert es ein hohes Abstraktionsvermögen des Investors. Außerdem sind Risikonutzenfunktionen von Investoren nicht intertemporal stabil, d. h. dass die Einstellung des Investors bei Investitionsbeginn am Investitionsende nicht mehr gültig sein muss. Mit diesen Techniken befassen wir uns in den Unterkapiteln fünf bis acht in diesem Kapitel.

Alternativ zu diesem Vorgehen gibt es die **Korrekturverfahren und Sensitivitätsanalysen,** die den Datensatz des betrachteten Investitionsobjektes verändern, um die Auswirkungen auf die Zielwerte der Investitionsrechnung zu ermitteln. Diese Verfahren sind theoretisch nicht besonders komplex und in der Theorie der akademischen Investitionslehre auch stark kritisiert, in der Praxis sind sie aber weit verbreitet und sind auch eine gute Hilfe, Entscheidungsprobleme der Investitionsrechnung unter Unsicherheit zu strukturieren. Diese Techniken werden in den Unterabschnitten drei und vier in diesem Kapitel behandelt.

Die Berücksichtigung von Risiko ist für einen Investor immer ein bedeutendes Thema. Dies wird aus Gründen der Unternehmensfinanzierung in der Zukunft noch wichtiger. Die Risikoberücksichtigung ist insbesondere für deutsche Unternehmen besonders wichtig, da sie im Regelfall mit deutlich weniger Eigenkapital ausgestattet sind als ihre internationalen Wettbewerber. Durch die Regelungen von Basel II, mit denen eine internationale Wettbewerbsgleichheit der Banken erreicht werden soll, wird festgelegt, wie viel haftendes und begrenztes Eigenkapital ein Kreditinstitut für ein Geschäft unterlegen muss. Früher unter Basel I waren dies einheitlich 8 %, heute differiert dies nach dem Risiko der einzelnen Transaktion. Je riskanter ein Geschäft für ein Kreditinstitut ist, umso mehr muss es mit Eigenkapital unterlegt werden, das dann nicht für andere gewinnträchtige Aktivitäten zur Verfügung steht. Ein Schuldner oder kreditsuchendes Unternehmen sollte seinem Gläubiger oder Kreditinstitut also immer die Möglichkeit geben, ihn möglichst sicher einzustufen. Dafür verwenden die Kreditinstitute im Regelfall Ratings, um die Bonität ihrer Schuldner zu bewerten. Bestandteil dieser Bewertung sind auch Risikoanalysen, die der Schuldner in seinem Unternehmen durchführt. Dadurch wird die Risikoanalyse von Investitionen mit den geltenden Regelungen von Basel II für Unternehmen noch wesentlich bedeutender.

Damit Sie diese Ziele erreichen können, ist es notwendig, die angebotenen Übungskalkulationen eigenständig mit dem Taschenrechner oder der Tabellenkalkulation nachzuvollziehen.

Viel Spaß bei der Arbeit!

6.2 Datenunsicherheit als Entscheidungsproblem

In diesem Abschnitt wollen wir uns nun mit dem Thema Unsicherheit beschäftigen. Bei der Anwendung der dynamischen Investitionsrechnungsverfahren sind wir bisher immer von der Annahme der sicheren Welt ausgegangen. Dies ist auf der einen Seite für die meisten betrieblichen Investitionsfragestellungen sicher falsch, auf der anderen Seite ist die einwandfreie Berücksichtigung von Unsicherheit in der Investitionsentscheidung schwer zu fassen, was mehrere Gründe hat.

6.2.1 Der Begriff des Risikos

Zunächst wollen wir uns aber mit dem **Begriff des Risikos** befassen.

Risiko beschreibt die Tatsache, dass in der Realität ein Wert abweichend vom geplanten Wert eintreten kann. Wird die Abweichung als positiv empfunden, ist das der Bereich der Chance, ist die Abweichung negativ, ist dies das eigentliche Risiko. Ob die Möglichkeit der Abweichung vom Investor als positiv empfunden wird, ist subjektiv. Generell unterscheiden wir

- Risikofreude,
- Risikoneutralität und
- Risikoaversion.

Die Einstellung der **Risikofreude** zieht eine unsichere Situation einer sicheren Situation vor. Die Einstellung der **Risikoneutralität** ist eine indifferente Einstellung gegenüber einer risikolosen und einer riskanten Situation mit jeweils gleichem Erwartungswert. Die **risikoaverse Einstellung** versucht Risiko zu vermeiden. So ist ein Lottospieler also risikofreudig, denn der Erwartungswert eines Gewinnes liegt unter dem Einsatz, der Lottospieler zieht seine Freude vermutlich aus der möglichen Losgrößentransformation, also daraus, dass er, wenn auch mit sehr geringer Wahrscheinlichkeit, einen hohen Gewinn erzielen kann. **Der Erwartungswert der Zielgröße wird dabei als Produkt aus Zielgrößenhöhe und Eintrittswahrscheinlichkeit gemessen.** Bei einer Gewinnhöhe in z. B. einer Lotterie von 1.000 Euro und einer Gewinnwahrscheinlichkeit von 10 % beträgt der Erwartungswert des Gewinnes also 100 Euro, denn 1.000 × 0,1 = 100.

Für ein Unternehmen sollten wir nach den Prinzipien der kaufmännischen Vorsicht uns immer einen mindestens risikoneutralen, im Regelfall risikoaversen Investor vorstellen. **Ein risikoaverser Investor ist bereit, für die Überführung einer riskanten Situation in eine sichere Situation auf Gewinn zu verzichten oder dafür eine Prämie zu bezahlen.** Diese Prämie oder der Gewinnverzicht wird als **Sicherheitsäquivalent** bezeichnet. Ein risikoneutraler Investor wäre also bereit, für unsere kleine Lotterie im vorangegangenen Absatz einen Lospreis von genau 100 Euro zu bezahlen, denn seine

Risikoneutralität bedeutet, dass es ihm gleichgültig ist, dass er auf den sicheren Betrag von 100 Euro durch Zahlung des Lospreises verzichtet, denn dafür erhält er ja die Chance, an der Lotterie teilzunehmen, deren Erwartungswert für den Gewinn 100 Euro ist. Würde er unendlich oft an der Lotterie teilnehmen, hätte dies keinen Einfluss auf seine finanzielle Situation, weil bei unendlicher Wiederholung der Lotterie sich der Erwartungswert der Gewinne im Durchschnitt aller Lotterieteilnahmen einstellt. Nimmt er nur einmal teil, verzichtet er durch Zahlung des Lospreises auf sichere 100 Euro und erhält entweder null Euro zurück, dies mit einer Wahrscheinlichkeit von 90 % oder er erhält 1.000 Euro zurück, dies mit einer Wahrscheinlichkeit von 10 %. Der risikoaverse Lotterieteilnehmer ist aus diesen Gründen nur bereit, weniger als 100 Euro für die Lotterieteilnahme zu zahlen. Wie viel weniger, hängt dabei von dem Grad seiner Risikoaversion ab.

Fragen Sie sich bitte einmal, wie viel Sie bereit wären, für die Teilnahme an dieser Lotterie zu zahlen. Notieren Sie sich diesen Wert bitte. Dann fragen Sie in Ihrem Freundeskreis nach der Zahlungsbereitschaft für die Teilnahme an einer derartigen Lotterie und notieren die Werte ebenfalls. Nach Lektüre des gesamten Kapitels stellen Sie sich diese Frage selbst noch einmal. Gleichen Sie die Werte dann ab. Vermutlich werden Sie erstaunt sein, zu welch unterschiedlichen Einschätzungen Menschen, mit denen Sie gegebenenfalls in gleichen Entscheidungsgremien in Unternehmen sitzen, in der gleichen Entscheidungssituation kommen.

6.2.2 Gründe für Risiko in der Investitionsentscheidung

Zunächst liegt **ein Grund für das Risiko in der Datenbeschaffung** selbst. Während wir bei der Unterstellung einer sicheren Welt die Daten als gegeben und für die Investitionsrechnung als bereits festgelegt angesehen haben, haben sich vermutlich Experten in der Investitionsabteilung oder der Mitarbeiter im Controlling oder die Mitarbeiterin im Rechnungswesen gründliche Gedanken über die verwendeten Rechenelemente gemacht und diese aus alten Projekten, aus Branchendatensammlungen oder von Experten ermittelt. So waren es zwar Schätzungen, für die wir angenommen haben, dass sie mit Sicherheit eintreten, aber vielleicht lagen sie recht dicht an der Realität.

Bei der Berücksichtigung von Risiko arbeiten wir nun nicht mehr mit einem deterministischen Wert für die Rechenelemente, sondern z. B. mit einem Erwartungswert und einer Wahrscheinlichkeitsverteilung, z. B. gemessen durch eine Varianz. Das Rechenelement wird also als eine Zufallszahl aufgefasst, deren Ausprägung entsprechend der gegebenen Wahrscheinlichkeitsverteilung um den Mittelwert schwankt. Aber ob der Erwartungswert, den wir planen, und seine Wahrscheinlichkeitsverteilung in der Realität eintreten, ist ebenso offen wie die Planung der deterministischen Werte. Der Unterschied liegt hier zwingend im höheren Planungsaufwand bei der Datenplanung.

Das zweite Problem ist die Investitionsentscheidung selbst. Bei der Ermittlung von zwei Kapitalwerten im Alternativenvergleich haben wir uns auf dem Boden des dy-

Datenunsicherheit als Entscheidungsproblem **6.2**

namischen Modells nach Aufhebung der Wiederanlageprämisse und nach Durchführung der Differenzinvestition in der sicheren Welt für die Investitionsalternative mit dem höheren Kapitalwert entschieden, mussten dabei aber an die Gültigkeit der Annahmen im dynamischen Modell glauben. In der Investitionsentscheidung unter Berücksichtigung von Risiko hat der Investor nun in einer Auswahlsituation zwischen Alternativen zu wählen, bei denen die eine Variante z. B. einen höheren Erwartungswert, dafür aber auch eine höhere Varianz hat. Dafür muss der Investitionsrechner seine Risikonutzenfunktion kennen und die sollte auch noch intertemporal stabil sein, damit er seine Entscheidung auch noch nach einiger Zeit für sinnvoll hält. Hier wird dem Entscheider ein hohes Abstraktionsvermögen abverlangt, das leicht den Bezug zur praktischen betrieblichen Tätigkeit verliert. Komplex wird die Situation, wenn ein Entscheidungsgremium eine Investitionsentscheidung kollegial herbeiführen soll. Alternativ zur Anwendung der Nutzenfunktion können einfachere Entscheidungsroutinen angewendet werden oder Variationen am Datensatz vorgenommen werden.

Das dritte Problem liegt in der Realisierung der Investitionsentscheidung, mindestens wenn es sich um ein Projekt ohne häufige Durchführung handelt. Hat uns ein wie auch immer geartetes Investitionsrechnungsverfahren unter Berücksichtigung von Risiko zur Durchführung eines Projektes geraten, da es mit z. B. 80-prozentiger Wahrscheinlichkeit einen großen Gewinn verspricht, kann es in der Realität doch zu einem Verlust führen, da wir in der Realität einen diskreten Eintritt einer Situation haben und uns die Wahrscheinlichkeitsrechnung ja nur sagt, dass, wenn wir das Projekt einhundertmal durchführen, wir achtzigmal einen großen Gewinn machen, was zwanzigmal eben nicht der Fall ist. Trotzdem ist die Anwendung der Planungstechniken unter Risiko auch in dieser Situation sinnvoll, da im Alternativenvergleich so mit höherer Wahrscheinlichkeit die bessere Variante gewählt wird. Die in der Realität dann eintretende tatsächliche Ausprägung der Situation ist im statistischen Sinne dann zufällig, also vom Unternehmer nicht zu beeinflussen, ebenso wie der Unternehmer z. B. Gesetzesänderungen ausgeliefert ist. Da diese Situationen nicht durch den Unternehmer beeinflussbar sind, sind sie auch nicht Gegenstand seiner rationalen Entscheidung.

6.2.3 Die Bedeutung der Berücksichtigung des Risikos in der Investitionsentscheidung

Trotz all dieser kritischen Aspekte ist die Analyse der Investitionsprojekte unter Risiko natürlich immer eine wertvolle Strukturierung der Entscheidungssituation, die immer durchgeführt werden sollte, wenn der Aufwand dafür gerechtfertigt ist. Außerdem ist das Konzept der Sicherheitsäquivalente natürlich eine sehr wertvolle Vorgehensweise für einen Investor, um für sich selbst den Preis zu ermitteln, um von einer unsicheren Situation in eine sichere Situation zu wechseln.

6 Investitionsentscheidungen unter Unsicherheit

Grundsätzlich kann für die Risikoanalyse in der Investitionsrechnung das gesamte Instrumentarium der akademischen Entscheidungstheorie herangezogen werden, also mit einem Investitionsproblem als Anwendungsfall der Entscheidungstheorie. So stehen wieder Techniken mit eindimensionaler Zielfunktion und Techniken mit mehrdimensionaler Zielfunktion zur Verfügung. Eine Technik mit eindimensionaler Zielfunktion wäre zum Beispiel die Maximierung des Erwartungswertes, gegebenenfalls unter Berücksichtigung einer risikorelevanten Restriktion, also der Kapitalwertmethode in der sicheren Welt vergleichbar. Mehrdimensionale Zielfunktionen sind ebenfalls möglich, können aber sinnvoll nur in der IT bearbeitet werden und werden hier nicht berücksichtigt.

Neben dem Fokus auf die Zielfunktion kann das Risiko auf unterschiedliche Arten beachtet werden. In einer sehr einfachen Form ist dies durch Veränderung der Plandaten möglich.

Weiter ist auch der **Grad der Unsicherheit** von Bedeutung. Hängt der wirtschaftliche Erfolg einer Investition von der Reaktion eines Mitbewerbers ab, sind wir im Bereich der **akademischen Spielsituationen.** Dieser Bereich ist vergleichbar mit einem Schachspiel. Ein rational handelnder Konkurrent, dessen Zielfunktion bekannt ist, und der in einer gegebenen Situation relativ wenige und vollständig bekannte Optionen zur Verfügung hat, beeinflusst den wirtschaftlichen Erfolg unserer vorausgegangenen Investition, hier unseres vorausgegangenen Zuges, erheblich. In der Praxis sind diese Situationen deutlich komplexer als ein Schachspiel, da die Zielfunktion des Konkurrenten und seine Handlungsoptionen vermutlich nicht bekannt sind.

So war z. B. die Reaktion des Unternehmens Boeing auf die Konzeption des Airbus A 380 zu Konstruktionsbeginn deutlich schwieriger zu prognostizieren. Derartige spieltheoretische Entscheidungssituationen werden hier nicht beachtet.

Bei den **Unsicherheitssituationen** wird das wirtschaftliche Ergebnis einer Handlung nicht von einem systematisch handelnden Konkurrenten beeinflusst, es handelt sich also nicht um eine spieltheoretische Situation. Das Ergebnis einer Unsicherheitssituation ist vom Zufall abhängig. Diese Situationen werden unterteilt in Ungewissheitssituationen und Risikosituationen.

Bei den **Ungewissheitssituationen** sind alle möglichen Umweltkonstellationen, die eintreten können, bekannt, ihnen kann aber keine Eintrittswahrscheinlichkeit zugeordnet werden.

In **Risikosituationen** sind alle möglichen Umweltkonstellationen, die eintreten können, bekannt und ihnen können auch Eintrittswahrscheinlichkeiten zugeordnet werden.

Für die Ungewissheitssituationen werden in Unterabschnitt 6.6 Entscheidungskonzepte präsentiert, für die Risikoanalyse erfolgt dies in den Unterkapiteln 6.7 und 6.8.

Die Korrekturverfahren 6.3

Der Grad der Unsicherheit bei der Investitionsentscheidung lässt sich häufig durch **Informationsbeschaffung** verbessern. Die Informationsbeschaffung als ökonomisches Problem, mit den dazugehörigen Techniken, bei denen so lange zusätzliche Informationen gesucht werden, bis die Grenzkosten der Informationssuche dem Grenznutzen des so gewonnenen Vorteils entsprechen, werden an dieser Stelle nicht betrachtet, der Grad der Unsicherheit wird als gegeben angesehen.

6.2.4 Abschnittsergebnisse

In diesem Unterkapitel haben Sie überblicksartig:

- den Begriff der Unsicherheit kennen gelernt,
- gelernt, Risiko als Erwartungswert und Wahrscheinlichkeitsverteilung aufzufassen,
- Formen der Risikoeinstellungen des Investors kennen gelernt,
- gelernt, Datenbeschaffung unter unsicherer Information als Problem zu erkennen,
- die rationale Investitionsentscheidung unter Risiko als Problem zu erkennen,
- die Anwendungsproblematik der Entscheidungstechniken unter Risiko auf singuläre Projekte zu erkennen und
- gelernt, die Entscheidungstechniken unter Risiko als beste verfügbare Entscheidungsroutine zu akzeptieren, unter dem Wissen, dass der Eintritt der Planungssituation in der Realität nicht zwingend erfolgt und damit ex post auch die Entscheidung suboptimal gewesen sein kann.

6.3 Die Korrekturverfahren

Bei den Korrekturverfahren handelt es sich um eine sehr triviale und nicht systematische Form der Berücksichtigung der Unsicherheit. Unsicherheit wird über die subjektive Veränderung der ursprünglich ermittelten Rechenelemente beachtet, indem entweder:

- der Kalkulationszinssatz verändert wird,
- die Nutzungsdauer verändert wird oder
- die betrachteten Zahlungsgrößen verändert werden.

Aus dem Vorsichtsprinzip heraus werden dabei natürlich Auszahlungen und Kalkulationszinssatz erhöht und Einzahlungen und Nutzungsdauer verkürzt. Die

Auswirkungen der Unsicherheit werden so summarisch und nicht analytisch erfasst. Bei der Veränderung aller Größen, z. B. auch des Kalkulationszinssatzes, der als subjektive Mindestverzinsungsanforderung des Investors eigentlich feststehen sollte, werden auch Größen variiert, die nicht vom Risiko betroffen sind. Durch eine derartige Korrektur der Rechenelemente wird auch eine sehr pessimistische und keine wahrscheinliche Situation zur Entscheidungsgrundlage erhoben. Ein Problem ist auch, dass, wenn bei der Datenbeschaffung verschiedene betriebliche Instanzen beteiligt sind, z. B. Einkauf, Produktion und Verkauf, diese bei der Datenbereitstellung bereits unterschiedliche Risikoab- bzw. -zuschläge vorgenommen haben können. So ist eine rationale Investitionsentscheidung durch die Unternehmensleitung endgültig nicht mehr möglich.

Trotz aller Kritik zu Beginn dieses Kapitels sollen die Techniken der Korrekturverfahren an dieser Stelle präsentiert werden, da sie in der Praxis weit verbreitet sind und so die Konsequenzen ihrer Anwendung an einigen Beispielen gut sichtbar werden.

6.3.1 Korrekturverfahren im Einzelnen

Zunächst möchte ich Ihnen die einzelnen **Verfahren zur Veränderung des Kalkulationszinssatzes** vorstellen:

- das Pauschalverfahren,
- die doppelte Diskontierung,
- die unterschiedliche Verzinsung von Ein- und Auszahlungen und
- die unterschiedliche Verzinsung der Zahlungen in Abhängigkeit von ihrem Abstand zur Gegenwart.

Beim **Pauschalverfahren** wird der Kalkulationszinssatz erhöht, um das Risiko über eine stärkere Abzinsung der für die Zukunft erwarteten Zahlungen zu berücksichtigen.

Bei der **doppelten Diskontierung** werden die mit dem Kalkulationszinssatz bereits barwertig gemachten Zahlungen erneut mit einem Risikozinssatz für die entsprechende Laufzeit diskontiert. Das Verfahren der doppelten Diskontierung erbringt gegenüber dem Pauschalverfahren recht ähnliche Werte, wenn das Produkt der Zinssätze der doppelten Diskontierung $(1 + i) \times (1 + i)$ dem Zinssatz des Pauschalverfahrens entspricht.

Das Vorgehen der anderen beiden Verfahren der Veränderung des Kalkulationszinssatzes dürfte selbst erklärend sein. Weiter unten werden wir diese Verfahren auf ein Beispiel anwenden.

Bei der **Veränderung der Nutzungsdauer** wird die geplante Nutzungsdauer verkürzt, indem gewissermaßen die Planungsdaten des letzten Jahres oder der letzten Jahre abgeschnitten werden. Dieses Vorgehen soll das Risiko derart berücksichtigen, dass, wenn bei einer verkürzten Nutzungsdauer bereits ein positiver Zielwert eines dynamischen Investitionsrechnungsverfahrens erreicht wird, anzunehmen ist, dass die Investition auch unter Risiko lohnend ist. Soweit ist das Verfahren identisch mit dem Vorgehen der dynamischen Amortisationsrechnung. Allerdings ist es bedenklich, einfach Plandaten der letzten Jahre zu ignorieren, wenn dadurch z. B. positive oder stark negative Restwerte keine Beachtung finden.

Bei der **Veränderung der Zahlungsgrößen** werden Einzahlungen um einen festzulegenden Prozentsatz reduziert und Auszahlungen entsprechend erhöht. Auch dieses Vorgehen ist problematisch, wenn eine absolute Größe als dynamischer Zielwert, z. B. der Kapitalwert, Entscheidungsgrundlage ist. Denn eine pauschale Veränderung der Ein- und Auszahlungen um z. B. 10 % ändert diese Größen absolut in anderen Dimensionen, wenn sie als Ausgangsgrößen in unterschiedlichen Dimensionen vorlagen. Eine Reduktion der Einzahlungen von 100.000 Euro um 10 % reduziert diese also um 10.000 Euro, während eine Erhöhung der Auszahlungen von 15.000 Euro um 10 % diese um 1.500 Euro erhöht. Die Auswirkungen auf den Kapitalwert sind erheblich.

6.3.2 Anwendungsbeispiel zu den Korrekturverfahren

Diese Aspekte wollen wir uns in ihren Auswirkungen auf ein Beispiel ansehen.

Es gelte folgender Datensatz: Die Anschaffungsauszahlung beträgt 100.000 Euro. Alle Werte sind in Euro angegeben. Restwerte existieren nicht.

Abbildung 6-1: Datensatz für die Anwendung der Korrekturverfahren

k	e_k (Euro)	a_k (Euro)
1	75.000	40.000
2	75.000	40.000
3	75.000	40.000
4	85.000	40.000

6 Investitionsentscheidungen unter Unsicherheit

Aufgaben:

- **Aufgabe a)** Berechnen Sie den Kapitalwert bei dem Kalkulationszinssatz von 8 %.

- **Aufgabe b)** Berechnen Sie den Kapitalwert bei einem durch Pauschalverfahren erhöhten Kalkulationszinssatz von 10 %.

- **Aufgabe c)** Berechnen Sie den Kapitalwert bei doppelter Diskontierung mit den Zinssätzen 8 % und 2 %.

- **Aufgabe d)** Berechnen Sie den Kapitalwert, indem Sie alle Einzahlungen mit 10 % und alle Auszahlungen mit 6 % diskontieren.

- **Aufgabe e)** Berechnen Sie den Kapitalwert, indem Sie die Nettoeinzahlungen des Jahres 1 mit 6 % und die Nettoeinzahlungen aller folgenden Jahre mit einem um jeweils einen Prozentpunkt erhöhten Zinssätzen diskontieren.

- **Aufgabe f)** Berechnen Sie den Kapitalwert, indem Sie mit um 5 % verringerten Einzahlungen (e_k) rechnen. Der Kalkulationszinssatz beträgt 8 %.

- **Aufgabe g)** Berechnen Sie den Kapitalwert, indem Sie mit um 5 % erhöhten Auszahlungen (a_k) rechnen. Der Kalkulationszinssatz beträgt 8 %.

- **Aufgabe h)** Berechnen Sie den Kapitalwert, indem Sie mit um 5 % verringerten Einzahlungen (e_k) und mit um 5 % erhöhten Auszahlungen (a_k) rechnen. Der Kalkulationszinssatz beträgt 8 %.

Lösungen:

Ich stelle Ihnen die Lösung in der Tabellenkalkulation dar. Da es sich um eine Abzinsung und Summation der Rechenelemente handelt, gibt es verschiedene richtige Vorgehensweisen der Formulierung in der Tabellenkalkulation. Soweit ist der gezeigte Lösungsweg nur ein Vorschlag, von dem Sie abweichen können, solange Sie auf das gleiche Ergebnis kommen. In der Darstellung der Tabellenkalkulationsblätter im Buch sind die Zahlen häufig auf 2 Nachkommastellen gerundet. So können sich Rundungsdifferenzen zwischen der Darstellung in eier Abbildung und im Text ergeben. Nach Download der Dateien ist dies natürlich einstellbar. Selbstverständlich ist auch eine Lösung mit dem Taschenrechner möglich. Die entsprechenden Vorgehensweisen haben Sie in Kapitel 3 kennen gelernt.

Der klassische Kapitalwert beträgt 23.274,74 Euro. Den Berechnungsweg können Sie in Abbildung 6.2 nachvollziehen. Welche Abweichungen die Korrekturverfahren bewirken, ist in der folgenden Abbildung 6.3 prozentual angegeben als Prozentsatz der Ergebnisse in Bezug auf die Ausgangslösung in Aufgabe a), die gleich 100 % gesetzt wurde. Diese Abweichung ist zum einen durch die Technik des Korrekturverfahrens bedingt, zum anderen auch durch die festgelegte Höhe der Abweichung.

6.3 Die Korrekturverfahren

Abbildung 6-2: Lösung zu den Korrekturverfahren*

	A	B	C	D	E	F	G	H	I	J	K	L	M	N	O
1	k	ek (TEuro)	ak (TEuro)	Nek (TEuro)	BW	Co, i=0,08	Co, i=0,1	Co, i=0,08; iak=0,06	Co, iek=0,1, iak=0,06	Co, i steigend	ek (TEuro) -5%	ak (TEuro) +5%	Co,ek -5%	Co, ak +5%	Co,ek, ak -/+ 5%
2	0														
3	1	75	40	35	32,41	-67,59	-68,18	-68,23	-69,55	-66,98	71,25	42	-71,06	-69,44	-72,92
4	2	75	40	35	30,01	-37,59	-39,26	-39,39	-43,17	-36,41	71,25	42	-44,27	-41,15	-47,84
5	3	75	40	35	27,78	-9,80	-12,96	-13,20	-20,41	-8,63	71,25	42	-19,47	-14,96	-24,62
6	4	85	40	45	33,08	23,27	17,78	17,35	5,97	23,25	80,75	42	10,49	16,65	3,86
7	A =	100													
8	i1 =	0,08			% zu F6	0,76	0,75	0,26	1,00	3,47	1,8045	0,45	0,72	0,17	
9	i2 =	0,1													
10	i3 =	0,02													
11	i4 =	0,07													
12	i5 =	0,06													
13	i6 =	0,08													
14	i7 =	0,09													

Abbildung 6-3: Lösung zur Aufgabe Korrekturverfahren, Ergebnisübersicht

Aufgabe	Wert (Euro)	Prozentsatz
a	23.274,74	100
b	17.775,43	76,37
c	17.352,66	74,56
d	5.965,82	25,63
e	23.252,49	99,90
f	10.486,75	45,06
g	16.650,48	71,54
h	3.862,49	16,69

Das Problem der Korrekturverfahren ist, wie oben bereits angesprochen wurde und wie an diesem Beispiel auch deutlich wird, dass durch die Veränderung der Rechenelemente keine systematische Risikobetrachtung vorgenommen wird.

Auf eine Gefahr des Pauschalverfahrens und der doppelten Diskontierung möchte ich noch hinweisen. Die aus Gründen der angeblich höheren Sicherheit vorgenommene Steigerung der Zinssätze kann durchaus dazu führen, dass eine beim gewählten Kalkulationszinssatz nicht lohnende Investition vorteilhaft wird, wenn sie z. B. einen negativen Restwert hat.

Ein Beispiel mag dies zeigen.

Abbildung 6-4: Problem des Pauschalverfahrens und der doppelten Diskontierung

Rechenelement	Wert
n	3 Jahre
i	0,1
A	20 Euro
R	- 90 Euro
Nek = 1, Nek = 2	50 Euro p. a.
Nek = 3	0 Euro

Aufgaben:

Berechnen Sie nun den Kapitalwert bei einem

- **Aufgabe a)** Kalkulationszinssatz von 10 %
- **Aufgabe b)** Kalkulationszinssatz von 20 %.

Lösungen:

Aufgabe a)

Der Kapitalwert beträgt – 0,84 Euro (-0,84 = 50 x DSF(n = 2, i = 0,1) – 90 x Abf(n = 3, i = 0,1) - 20), die Investition ist also nicht lohnend.

Aufgabe b)

Der Kapitalwert beträgt 4,31 Euro, die Investition ist also lohnend.

Wir können deutlich erkennen, dass beim eigentlichen Kalkulationszinssatz von 10 % der Kapitalwert negativ ist und damit die Investition unvorteilhaft ist. Bei Erhöhung des Kalkulationszinssatzes, der eigentlich aus Gründen der Vorsicht erfolgt, auf 20 % wird der Kapitalwert positiv. Das Gegenteil war beabsichtigt. Pauschalverfahren und doppelte Diskontierung eignen sich also nicht, wenn es negative Nettoeinzahlungen oder negative Restwerte gibt.

6.3.3 Abschnittsergebnisse

In diesem Abschnitt haben Sie:

- die Bedeutung der Korrekturverfahren kennen gelernt,
- Korrekturverfahren am Kalkulationszinssatz kennen gelernt und angewendet,
- Korrekturverfahren an der Nutzungsdauer kennen gelernt und angewendet,
- Korrekturverfahren an den Zahlungen kennen gelernt und angewendet und
- die Bewertung und die Sinnhaftigkeit der Anwendung für praktische Fragestellungen erkannt.

6.4 Sensitivitätsanalysen

Bei den **Sensitivitätsanalysen** handelt es sich wie bei den Korrekturverfahren um keine theoretisch anspruchsvolle oder im Sinne eines akademischen Modells objektive Form der Berücksichtigung von Risiko bei Investitionsentscheidungen.

Generell wird ein Rechenelement oder werden mehrere Rechenelemente variiert und die Auswirkung auf den Zielwert, also die Rechenergebnisse der dynamischen Investitionsrechnungsverfahren, analysiert. Der Unterschied zu den Korrekturverfahren liegt darin, dass nicht die Änderung der Rechenelemente, sondern die Auswirkung auf den Zielwert im Fokus steht.

Drei Verfahren der Sensitivitätsanalyse sind bekannt:

- die Kritische-Werte-Rechnung
- die Dreifachrechnung und
- die Zielgrößenänderungsrechnung.

6.4.1 Die Kritische-Werte-Rechnung

6.4.1.1 Darstellung der Kritischen-Werte-Rechnung

Bei der Kritischen-Werte-Rechnung wird im Regelfall nur ein Rechenelement variiert und die Auswirkung auf den Zielwert wird analysiert. Meist wird dabei der Zielwert, z. B. der Kapitalwert, auf null gesetzt und dann die mögliche Abweichung des Rechenelementes vom geplanten Wert erfasst, die möglich ist, ohne dass die Investition unvorteilhaft wird. Ein Festsetzen des Zielwertes auf eine bestimmte Höhe, z. B. eine Million Euro, ist natürlich ebenfalls möglich. Auch ist die Ermittlung von kritischen Werten in Bezug auf zwei oder mehrere Investitionen möglich, wenn man die Zielwerte der betrachteten Investitionsalternativen gleichsetzt und nach dem gesuchten Rechenelement auflöst. **Die Schwäche dieser Technik liegt darin, dass sie von der Unabhängigkeit der Rechenelemente ausgeht, dass sie also annimmt, dass die Änderung eines Rechenelementes keine Änderungen anderer Rechenelemente nach sich zieht.** Dies ist normalerweise in der Praxis aber der Fall. Wenn z. B. die Anschaffungsauszahlung sich ändert, ändert sich auch häufig der Restwert als davon abgeleiteter Preis. Aus den unterschiedlichen Gründen sind auch Änderungen bei fast allen anderen Rechenelementen zu erwarten. Daher ist die praktische Aussagekraft dieser Technik als Instrument zur Risikoanalyse nur begrenzt. Würden mehrere Rechenelemente variiert werden, dann müsste der funktionale Zusammenhang zwischen den exogenen Variablen bekannt sein, damit klar ist, in welchem Umfang sich eine exogene Variable ändert, wenn sich die andere z. B. um 10 % verändert. Da die Kritische-Werte-Rechnung in der praktischen Anwendung weit verbreitet ist, soll sie hier präsentiert werden, damit der Leser ihre Defizite einschätzen kann.

Grundsätzlich sind kritische Höchst- und kritische Mindestwerte zu unterscheiden.

Kritische Höchstwerte eines Rechenelementes können nicht überschritten werden, ohne dass eine Investition unvorteilhaft wird. Hier handelt es sich also um eine negative Korrelation zwischen dem betrachteten Rechenelement und dem Zielwert. Ein Steigen des Wertes des Rechenelementes führt zu einem Sinken des Zielwertes. **Kritische Mindestwerte** können nicht unterschritten werden, ohne dass eine Investition unvorteilhaft wird. Hier handelt es sich also um eine positive Korrelation zwischen dem betrachteten Rechenelement und dem Zielwert. Ein Steigen des Wertes des Rechenelementes führt zu einem Steigen des Zielwertes.

Kritische Höchstwerte sind:

- Anschaffungsauszahlung (A)
- laufende Auszahlungen (a_k)
- Zinssatz (i)

Kritische Mindestwerte sind:

- Restwert (R)
- laufende Einzahlungen (e_k)
- Nutzungsdauer (n)

Die Zuordnung der einzelnen Rechenelemente zu der Gruppe der Höchst- und Mindestwerte soll zunächst an der grafischen Darstellung des Verlaufes dieser Rechenelemente als Funktion des Kapitalwertes dargestellt werden. Die Darstellung hätte auch mit den anderen Dynamiken als Funktion des betrachteten Rechenelementes

6.4 Sensitivitätsanalysen

erfolgen können, der Kapitalwert ist hier also nur als ein Vertreter der Gruppe der dynamischen Investitionsrechnungsverfahren zu sehen.

Abbildung 6-5:   *Kritische Werte der 6 Rechenelemente*

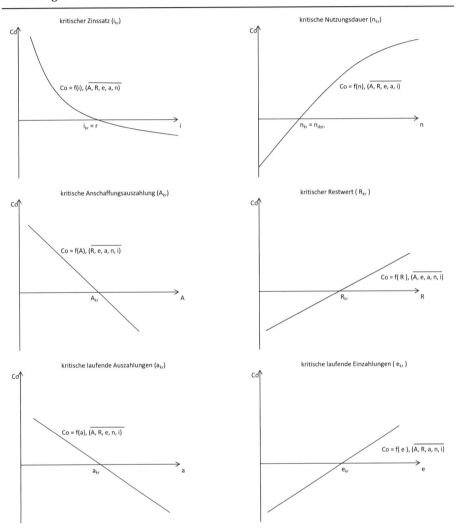

Aus der Darstellung wird offensichtlich, dass für die 6 möglichen Rechenelemente der Investitionsrechnung, deren Variation in ihrer Auswirkung auf die Variation des Kapitalwertes als Vertreter der Dynamiken in Abbildung 6.5 dargestellt ist, bereits für 2 der

Rechenelemente Lösungsverfahren für die Ermittlung der kritischen Werte bekannt sind:

- der **kritische Zinssatz,** er entspricht der Rendite, die wir in Kapitel 3.7 kennen gelernt haben, und

- die **kritische Nutzungsdauer.** Sie entspricht der dynamischen Amortisationszeit, die wir in Abschnitt 3.8 behandelt haben.

Für beide Verfahren wird an dieser Stelle also kein eigenständiger Weg für die Ermittlung der Lösungen präsentiert, sondern auf die entsprechenden Unterkapitel in Kapitel 3 verwiesen.

Entsprechend der oben dargestellten Kausalität ergibt sich ein vorgezeichneter Lösungsweg für die Ermittlung der kritischen Werte für die verbleibenden Rechenelemente. Dieser Weg besteht generell aus 3 Schritten:

- Zunächst ist eine dynamische **Investitionsrechnungsformel aufzustellen.**

- Dann ist diese **Funktion gleich null** oder auf einen festen Zielwert zu **setzen.** Dadurch geht das betrachtete Rechenelement in seinen gesuchten Wert über.

- Im dritten Schritt ist die aufgestellte Funktion **nach dem gesuchten Rechenelement aufzulösen.**

Grundsätzlich kann diese Schrittfolge mit allen 5 dynamischen Investitionsrechnungsverfahren aus Kapitel 3 für alle 6 Rechenelemente durchgeführt werden. Allerdings sollten wegen des höheren Rechenaufwandes die Interne Zinsfußmethode und die dynamische Amortisationsrechnung nur angewendet werden, wenn es konkret um die Rechenelemente geht, die deckungsgleich mit dem Ermittlungsweg für dieses dynamische Verfahren sind, also der kritische Zinssatz und die kritische Nutzungsdauer.

So verbleiben maximal 3 mögliche dynamische Investitionsrechnungsverfahren, mit denen die Kritische-Werte-Rechnung für die 4 verbliebenen Rechenelemente betrieben werden kann: die Kapitalwertmethode, die Horizontwertmethode und die Annuitätenmethode.

Neben dieser algebraischen Form der Bestimmung der kritischen Werte ist auch eine **grafische Lösungsform** möglich, bei der für die aufgestellte dynamische Investitionsrechnungsformel oder für die aufgestellten dynamischen Investitionsrechnungsformeln für das analysierte Rechenelement einige Werte (2 bis 4) festgelegt werden, für die die dynamischen Zielwerte ermittelt werden. Also könnten für die Bestimmung des Kritischen Zinssatzes 2 bis 4 verschiedene Versuchszinssätze festgelegt werden für die dann die entsprechenden 2 bis 4 Kapitalwerte ermittelt werden. Diese Werte würden in ein entsprechendes Koordinatensystem eingezeichnet und dann verbunden. Bei den Rechenelementen Zinssatz und Nutzungsdauer handelt es sich dabei um konvexe

Funktionen, die Funktionen der anderen 4 Rechenelemente sind linear, wie auch aus Abbildung 6.5 hervorgeht.

Die Kritische-Werte-Rechnung soll nun an Beispielen dargestellt werden.

6.4.1.2 Anwendungsbeispiel für die Kritische-Werte-Rechnung

Sie haben die Gelegenheit, eine Gewerbeimmobilie im nördlichen Hamburger Randgebiet mit guter Verkehrsanbindung zu erwerben. Das Gebäude ist derzeit noch für 10 Jahre zu für die einzelnen Jahre festgelegten Jahreskaltmieten fest vermietet. In den ersten 3 Jahren beträgt die jährliche Nettokaltmiete, die jährlich nachschüssig gezahlt wird, 110 TEuro, in den Jahren 4 bis 7 sind es 160 TEuro und in den Jahren 8 bis 10 185 TEuro. Am Ende der 10 Jahre hat der Mieter sich vertraglich verpflichtet, das Gebäude dann zu einem Restwert von einer Mio. Euro zu erwerben. Jährliche Kosten fallen für Sie nicht an. Sie kalkulieren mit einem Kalkulationszinssatz von 8 %.

Aufgabe:

Ermitteln Sie die kritische Anschaffungsauszahlung A_{kr}.

Lösung:

Grundsätzlich ist die Lösung, wie bereits angesprochen, mit allen 5 dynamischen Investitionsrechnungsverfahren zu ermitteln. Allerdings bieten sich die dynamische Amortisationsrechnung und die Interne Zinsfußmethode wegen des Rechenaufwandes nicht an. Die Kapitalwertmethode ist das geeignetste Verfahren, in der Formel kommt die Anschaffungsauszahlung ohne Gewichtung mit einem finanzmathematischen Faktor vor. Außerdem gilt wegen der Definitionsgleichung und der oben angesprochenen Dreierschrittfolge für die Lösung:

(6.1) $\boxed{Co = BW - A}$

(6.2) $\boxed{0 = BW - A_{kr}}$ und dann

(6.3) $\boxed{A_{kr} = BW}$.

Die kritische Anschaffungsauszahlung entspricht also immer dem Barwert einer Investition oder anders formuliert der Summe aus der im Datensatz gegebenen Anschaffungsauszahlung und dem gegebenenfalls ermittelten Kapitalwert Co.

6 Investitionsentscheidungen unter Unsicherheit

(6.4) $\boxed{A_{kr} = Co + A}$.

Die Lösung ist in der nachfolgenden Abbildung 6.6 nachvollziehbar. Grundsätzlich ist auch ein anderer Tabellenaufbau vorstellbar, soweit Sie nicht zu einem anderen Ergebnis kommen.

Abbildung 6-6: Ermittlung der kritischen Anschaffungsauszahlung*

	A	B	C	D	E
1	k	Nek (TEuro)	Abf	BW	Summe BW
2	1	110	0,925926	101,852	101,852
3	2	110	0,857339	94,307	196,159
4	3	110	0,793832	87,322	283,481
5	4	160	0,735030	117,605	401,085
6	5	160	0,680583	108,893	509,979
7	6	160	0,630170	100,827	610,806
8	7	160	0,583490	93,358	704,164
9	8	185	0,540269	99,950	804,114
10	9	185	0,500249	92,546	896,660
11	10	185	0,463193	85,691	982,351
12	R (TEuro) =		1000	463,193	1445,54445
13	i =		0,08		

Der Barwert beträgt nach Zelle E12 in Abbildung 6.6 1,445 Mio. Euro. Dies ist also die kritische Anschaffungsauszahlung. Bei Zahlung dieses Betrages als Kaufauszahlung und Erfüllung der Plandaten ergäbe sich bei einem Kalkulationszinssatz von 10 % ein Kapitalwert von null.

Soweit Sie diesen Datensatz mit dem Taschenrechner bearbeiten, ist durch Anwendung des Diskontierungssummenfaktors gegenüber der Einzeldiskontierung eine Arbeitsbeschleunigung möglich. Dies ist in Abbildung 6.7 grafisch dargestellt.

In formelmäßiger Darstellung ergibt ich dann:

(6.5) $\boxed{A_{kr} = 110 \times DSF_{i=0,08}^{n=3} + 160 \times DSF_{i=0,08}^{n=4} \times Abf_{i=0,08}^{n=3} + 185 \times DSF_{i=0,08}^{n=3} \times Abf_{i=0,08}^{n=7} + 1.000 \times Abf_{i=0,08}^{n=10} = 1,445 \; Mio. \; Euro}$.

6.4 Sensitivitätsanalysen

Abbildung 6-7: Ermittlung der kritischen Anschaffungsauszahlung mit dem Taschenrechner

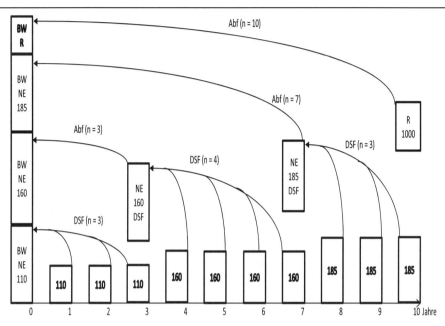

Das zweite Beispiel beschäftigt sich mit kritischen jährlichen Auszahlungen.

Ein Lebensmittelhersteller bietet Ihnen eine stille Beteiligung in einem für ihn neuen Geschäftsfeld an. Er plant, 8 Jahre lang in die Produktion von Lammsalami einzusteigen, da er für diesen Zeitraum einen exklusiven Liefervertrag mit einer Gourmetrestaurantkette angeboten bekommen hat. Die geplante Nutzungsdauer beträgt also 8 Jahre. Die notwendigen Maschinen zur Herstellung dieser Lammsalami, die bisher im Unternehmen nicht vorhanden sind, haben eine Anschaffungsauszahlung von 120.000 Euro und sind nach 8 Jahren für 50.000 Euro Restwert wieder zu verkaufen. Der vertraglich garantierte Preis pro gelieferter Lammsalami beträgt 12 Euro. Die produzierte Menge Salami, gemessen in Stück, hat die Variablenbezeichnung q. Ihr Kalkulationszinssatz für dieses Projekt, an dem Sie sich zu 100 % beteiligen möchten, beträgt 10 %. Sie gehen von einer jährlich gleich hohen Liefermenge aus. Die laufenden Betriebs- und Instandhaltungsauszahlungen bestehen aus einem Fixkostenanteil und variablen Kosten für Betriebsmittel und Rohstoffe in Höhe von:

(6.6) $\boxed{a = 3000 + 6q}$.

6 Investitionsentscheidungen unter Unsicherheit

Aufgabe:

Ermitteln Sie die jährliche kritische Absatzmenge.

Lösung:

Eine Lösung ist nur bei jährlich gleichbleibenden Mengen erzielbar und kann für eine einzelne Investition nach der Horizontwert-, der Kapitalwert- und der Annuitätenmethode erzielt werden. **Bei einem Vergleich mehrerer Investitionsobjekte wären die Methoden nur dann alle anwendbar, wenn die Nutzungsdauern aller Investitionsobjekte gleich lang sind.** Ist das nicht der Fall, kann nur die Annuitätenmethode angewendet werden. Für diesen Fall sollen die Annuitätenmethode und die Kapitalwertmethode angewendet werden.

$$(6.7)\quad \boxed{C_o = (e-a) \times DSF_i^n + R \times Abf_i^n - A}$$

Die Einzahlungen ergeben sich aus dem Verkaufspreis pro Salami und der abgesetzten Menge (q). So ergibt sich folgende nummerisch aufgestellte Formel:

$$(6.8)\quad \boxed{C_o = (12q - (3.000 + 6q)) \times DSF_{i=0,1}^{n=8} + 50.000 \times Abf_{i=0,1}^{n=8} - 120.000}$$

Die Formel kann nun null gesetzt werden, dann geht die Menge in die kritische Menge über:

$$(6.9)\quad \boxed{0 = (6q_{kr} - 3.000) \times DSF_{i=0,1}^{n=8} + 50.000 \times Abf_{i=0,1}^{n=8} - 120.000}$$

Auflösen nach q_{kr} ergibt:

$$(6.10)\quad \boxed{q_{kr} = \frac{120.000 - 50.000 \times Abf_i^n}{6 \times DSF_i^n} + \frac{3000}{6} = 3.520{,}18}$$

Die kritische Absatzmenge liegt also bei 3.521 Lammsalami pro Jahr.

Alternativ lässt sich dieser Datensatz auch nach der Annuitätenmethode lösen. Die Ausgangsgleichung lautet hier:

(6.11) $\boxed{DJÜ = DJE - DJA}$.

Umgesetzt in unsere Beispieldaten ergibt dies:

(6.12)
$$\boxed{DJÜ = 12q + 50.000 \times Abf_{i=0,1}^{n=8} \times KWF_{i=0,1}^{n=8} - 3.000 - 6q - 120.000 \times KWF_{i=0,1}^{n=8}}$$

(6.13)
$$\boxed{0 = 6q_{kr} + 50.000 \times Abf_{i=0,1}^{n=8} \times KWF_{i=0,1}^{n=8} - 3.000 - 120.000 \times KWF_{i=0,1}^{n=8}}$$

(6.14) $\boxed{q_{kr} = \dfrac{-50.000 \times Abf_{i=0,1}^{n=8} \times KWF_{i=0,1}^{n=8} + 3.000 + 120.000 \times KWF_{i=0,1}^{n=8}}{6}}$

Natürlich ergibt sich nach der Annuitätenmethode die gleiche kritische Absatzmenge von 3.521 Lammsalami wie nach der Kapitalwertmethode.

6.4.1.3 Darstellung der Kritischen-Werte-Rechnung in Bezug auf zwei Investitionen

In einem weiteren Teil soll die Kritische-Werte-Rechnung in Bezug auf zwei Investitionsobjekte vorgestellt werden. Hierzu soll zunächst in der Abbildung 6.8 dokumentiert werden, welche kritischen Werte gesucht werden.

Bei der Bestimmung des **kritischen Wertes in Bezug auf 2 Investitionsobjekte** werden die entsprechenden dynamischen Funktionen für jedes Investitionsobjekt aufgestellt und ihre Zielwerte werden dann gleichgesetzt. Die 3 Schritte zur Lösung sind also:

Abbildung 6-8: Kritische Werte der 6 Rechenelemente in Bezug auf 2 Investitionsobjekte

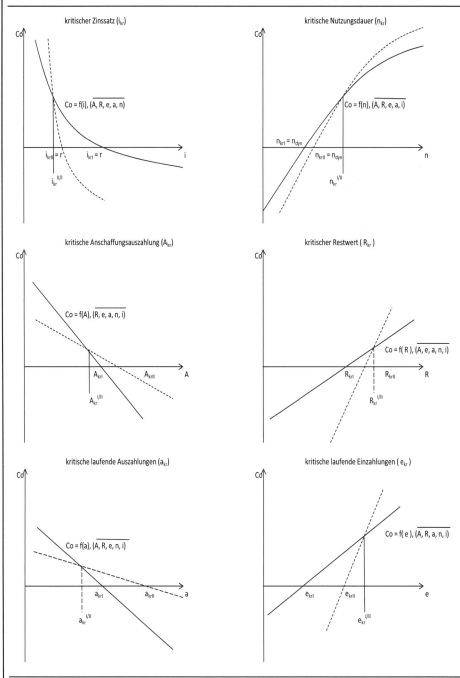

6.4 Sensitivitätsanalysen

- Zunächst sind die dynamischen **Investitionsrechnungsformeln aufzustellen**.
- Dann sind diese **Funktionen gleichzusetzen**. Dadurch geht das betrachtete Rechenelement in seinen gesuchten Wert über.
- Im dritten Schritt ist die aufgestellte Gleichung **nach dem gesuchten Rechenelement aufzulösen**.

Bei der Analyse von kritischen Werten mehrerer Investitionen gibt es insgesamt mehrere kritische Werte. Zunächst die bereits in Abbildung 6.5 erarbeiteten absoluten kritischen Werte. Bei ihnen wechselt die absolute Vorteilhaftigkeit eines Investitionsobjektes auf die absolute Unvorteilhaftigkeit oder anders herum, je nachdem, ob es sich um kritische Höchst- oder kritische Mindestwerte handelt. Bei den relativen kritischen Werten, deren Ermittlungsweg über diesem Absatz beschrieben ist, wechselt die relative Vorteilhaftigkeit eines Investitionsobjektes auf ein alternatives Objekt. Hier handelt es sich um die Schnittpunkte der Funktionen in Abbildung 6.8, auf die das Lot gefällt ist. Die Kapitalwertfunktion des einen Investitionsobjektes I ist immer durchgängig schwarz dargestellt, die Funktion des anderen Investitionsobjektes II ist gestrichelt dargestellt. An den Schnittpunkten der Funktionen können die einzelnen Investitionsobjekte absolut vorteilhaft sein, wie in Abbildung 6.8 dargestellt, oder auch absolut unvorteilhaft. Die Ermittlung erfolgt nach dem in diesem Abschnitt dargelegten Vorgehen durch Gleichsetzen der relevanten dynamischen Investitionsrechnungsformeln. Dies sehen wir an einem Beispiel mit dem Datensatz aus Abbildung 6.9.

6.4.1.4 Anwendungsbeispiel für die Kritische-Werte-Rechnung in Bezug auf zwei Investitionsobjekte

In der Schokoriegelproduktion Ihres Unternehmens soll ein neues Produktionsband angeschafft werden. Band 1 und Band 2 sind die Alternativen, deren Daten Sie Abbildung 6.9 entnehmen können.

Abbildung 6-9: Datensatz für die Kritische-Werte-Ermittlung in Bezug auf 2 Investitionen

Rechenelement	Band 1	Band 2
Nutzungsdauer (n, Jahre)	6	7
Kalkulationszinssatz (i)	0,08	0,08
Anschaffungsauszahlung (A, Euro)	120.000	190.000
Restwert (R, Euro)	0	20.000
variable Auszahlungen (a_v, Euro/Stück/Jahr)	120	105
Fixe Auszahlungen (a_f, Euro/Stück/Jahr)	110.000	160.000

6 Investitionsentscheidungen unter Unsicherheit

Gehen Sie davon aus, dass die Schokoriegel nur in ganzen Einheiten (Stück) als Großhandelspaletten abzusetzen sind und pro Einheit eine Einzahlung von 350 Euro realisiert werden kann.

Aufgaben:

- **Aufgabe a)** Ermitteln Sie die jährliche Absatzmenge, bei der Band 1 absolut vorteilhaft ist.
- **Aufgabe b)** Ermitteln Sie die jährliche Absatzmenge, bei der Band 2 absolut vorteilhaft ist.
- **Aufgabe c)** Ermitteln Sie die jährliche Absatzmenge, bei der Band 1 und Band 2 die gleiche relative Vorteilhaftigkeit haben.

Lösungen:

Zunächst möchte ich Ihnen Hinweise zur Lösung geben.

- Aufgabe c) kann nur mit der Annuitätenmethode gelöst werden, da sich die Nutzungsdauern von Band 1 und Band 2 unterscheiden. Da zur Lösung in Aufgabe c) die Ergebnisse aus den Aufgabenteilen a) und b) herangezogen werden können, sollte auch dort die Annuitätenmethode benutzt werden.
- Aufgabe c) ist eigentlich nur nach Durchführung einer Differenzinvestition praxisnah zu bearbeiten, darauf soll an dieser Stelle verzichtet werden.
- Die Lösungen sind ganzzahlig angegeben, da die Paletten nach der Aufgabenstellung nur ganzzahlig abgesetzt werden können. Es darf hier nicht kaufmännisch gerundet werden, sondern so, dass der Zielwert positiv ist.

$$(6.15) \quad \boxed{DJ\ddot{U}_1 = 350q - 120q - 110.000 - 120.000 \times KWF_{i=0,08}^{n=6}}$$

$$(6.16) \quad \boxed{0 = 230 q_{kr1} - 110.000 - 120.000 \times KWF_{i=0,08}^{n=6}}$$

$$(6.17) \quad \boxed{q_{kr1} = \frac{110.000 + 120.000 \times KWF_{i=0,08}^{n=6}}{230} = 592}$$

6.4 Sensitivitätsanalysen

(6.18)
$$DJ\ddot{U}_2 = 350q - 105q - 160.000 - 190.000 \times KWF_{i=0,08}^{n=7} + 20.000 \times RVF_{i=0,08}^{n=7}$$

(6.19) $$0 = 245 q_{kr2} - 160.000 - 190.000 \times KWF_{i=0,08}^{n=7} + 20.000 \times RVF_{i=0,08}^{n=7}$$

(6.20)
$$q_{kr2} = \frac{160.000 + 190.000 \times KWF_{i=0,08}^{n=7} - 20.000 \times RVF_{i=0,08}^{n=7}}{245} = 793$$

(6.21) $$DJ\ddot{U}_1 = DJ\ddot{U}_2$$

(6.22)
$$230 q_{kr1} - 110.000 - 120.000 \times KWF_{i=0,08}^{n=6} =$$
$$245 q_{kr2} - 160.000 - 190.000 \times KWF_{i=0,08}^{n=7} + 20.000 \times RVF_{i=0,08}^{n=7}$$

(6.23)
$$q_{kr2/1} = \frac{50.000 - 120.000 \times KWF_{i=0,08}^{n=6} + 190.000 \times KWF_{i=0,08}^{n=7} - 20.000 \times RVF_{i=0,08}^{n=7}}{15}$$

(6.24) $$q_{kr2/1} = 3.887 \; Paletten$$

In Gleichung (6.17) sehen Sie die Lösung für Aufgabe a), in Gleichung (6.20) die Lösung für Aufgabe b) und in Gleichung (6.24) die Lösung für Aufgabe c). Bei Erwerb von Band 1 müssen bei dem gegebenen Datensatz mindestens 592 Paletten abgesetzt werden, wenn das Unternehmen mit dieser Aktivität keinen Verlust machen will, bei Band 2 wären es 793 Paletten. Die relative Vorteilhaftigkeit bezogen auf die Absatzmenge wechselt bei ca. 3.887 Paletten von Band 1 auf Band 2. Bei 3.887 Paletten ist Band 2 vorteilhaft, bei 3.886 Paletten ist es noch Band 1.

6.4.2 Die Dreifachrechnung

6.4.2.1 Darstellung der Dreifachrechnung

Bei der **Dreifachrechnung** wird ein klassischer Datensatz für eine dynamische Investitionsrechnung **einmal mit dem geplanten wahrscheinlichen Datensatz und dann mit einem pessimistischen und einem optimistischen Datensatz durchgerechnet.** Die Festlegung der pessimistischen und der optimistischen Datenvariante erfolgt meist durch prozentuale Zu- oder Abschläge und ist deswegen erneut recht subjektiv.

Eine Investition gilt dann als sicher lohnend, wenn sie auch in der pessimistischen Variante einen positiven Zielwert eines dynamischen Investitionsrechnungsverfahrens, z. B. einen positiven Kapitalwert, erbringt. Eine Investition ist dann sicher unvorteilhaft, wenn sie auch in der optimistischen Variante einen negativen Zielwert erbringt. Allerdings wäre die gleiche Investitionsentscheidung auch in der klassischen Dynamik zustande gekommen, denn der wahrscheinliche Wert muss bei einer normalen Investition zwingend negativ sein, wenn bereits der optimistische Wert negativ ist. Sind z. B. die Ergebnisse der optimistischen Einschätzung und der wahrscheinlichen Einschätzung positiv, aber das Ergebnis der pessimistischen Einschätzung negativ, ist erneut eine selbst im Sinne diesen Modells subjektive Investitionsentscheidung notwendig. Diese hängt dann von der absoluten Höhe der ermittelten Werte, der Einschätzung der Eintrittswahrscheinlichkeiten der drei Zustände und der subjektiven Risikoeinstellung des Investors ab. Der Unterschied der Dreifachrechnung zur Kritischen-Werte-Rechnung liegt darin, dass bei der Kritischen-Werte-Rechnung meist nur ein Rechenelement variiert wird, während bei der Dreifachrechnung meist alle Rechenelemente, bis auf die Anschaffungsauszahlung, die am Investitionsbeginn meist mit Sicherheit bekannt ist, variiert werden. Ebenso wie bei der Kritischen-Werte-Rechnung werden bei der Dreifachrechnung keine exakten funktionalen Zusammenhänge der Rechenelemente beachtet, sondern nur über pauschale Prozentsätze für Zu- oder Abschläge berücksichtigt. Die Dreifachrechnung sollen Sie nun an einem Beispiel nachvollziehen.

6.4.2.2 Anwendungsbeispiel der Dreifachrechnung

Es möge der Beispieldatensatz aus Abbildung 6.10 gelten.

Für die optimistische und für die pessimistische Einschätzung mögen die prozentualen Änderungen der Rechenelemente aus Abbildung 6.11 gelten:

6.4 Sensitivitätsanalysen

Abbildung 6-10: Datensatz für die Dreifachrechnung

Rechenelement	Wert
n	4 Jahre
i	0,1
A (TEUR)	80
R (TEUR)	15
$(e - a)_k = 1$ (TEUR)	(75 – 40)
$(e - a)_k = 2$ (TEUR)	(75 – 40)
$(e - a)_k = 3$ (TEUR)	(75 – 40)
$(e - a)_k = 4$ (TEUR)	(75 – 40)

Abbildung 6-11: Veränderungsgrößen für die Dreifachrechnung

Rechenelement	optimistisch	pessimistisch
e_k	+ 10	– 20
a_k	– 15	+ 30
R	+ 20	– 20

Aufgabe:

Berechnen Sie nun die Kapitalwerte für die optimistische, die wahrscheinliche und die pessimistische Situation. Von einer möglichen Änderung des Kalkulationszinssatzes und der Nutzungsdauer wurde in diesem Beispiel abgesehen.

Lösung:

Ich stelle Ihnen die Lösung in der Tabellenkalkulation dar. Da es sich um eine Abzinsung und Summation der Rechenelemente handelt, gibt es verschiedene richtige Vorgehensweisen der Formulierung in der Tabellenkalkulation. Soweit ist der gezeigte Lösungsweg nur ein Vorschlag, von dem Sie abweichen können, soweit Sie auf das gleiche Ergebnis kommen. Selbstverständlich ist auch eine Lösung mit dem Taschenrechner möglich. Die entsprechenden Vorgehensweisen haben Sie in Kapitel 3 kennen gelernt.

Abbildung 6-12: Lösung zur Dreifachrechnung*

k	ek (TEuro)	ak (TEuro)	Nek (TEuro)	Co	ek (TEuro) + 10%	ak (TEuro) - 15%	ek (TEuro) + 10%	ak (TEuro) - 15%	Co opt	Co pess
0										
1	75	40	35	-48,18	82,5	34	60	52	-35,91	-72,73
2	75	40	35	-19,26	82,5	34	60	52	4,17	-66,12
3	75	40	35	7,04	82,5	34	60	52	40,61	-60,11
4	85	40	45	48,02	93,5	34	68	52	93,55	-40,98
A (TEuro) =	80									
i =	0,1									
R (TEuro) =	15									

Für dieses Beispiel ergibt sich in der optimistischen Situation ein positiver Kapitalwert in Höhe von 93.545,86 Euro, in der wahrscheinlichen Situation ein positiver Kapitalwert in Höhe von 48.020,63 Euro und in der pessimistischen Situation ein negativer Kapitalwert in Höhe von – 40.980,81 Euro.

Damit ist für dieses Beispiel keine eindeutige Investitionsentscheidung mit dieser Technik möglich. Erst wenn der Investor subjektive Eintrittswahrscheinlichkeiten für die drei Situationen festlegt und die einzelnen Kapitalwerte zu einem Gesamtkapitalwert gewichtet, ist eine im Sinne diesen Vorgehens eindeutige Entscheidung möglich. Dies ist allerdings sehr willkürlich.

Gehen wir für unser Beispiel davon aus, dass die optimistische und die pessimistische Situation jeweils eine Eintrittswahrscheinlichkeit von 25 % haben und die wahrscheinliche Situation eine Eintrittswahrscheinlichkeit von 50 % hat, dann ergibt sich ein Gesamtkapitalwert von 37.151,58 Euro (0,25 × 93.545,86 Euro + 0,5 × 48.020,63 Euro + 0,25 × – 40.980,81 Euro) und die Investition wäre aus dieser Perspektive lohnend.

6.4.3 Die Zielgrößenänderungsrechnung

6.4.3.1 Darstellung der Zielgrößenänderungsrechnung

Bei der **Zielgrößenänderungsrechnung** ist die Kausalität gegenüber der Kritischen-Werte-Rechnung umgekehrt. Bei der Kritischen-Werte-Rechnung wurde das Ergebnis einer der dynamischen Investitionsrechnungsverfahren auf einen bestimmtem Zielwert gesetzt, z. B. wurde der Kapitalwert auf null gesetzt und dann analysiert, wie weit ein Rechenelement, z. B. der Restwert, von seinem geplanten Wert abweichen kann, bis diese Bedingung erfüllt ist. Damit war der Zielwert der in der Kritischen-

Werte-Rechnung verwendeten Dynamik die exogene Variable dieser Betrachtung, während das analysierte Rechenelement die endogene Variable war. Bei der Zielgrößenänderungsrechnung ist diese Kausalität nun verändert. **Das analysierte Rechenelement wird um einen bestimmten Prozentsatz verändert, ist damit die exogene Variable, während der Zielwert der verwendeten Dynamik in seiner Änderung betrachtet wird, also in dieser Analyse die endogene Variable ist.** Als Zielgrößen sind generell die Zielwerte aller Dynamiken möglich, wegen des höheren Rechenaufwandes empfehlen sich die Interne Zinsfußmethode und die dynamische Amortisationsrechnung aber nicht. **Durch diese Technik kann der Einfluss der einzelnen Rechenelemente auf den Zielwert analysiert werden.** Natürlich ist auch wie bei der Dreifachrechnung die Analyse der Änderung mehrerer Rechenelemente in einer Rechnung möglich, wenn der funktionale Zusammenhang zwischen den einzelnen Rechenelementen, also deren Korrelation, bekannt ist. Dieser Ansatz geht aber über das klassische Verfahren der Zielgrößenänderungsrechnung hinaus. Auch dieses Verfahren geht also von der Unabhängigkeit der Rechenelemente untereinander aus, was in der Praxis nur sehr selten der Fall sein dürfte.

Das generelle Vorgehen bei der Zielgrößenänderungsrechnung ist folgendermaßen:

- Aufstellen der relevanten Funktion der dynamischen Investitionsrechnungsverfahren,

- Festlegung der zu analysierenden Abweichung des betrachteten Rechenelementes vom wahrscheinlichen Ausgangswert,

- Errechnung der Änderungen des Zielwertes, der sich unter sonst gleichen Umständen durch die Änderungen des betrachteten Rechenelementes ergibt.

Die relative Zielwertänderung ergibt sich, indem man die Differenz zwischen neuem und altem Zielwert, z. B. für den Kapitalwert, in Relation setzt zum alten Wert, nach der Formel:

$$(6.25) \quad \frac{Co_{neu} - Co_{alt}}{Co_{alt}} = \text{Relative Kapitalwertänderung.}$$

Die relative Zielgrößenänderungsrechnung wollen wir auf ein **Beispiel** anwenden. Grundlage für dieses Beispiel sei wieder die Kapitalwertmethode. Um die Auswirkung von mehr als den klassischen sechs Rechenelementen zu analysieren, wird die Kapitalwertformel folgendermaßen definiert:

$$(6.26) \quad Co = (pq - (lm + rx) \times q - a_f) \times DSF_i^n + R \times Abf - A$$

pq sind dabei die Einzahlungen, die sich aus dem Produkt aus Produktpreis (p) und verkaufter Produktmenge (q) ergeben.

rx ist das Produkt aus Vorleistungspreis (r) und verbrauchter Vorleistungsmenge (x) pro Produktmenge (q).

lm ist das Produkt aus Arbeitspreis (l) und verbrauchter Arbeitsmenge (m) pro Produktmenge (q).

a_f sind fixe Auszahlungen.

6.4.3.2 Anwendungsbeispiel der Zielgrößenänderungsrechnung

Um den Zielgrößenänderungsbeitrag der einzelnen Inputgrößen ohne großen Rechenaufwand zu erfassen, wurde für dieses Beispiel angenommen, dass alle Inputgrößen über die Laufzeit konstant sind. Natürlich ist auch eine Berechnung mit jährlich unterschiedlichen Größen möglich.

Abbildung 6-13: Datensatz zur Zielgrößenänderungsrechnung

Rechenelement	Ausgangswert
p	100
q	100
l	6
m	5
r	4
x	3
a_f	30
i	0,1
n	6
R	200
A	800

6.4 Sensitivitätsanalysen

Aufgabe:

Ermitteln Sie die Ergebnisse der Zielgrößenänderungsrechnung bei einer Änderung eines jeden Rechenelements einzeln von +/- 10 %. Bei der Nutzungsdauer gehen Sie bitte abweichend davon aus, dass die Änderung +/+ 1 Jahr beträgt.

Lösung:

Zunächst stelle ich Ihnen die Lösung in der Tabellenkalkulation dar. Da es sich um eine Abzinsung und Summation der Rechenelemente handelt, gibt es verschiedene richtige Vorgehensweisen der Formulierung in der Tabellenkalkulation. Selbstverständlich ist auch eine Lösung mit dem Taschenrechner möglich. Die entsprechenden Vorgehensweisen haben Sie in Kapitel 3 kennen gelernt.

Abbildung 6-14: Lösung zur Zielgrößenänderungsrechnung*

	i =	0,1												
	n =	6												
	Änderung	p	q	l	m	r	x	q	a_f	DSF	R	Abf	A	Co	rel Co Änderung
Ausgang	0	100	100	6	5	4	3	100	30	4,355261	200	0,564474	800	24442,75	0
p	10	110	100	6	5	4	3	100	30	4,355261	200	0,564474	800	28798,01	0,178
p	-10	90	100	6	5	4	3	100	30	4,355261	200	0,564474	800	20087,49	-0,178
q	10	100	110	6	5	4	3	110	30	4,355261	200	0,564474	800	26968,80	0,103
q	-10	100	90	6	5	4	3	90	30	4,355261	200	0,564474	800	21916,70	-0,103
l	10	100	100	6,6	5	4	3	100	30	4,355261	200	0,564474	800	23136,17	-0,053
l	-10	100	100	5,4	5	4	3	100	30	4,355261	200	0,564474	800	25749,33	0,053
m	10	100	100	6	5,5	4	3	100	30	4,355261	200	0,564474	800	23136,17	-0,053
m	-10	100	100	6	4,5	4	3	100	30	4,355261	200	0,564474	800	25749,33	0,053
r	10	100	100	6	5	4,4	3	100	30	4,355261	200	0,564474	800	23920,12	-0,021
r	-10	100	100	6	5	3,6	3	100	30	4,355261	200	0,564474	800	24965,38	0,021
x	10	100	100	6	5	4	3,3	100	30	4,355261	200	0,564474	800	23920,12	-0,021
x	-10	100	100	6	5	4	2,7	100	30	4,355261	200	0,564474	800	24965,38	0,021
a_f	10	100	100	6	5	4	3	100	33	4,355261	200	0,564474	800	24429,68	-0,001
a_f	-10	100	100	6	5	4	3	100	27	4,355261	200	0,564474	800	24455,81	0,001
i	10	100	100	6	5	4	3	100	30	4,230538	200	0,534641	800	23717,13	-0,030
i	-10	100	100	6	5	4	3	100	30	4,485919	200	0,596267	800	25203,00	0,031
n	1	100	100	6	5	4	3	100	30	4,868419	200	0,513158	800	27393,41	0,121
n	-1	100	100	6	5	4	3	100	30	3,790787	200	0,620921	800	21197,02	-0,133
R	10	100	100	6	5	4	3	100	30	4,355261	220	0,564474	800	24454,04	0,000
R	-10	100	100	6	5	4	3	100	30	4,355261	180	0,564474	800	24431,46	0,000
A	10	100	100	6	5	4	3	100	30	4,355261	200	0,564474	880	24362,75	-0,003
A	-10	100	100	6	5	4	3	100	30	4,355261	200	0,564474	720	24522,75	0,003

Die Werte der Exceltabelle habe ich in der Ergebnistabelle in Abbildung 6.15 zusammengefasst. Aus der Abbildung 6.15 lassen sich nun die Einflüsse der Rechenelemente auf den Kapitalwert ablesen. Einen relativ großen Einfluss auf den Kapitalwert hat für diesen Datensatz die Produktpreisänderung. Die Änderung um 10 % ändert den Kapitalwert um 17,82 %. Einen geringen Einfluss haben die Änderungen von Fixkosten und Restwert um 10 %. Sie ändern den Kapitalwert nur um 0,05 %. Die Kapitalwertfunktionen in Bezug auf die Änderung eines Rechenelementes verlaufen im Regelfall linear, so ergeben sich bei Erhöhung des Rechenelementes und Absenkung des Rechenelementes gleiche prozentuale Veränderungen. Eine Verdopplung der Rechenelementsänderung führt dann auch zur Verdopplung der Kapitalwertänderung. Die Kapitalwertveränderungen sind in der Tabelle ohne Vorzeichen eingetragen, ob eine Erhöhung des Rechenelementes zur Erhöhung des Kapitalwertes beiträgt, hängt von seinem Vorzeichen ab. Bei **Zinssatz und Nutzungsdauer** verlaufen die Änderungen bei Erhöhung bzw. Verkürzung nicht gleichgerichtet, da die Funktionen nicht linear, sondern von höherer Ordnung sind. Die Änderungen von Faktorpreis und Faktormenge einerseits und Arbeitspreis und Arbeitsmenge andererseits müssen jeweils prozentual gleich sein, da sie als Produkte in die Kapitalwertformel eingehen.

Abbildung 6-15: Zusammenfassung der Lösung zur Zielgrößenänderungsrechnung

Rechenelement	Ausgangswert	Änderung+	Änderung-	Co % Änderung+	Co % Änderung-
p	100	10 %	10 %	17,82	17,82
q	100	10 %	10 %	10,33	10,33
l	6	10 %	10 %	5,35	5,35
m	5	10 %	10 %	5,35	5,35
r	4	10 %	10 %	2,14	2,14
x	3	10 %	10 %	2,14	2,14
a$_f$	30	10 %	10 %	0,05	0,05
i	0,1	10 %	10 %	2,97	3,11
n	6	1 Jahr	1 Jahr	12,07	13,28
R	200	10 %	10 %	0,05	0,05
A	800	10 %	10 %	0,33	0,33
Ausgangs Co	24.442,75				

So zeigt die Zielgrößenänderungsrechnung einen Überblick über die Bedeutung der einzelnen Rechenelemente für den Kapitalwert unter der Annahme der Unabhängigkeit der Rechenelemente untereinander. Um eine theoretisch anspruchsvolle Technik der Berücksichtigung von Risiko in der Investitionsentscheidung handelt es sich allerdings nicht.

6.4.4 Abschnittsergebnisse

In diesem Abschnitt haben Sie:

- die Bedeutung der Sensitivitätsanalysen kennen gelernt,
- die Kritische-Werte-Rechnung als Form der Sensitivitätsanalysen systematisiert,
- die Kritische-Werte-Rechnung als Form der Sensitivitätsanalysen angewendet,
- die Dreifachrechnung als Form der Sensitivitätsanalysen kennen gelernt,
- die Dreifachrechnung als Form der Sensitivitätsanalysen angewendet,
- die Zielgrößenänderungsrechnung als Form der Sensitivitätsanalysen kennen gelernt,
- die Zielgrößenänderungsrechnung als Form der Sensitivitätsanalysen angewendet und
- die Bewertung und die Sinnhaftigkeit der Anwendung für praktische Fragestellungen erkannt.

6.5 Sequenzielle Investitionsentscheidungen

Ziel der sequenziellen Planung ist es, die im Zeitablauf optimale Folge von Investitionen zu bestimmen. Bei den sequenziellen Investitionsentscheidungen muss der Investor zwischen **Handlungsalternativen** auswählen. Diese endliche Anzahl von Handlungsalternativen kann nach der Auswahl unterschiedlichen **Umweltzuständen** ausgesetzt sein. Die Anzahl der Umweltzustände ist endlich. Den Umweltzuständen kann eine diskrete Eintrittswahrscheinlichkeit zugeordnet werden und diese Umweltzustände treten dann mit der gegebenen Wahrscheinlichkeit ganz oder gar nicht ein.

Die gewählten Handlungsalternativen haben unter den zufällig eintretenden Umweltzuständen **unterschiedliche und messbare wirtschaftliche Konsequenzen**. Diese wirtschaftlichen Konsequenzen treten diskret, also ohne selbst einer Wahrscheinlichkeitsverteilung zu unterliegen, ein. Die Planung kann mehrstufig erfolgen, es kann also eine Handlungsalternative, ein Umweltzustand und eine darauf reagierende Handlungsalternative etc. formuliert werden.

Die Planung kann starr, also vom Zeitpunkt null aus für die gesamte Laufzeit, oder kontinuierlich, also auf bereits eingetretene Umweltzustände reagierend, erfolgen. Die **starre Planung** findet nicht zwingend die optimale Handlungskonstellation. Bei der **flexiblen Planung** wird das Roll-back-Verfahren als eines von vielen möglichen Planungsverfahren präsentiert. Es ist das in der flexiblen Planung am häufigsten eingesetzte Verfahren. Es setzt voraus, dass nicht nur im Planungszeitpunkt, sondern auch

Investitionsentscheidungen unter Unsicherheit

nach bereits fortgeschrittener Investitionslaufzeit vom Investor Handlungen vorgenommen werden können.

Also wird nicht zu Planungsbeginn die gesamte Handlungsstrategie festgelegt, sondern sie kann im Zeitablauf angepasst werden.

Ausgewählt wird der Handlungsstrang mit dem besten Zielbeitrag. Da dieser rekursiv, also vom in der Zukunft liegenden Endpunkt der Handlungen aus rückwärts auf die Gegenwart ermittelt wird, wird so unterstellt, den Situationseintritt in der Zukunft auch zu kennen. Die Darstellung der Planung erfolgt mit dem so genannten **Entscheidungsbaum**, weswegen die Technik auch als Entscheidungsbaumverfahren bezeichnet wird. Im Entscheidungsbaum werden die Handlungsalternativen durch Rechtecke symbolisiert, die zufällig eintretenden Umweltzustände als Kreise und die wirtschaftlichen Konsequenzen als Rauten. So kann jeder Handlungsalternative und jedem Umweltzustand eine Eintrittswahrscheinlichkeit zugeordnet werden. Über bedingte Wahrscheinlichkeiten kann dann auch das Eintreten der wirtschaftlichen Konsequenzen ermittelt werden. In sehr kleinen Planungsproblemen mit sehr wenigen Handlungsalternativen und sehr wenigen Umweltzuständen können die wirtschaftlichen Konsequenzen einer jeden Handlungsalternative unter allen Umweltzuständen vollständig ermittelt werden. In komplexen Planungsproblemen kann dies nur mit einem Algorithmus in der IT durchgeführt werden. Die rekursive Planung bietet sich hier an. Sie ist wieder in der Tabellenkalkulation, z. B. mit Excel, durchführbar.

Welche Handlungsalternative dann die günstigste ist, ist durch eine **Entscheidungsregel** festzulegen. In diesem Abschnitt wird Risikoneutralität des Investors unterstellt, dann ist die Handlungsalternative mit dem maximalen Erwartungswert die günstigste Alternative. Risikoaverse Entscheidungsregeln, bei denen ein Investor bereit ist, auf potenziellen Gewinn zu verzichten, wenn er dafür eine unsichere in eine sicherere Situation eintauschen kann, sind nur wesentlich komplexer abzubilden und werden in diesem Abschnitt nicht behandelt. Welche Entscheidungsregeln im risikoaversen Bereich möglich sind, zeigt das Unterkapitel 6.7 über die Risikoanalyse.

Die Besonderheit der sequenziellen Planung ist also eine Eventualplanung, bei der analysiert wird, welche Investitionsalternativen der Investor hat, dies ist noch auf dem Boden der klassischen Alternativenauswahl, welche Umweltzustände, belegt mit konkreten Wahrscheinlichkeiten, eintreten können, hier liegt eine Besonderheit des Entscheidungsbaumverfahrens, und wie die Investitionsalternativen nach Eintreten bestimmter Umweltkonstellationen optimal angepasst werden können. Auch hier liegt eine Besonderheit des Verfahrens. Die Entscheidung erfolgt dann auf der Basis der Planung der eintretenden wirtschaftlichen Konsequenzen der Handlungsalternativen unter den Umweltzuständen. Ob eine Planung all dieser Konstellationen für eine betriebliche Entscheidungssituation möglich ist und ob der Planungsaufwand durch die Ergebnisverbesserung wirtschaftlich vertretbar ist, hängt von der Größe und der wirtschaftlichen Bedeutung des analysierten Projektes ab.

6.5.1 Vorgehensweise der sequenziellen Planung

Abbildung 6-16: Aufbau eines Entscheidungsbaums

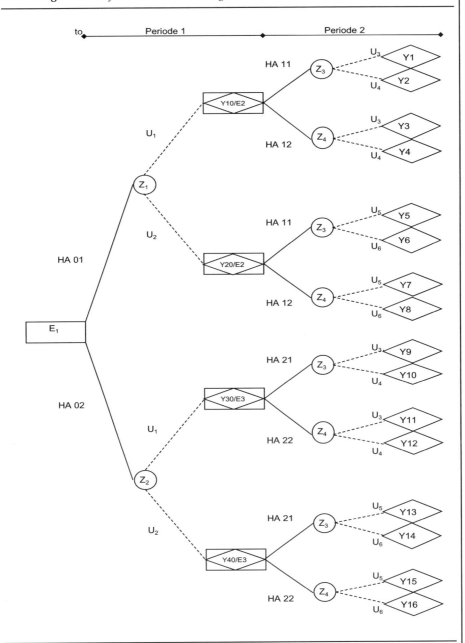

6 Investitionsentscheidungen unter Unsicherheit

Die Vorgehensweise der sequenziellen Planung wollen wir uns an einer Grafik verdeutlichen. Dafür wird zunächst in Abbildung 6.16 der Aufbau eines Entscheidungsbaumes verdeutlicht.

Ausgangspunkt des Entscheidungsbaumes ist der erste Entscheidungsknoten (E). In Abbildung 6.16 ist er mit (E_1) bezeichnet. An diesem Ausgangspunkt plant der Investor eine alternative Investitionsentscheidung. Mehrere Handlungsalternativen (HA) stehen dafür zur Verfügung. In Abbildung 6.16 werden zwei Handlungsalternativen, HA 01 und HA 02, dargestellt, wesentlich mehr sind grundsätzlich betrachtbar. Allerdings muss es sich um eine endliche Zahl von Handlungsalternativen handeln, und bei sehr großer Anzahl ist die Planungstechnik nicht leicht handhabbar. Nach getroffener Entscheidung treten vom Investor nicht beeinflussbare Umweltzustände (U) ein, dies symbolisiert der Zufallsereignisknoten (Z). Die Wahrscheinlichkeit (p) des Eintrittes der Umweltzustände (U) ist bekannt. (U_1) und (U_2) müssen zusammen 1 ergeben, da sich die Wahrscheinlichkeiten der alternativen Situationen immer zu eins aufaddieren müssen. Im Allgemeinen können natürlich mehr als nur zwei Umweltzustände vorhanden sein. Die eingetretenen Umweltzustände bewirken eine definierte wirtschaftliche Konsequenz (Y) der Handlungsalternative (HA). Diese wirtschaftliche Konsequenz ist exakt bekannt. Sie ist im Ergebnisknoten (Y) dargestellt. Die wirtschaftliche Konsequenz (Y) der Handlungsalternative (HA) hängt vom eingetretenen Umweltzustand (U) ab. In einem weiteren Schritt kann nun nach Kenntnis des eingetretenen Ergebnisses bei der flexiblen Planung eine darauf aufbauende Alternativentscheidung getroffen werden, z. B. im Punkt (E_2) die Wahl der Handlungsalternative (HA 11) oder der Handlungsalternative (HA 12). Dies wird durch Entscheidungsknoten (E_2) symbolisiert. Da diese Entscheidungsknoten mit den Ergebnisknoten (Y) zusammenfallen, werden sie gemeinsam dargestellt. Über die einfache Darstellung in Abbildung 6.16 hinaus können weitere Entscheidungsschritte anknüpfen und zusätzliche Handlungsalternativen können vorhanden sein. Im letzten Schritt des Baumes führt die letzte Entscheidung (E) wieder über eine Zufallsvariable (Z) zu einer bestimmten Umweltsituation (U), die eine bestimmte wirtschaftliche Konsequenz (Y) bedingt. Der Entscheidungsbaum muss nicht symmetrisch aufgebaut sein, so kann z. B. der obere Ast nach Wahl von HA 01 mehr Entscheidungsknoten durch mehr Handlungsalternativen oder mehr Handlungsschritte oder andere Handlungsalternativen in einer späteren Periode haben als der untere Ast nach Wahl von HA 02. Auch müssen nicht immer Zufallsknoten auf Entscheidungsknoten folgen, es können auch mehrere Zufallsknoten aufeinander folgen.

Der Wert einer Handlungsalternative ergibt sich dann aus der rückwärtsgerichteten Addition der mit den Eintrittswahrscheinlichkeiten der Umweltzustände (U) gewichteten möglichen wirtschaftlichen Konsequenzen (Y).

Dies wird zunächst für die starre Planung dargestellt.

In Abbildung 6.16 ergibt sich zum Beispiel der Wert der Handlungsalternative HA 01 im Zeitpunkt E_1 bei Durchführung der Handlungsalternative HA 11, die ja bei der starren Planung ebenfalls am Beginn der Planung festgelegt werden muss nach folgender Formel:

(6.27)
$$Y(HA\ 01) = (Y1 \times U3 + Y2 \times U4) \times U1 + (Y5 \times U5 + Y6 \times U6) \times U2.$$

Für die flexible Planung ermittelt sich die wirtschaftliche Konsequenz der Handlungsalternative auf einem anderen Weg.

In Abbildung 6.16 ergibt sich zum Beispiel der Wert der Handlungsalternative HA 01 im Zeitpunkt E₁ bei der flexiblen Planung nach folgender Formel:

(6.28)
$$Y(HA\ 01) = \max \langle (Y1 \times U3 + Y2 \times U4), (Y3 \times U3 + Y4 \times U4) \rangle \times U1 +$$
$$\max \langle (Y5 \times U5 + Y6 \times U6), (Y7 \times U5 + Y8 \times U6) \rangle \times U2$$

6.5.2 Anwendungsbeispiel zur sequenziellen Planung

Diese Vorgehensweise wollen wir nun auf ein Beispiel anwenden.

Abbildung 6-17: Plandaten für das Entscheidungsbaumverfahren

E1		U1,2	E2, E3		U3-U6
		M-Wachstum t₀			M-Wachstum t₁
HA 1	Ausbau	hoch (U_1)	HA 11	Wachstum	hoch ($U_3|U_1$)
		hoch (U_1)	HA 12	status quo	hoch ($U_4|U_1$)
		Null (U_2)	HA 11	Wachstum	Null ($U_5|U_2$)
		Null (U_2)	HA 12	status quo	Null ($U_6|U_2$)
HA 2	Kauf	hoch (U_1)	HA 21	status quo	hoch ($U_3|U_1$)
		hoch (U_1)	HA 22	Verkauf	hoch ($U_4|U_1$)
		Null (U_2)	HA 21	status quo	Null ($U_5|U_2$)
		Null (U_2)	HA 22	Verkauf	Null ($U_6|U_2$)

6 Investitionsentscheidungen unter Unsicherheit

In diesem Beispiel planen Sie eine Expansion. Sie kann im Zeitpunkt to über den Ausbau der bestehenden Unternehmung erfolgen (HA 1) oder durch einen Unternehmenszukauf (HA 2). Der betrachtete Umweltzustand, der sich mit gegebener Wahrscheinlichkeit zufällig einstellt, ist die Marktsituation (M-Wachstum to). Unter günstigen Bedingungen wächst der Markt (hoch, U_1) andernfalls stagniert er (null, U_2). In Periode 2 können Sie entweder das Unternehmen unverändert lassen (HA 12, HA 21) oder es verändern, nämlich weiter wachsen, wenn Sie mit dem Ausbau in to gestartet waren (HA 11) oder einen Teil des zugekauften Unternehmens wieder verkaufen (HA 22), wenn Sie mit dem Kauf in to gestartet waren. Auch hier hängt der wirtschaftliche Erfolg von der Umweltsituation Marktwachstum als bedingter Wahrscheinlichkeit ab. Somit ist Ihnen nun die Planungssituation bekannt. Wir benötigen noch die Eintrittswahrscheinlichkeiten p (U) und die wirtschaftlichen Konsequenzen (Y).

Abbildung 6-18: Eintrittswahrscheinlichkeiten der Umweltsituationen

M-Wachstum to	p (U)	M-Wachstum t_1	p (U)
hoch	$p(U_1) = 0,6$	hoch	$p(U_3|U_1) = 0,8$
hoch	$p(U_1) = 0,6$	Null	$p(U_4|U_1) = 0,2$
Null	$p(U_2) = 0,4$	hoch	$p(U_5|U_2) = 0,3$
Null	$p(U_2) = 0,4$	Null	$p(U_6|U_2) = 0,7$

In Abbildung 6.18 sehen Sie die von Ihnen recherchierten Eintrittswahrscheinlichkeiten der Umweltsituationen.

Sie haben die in Abbildung 6.19 bezeichneten wirtschaftlichen Konsequenzen recherchiert. Es handelt sich dabei um Ergebniswerte, notwendige Auszahlungen sind also bereits saldiert. Die Werte sind diskontiert, also bezogen auf den Zeitpunkt null. Auf eine Generierung dieser Werte aus Rechenelementen, bewertet unter verschiedenen Umweltsituationen, wurde in dieser Darstellung zur Reduktion der Komplexität also verzichtet.

6.5 Sequenzielle Investitionsentscheidungen

Abbildung 6-19: Wirtschaftliche Konsequenzen (Y) der Handlungsalternativen unter den Umweltsituationen

Y	Euro
Y1	150
Y2	10
Y3	120
Y4	110
Y5	110
Y6	20
Y7	250
Y8	200
Y9	200
Y10	110
Y11	60
Y12	50
Y13	180
Y14	40
Y15	50
Y16	200

Aufgaben:

Ermitteln Sie die wirtschaftlichen Konsequenzen der Handlungsalternativen HA 1 und HA 2 und wählen Sie die optimale Alternative aus.

- **Aufgabe a)** nach der starren Planung
- **Aufgabe b)** nach der flexiblen Planung

Lösungen:

Aufgabe a)

Bei der starren Planung, bei der im Zeitpunkt null alle Entscheidungen festgelegt werden müssen, ist die Handlungsalternative HA 12 zu wählen, der Anbau mit späterem Status quo, er liefert eine gegenüber den drei anderen Alternativen maximale wirtschaftliche Konsequenz von 156,8 Geldeinheiten. Dies ist in Abbildung 6.20 nachzuvollziehen.

6 Investitionsentscheidungen unter Unsicherheit

Abbildung 6-20: Lösung Aufgabe a)*

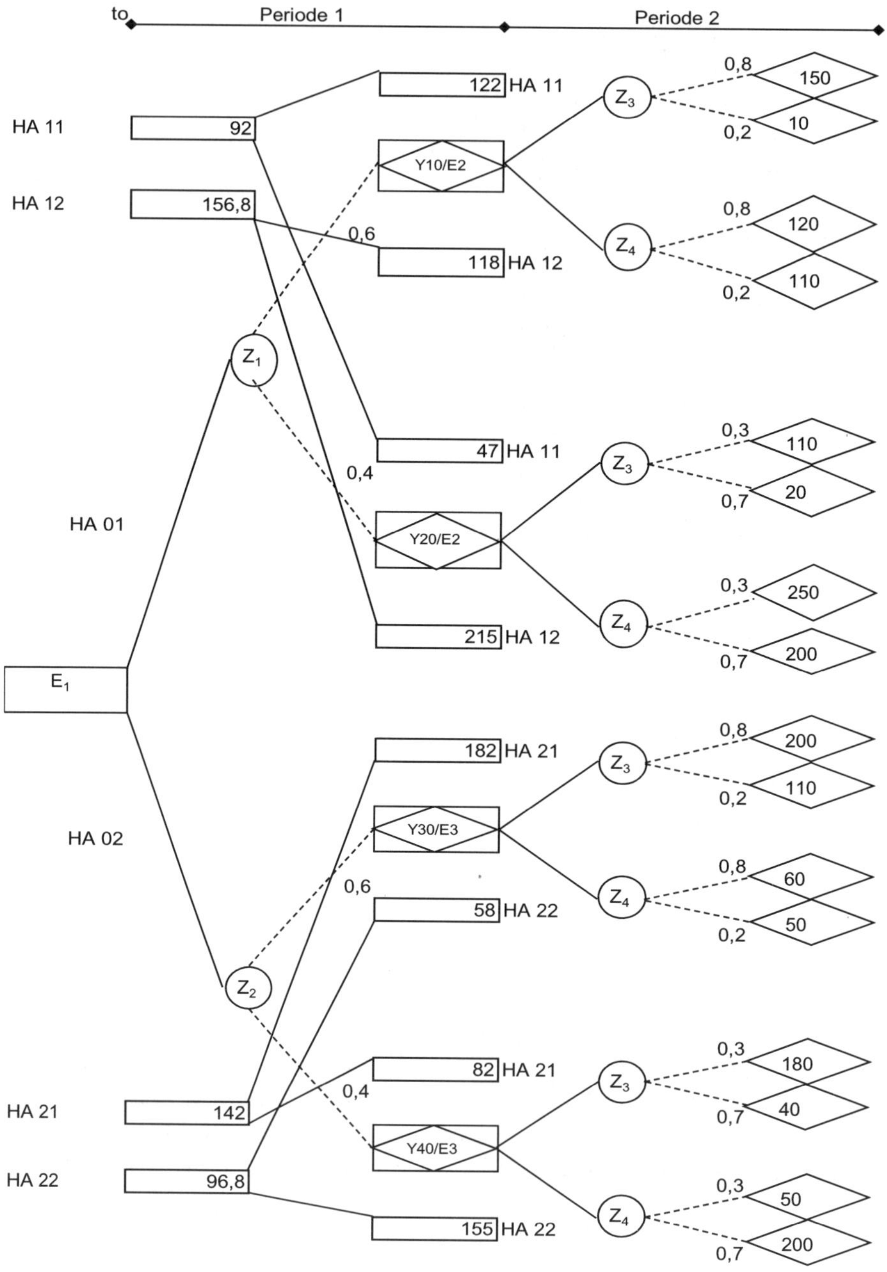

332

Sequenzielle Investitionsentscheidungen **6.5**

Abbildung 6-21: Lösung Aufgabe b)*

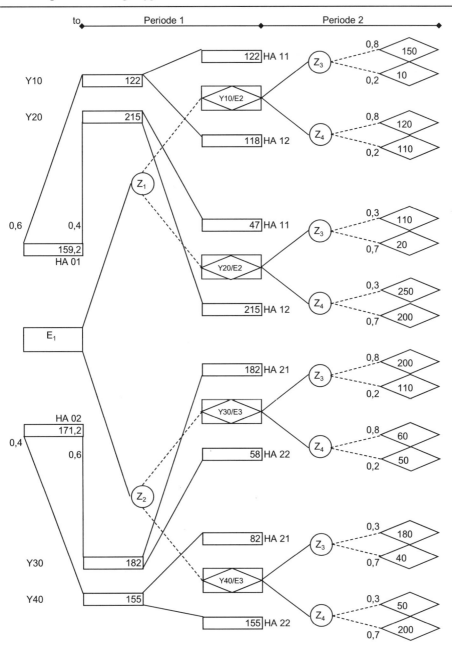

Aufgabe b)

Bei der flexiblen Planung, bei der im Zeitpunkt 1 noch Anpassungen vorgenommen werden können, ist die Handlungsalternative HA 2 zu wählen, der Unternehmenskauf, er liefert eine gegenüber der anderen Alternative maximale wirtschaftliche Konsequenz von 171,2 Geldeinheiten.

6.5.3 Abschnittsergebnisse

In diesem Unterkapitel haben Sie:

- die Bedeutung der sequenziellen Planung kennen gelernt,
- die Annahmen und Voraussetzungen zur sequenziellen Planung kennen gelernt,
- die Technik der starren Planung erarbeitet,
- die Technik der flexiblen Planung erarbeitet,
- die starre und flexible Planung mit dem Roll-back-Verfahren auf ein Beispiel angewendet und
- die Bewertung und die Sinnhaftigkeit der Anwendung für praktische Fragestellungen erkannt.

6.6 Investitionsentscheidung unter Ungewissheit

Unsichere Situationen werden in der Entscheidungstheorie in **Risiko** und **Ungewissheit** unterteilt, damit haben wir uns bereits in Abschnitt 6.2.3 beschäftigt.

- Beim **Risiko** sind mögliche Umweltzustände und ihre Eintrittswahrscheinlichkeiten und ihre wirtschaftlichen Konsequenzen für die Handlungsalternativen bekannt.
- Bei der **Ungewissheit** sind mögliche Umweltzustände und ihre wirtschaftlichen Konsequenzen bekannt, ihre Eintrittswahrscheinlichkeiten aber nicht.

Situationen, in denen nicht alle möglichen Umweltzustände (U) bekannt sind, lassen sich mit der Entscheidungstheorie nicht zu einer rationalen Lösung führen.

In den folgenden Abschnitten werden in Kapitel 6.6 die Techniken zur Entscheidung unter Ungewissheit betrachtet, in Kapitel 6.7 und 6.8 die Techniken zur Entscheidung unter Risiko.

Bei den Ansätzen, die in diesem Unterkapitel als Entscheidungsroutinen präsentiert werden, kann der Entscheider also keine Eintrittswahrscheinlichkeit (p) für die verschiedenen Umweltzustände angeben. Wir befinden uns im Bereich der Ungewissheit. Hier muss die Zahl der Handlungsalternativen (HA) endlich sein. Die Umweltzustände müssen diskret eintreten, das heißt, die Umweltzustände treten ganz oder gar nicht ein. Allen Handlungsalternativen muss bei allen Umweltzuständen eine exakte wirtschaftliche Konsequenz (Y), z. B. ein bestimmter Gewinnbeitrag, zugeordnet werden. Die Planungssituation lässt sich dann formal in einer Matrix darstellen, die in Abbildung 6.22 wiedergegeben ist.

Abbildung 6-22: Planungsmatrix in einer Ungewissheitssituation

		Umweltzustände (U)						
		U_1	U_2	U_3	..	U_j	..	U_m
	HA_1	Y_{11}	Y_{12}	Y_{13}	..	Y_{1j}	..	Y_{1m}
	HA_2	Y_{21}	Y_{22}	Y_{23}	..	Y_{2j}	..	Y_{2m}
	HA_3	Y_{31}	Y_{32}	Y_{33}	..	Y_{3j}	..	Y_{3m}
Handlungsalternativen (HA)	:	:	:	:	..	:	..	:
	:	:	:	:	..	:	..	:
	HA_i	Y_{i1}	Y_{i2}	Y_{i3}	..	Y_{ij}	..	Y_{im}
	:	:	:	:	..	:	..	:
	:	:	:	:	..	:	..	:
	HA_n	Y_{n1}	Y_{n2}	Y_{n3}	..	Y_{nj}	..	Y_{nm}

So hat ein Unternehmer in Abbildung 6.22 also n Handlungsalternativen (HA), z. B. den Ausbau des bestehenden Unternehmens (HA_k), den Erwerb eines weiteren Unternehmens (HA_l) oder die Kapitalentnahme aus dem Unternehmen zur Unterstützung des Lebenswandels des Ehepartners (HA_m), zwischen denen er sich aktiv entscheiden kann. Der Wert dieser Handlungsalternativen, ihre wirtschaftliche Konsequenz (Y), hängt von den eintretenden und vom Unternehmer nicht zu beeinflussenden m möglichen Umweltzuständen (U) ab, deren Eintrittswahrscheinlichkeiten nicht bekannt sind. Mögliche Umweltzustände können zum Beispiel konjunkturelles Wachstum (U_p), die Erhöhung der Besteuerung von Unternehmenskäufen (U_q) oder der Eintritt eines Nebenbuhlers in das Leben Ihres Ehepartners (U_r) sein. Je nach Eintritt der Umweltsituationen (U) haben dann die bereits gewählten Handlungsalternativen (HA) unterschiedliche wirtschaftliche Konsequenzen (Y), die in einer Tabelle wie in Abbildung 6.22 zusammengestellt werden.

Für die Ungewissheitssituation haben sich einige klassische Entscheidungsregeln herausgebildet. Die unstrittigste dabei ist die Dominanzregel.

Verbreitet sind weiterhin die:

6 Investitionsentscheidungen unter Unsicherheit

- Maximax-Regel
- Minimax-Regel
- Hurwicz-Regel
- Laplace-Regel
- Savge-Niehans-Regel (Minimum-Regret-Regel)

Bevor die Regeln erarbeitet werden und dann auf ein Beispiel angewendet werden sollen, soll zunächst ein Beispielproblem entworfen werden.

Ein deutsches Unternehmen erwägt eine größere Expansion und kann sich sieben alternative Wege des Wachstums (**Handlungsalternativen**, HA) vorstellen:

- HA 1: Wachstum am Standort durch Erweiterungsinvestition
- HA 2: Neugründung in einem nahen neuen Industriegebiet
- HA 3: Zukauf eines Unternehmens in Deutschland
- HA 4: Abwanderung und Aufbau der Produktion in Osteuropa
- HA 5: Zukauf eines Unternehmens in Osteuropa
- HA 6: Abwanderung und Aufbau der Produktion in Asien
- HA 7: Minderheitsbeteiligung an einem stark verlustträchtigen eigentümergeführten Wettbewerber

Folgende sechs **Umweltsituationen** (U), die vom Unternehmen selbst nicht beeinflusst werden können, können eintreten, die Eintrittswahrscheinlichkeiten sind nicht bekannt:

- U 1: die vom Unternehmen zu zahlenden Sozialabgaben in Deutschland steigen um 5 % pro Jahr
- U 2: die Baukosten für Werkshallen steigen durch Materialpreissteigerungen ab kommende Woche um 12 %
- U 3: die vom Unternehmen zu zahlenden Sozialabgaben in Osteuropa steigen um 7 % pro Jahr
- U 4: die Transportkosten steigen durch Energieverteuerung um 9 % pro Jahr
- U 5: aufgrund von Verbraucherskandalen steigt die Verbraucherakzeptanz von „Made in Germany" für Produkte auf dem deutschen Markt erheblich, beim Kunden lassen sich höhere Preise dafür durchsetzen
- U 6: durch Besteuerung steigen die Kommunikationskosten erheblich

6.6 Investitionsentscheidung unter Ungewissheit

Die **wirtschaftlichen Konsequenzen** (Y) der Umweltsituationen (U) auf die Handlungsalternativen (HA) sind vom Unternehmen für einen gegebenen Betrachtungszeitraum geplant worden und als Kapitalwerte in Mio. Euro ausgedrückt worden. Annahmegemäß sind die wirtschaftlichen Konsequenzen bei Eintritt der Umweltsituationen für die jeweilige Handlungsalternative jeweils sicher und nur diese Umweltsituationen können auch eintreten. Somit ergibt sich folgende Planungssituation in Abbildung 6.23:

Abbildung 6-23: Wirtschaftliche Konsequenzen der Handlungsalternativen unter den Umweltzuständen

		Umweltzustände (U)					
		U_1	U_2	U_3	U_4	U_5	U_6
Handlungsalternativen (HA)	HA_1	5	8	8	9	11	13
	HA_2	4	5	7	8	10	10
	HA_3	6	10	9	7	12	9
	HA_4	12	4	2	4	4	5
	HA_5	10	12	1	5	6	6
	HA_6	11	3	12	3	4	4
	HA_7	1	1	2	1	4	1

6.6.1 Dominanzprinzipien

Bei dieser Entscheidungsregel handelt es sich um die unstrittigste Regel bei Wahlentscheidungen unter Ungewissheit, da die Risikoeinstellung des Entscheiders nicht ermittelt werden muss, die Unterstellung rationalen Handelns ist ausreichend. **Die Dominanzregel wählt im Regelfall nicht die optimale Handlungsalternative aus, sondern eliminiert unterlegene Handlungsalternativen aus dem Entscheidungsfeld.**

Es werden die **absolute Dominanz** und die **Zustandsdominanz** unterschieden.

Bei der **absoluten Dominanz** dominiert eine Handlungsalternative HA_i eine Handlungsalternative HA_k absolut, wenn die geringste mögliche wirtschaftliche Konsequenz (Y) der Handlungsalternative HA_i größer ist, als die größte mögliche wirtschaftliche Konsequenz (Y) der Handlungsalternative HA_k.

Aufgabe:

Ermitteln Sie, ob in unserem Beispiel in Abbildung 6.23 eine absolute Dominanz vorliegt.

6 Investitionsentscheidungen unter Unsicherheit

Lösung:

Eine absolute Dominanz liegt vor, da die Handlungsalternative 7 von der Handlungsalternative 1 absolut dominiert wird. Die Handlungsalternative 7 hat als beste wirtschaftliche Konsequenz unter allen Umweltzuständen im Umweltzustand 5 einen Kapitalwert von vier Mio. Euro. Die Handlungsalternative 1 hat als schlechteste wirtschaftliche Konsequenz unter allen Umweltzuständen im Umweltzustand 1 einen Kapitalwert von fünf Mio. Euro. Sie ist also bei der ungünstigsten Umweltsituation für diese Handlungsalternative 1 immer noch der Handlungsalternative 7 unter dem für Handlungsalternative 7 günstigsten Umweltzustand vorzuziehen.

Die Handlungsalternative 7 kann also aus der weiteren Planung eliminiert werden.

Bei der **Zustandsdominanz** dominiert eine Handlungsalternative HA_i eine Handlungsalternative HA_k, wenn bei paarweisem Vergleich der wirtschaftlichen Konsequenzen (Y) unter einem Umweltzustand (U) die Handlungsalternative HA_i in keinem Fall von der Handlungsalternative HA_k bei der Höhe der wirtschaftlichen Konsequenz (Y) übertroffen wird.

Aufgabe:

Ermitteln Sie, ob in unserem Beispiel in Abbildung 6.23 eine Zustandsdominanz vorliegt.

Lösung:

Eine Zustandsdominanz liegt vor, da die Handlungsalternative 2 von der Handlungsalternative 1 dominiert wird. Die Handlungsalternative 2 hat unter jedem einzelnen Umweltzustand (U) keine bessere wirtschaftliche Konsequenz (Y) als die Handlungsalternative 1.

Die Handlungsalternative 2 kann also aus der weiteren Planung eliminiert werden. Weitere Zustandsdominanz liegt nicht vor, da

- Handlungsalternative 1 unter Umweltzustand 4 und 6 die höchste wirtschaftliche Konsequenz aller Handlungsalternativen bei diesen Umweltzuständen hat.

- Handlungsalternative 3 unter Umweltzustand 5 die höchste wirtschaftliche Konsequenz aller Handlungsalternativen bei diesem Umweltzustand hat.

- Handlungsalternative 4 unter Umweltzustand 1 die höchste wirtschaftliche Konsequenz aller Handlungsalternativen bei diesem Umweltzustand hat.

- Handlungsalternative 5 unter Umweltzustand 2 die höchste wirtschaftliche Konsequenz aller Handlungsalternativen bei diesem Umweltzustand hat.

- Handlungsalternative 6 unter Umweltzustand 3 die höchste wirtschaftliche Konsequenz aller Handlungsalternativen bei diesem Umweltzustand hat.

Die Dominanzanalyse hat also zwei der sieben betrachteten Handlungsalternativen eliminiert, liefert aber kein Entscheidungskriterium, welche der verbliebenen Handlungsalternativen ausgeführt werden sollte. Dies ist jeweils alternativ mit den folgenden Entscheidungstechniken möglich.

6.6.2 Die Maximax-Regel

Nach der Maximax-Regel wird für jede einzelne Handlungsalternative (HA) die Umweltsituation (U) mit der für diese Handlungsalternative (HA) größten wirtschaftlichen Konsequenz (Y) ermittelt. Die wirtschaftliche Konsequenz (Y) dieser Handlungsalternative (HA) wird als Entscheidungsgrundlage herangezogen und mit den größten wirtschaftlichen Konsequenzen (Y) der anderen Handlungsalternativen (HA) verglichen. Gewählt wird die Handlungsalternative (HA) mit der insgesamt größten wirtschaftlichen Konsequenz. Die Maximax-Regel hat also eine sehr optimistische Sicht.

Aufgabe:

Ermitteln Sie aus unserem Beispiel in Abbildung 6.23, welche Handlungsalternative nach der Maximax-Regel zu wählen ist.

Lösung:

Nach der Maximax-Regel ist Handlungsalternative 1 zu wählen. Dort beträgt der maximale Kapitalwert 13 Mio. Euro, bei den anderen verbliebenen Handlungsalternativen liegt der maximale Kapitalwert nur bei 12 Mio. Euro.

6.6.3 Die Minimax-Regel

Nach der Minimax-Regel wird für jede einzelne Handlungsalternative (HA) die Umweltsituation (U) mit der für diese Handlungsalternative (HA) geringsten wirtschaftliche Konsequenz (Y) ermittelt. Diese wirtschaftliche Konsequenz (Y) dieser Handlungsalternative (HA) wird als Entscheidungsgrundlage herangezogen und mit den geringsten wirtschaftlichen Konsequenzen (Y) der anderen Handlungsalternativen (HA) verglichen. Gewählt wird die Handlungsalternative (HA) mit der insgesamt größten geringsten wirtschaftlichen Konsequenz. Die Minimax-Regel hat also eine sehr pessimistische Sicht.

Aufgabe:

Ermitteln Sie aus unserem Beispiel in Abbildung 6.23, welche Handlungsalternative nach der Minimax-Regel zu wählen ist.

6 Investitionsentscheidungen unter Unsicherheit

Lösung:

Nach der Minimax-Regel ist Handlungsalternative 3 zu wählen. Dort beträgt der minimale Kapitalwert unter Umweltzustand 1 sechs Mio. Euro, bei den anderen verbliebenen Handlungsalternativen liegt der minimale Kapitalwert niedriger.

Bei Handlungsalternative 1 liegt er unter Umweltzustand 1 bei 5 Mio. Euro. Bei Handlungsalternative 4 liegt er unter Umweltzustand 3 bei 2 Mio. Euro. Bei Handlungsalternative 5 liegt er unter Umweltzustand 3 bei 1 Mio. Euro. Bei Handlungsalternative 6 liegt er z. B. unter Umweltzustand 2 bei 3 Mio. Euro.

6.6.4 Die Hurwicz-Regel

Die Hurwicz-Regel ist ein Kompromiss aus dem Minimax- und dem Maximax-Prinzip. Für jede Handlungsalternative (HA) wird nach dem Minimax-Prinzip für jede einzelne Handlungsalternative (HA) die Umweltsituation (U) mit der für diese Handlungsalternative (HA) geringsten wirtschaftlichen Konsequenz (Y) ermittelt. Die wirtschaftliche Konsequenz (Y) dieser Handlungsalternative (HA) wird mit dem Pessimismus Parameter α, der zwischen null und eins liegt, gewichtet. Dann wird nach der Maximax-Regel für jede einzelne Handlungsalternative (HA) die Umweltsituation (U) mit der für diese Handlungsalternative (HA) größten wirtschaftlichen Konsequenz (Y) ermittelt. Die wirtschaftliche Konsequenz (Y) dieser Handlungsalternative (HA) wird mit dem Optimismus Parameter $(1-\alpha)$, der zwischen null und eins liegt und sich mit dem Pessimismus Parameter zu eins addiert, gewichtet. Beide Summanden werden addiert. Die Handlungsalternative mit der höchsten so ermittelten wirtschaftlichen Konsequenz (Y) wird gewählt.

Aufgabe:

Ermitteln Sie aus unserem Beispiel in Abbildung 6.23, welche Handlungsalternative nach der Hurwicz-Regel zu wählen ist. Der Optimismus Parameter beträgt dabei 0,3.

Lösung:

Abbildung 6-24: Lösung nach Hurwicz*

		Umweltzustände (U)						Hurwicz
		U_1	U_2	U_3	U_4	U_5	U_6	
Handlungsalternativen (HA)	HA_1	5					13	7,4
	HA_3	6				12		7,8
	HA_4	12		2				5
	HA_5		12	1				4,3
	HA_6			12	3			5,7

Investitionsentscheidung unter Ungewissheit

Nach der Hurwicz-Regel ist die Handlungsalternative 3 zu wählen, da der auf diesem Weg ermittelte Kapitalwert 7, 8 Mio. Euro beträgt.

Die Subjektivität dieses Vorgehens wird hier besonders daran deutlich, dass nach der Planung unter keinem der Umweltzustände, die ja annahmegemäß mit unbekannter Wahrscheinlichkeit, aber diskret, also ganz oder gar nicht, eintreten, eine wirtschaftliche Konsequenz von 7,8 Mio. Euro erreicht wird.

6.6.5 Die Laplace-Regel

Da in der Ungewissheitssituation keine Informationen über die Wahrscheinlichkeiten des Eintrittes der einzelnen Umweltsituationen (U) vorhanden sind, wird nach der **Laplace-Regel von der naiven Prognose ausgegangen, alle Situationen sind gleich wahrscheinlich.** Unter dieser Annahme sind für jede Handlungsalternative (HA) einzeln alle wirtschaftlichen Konsequenzen (Y) unter jedem Umweltzustand (U) zu addieren (und gegebenenfalls durch die Anzahl der vorhandenen Umweltsituationen zu teilen, um mit dem Rechenergebnis in die gleiche Größenordnung zu kommen, in der sich auch die wirtschaftlichen Konsequenzen (Y) befinden. Die Rangfolge der Handlungsalternativen ändert sich durch diese Division natürlich nicht). Die Handlungsalternative (HA) mit der größten wirtschaftlichen Konsequenz (Y) ist zu wählen.

Aufgabe:

Ermitteln Sie aus unserem Beispiel in Abbildung 6.23, welche Handlungsalternative nach der Laplace-Regel zu wählen ist.

Lösung:

Nach der Laplace-Regel ist die Handlungsalternative 1 zu wählen, da der auf diesem Weg ermittelte Kapitalwert 9 Mio. Euro beträgt.

Abbildung 6-25: Lösung zur Laplace-Regel*

		Umweltzustände (U)						Laplace
		U_1	U_2	U_3	U_4	U_5	U_6	
Handlungsalternativen (HA)	HA_1	5	8	8	9	11	13	9
	HA_3	6	10	9	7	12	9	8,83
	HA_4	12	4	2	4	4	5	5,17
	HA_5	10	12	1	5	6	6	6,67
	HA_6	11	3	12	3	4	4	6,17

6.6.6 Die Savage-Niehans-Regel

Die Savage-Niehans-Regel wird auch als Regel des geringsten Bedauerns (Minimum-Regret-Regel) bezeichnet. **Bei dieser Regel orientiert sich der Entscheider nicht an der wirtschaftlichen Konsequenz (Y) seiner gewählten Handlungsalternative (HA), sondern daran, unter jedem Umweltzustand (U) die Abweichung der wirtschaftlichen Konsequenz (Y) seiner gewählten Handlungsalternative (HA) von der unter diesem Umweltzustand (U) maximalen wirtschaftlichen Konsequenz (Y) der anderen möglichen Handlungsalternativen (HA) zu minimieren.** Die Abweichungen werden über alle Umweltzustände (U) für jede Handlungsalternative (HA) einzeln addiert. Die Handlungsalternative mit der geringsten Abweichung wird gewählt.

Aufgabe:

Ermitteln Sie aus unserem Beispiel in Abbildung 6.23, welche Handlungsalternative nach der Savage-Niehans-Regel zu wählen ist.

Lösung:

Nach der Savage-Niehans-Regel ist die Handlungsalternative 1 zu wählen, da der auf diesem Weg ermittelte Abweichungswert -16 Mio. Euro beträgt und kleiner ist als die Abweichungswerte bei den anderen Handlungsalternativen.

Abbildung 6-26: Lösung nach Savage-Niehans*

		Umweltzustände (U)						Savage-Niehans
		U_1	U_2	U_3	U_4	U_5	U_6	
	HA_1	-7	-4	-4	0	-1	0	-16
Handlungsalternativen (HA)	HA_3	-6	-2	-3	-2	0	-4	-17
	HA_4	0	-8	-10	-5	-8	-8	-39
	HA_5	-2	0	-11	-4	-6	-7	-30
	HA_6	-1	-9	0	-6	-8	-9	-33

Die Vorgehensweise dieser Ansätze ist in soweit positiv, wie der Entscheider sein Entscheidungsproblem strukturieren muss und zu einer formalen Lösung gelangt. Da die verfügbare Information zur Strukturierung des Problems aber sehr gering ist, verbleibt das Ergebnis der Berechnung ebenso wie die exakte Festlegung der wirtschaftlichen Konsequenzen, die Festlegung der möglichen Umweltsituationen und die Annahme, dass diese exakt eintreten, hoch subjektiv ebenso, wie die Auswahl der Entscheidungsregel und ihr Vorgehen hoch subjektiv ist. Das zeigt auch die Tatsache, dass die Entscheidungsregeln, von denen vermutlich verschiedene Entscheider jeweils eine andere Entscheidungsregel bevorzugen, jeweils unterschiedliche Handlungsalternativen als die günstigste identifizieren können.

6.6.7 Abschnittsergebnisse

In diesem Unterkapitel haben Sie:

- die Planungstechniken unter Ungewissheit kennen gelernt,
- erfahren, dass folgende Techniken zu den Planungstechniken unter Ungewissheit gehören: die Dominanzregel, die Maximax-Regel, die Minimax-Regel, die Hurwicz-Regel, die Laplace-Regel und die Savage-Niehans-Regel,
- Annahmen und Voraussetzungen zur Planung unter Ungewissheit kennen gelernt,
- die Planungstechniken unter Ungewissheit auf ein Beispiel angewendet und
- die Bewertung und die Sinnhaftigkeit der Anwendung für praktische Fragestellungen erkannt.

6.7 Die Risikoanalyse

Bei der Anwendung der Risikoanalyse muss im Gegensatz zu den Verfahren des vorangegangenen Unterkapitels eine Wahrscheinlichkeitsverteilung der Daten bekannt sein. Dies kann bedeuten, dass für ein Investitionsobjekt die Erwartungswerte und Verteilungen der einzelnen Rechenelemente und gegebenenfalls vorhandene Kovarianzen bekannt sind, es kann aber auch bedeuten, dass Wahrscheinlichkeitsverteilungen der Zielwerte alternativer Investitionsobjekte vorhanden sind.

Die Risikoanalyse ist der Sammelbegriff für Verfahren des Operations Research, bei denen als Ergebnis für das Entscheidungskriterium für die Vorteilhaftigkeit einer Investition eine einzige Verteilung des Zielkriteriums ermittelt wird.

Die Risikoanalyse ist ein statistisch formales Vorgehen, deren Vorteil darin liegt, dass eine Entscheidung basierend auf einem sehr strukturierten und sinnvollen Modell getroffen wird. Allerdings setzt die Risikoanalyse voraus, dass die Verteilung der Daten bekannt oder richtig geschätzt ist. Hier liegt die Schwachstelle, die allen Prognosemodellen gemeinsam ist. Die Zukunft ist nicht exakt vorhersehbar. So können Fehler bei der Prognose auftreten, die Ausgangsdaten können falsch sein, die Annahme der relevanten statistischen Verteilung kann falsch sein oder die Verteilung für das konkrete Problem verändert sich im Prognosezeitraum. Das gewählte Entscheidungskriterium muss den Nutzen des Investors im Betrachtungshorizont maximieren. Das setzt voraus, dass der Investor sein Nutzenkriterium kennt, es im Zeitablauf stabil ist und mit dem Entscheidungskriterium übereinstimmt.

6.7.1 Vorgehen bei der Risikoanalyse

Grundsätzlich ist bei der Risikoanalyse folgende **Schrittfolge** durchzuführen:

1. Die **Risikoeinstellung** des Investors muss bekannt sein und durch das Entscheidungskriterium ausgedrückt werden. Diesen Punkt werde ich detaillierter nach Behandlung dieser Schrittfolge anschließen.
2. Die **Daten** müssen beschafft werden. Grundsätzlich liegt hier das Hauptproblem für den praktischen Wert der späteren Ergebnisse. Wenn die Daten in der Zukunft nicht eintreffen, sind die Ergebnisse der Risikoanalyse nicht besser als einfache Berechnungen mit den dynamischen Verfahren.
3. Festlegung von **Wahrscheinlichkeitsverteilungen und stochastischen Abhängigkeiten** zwischen den einzelnen unsicheren Inputgrößen.
4. **Berechnung und Darstellung der Ergebnisverteilung.** Dies kann auf drei Arten erfolgen:
    - durch Vollenumeration, bei der alle möglichen Datenkonstellationen betrachtet werden, was nur bei sehr kleinen Datenmengen sinnvoll ist,
    - durch analytische Ansätze, bei denen auf Basis des Grenzwertsatzes der Statistik die Ergebnisverteilungen errechnet werden. Allerdings sind hier restriktive Annahmen zur statistischen Verteilung und zur Abhängigkeit der Inputgrößen untereinander nötig und
    - durch Simulation. Hier werden mit Zufallsgeneratoren, z. B. mit der Monte-Carlo-Simulation, Daten generiert.
5. **Interpretation der Ergebnisse** und Auswahl der besten Investitionsalternative.

Für die **Risikoeinstellung** kann grundsätzlich von einem risikofreudigen, risikoneutralen oder risikoaversen Investor ausgegangen werden. Dabei ist die Risikoeinstellung die Bereitschaft von einer sicheren in eine unsichere Situation zu wechseln oder umgekehrt. Am einfachsten ist dies mit dem klassischen Beispiel der Lotterieteilnahme zu erklären.

Bei dieser beispielhaften Lotterie gibt es mit 90 %iger Wahrscheinlichkeit Nieten und mit 10 %iger Wahrscheinlichkeit Gewinne. Jeder Gewinn beträgt genau 100 Euro. Der Erwartungswert für den Gewinn beträgt also 10 Euro, da $0{,}9 \times 0 + 0{,}1 \times 100 = 10$ ergibt. Bei einem Lospreis von 15 Euro würde nur ein risikofreudiger Investor an der Lotterie teilnehmen, er gibt seine sicheren 15 Euro auf, um mit einer 10 %igen Wahrscheinlichkeit 100 Euro zu gewinnen. Sein Einsatz, der Lospreis von 15 Euro, liegt über dem Erwartungswert des Gewinnes von 10 Euro, also ist er risikofreudig, die relativ geringe Chance auf einen hohen Gewinn bedeutet ihm mehr als der sichere Betrag. Ein risikoneutraler Investor könnte für den Kauf eines Loses exakt 10 Euro ausgeben, ihm sind Sicherheit oder Risiko gleichgültig. Da der Lospreis dem Erwartungswert des Gewinnes von 10 Euro entspricht, verhält er sich bei Lotterieteilnahme rational. Der

Die Risikoanalyse

6.7

risikoaverse Lotterieteilnehmer ist nur bereit, Lospreise unter 10 Euro zu zahlen, also die sicheren z. B. 8 Euro für den Kauf eines Loses aufzugeben, um die Chance auf einen Erwartungswert der Lotterie von 10 Euro zu erhalten. Bei Kauf nur eines Loses erfolgt in der Realität dieser Lotterie entweder ein totaler Geldverlust mit 90 %iger Wahrscheinlichkeit oder ein Gewinn von 100 Euro mit 10 %iger Wahrscheinlichkeit. In unserer Betrachtung werden wir anders als in Kapitel 6.6 vom risikoaversen Investor ausgehen, vom vorsichtigen Kaufmann also. Wie groß der Grad der Risikoaversion ist, ob also der Investor bereit ist, einen Euro oder vielleicht zwei, drei … oder neun Euro für ein Los auszugeben, muss für jeden individuellen Investor in einem separaten Schritt festgestellt werden, der Bildung seiner individuellen Risikonutzenfunktion. Ob diese ermittelte Risikonutzenfunktion dann intertemporär stabil ist, also mindestens für die Laufzeit der Investition unverändert bleibt, ist ein weiteres entscheidungstheoretisches Problem, das an dieser Stelle nicht aufgegriffen werden soll. Die Festlegung erfolgt häufig nach dem Bernoulli-Prinzip, das in der Literatur aufwändig beschrieben ist[1].

Die Risikoeinstellung eines Investors lässt sich mit einer Indifferenzkurve (Φ) darstellen, der Kurve gleichen Nutzenniveaus. Dieser Nutzen wird beeinflusst vom Erwartungswert (μ), also von der durchschnittlichen Höhe der Zielvariable und von seiner Verteilung oder Streuung gemessen in Form der Varianz oder der Quadratwurzel der Varianz, der Standartabweichung (σ).

Abbildung 6-27: Indifferenzkurven eines risikoaversen Investors

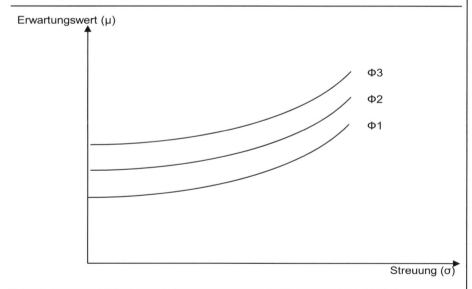

---

[1] Kruschwitz, Lutz S. 307 ff

6 Investitionsentscheidungen unter Unsicherheit

Abbildung 6.27 zeigt, dass bei einem risikoaversen Investor bei steigender Streuung (σ) das gleiche Nutzenniveau entlang der Indifferenzkurve (Φ) nur gehalten werden kann, wenn auch der Erwartungswert (μ), also die durchschnittlich zu erreichende Höhe der Zielvariablen, erhöht wird. Je weiter eine Indifferenzkurve vom Ursprung entfernt liegt, umso höher ist das erreichte Nutzenniveau.

Bei Investitionsalternativen mit gleichem Erwartungswert (EW, μ) der Zielgröße, z. B. des Kapitalwertes, zieht der Investor die Alternative mit der geringeren Streuung vor. Abbildung 6.28 veranschaulicht dies.

Abbildung 6-28: Erwartungswert und Streuung der Zielwerte zweier Investitionsalternativen

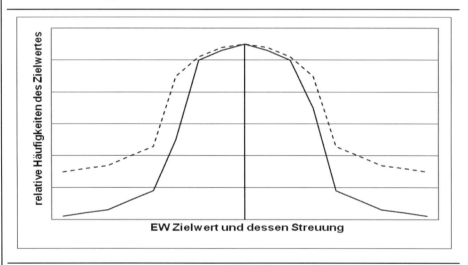

In Abbildung 6.28 sind zwei Investitionsalternativen mit ihren Zielwerten und der Streuung dargestellt. Entsprechend der Risikotheorie geben die Grafen die Streuung der Zielwerte, hier der Kapitalwerte, um den Erwartungswert (Mittelwert) an, wenn das Investitionsobjekt häufiger durchgeführt werden würde. Der Mittelwert ist durch das Lot im Maximum der Funktionen gekennzeichnet. Beide Alternativen haben den gleichen Mittelwert, sind also für einen risikoneutralen Investor gleich vorteilhaft. Unser unterstellter risikoaverser Investor wird allerdings die durchgehend schwarze Investitionsalternative der gestrichelt schwarzen Variante vorziehen, da die durchgehend schwarze Variante eine geringere Streuung aufweist.

Allerdings haben alternative riskante Investitionsobjekte in den seltensten Fällen gleiche Erwartungswerte der Zielwerte, z. B. der Kapitalwerte. Hier bedarf es dann der z. B. nach dem Bernoulli-Verfahren ermittelten individuellen Risikonutzenfunktion. Die Vorgehensweise und Bedeutung sollen an einem Beispiel entwickelt werden.

Die Risikoanalyse 6.7

Das Hauptproblem ist die Messung der Risikoeinstellung des Investors, die dann in der Risikonutzenfunktion des Investors dargestellt werden kann. Die Risikonutzenfunktion wird an dieser Stelle nicht empirisch entwickelt, wie das nach der Theorie von Bernoulli möglich ist, sondern aus dem 1. Gossen'schen Gesetz abgeleitet. Zunächst gibt es einen funktionalen Zusammenhang zwischen Einkommen (Y), der Kapitalwert als Vertreter der dynamischen Investitionsrechnungsverfahren und als Überschussgröße eines Investitionsprojektes ist eine Einkommensgröße, und Nutzen (U). Zunehmendes Einkommen stiftet zunehmenden Nutzen. Mit zunehmendem Einkommen sinkt aber nach dem 1. Gossen'schen Gesetz der Nutzenzuwachs, wir gehen also von abnehmendem Grenznutzen aus. Daraus ergibt sich ein konkaver Verlauf der Nutzenfunktion $U = f(Y)$, wie in Abbildung 6.29 gezeigt. Die Krümmung der Funktion ist nun natürlich subjektiv eingezeichnet, sie müsste durch das Bernoulli-Verfahren ermittelt werden. Bei dieser gegebenen Nutzenfunktion lässt sich die Risikoeinstellung des Investors konkret bestimmen.

Abbildung 6-29: Ermittlung des Sicherheitsäquivalents (SE)

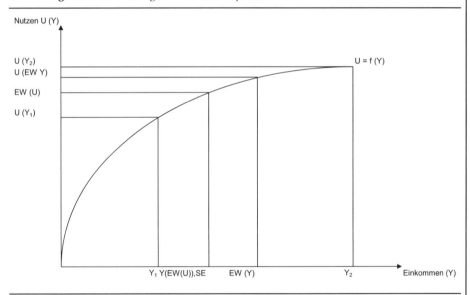

In Abbildung 6.29 ist eine einfache Entscheidungssituation dargestellt. Ein Investor plant ein unsicheres Investitionsprojekt. Im ungünstigen Fall generiert er daraus ein Einkommen in Höhe von 20 Mio. Euro (Y_1). Im günstigen Fall erreicht er ein Einkommen von 60 Mio. Euro (Y_2). Beide Situationen sind gleich wahrscheinlich, haben also eine Wahrscheinlichkeit (p) von $p = 0{,}5$. Natürlich ist die Realität komplexer, dort können auch Zwischenstufen zwischen diesen Werten eintreten und die Werte selbst sind nicht sicher. Soweit aber die getroffenen Annahmen.

Der Erwartungswert des Einkommens (EW (Y)) beträgt also 40 Mio. Euro (40 = 0,5 × 20 + 0,5 × 60). Ziel des Unternehmers ist nicht die Einkommensmaximierung, sondern die Nutzenmaximierung. So kann er also entweder den Nutzen U (Y_1) oder den Nutzen U (Y_2) erzielen. Beide sind annahmegemäß gleich wahrscheinlich. Der durchschnittliche Nutzen ist also EW (U), genau auf halber Strecke zwischen U (Y_1) und U (Y_2). Allerdings ist dieser Nutzen EW (U) viel kleiner als der zum durchschnittlichen Einkommen (EW (Y)) gehörende Nutzen U (EW (Y)). Dies liegt an der konkaven Nutzenfunktion. Da der Investor nutzengesteuert ist und nicht einkommensgesteuert, erwartet er das den durchschnittlichen Nutzen (EW (U)) auslösende Einkommen Y (EW (U)). Dieser Wert wird als Sicherheitsäquivalent (SE) bezeichnet und ist der Wert, bei dem der Investor bei einem wie in Abbildung 6.29 angegebenen Verlauf der Nutzenfunktion von der unsicheren Investition mit dem Erwartungswert des Einkommens von 40 Mio. Euro unter Verzicht auf wahrscheinliche 10 Mio. Euro auf eine sichere Verwendung umsteigt. In unserer Darstellung liegt dieser Wert bei ca. 30 Mio. Euro.

Diese risikoaverse Grundhaltung des Investors lässt sich für empirische Anwendungen gut mit der so genannten µ-σ-Regel lösen. Danach hat der Investor in seiner Nutzenfunktion drei entscheidungsrelevante Bestandteile, den Erwartungswert des Einkommens, z. B. gemessen am Erwartungswert des Kapitalwertes (EW(Co), µ), die Streuung des Einkommens um den Mittelwert gemessen als Standartabweichung (σ) und die Gewichtung der Standardabweichung in der Nutzenfunktion (α). Alpha ist bei risikoaversen Investoren immer negativ und mit absolutem Betrag umso größer, je größer die Risikoaversion ist. Die Zielfunktion bedeutet also, dass der Investor an einem hohen Einkommen bei möglichst geringem Risiko interessiert ist. Dieser Zielkonflikt wird durch den Grad der Risikoneigung, also durch das α aufgelöst.

Die Nutzenfunktion der µ-σ-Regel lautet also:

$$(6.29) \quad U = \mu + \alpha \times \sigma$$

Diverse andere Entscheidungsroutinen, die die Nutzenfunktion wiedergeben, sind möglich, sollen an dieser Stelle aber nicht weiter betrachtet werden. In der Literatur sind dafür unterschiedliche Ansätze vorgeschlagen, z. B. bei Eisenführ und Weber[2].

6.7.2 Anwendungsbeispiel zur Risikoanalyse

Diese Regel wollen wir nun auf ein Beispiel anwenden und bei gegebener Risikoeinstellung α des Investors die vorteilhaftere Alternative auswählen. Die in Kapitel 4 in

---

[2] Eisenführ, Franz, Martin Weber, Kap. 9

6.7 Die Risikoanalyse

den Abschnitten 4.3 und 4.4 über Wahlentscheidungen getroffenen Annahmen mögen alle zutreffen und in diesem Beispiel berücksichtigt sein.

Das Beispiel beginnt nicht auf der Ebene der Rechenelemente eines Investitionsobjektes, dann müssten noch Abhängigkeiten zwischen den Rechenelementen, also Kovarianzen beachtet werden, z. B. zwischen Anschaffungsauszahlung und Restwert. Das Beispiel beginnt auf der Ebene der bereits ermittelten Kapitalwerte (Co). Zwei Investitionsobjekte (Objekt 1 und Objekt 2) werden betrachtet. Mit einer Computersimulation wurde durch einen Zufallsgenerator bei je 1.000 Rechenläufen jeweils ein Kapitalwert für jedes Objekt ermittelt. So stehen je 1.000 ermittelte Kapitalwerte für jedes Investitionsobjekt zur Verfügung, die in der Höhe immer wieder unterschiedlich ausfallen. Auf diese Art wird die Schwankung der Zielwerte ermittelt. Natürlich wird in der Realität in einer über mehrere Jahre laufenden Investition bei geringer Performance das Management gegensteuern, dieser Aspekt wird durch die Simulation nicht beachtet. Ausgangsdaten und Lösung sind gleichzeitig in Abbildung 6.30 sichtbar.

Die ermittelten Kapitalwerte wurden in Klassen eingeteilt. Die Spanne der Klassen wurde mit jeweils 200.000 Euro festgelegt (Klassenobergrenze – Klassenuntergrenze in Abbildung 6.30). Wenn die Simulation einen Wert innerhalb dieser Spanne ermittelt hat, wurde die Spalte „absolute Häufigkeit" um eins erhöht. Die relative Häufigkeit und Eintrittswahrscheinlichkeit in der folgenden Spalte ist damit ein Tausendstel der absoluten Häufigkeit, da 1.000 Durchläufe durchgeführt wurden. Die relative Häufigkeit wurde mit der Klassenmitte (Klassenmitte in Abbildung 6.30) multipliziert (p × Co). Die Addition ergibt den Erwartungswert des Kapitalwertes EW (Co).

$$(6.30) \quad EW(Co) = \sum_j p_j \times Co_j$$

Die Standardabweichung ergibt sich als:

$$(6.31) \quad \sigma = \sqrt[2]{\sum_j p_j \times (Co_j - EW(Co))^2}$$

Als α wurde für die empirische Analyse -0,2 festgelegt. Ein negatives α gibt eine risikoaverse Einstellung wieder. Die absolute Höhe gibt Auskunft über den Grad der Risikoeinstellung. Je höher α ist, umso risikointensiver ist die Einstellung des Investors. Die nummerische Lösung ist in der letzten Spalte der Abbildung 6.30 zu erkennen.

Investitionsentscheidungen unter Unsicherheit

Abbildung 6-30: Ermittlung von EW (Co) und σ für Objekt 1 und 2*

Objekt 1	Klassen-untergrenze	Klassen-obergrenze	Klassen-mitte (Co)	absolute Häufigkeit	relative Häufigkeit	p * Co	p * (Co - EW (Co))2	
	-700000	-500000	-600000	35	0,035	-21000	15965780600	
	-500000	-300000	-400000	89	0,089	-35600	20114459240	
	-300000	-100000	-200000	158	0,158	-31600	11983535280	
	-100000	100000	0	274	0,274	0	1557733840	
	100000	300000	200000	191	0,191	38200	2965305560	
	300000	500000	400000	156	0,156	62400	16436964960	
	500000	700000	600000	73	0,073	43800	20089976680	
	700000	900000	800000	24	0,024	19200	12601083840	
			Summe	1000	1	75400	1,01715E+11	
						EW Kapitalwert		75400,00
						Standardabweichung		318927,64
						Nutzen (α = - 0,2)		11614,47

Objekt 2	Klassen-untergrenze	Klassen-obergrenze	Klassen-mitte (Co)	absolute Häufigkeit	relative Häufigkeit	p * Co	p * (Co - EW (Co))2	
	-900000	-700000	-800000	4	0,004	-3200	3174098560	
	-700000	-500000	-600000	26	0,026	-15600	12407320640	
	-500000	-300000	-400000	90	0,09	-36000	21679617600	
	-300000	-100000	-200000	156	0,156	-31200	13192083840	
	-100000	100000	0	260	0,26	0	2143606400	
	100000	300000	200000	195	0,195	39000	2325304800	
	300000	500000	400000	160	0,16	64000	15296742400	
	500000	700000	600000	75	0,075	45000	19446348000	
	700000	900000	800000	26	0,026	20800	13077080640	
	900000	1100000	1000000	8	0,008	8000	6613157120	
			Summe	1000	1	90800	1,09355E+11	
						EW Kapitalwert		90800,00
						Standardabweichung		330689,22
						Nutzen (α = - 0,2)		24662,16

Bei Objekt 1 fielen Werte der Simulation in insgesamt acht Klassen. Der Erwartungswert des Kapitalwertes ergibt 75.400 Euro. Die Standartabweichung beträgt 318.927,64 Euro. Bei α = -0,2 ergibt sich ein Nutzenwert von 11.614 Euro für dieses Investitionsobjekt 1.

Bei Objekt 2 fielen Werte der Simulation in insgesamt zehn Klassen. Hier war die Schwankungsbreite also höher. Der Erwartungswert des Kapitalwertes ergibt 90.800 Euro. Die Standardabweichung beträgt 330.689,22 Euro. Bei α = -0,2 ergibt sich ein Nutzenwert von 24.662 Euro für dieses Investitionsobjekt 2.

Die Risikoanalyse empfiehlt also die Auswahl von Objekt 2, da es mit 24.662 Euro den höheren Nutzwert ergibt als Objekt 1 mit 11.614 Euro.

Bauen Sie eigenständig ein eigenes Excel sheet mit den verwendeten Daten aus Abbildung 6.30 auf und vollziehen Sie die Lösung Schritt für Schritt nach.

Das Vorgehen der Risikoanalyse hat uns also gezeigt, dass es sich um ein sehr gut strukturiertes und formales Vorgehen basierend auf der statistischen Theorie handelt. Theoretisch sehr qualifizierte und bei Einsatz der IT gleichzeitig sehr konkrete und operationale Entscheidungsergebnisse werden produziert. Das Problem liegt allerdings in der zu beschaffenden Datenmenge, der notwendigen Kenntnis der zu erwartenden Wahrscheinlichkeitsverteilung des Investitionsproblems und der Kenntnis der Risikoeinstellung des Investors. Hier liegen die Schwierigkeiten für die Nutzung der Theorie in der praktischen Entscheidungssituation.

6.7.3 Abschnittsergebnisse

In diesem Unterkapitel haben Sie:

- die Bedeutung der Risikoanalyse kennen gelernt,

- mögliche Risikoeinstellungen eines Investors reflektiert,

- die Annahmen und Voraussetzungen zur Risikoanalyse kennen gelernt,

- die Schrittfolge der Risikoanalyse präsentiert bekommen,

- die Risikoanalyse auf ein Beispiel angewendet und

- die Bewertung und die Sinnhaftigkeit der Anwendung für praktische Fragestellungen erkannt.

6.8 Portfolio Selection

Die Portfolio-Selection-Theorie wurde 1952 von Harry M. Markowitz entwickelt.[3]

In ihrer originären Bedeutung untersucht die Theorie die optimale Mischung von Wertpapieren im Portfolio. Grundsätzlich handelt es sich also um eine Investitionsprogrammplanung unter Unsicherheit. Die Technik wurde von diversen Autoren für verschiedene Fragestellungen modifiziert.

Ziel der Portfolio-Selection-Theorie ist, in einer unsicheren Situation bei einem gegebenen Budget die Zusammensetzung der Investitionsobjekte so zu optimieren, dass der Erwartungswert der Zielwerte der Investitionsobjekte, also der Kapitalwerte oder der Renditen, unter Berücksichtigung des Risikos in Form der Standardabweichung der Zielwerte maximalen Nutzen stiftet.

Zielfunktion des in diesem Modell unterstellten risikoaversen Investors ist die aus Kapitel 6.7 bekannte μ-σ Entscheidungsregel.

---

[3] Markowitz, Harry Max

6 Investitionsentscheidungen unter Unsicherheit

Die Theorie beruht auf der Möglichkeit, durch Mischung von Investitionsalternativen in einem Portfolio die Rendite-Risiko-Relation des Portfolios gegenüber einer Kapitalanlage in nur einem einzigen Investitionsobjekt zu verbessern.

Die Diversifikation der Investitionsalternativen ist also Ziel dieser Methode. Sie steht damit im Widerspruch zum derzeitigen Verhalten vieler großer Unternehmen, die sich um eine Konzentration auf Kernkompetenzen bemühen.

Die Verbesserung der Rendite-Risiko-Relation kann nur erreicht werden, wenn die Investitionsalternativen nicht vollständig positiv miteinander korreliert sind, wenn es also keine vollkommen gleichgerichteten Gewinnschwankungen gibt.

Ein Vorteil des Modells ist die sehr systematische und damit intersubjektive Nachvollziehbarkeit des Modells. Ein großes Problem liegt bei der praktischen Durchführung aber in der Beschaffung und Bearbeitung der notwendigen Datenmenge. So müssen alle Kapitalwerte bzw. Renditen der betrachteten Investitionsobjekte und ihre Wahrscheinlichkeitsverteilungen bekannt sein, alle Varianzen dieser Renditen und $0,5 \times (n^2 - n)$ Kovarianzen, n steht dabei für die Anzahl der betrachteten Investitionsalternativen. Bei nur 5 Investitionsalternativen sind also fünf Renditen, fünf Varianzen und zehn Kovarianzen ($0,5 \times (25 - 5)$), also 20 Werte, zu ermitteln. Hinter jeder Rendite und damit auch hinter jeder Varianz und Kovarianz steht das Bilden der Rendite aus der Kapitalwertformel und damit das Vorhandensein aller Rechenelemente der Kapitalwertformel, jeweils unter verschiedenen unsicheren Situationen. Bei zehn Investitionsalternativen sind bereits 65 Werte zu ermitteln. Durch die Schlagkraft der IT ist die eigentliche rechnerische Ermittlung weniger problematisch, jedes einzelne Rechenelement für die Kapitalwertformel muss allerdings geschätzt werden, sodass die Unsicherheit der Rechenergebnisse doch wieder beträchtlich ist. Ein weiteres Problem ist, dass die Bildung der Kovarianzen eigentlich nur für Wertpapiere gut möglich ist, da dort Kapitalmarktdaten zur Ermittlung vorhanden sind. Bei Realinvestitionen ist eine leider sehr subjektive Schätzung der Kovarianzen nötig, da für Realinvestitionen praktisch nie Zeitreihendaten für Kapitalwerte vorliegen. Trotzdem ist die Portfolio-Selection-Theorie eine sehr wertvolle Methode zur Strukturierung eines Entscheidungsproblems unter Unsicherheit in der Investitionsprogrammplanung und soll nun nachfolgend vorgestellt werden.

6.8.1 Vorgehen beim Portfolio-Selection-Modell nach Markowitz

An dieser Stelle soll das Grundmodell von Markowitz dargestellt werden, alle Weiterentwicklungen aus der Literatur zu dieser Theorie, die es im Zeitablauf gegeben hat, werden ignoriert, da für die meisten der Weiterentwicklungen deutlich mehr Theoriebildung und deutlich mehr Rechenaufwand für die Ergebnisermittlung notwendig sind. Markowitz hat als weitere Annahmen einen einperiodischen Betrachtungszeitraum und eine beliebige Teilbarkeit der Wertpapiere unterstellt.

Portfolio Selection 6.8

Das optimale Portfolio wird in zwei Schritten bestimmt:

- zunächst werden alle effizienten Portfolios bestimmt
- aus den effizienten Portfolios wird das optimale Portfolio mittels der Risikonutzenfunktion des Investors ermittelt.

Effizient ist ein Portfolio, wenn es bei gegebenem Risikoniveau kein Portfolio mit höherer Renditeerwartung gibt. Alternativ formuliert, wenn eine gegebene Renditeerwartung nicht auf einem geringeren Risikoniveau erreicht werden kann. Messgröße für die Effizienz eines Portfolios ist, wie bereits erwähnt, die µ-σ Entscheidungsregel. Die möglichen Portfolios, also die Zusammensetzung des gegebenen Budgets aus mehreren Wertpapieren, werden nach dem Erwartungswert der Rendite des gesamten eingesetzten Kapitals, der sich aus den gewichteten Erwartungswerten der Renditen der Einzelinvestments ermittelt, und ihrer Streuung als Risikomessgröße ermittelt. In dieser Darstellung soll für die Beispielberechnung von der Aufteilung des gegebenen Kapitals auf nur zwei Vermögenswerte ausgegangen werden.

6.8.2 Anwendungsbeispiel zur Portfolio Selection

Wir gehen davon aus, dass wir 3.000 Euro zur Verfügung haben, die wir auf zwei verschiedene Aktienanlagen vollständig aufteilen wollen. Aktie 1 kostet 200 Euro, Aktie 2 150 Euro. Das Eintreten von 4 Umweltzuständen (U) halten wir für möglich, die Eintrittswahrscheinlichkeiten (p) dieser Umweltzustände sind in der Abbildung 6.31 angegeben. Bei dem von uns nicht zu beeinflussenden Eintreten der Umweltzustände ergeben sich je einzelnem Umweltzustand und gewichtet über alle Umweltzustände die in Abbildung 6.31 genannten Renditen (E(r)). Aktie 1 erreicht also eine durchschnittliche Rendite, also den Erwartungswert der Rendite E (r), von 12,55 %. Aktie 2 erreicht den Erwartungswert der Rendite von 9,15 %.

Die Werte berechnen sich nach der Formel für den Erwartungswert der Rendite:

$$(6.32) \quad \boxed{E(r_i) = \overline{r_i} = \sum_j p_j r_{ij}}$$

Die Varianz σ^2 ist das Quadrat der Standardabweichung σ. Die Standardabweichung berechnet sich nach der Formel:

$$(6.33) \quad \boxed{\sigma_i = \sqrt{\sum_j p_j (r_{ij} - \overline{r_i})^2}}$$

6 Investitionsentscheidungen unter Unsicherheit

Den Berechnungsweg für das Beispiel können Sie in der Download-Variante der Abbildung 6.31 nachvollziehen.

Abbildung 6-31: Renditen und Standardabweichungen der Beispielaktien*

Wertpapier	Preis	Menge	Umweltsituation	Renditeerwartungen				E(r)	σ^2	σ
				U_1	U_2	U_3	U_4			
			Wahrscheinlichkeit p	$p_1 = 0{,}3$	$p_2 = 0{,}35$	$p_3 = 0{,}15$	$p_4 = 0{,}2$	p = 1		
			Wahrscheinlichkeit p	0,3	0,35	0,15	0,2	1		
Aktie 1	200	15		4	16	21	13	12,55	36,848	6,070
Aktie 2	150	20		10	11	14	1	9,15	18,228	4,269

Abbildung 6-32: Rendite-Risiko-Darstellung der Beispielaktien

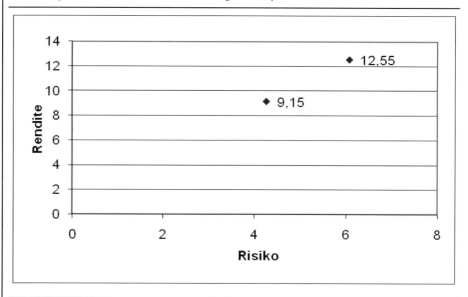

In der Darstellung der Rendite-Risiko-Profile der beiden Aktienalternativen in Abbildung 6.32 wird schnell deutlich, dass in einer sicheren Welt die Aktie 1 mit einer Rendite von 12,55 % Rendite gewählt werden würde.

Wenn man nun willkürliche Kombinationen dieser beiden Aktientitel zulässt, ergibt sich eine überraschende Situation, die in Abbildung 6.33 dargestellt ist.

Portfolio Selection **6.8**

Abbildung 6-33: Rendite-Risiko-Darstellung der Beispielaktien und Kombinationen

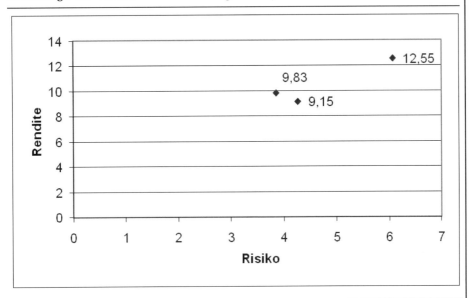

Eine Kombination beider Aktientitel führt zu einem insgesamt niedrigeren Risikoniveau bei einer höheren Rendite als bei der schlechteren Investitionsalternative. Dies wird dadurch möglich, dass nicht beide Aktientitel genau gleichgerichtet auf Marktdaten reagieren.

Die genauen Daten verschiedener möglicher Kombinationen sind aus Abbildung 6.34 zu entnehmen. In Abbildung 6.33 ist von einer Kombination von 20 % (w_1) Aktien 1 und 80 % (w_2) Aktien 2 ausgegangen worden. Dadurch sinkt, wie in Abbildung 6.33 sichtbar, das Risiko, der Punkt liegt weiter links im Schaubild und hat bei einer Rendite von 9,83 % damit ein kleineres Portfoliorisiko, das niedriger ist als die Einzelrisiken der beiden einzelnen Aktientitel. Die Werte zeigt Abbildung 6.34, den Berechnungsweg können Sie in der Download-Datei nachvollziehen.

Abbildung 6-34: Renditen und Standardabweichungen der Beispielaktien und Kombinationen

Wertpapier	Preis	Menge	Umweltsituation	Renditeerwartungen				E(r)	σ^2	σ
				U_1	U_2	U_3	U_4			
			Wahrscheinlichkeit p	$p_1 = 0,3$	$p_2 = 0,35$	$p_3 = 0,15$	$p_4 = 0,2$	p = 1		
			Wahrscheinlichkeit p	0,3	0,35	0,15	0,2	1		
Aktie 1	200	15		4	16	21	13	12,55	36,848	6,070
Aktie 2	150	20		10	11	14	1	9,15	18,228	4,269
Mischung 20/80				8,8	12	15,4	3,4	9,83	14,889	3,859

6 Investitionsentscheidungen unter Unsicherheit

Der Erwartungswert der Portfoliorendite $E(r_P)$ ergibt sich nach der Formel:

$$(6.34) \quad E(r_P) = \overline{r_P} = \sum_j p_j r_{Pj} = \sum_j p_j (w_1 r_{1j} + w_2 r_{2j}) = w_1 \overline{r_1} + w_2 \overline{r_2}$$

Die Standardabweichung der Portfoliorendite ($\sigma_{Portfolio}, \sigma_P$) ergibt sich nach der Formel:

$$(6.35) \quad \sigma_P = \sqrt{\sum_j p_j (r_{Pj} - \overline{r_P})^2}$$

Diese Formel ist empirisch leichter ermittelbar durch eine andere Schreibweise. Die Herleitung kann z. B. bei Kruschwitz[4] nachvollzogen werden. Sie lautet dann:

$$(6.36) \quad \sigma_P = \sqrt{w_1^2 \sigma_1^2 + w_2^2 \sigma_2^2 + 2 w_1 w_2 \sigma_{12}}$$

σ_{12} ist dabei die Kovarianz der Rendite von Aktie 1 mit der Rendite der Aktie 2, also ein Maß der Abhängigkeit zweier Zufallsvariabler voneinander. Die Kovarianz (σ_{12}) berechnet sich nach der Formel:

$$(6.37) \quad \sigma_{12} = \sum_j p_j (r_{1j} - \overline{r_1})(r_{2j} - \overline{r_2})$$

Alternativ kann die Formel für die Standardabweichung der Portfoliorendite auch geschrieben werden als:

$$(6.38) \quad \sigma_P = \sqrt{w_1^2 \sigma_1^2 + w_2^2 \sigma_2^2 + 2 w_1 w_2 \rho_{12} \sigma_1 \sigma_2}$$

---

[4] Kruschwitz, Lutz, S. 357 ff

Portfolio Selection 6.8

Q_{12} in Gleichung (3.38) ist der Korrelationskoeffizient. Der Korrelationskoeffizient ist ebenso wie die Kovarianz eine Messgröße der gegenseitigen Abhängigkeit zweier Variabler. Allerdings ist der Korrelationskoeffizient normiert auf ein Intervall zwischen -1 und +1. Ist der Koeffizient null, sind beide Zufallsvariablen statistisch unabhängig voneinander. Hat der Koeffizient einen absolut relativ hohen Betrag, dann sind die Verteilungen beider Zufallsvariabler stark abhängig voneinander. Ein relativ hoher positiver Korrelationskoeffizient bedeutet, dass, wenn z. B. die Aktie 1 eine hohe Rendite aufweist, dies auch für Aktie 2 gilt. Er bedeutet auch, dass, wenn Aktie 1 eine niedrige Rendite aufweist, dies auch für Aktie 2 gilt. Beide Verteilungen schwanken also gleichgerichtet. Ein relativ hoher negativer Korrelationskoeffizient bedeutet eine entgegengesetzte Schwankung der Verteilung. Wenn also Aktie 1 eine hohe Rendite aufweist, wird Aktie 2 tendenziell eine niedrige Rendite aufweisen. Wenn Aktie 1 eine niedrige Rendite aufweist, wird Aktie 2 tendenziell eine hohe Rendite aufweisen. Diesen Effekt der statistischen Abhängigkeit nutzt Markowitz für sein Modell.

In Abbildung 6.35 werden nun die beiden Aktien, die über die Daten aus Abbildung 6.31 definiert sind und Gegenstand dieses Beispiels sind, in unterschiedlichen Anteilen, jeweils in 10 %-Sprüngen, gewichtet. Von Zeile zu Zeile in Abbildung 6.35 steigt der Anteil der Aktie 1 um 10%-Punkte und sinkt dafür der Anteil von Aktie 2 um 10 %-Punkte am Gesamtportfolio. Außerdem sind die Portfoliorendite und das Portfoliorisiko entsprechend des Berechnungsweges in Abbildung 6.34 ermittelt. Der Weg ist in der Download-Datei der Abbildung 6.35 nachvollziehbar.

Abbildung 6-35: Renditen und Standardabweichungen der Beispielaktien bei verschiedenen Portfoliomischungen

Anteil Aktie 1	Anteil Aktie 2	Portfolio Rendite	Portfolio Risiko
0	1	9,15	4,269
0,1	0,9	9,49	4,015
0,2	0,8	9,83	3,859
0,3	0,7	10,17	3,814
0,4	0,6	10,51	3,884
0,5	0,5	10,85	4,062
0,6	0,4	11,19	4,337
0,7	0,3	11,53	4,690
0,8	0,2	11,87	5,105
0,9	0,1	12,21	5,569
1	0	12,55	6,070

Abbildung 6.36 stellt nun die Kurve aller Rendite-Risikoprofile dieser beiden Aktientitel dar. Dabei ist der Anteil der einzelnen Aktientitel, wie in Abbildung 6.35 sichtbar, jeweils um 10 % variiert worden.

Abbildung 6-36: Kurve der Rendite-Risiko-Positionen bei verschiedenen Portfoliomischungen

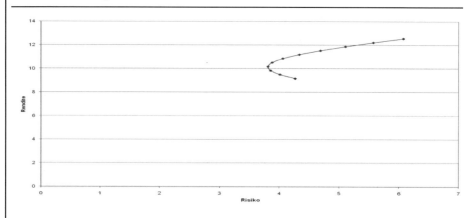

Der Punkt mit der niedrigsten erwarteten Rendite ergäbe sich bei einer Investition des gesamten Kapitals in Aktie 2, der Punkt mit der höchsten erwarteten Rendite ergibt sich bei der Investition des gesamten Kapitals in Aktie 1. Durch Kombination beider Titel lassen sich Positionen erzeugen, die ein niedrigeres Risiko in sich tragen.

Abbildung 6-37: Kurve der Rendite-Risiko-Positionen bei verschiedenen Portfoliomischungen und extremen Korrelationskoeffizienten

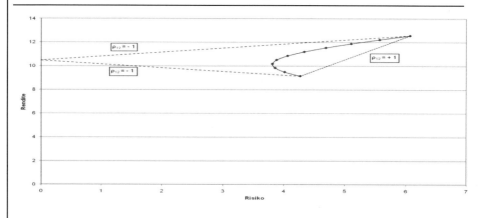

Portfolio Selection

Vor der eigentlichen Interpretation dieses Bildes 6.36 soll in Abbildung 6.37 die Darstellung variiert werden, um die Bedeutung des Korrelationskoeffizienten für die Risikoposition zu erörtern.

In Abbildung 6.37 wird die für das Beispiel geltende durchgehend schwarze Kurve durch gestrichelt schwarz dargestellte hypothetische Verläufe dieser Kurve bei anderen Korrelationskoeffizienten dargestellt. Bei einem Korrelationskoeffizient ϱ_{12} von +1 lässt sich keine Risikoreduktion durch Diversifikation erzielen. Beide Rendite-Risiko-Positionen der beiden Einzeltitel Aktie 1 und Aktie 2 sind linear verbunden. Eine Mischung im Portfolio bewirkt keine durch die Mischung bedingte Risikoreduktion. Bei einem Korrelationskoeffizienten ϱ_{12} von -1 dagegen lässt sich der Erwartungswert des Risikos vollständig wegdiversifizieren, der Erwartungswert des Risikos kann durch eine bestimmte Kombination der beiden Wertpapiere im Portfolio auf null gesetzt werden. Im Beispiel in Abbildung 6.37 ergäbe sich unter Verzicht auf höheres Renditepotenzial beim Erwartungswert der Rendite zwischen 10 % und 11 % eine nach dem Erwartungswert risikolose Situation.

Abbildung 6-38: Effiziente Portfolios bei verschiedenen Portfoliomischungen

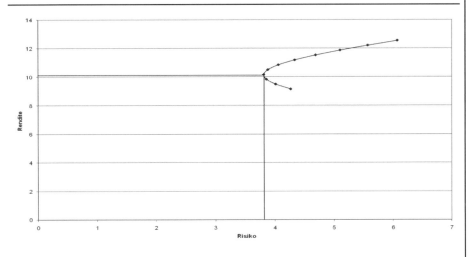

Abschließend ist noch die Frage zu stellen, welches Portfolio dem Investor nun den höchsten Nutzen stiftet. Dabei ist zunächst festzuhalten, dass nicht alle gebildeten Portfolios effizient sind. In Abbildung 6.38 wird am Lot deutlich, dass die Kurve auf dem unteren Ast Positionen bildet, die das gleiche Risikoniveau aufweisen wie Positionen auf dem oberen Ast. Positionen auf dem unteren Ast sind also nicht effizient, denn zum gleichen Risikoniveau gibt es auf dem oberen Ast Portfolios mit einem höheren Erwartungswert der Rendite. Die effizienten Portfolios beginnen also erst an

Investitionsentscheidungen unter Unsicherheit

der Stelle des risikominimalen Portfolios und liegen entlang des oberen Astes der Kurve.

Im Zwei-Wertpapier-Portfolio lässt sich der risikominimale Punkt mittels der Differenzialrechnung durch Ableiten der Portfoliovarianz nach dem Mengenanteil der einzelnen Aktie im Portfolio, Nullsetzen und Auflösen nach diesem Mengenanteil ermitteln. Dazu ist folgende Schrittfolge anzuwenden, das Vorgehen kann bei Kruschwitz[5] nachvollzogen werden.

Zunächst ist die Formel für die Portfoliovarianz aufzustellen.

$$(6.39) \quad \sigma_P^2 = w_1^2 \sigma_1^2 + w_2^2 \sigma_2^2 + 2 w_1 w_2 \sigma_{12}$$

Sie ist nach dem Mengenanteil einer Aktie im Portfolio abzuleiten. Es ist die erste Ableitung zu bilden.

$$(6.40) \quad \frac{d\sigma_P^2}{dw_1} = 2 w_1 \sigma_1^2 - 2\sigma_2^2 + 2 w_1 \sigma_2^2 + 2 \sigma_{12} - 4 w_1 \sigma_{12}$$

Diese Ableitung ist null zusetzen und nach w_1 aufzulösen. Dann ergibt sich:

$$(6.41) \quad w_1 = \frac{\sigma_2^2 - \sigma_{12}}{\sigma_1^2 + \sigma_2^2 - 2\sigma_{12}}$$

Für unser Beispiel ergibt sich, wie aus den Daten der Abbildung 6.34 nach deren Download und der Anwendung der Gleichung (6.37) zur Ermittlung der Kovarianz in Gleichung (6.42) nachvollziehbar ist:

$$(6.42) \quad w_1 = \frac{18{,}2275 - 5{,}4675}{36{,}8475 + 18{,}2275 - 2 * 5{,}4675} = 0{,}2891$$

---

[5] Kruschwitz, Lutz, S. 362 f

Der Anteil von Aktie 1 am risikominimalen Portfolio beträgt also 28,91 %, der Anteil von Aktie 2 am risikominimalen Portfolio beträgt also 71,09 %. Die Rendite beträgt bei dieser Zusammensetzung 10,13 %, das minimale Risiko liegt gemessen in der Standardabweichung bei 3,8130.

Welcher Punkt auf der Linie der effizienten Portfolios nun das für den Investor optimale Portfolio darstellt, ist von seiner Risikoeinstellung abhängig. Keineswegs muss dies das Portfolio mit dem minimalen Risiko sein. Ermittelt wird das optimale Portfolio mit der Indifferenzkurve des Investors, deren Konzept wir bereits in Kapitel 6.7 bei Abbildung 6.27 kennen gelernt haben. Hier ergeben sich wieder die bereits angesprochenen Probleme mit der Ermittlung der Indifferenzkurve des Investors. Die Darstellung mit Indifferenzkurven zeigt die folgende Abbildung 6.39.

In Abbildung 6.39 sind als gegeben angenommene gestrichelte Indifferenzkurven eines Investors eingesetzt. Je höher die Indifferenzkurven liegen, umso höher ist das Nutzenniveau des Investors. Der Punkt, an dem die höchste Indifferenzkurve die Linie der effizienten Portfolios tangiert, bildet das Optimum. Das dort gegebene Risikoniveau und die dort ermittelte Rendite bilden die Erwartungswerte des Planers und entscheiden über die Zusammensetzung des optimalen Portfolios. In der Abbildung 6.39 wurde angenommen, dass die Indifferenzkurve Φ 2 die Linie der effizienten Portfolios gerade tangiert. Dort, wo die schwarzen Linien zu den Achsen führen, sind dann optimale Erwartungswerte von Rendite und Risiko abzulesen.

Abbildung 6-39: Optimales Portfolio unter den effizienten Portfolios

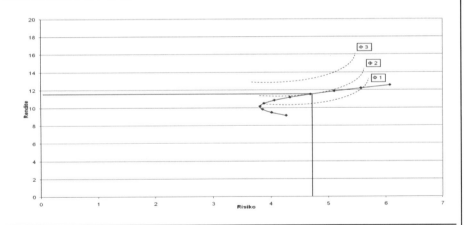

Wenn die Indifferenzkurven des Investors nicht bekannt sind, muss mittels einer anderen Zielfunktion die Zusammensetzung des optimalen Portfolios ermittelt werden.

Investitionsentscheidungen unter Unsicherheit

Pragmatisch kann also der Investor z. B. mit der µ-σ Entscheidungsregel einfach einen Punkt auf der Linie der effizienten Portfolios als sein optimales Portfolio auswählen. Dabei wird der Erwartungswert der Rendite benutzt (µ) und davon wird gewichtet mit dem Risikofaktor (α) die Standardabweichung des Portfolios (σ_P) abgezogen. Der höchste ermittelte Wert gibt die Zusammensetzung des optimalen Portfolios an. Der Unterschied zum Vorgehen bei der Ermittlung der effizienten Portfolios liegt also darin, dass die Standardabweichung des Portfolios jetzt einen Gewichtungsfaktor α erhält, der die subjektive Risikoeinstellung des Investors angibt. So kann das unter den effizienten Portfolios für den Investor bei dieser Risikoeinstellung optimale Portfolio ermittelt werden. Theoretisch ist dieses Vorgehen sehr kritisch zu sehen, da es nicht zwingend zur tatsächlich im praktischen Problem gegebenen statistischen Verteilung passen muss. Pragmatisch kommt man so aber zu einer konkreten Lösung, wenn die Indifferenzkurven des Investors nicht bekannt sind.

Für das Beispiel habe ich den Risikofaktor (α) mit -0,8 festgelegt. Dann ergeben sich die Werte in Abbildung 6.40. Betrachtet wurden nur Portfoliovariationen in 10 %-Punkt-Schritten. Nach der µ-σ Entscheidungsregel wäre das Portfolio mit 80 %igem Anteil der Aktie 1 und 20 %igem Anteil der Aktie 2 das optimale Portfolio unter den effizienten. Dort ergibt sich ein Zielwert von 7,786, wie Abbildung 6.40 zeigt. Bei einer anderen Gewichtung des α in der Entscheidungsregel ändert sich diese Rangfolge natürlich. Der Rechenweg ist in der Download-Datei der Abbildung 6.40 nachvollziehbar.

Abbildung 6-40: Ergebnisse der Anwendung der µ-σ Entscheidungsregel auf das Beispielportfolio

Anteil Aktie 1	Anteil Aktie 2	Portfolio Rendite	Portfolio Risiko	µ-σ$_P$, α=0,8
0	1	9,15	4,269	5,735
0,1	0,9	9,49	4,015	6,278
0,2	0,8	9,83	3,859	6,743
0,3	0,7	10,17	3,814	7,119
0,4	0,6	10,51	3,884	7,403
0,5	0,5	10,85	4,062	7,600
0,6	0,4	11,19	4,337	7,721
0,7	0,3	11,53	4,690	7,778
0,8	0,2	11,87	5,105	7,786
0,9	0,1	12,21	5,569	7,755
1	0	12,55	6,070	7,694

Mit der Portfolio-Selection-Theorie können also sehr qualifiziert Kombinationen von Vermögenswerten bei gegebenem Budget ermittelt werden. Das Modell ist theoretisch einwandfrei und statistisch für empirische Anwendungen sehr gut untermauert. Die risikominimale Kombination von Vermögenswerten kann innerhalb des Modells so sicher gefunden werden. Dies ist alles sehr vorteilhaft. Allerdings weist das Modell auch einige Probleme für die praktische Anwendung auf. Es setzt die Beschaffung sehr umfangreicher Daten voraus, die zunächst also vorhanden sein müssen. Da die Theorie zukunftsgerichtete Entscheidungen treffen soll, müssen die Daten also prognostiziert werden. Hier liegt das nächste Problem des Modells, die Unsicherheit. Aber selbst wenn alle Daten vorhanden und sicher wären, verbleibt das Problem der Optimumsbestimmung. Der Investor muss seine Nutzenfunktion angeben können, um aus den ermittelten effizienten Portfolios das optimale Portfolio theoretisch einwandfrei auszuwählen. Auch diese Anforderung lässt sich in der Praxis im Regelfall so nicht verwirklichen, auch wenn durch pragmatische Entscheidungsroutinen dann eine operative Lösung ermittelt werden kann. Die ist dann allerdings im allgemeinen Fall theoretisch wieder nicht einwandfrei ermittelt.

6.8.3 Abschnittsergebnisse

In diesem Unterkapitel haben Sie:

- die Theorie der Portfolio Selection kennen gelernt,
- Annahmen und Voraussetzungen der Portfolio-Selection-Theorie kennen gelernt,
- die Portfolio-Selection-Theorie auf ein Beispiel angewendet und
- die Bewertung und die Sinnhaftigkeit der Anwendung für praktische Fragestellungen erkannt.

6.9 Fallstudie

Sie möchten gemeinsam mit einem Geschäftsfreund ein neues Unternehmen gründen. Er hat die Unternehmensplanung bereits durchgeführt. Im Business Plan wurde von nachfolgenden Daten ausgegangen:

Die Anschaffungsauszahlung beträgt 100.000 Euro. Alle Werte sind in Euro angegeben. Restwerte existieren nicht.

Sie selbst schätzen die Marktgegebenheiten schwieriger ein und möchten mit dem Korrekturverfahren ermitteln, welche Auswirkungen Datenänderungen auf den Kapitalwert haben, der für diesen Anwendungsfall Ihr Entscheidungskriterium ist.

6 Investitionsentscheidungen unter Unsicherheit

Abbildung 6-41: Daten für die Unternehmensplanung

k	e_k (Euro)	a_k (Euro)
1	84.000	44.000
2	82.000	42.000
3	83.000	43.000
4	94.000	44.000

Aufgaben:

- **Aufgabe a)** Berechnen Sie den Kapitalwert bei einem Kalkulationszinssatz von 10 %.

- **Aufgabe b)** Berechnen Sie den Kapitalwert bei einem durch Pauschalverfahren erhöhten Kalkulationszinssatz von 12 %.

- **Aufgabe c)** Berechnen Sie den Kapitalwert bei doppelter Diskontierung mit den Zinssätzen 10 und 2 %.

- **Aufgabe d)** Berechnen Sie den Kapitalwert, indem Sie alle Einzahlungen mit 12 % und alle Auszahlungen mit 5 % diskontieren.

- **Aufgabe e)** Berechnen Sie den Kapitalwert, indem Sie die Nettoeinzahlungen des Jahres 1 mit 5 % und die Nettoeinzahlungen aller folgenden Jahre mit einem um jeweils zwei Prozentpunkte erhöhten Zinssatz diskontieren.

- **Aufgabe f)** Berechnen Sie den Kapitalwert, indem Sie mit um 10 % verringerten Einzahlungen (e_k) rechnen. Der Kalkulationszinssatz beträgt 10 %.

- **Aufgabe g)** Berechnen Sie den Kapitalwert, indem Sie mit um 10 % erhöhten Auszahlungen (a_k) rechnen. Der Kalkulationszinssatz beträgt 10 %.

- **Aufgabe h)** Berechnen Sie den Kapitalwert, indem Sie mit um 10 % verringerten Einzahlungen (e_k) und mit um 10 % erhöhten Auszahlungen (a_k) rechnen. Der Kalkulationszinssatz beträgt 10 %.

- **Aufgabe i)** Berechnen Sie die kritische Anschaffungsauszahlung. Legen Sie dazu die Daten aus Aufgabe a) zugrunde.

Fallstudie **6.9**

Lösungen:

Abbildung 6-42: Lösungen zu den Aufgaben a) bis i) der Fallstudie*

k	e_k (TEuro)	a_k (TEuro)	Ne_k (TEuro)	BW	C_0, i=0,1	C_0, i=0,12	C_0, i=0,1;0,02	C_0, ie_k=0,12, ia_k=0,05	C_0, i steigend	e_k (TEuro) - 10%	a_k (TEuro) + 5%	C_0, e_k - 10%	C_0, a_k + 10%	C_0, e_k, a_k -/+ 10%
0														
1	84	44	40	36,36	-63,64	-64,29	-64,35	-66,90	-61,90	75,6	48,4	-71,27	-67,64	-75,27
2	82	42	40	33,06	-30,58	-32,40	-32,58	-39,63	-26,97	73,8	46,2	-44,99	-38,05	-52,46
3	83	43	40	30,05	-0,53	-3,93	-4,26	-17,70	3,92	74,7	47,3	-21,18	-11,23	-31,88
4	94	44	50	34,15	33,62	27,85	27,29	5,84	36,86	84,6	48,4	6,56	19,92	-7,15
A =	100													
i1 =	0,1													
i2 =	0,12													
i3 =	0,02													
i4 =	0,07													
i5 =	0,05													
i6 =	0,09													
i7 =	0,11													

Ich stelle Ihnen die Lösung in Abbildung 6.42 in der Tabellenkalkulation dar. Da es sich um eine Abzinsung und Summation der Rechenelemente handelt, gibt es verschiedene richtige Vorgehensweisen der Formulierung in der Tabellenkalkulation. Soweit ist der gezeigte Lösungsweg nur ein Vorschlag, von dem Sie abweichen können, solange Sie auf das gleiche Ergebnis kommen. Die Abbildungen, die Lösungen enthalten, sind als Download verfügbar. Selbstverständlich ist auch eine Lösung mit dem Taschenrechner möglich. Die entsprechenden Vorgehensweisen haben Sie in Kapitel 3 kennen gelernt. Da in Abbildung 6.42 die Darstellung auf maximal 2 Nachkommastellen begrenzt ist, sind die Werte in der Abbildung nicht so präzise wie in der folgenden Aufstellung. Dies kann natürlich durch den Download bei dieser und allen anderen Dateien verändert werden.

Aufgabe a) Der Kapitalwert beträgt: 33.624,75 Euro

Aufgabe b) Der Kapitalwert beträgt: 27.849,15 Euro

Aufgabe c) Der Kapitalwert beträgt: 27.293,97 Euro

Aufgabe d) Der Kapitalwert beträgt: 5.842,43 Euro

Aufgabe e) Der Kapitalwert beträgt: 36.856,68 Euro

Aufgabe f) Der Kapitalwert beträgt: 6.555,29 Euro

Aufgabe g) Der Kapitalwert beträgt: 19.917,77 Euro

Aufgabe h) Der Kapitalwert beträgt: -7.151,70 Euro

Aufgabe i) Die kritische Anschaffungsauszahlung beträgt 133.624,75 Euro, da Gleichung (6.4) hier angewendet werden kann

6 Investitionsentscheidungen unter Unsicherheit

$$(6.43) = (6.4) \boxed{A_{kr} = Co + A}$$

Weiterhin möchten Sie die Ausgangsdaten nun mit einer Dreifachrechnung überprüfen. Dazu gehen Sie von der folgenden Variation der Ein- und Auszahlungen aus:

Abbildung 6-43: Änderungsprozentsätze der Zahlungsgrößen zur Dreifachrechnung

Rechenelement	optimistisch	pessimistisch
e_k	+ 15	– 15
a_k	– 10	+ 20

Aufgabe j) Ermitteln Sie den wahrscheinlichen, optimistischen und pessimistischen Wert nach der Dreifachrechnung.

Lösung Aufgabe j)

Ich stelle Ihnen die Lösung in der Tabellenkalkulation dar. Da es sich um eine Abzinsung und Summation der Rechenelemente handelt, gibt es verschiedene richtige Vorgehensweisen der Formulierung in der Tabellenkalkulation. Soweit ist der gezeigte Lösungsweg nur ein Vorschlag, von dem Sie abweichen können, solange Sie auf das gleiche Ergebnis kommen. Die entsprechenden Vorgehensweisen haben Sie in Kapitel 3 kennen gelernt.

Abbildung 6-44: Lösung zur Dreifachrechnung der Fallstudie*

k	e_k (TEuro)	a_k (TEuro)	Ne_k (TEuro)	BW	Co, i=0,1	Ne_{kopt} (TEuro)	Ne_{kpess} (TEuro)	Co, opt	Co, pess
0									
1	84	44	40	36,36	-63,64	57	18,6	-48,18	-83,09
2	82	42	40	33,06	-30,58	56,5	19,3	-1,49	-67,14
3	83	43	40	30,05	-0,53	56,75	18,95	41,15	-52,90
4	94	44	50	34,15	33,62	68,5	27,1	87,94	-34,39
A =	100								
i =	0,1								

Fallstudie 6.9

Abbildung 6-45: Kapitalwerte der Dreifachrechnung

Kapitalwert	Euro
Co wahrscheinlich	33.624,75
Co optimistisch	87.935,93
Co pessimistisch	− 34.393,42

In diesem Beispiel ergibt sich in der optimistischen Situation ein positiver Kapitalwert in Höhe von 87.935,93 Euro, in der wahrscheinlichen Situation von 33.624,75 Euro und in der pessimistischen Situation ein negativer Kapitalwert von − 34.393,42 Euro. Für das Beispiel ist keine eindeutige Entscheidung mit dieser Technik möglich.

Wegen des in der ungünstigen Situation drohenden Verlustes verwerfen Sie das Projekt und planen eigenständig eine eigene neue Unternehmung mit folgenden Daten.

Abbildung 6-46: Datensatz für die Zielgrößenänderungsrechnung

Rechenelement	Ausgangswert (Euro, Stück)
p	1.000
q	50
l	10
m	5
r	8
x	6
a_f	5.000
i	0,1
n	6
R	10.000
A	100.000

6 Investitionsentscheidungen unter Unsicherheit

Aufgabe k) Ermitteln Sie mit der Zielgrößenänderungsrechnung die Änderung des Kapitalwertes für den Fall, dass die Rechenelemente 20 % ungünstiger ausfallen als geplant. Bei der Nutzungsdauer beträgt die Änderung ein Jahr.

Um den Zielgrößenänderungsbeitrag der einzelnen Inputgrößen ohne großen Rechenaufwand zu erfassen, wurde für dieses Beispiel angenommen, dass alle Inputgrößen über die Laufzeit konstant sind. Natürlich ist auch eine Berechnung mit jährlich unterschiedlichen Größen möglich. Stellen Sie den Kapitalwert als prozentuale Abweichung zum Ausgangswert dar. Die Variablenbezeichnungen entsprechen den Bezeichnungen in Kapitel 6.4.

Lösung Aufgabe k)

Ich stelle Ihnen die Lösung in der Tabellenkalkulation dar. Selbstverständlich ist auch eine Lösung mit dem Taschenrechner mit den Techniken aus Kapitel drei möglich.

Abbildung 6-47: Lösung zur Zielgrößenänderungsrechnung*

	i =	0,1												
	n =	6												
	Änderung (%)	p	q	l	m	r	x	q	a_f	DSF	R	Abf	A	Co	rel Co Änderung (%)
Ausgang	0	1000	50	10	5	8	6	50	5000	4,355261	10000	0,564474	100000	80290,69	0,00
p	-20	800	50	10	5	8	6	50	5000	4,355261	10000	0,564474	100000	36738,09	-54,24
q	-20	1000	40	10	5	8	6	40	5000	4,355261	10000	0,564474	100000	41006,24	-48,93
l	20	1000	50	12	5	8	6	50	5000	4,355261	10000	0,564474	100000	78113,06	-2,71
m	20	1000	50	10	6	8	6	50	5000	4,355261	10000	0,564474	100000	78113,06	-2,71
r	20	1000	50	10	5	9,6	6	50	5000	4,355261	10000	0,564474	100000	78200,17	-2,60
x	20	1000	50	10	5	8	7,2	50	5000	4,355261	10000	0,564474	100000	78200,17	-2,60
a_f	20	1000	50	10	5	8	6	50	6000	4,355261	10000	0,564474	100000	75935,43	-5,42
i	20	1000	50	10	5	8	6	50	5000	4,111407	10000	0,506631	100000	69933,74	-12,90
n	-1	1000	50	10	5	8	6	50	5000	3,790787	10000	0,620921	100000	58219,76	-27,49
R	-20	1000	50	10	5	8	6	50	5000	4,355261	8000	0,564474	100000	79161,75	-1,41
A	20	1000	50	10	5	8	6	50	5000	4,355261	10000	0,564474	120000	60290,69	-24,91

Der Kapitalwert in der Ausgangssituation ist 80.290,69 Euro. Im ungünstigsten Fall sinkt er auf 36.738,09 Euro. Relative Änderungen liegen zwischen 54,2 % und 1,4 %.

Die Investition der Neugründung einer Unternehmung, die nachfolgend die Bezeichnung HA 1 trägt, hat weiterhin Ihr Interesse. Sie möchten mit der sequenziellen Planung diese Investition mit einer weiteren Investition, bei der Sie ein bereits bestehendes Unternehmen erwerben können, diese Option wird mit HA 2 bezeichnet, vergleichen. Dazu werden Sie die Technik der flexiblen Planung benutzen. Der Erfolg beider Aktivitäten hängt primär von der Marktentwicklung ab. Sie ist also der betrachtete Umweltzustand, der sich mit gegebener Wahrscheinlichkeit zufällig einstellt, die Marktsituation (M-Wachstum to). Unter günstigen Bedingungen wächst der Markt (hoch, U_1), andernfalls stagniert er (null, U_2). In Periode 2 können Sie entweder das Unternehmen unverändert lassen (HA 12, HA 21) oder es verändern, nämlich weiter wachsen, wenn Sie mit der Neugründung in to gestartet waren (HA 11) oder einen

Teil des zugekauften Unternehmens wieder verkaufen (HA 22), wenn Sie mit dem Kauf in to gestartet waren. Auch hier hängt der wirtschaftliche Erfolg von der Umweltsituation Marktwachstum als bedingter Wahrscheinlichkeit ab. Somit ist Ihnen nun die Planungssituation bewusst.

Abbildung 6-48: Plandaten für das Entscheidungsbaumverfahren

E1		U1,2		E2, E3		U3-U6
		M-Wachstum to				M-Wachstum t_1
HA 1	Neugründung		hoch (U_1)	HA 11	Wachstum	hoch ($U_3|U_1$)
			hoch (U_1)	HA 12	status quo	hoch ($U_4|U_1$)
			Null (U_2)	HA 11	Wachstum	Null ($U_5|U_2$)
			Null (U_2)	HA 12	status quo	Null ($U_6|U_2$)
HA 2	Kauf		hoch (U_1)	HA 21	status quo	hoch ($U_3|U_1$)
			hoch (U_1)	HA 22	Verkauf	hoch ($U_4|U_1$)
			Null (U_2)	HA 21	status quo	Null ($U_5|U_2$)
			Null (U_2)	HA 22	Verkauf	Null ($U_6|U_2$)

Abbildung 6-49: Eintrittswahrscheinlichkeiten der Umweltsituationen

M-Wachstum to	p (U)	M-Wachstum t_1	p (U)
hoch	p (U_1) = 0,7	hoch	p ($U_3|U_1$) = 0,6
hoch	p (U_1) = 0,7	Null	p ($U_4|U_1$) = 0,4
Null	p (U_2) = 0,3	hoch	p ($U_5|U_2$) = 0,6
Null	p (U_2) = 0,3	Null	p ($U_6|U_2$) = 0,4

Abbildung 6-50: Wirtschaftliche Konsequenzen (Y) der Handlungsalternativen unter den Umweltsituationen

Y	TEuro	Y	TEuro
Y1	110	Y9	110
Y2	40	Y10	30
Y3	60	Y11	55
Y4	55	Y12	50
Y5	90	Y13	10
Y6	20	Y14	8
Y7	55	Y15	60
Y8	54	Y16	110

6 Investitionsentscheidungen unter Unsicherheit

Die Entscheidungs- und Umweltsituationen sind in Abbildung 6.48 systematisiert. Die Eintrittswahrscheinlichkeiten p (U) und die wirtschaftlichen Konsequenzen (Y) finden Sie in den Abbildungen 6.49 und 6.50. Bei den wirtschaftlichen Konsequenzen handelt es sich um Ergebniswerte, notwendige Auszahlungen sind also bereits saldiert. Die Werte sind diskontiert, also bezogen auf den Zeitpunkt null.

Aufgabe l) Ermitteln Sie die wirtschaftlichen Konsequenzen der Handlungsalternativen HA 1 und HA 2 mit der flexiblen Planung und wählen Sie die optimale Alternative aus.

Lösung Aufgabe l)

Bei der flexiblen Planung, bei der im Zeitpunkt 1 noch Anpassungen vorgenommen werden können, ist die Handlungsalternative HA 2 zu wählen, der Unternehmenskauf. Er liefert gegenüber der Alternative HA 1, der Unternehmensneugründung, die einen Kapitalwert von 76.000 Euro erwarten lässt, eine maximale wirtschaftliche Konsequenz in Form des erwarteten Kapitalwertes in Höhe von 78.600 Euro. Die Berechnung ist in Abbildung 6.51 nachvollziehbar.

Dieses Ergebnis irritiert Sie nun, in Aufgabe k) hatten Sie mit der Zielgrößenänderungsrechnung ermittelt, dass die Neugründung positiv ist, die sequenzielle Planung in Aufgabe l) hat aber den Unternehmenskauf der Neugründung vorgezogen. Da Sie verunsichert sind, beschließen Sie, beide Projekte nicht weiterzuverfolgen und stattdessen mit Ihrem Kapital einen Venture Capital Fonds aufzulegen, der Private-Equity-Kapital an junge Unternehmer geben will. Dies ist Interessenten bereits bekannt geworden, die sich mit Ihren Projekten (HA) bei Ihnen um eine Beteiligungsfinanzierung beworben haben. Die jungen Unternehmer haben mittels Szenariotechnik auch bereits geplant, welcher Unternehmensgewinn (WK) unter welcher Umweltsituation (U) eintritt. Leider kann keiner der jungen Unternehmer eine Eintrittswahrscheinlichkeit (p) der Umweltsituation angeben. Sie halten die geplanten Umweltsituationen für vollständig und glauben auch, dass die Erwartungswerte der wirtschaftlichen Konsequenzen (WK), die als Kapitalwerte in Mio. Euro angegeben sind, realistisch sind. Sie haben die einzelnen Projekte (HA) der jungen Unternehmer in einer Tabelle mit den möglichen Umweltsituationen (U) und den dann wahrscheinlich eintretenden wirtschaftlichen Konsequenzen zusammengefasst. Die Daten sind in Abbildung 6.52 festgehalten.

Fallstudie 6.9

Abbildung 6-51: Entscheidungsbaum mit flexibler Planung zur Fallstudie*

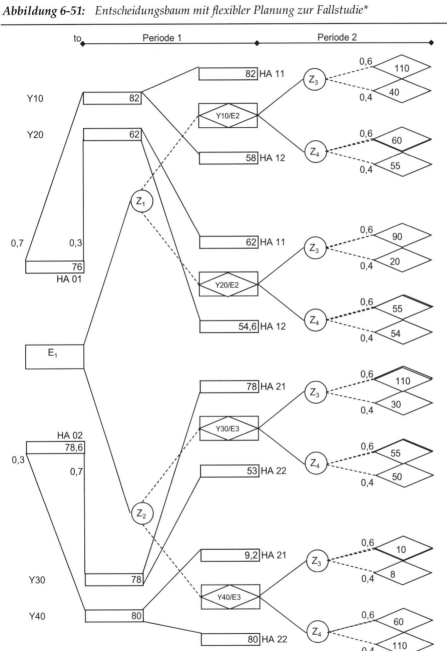

Abbildung 6-52: Projekte der jungen Unternehmer mit Umweltsituationen und wirtschaftlichen Konsequenzen

		Umweltzustände (U)					
		U_1	U_2	U_3	U_4	U_5	U_6
Handlungs-alternativen (HA)	HA_1	15	18	28	29	31	23
	HA_2	13	14	27	13	20	21
	HA_3	16	21	29	17	22	19
	HA_4	32	24	12	11	11	25
	HA_5	20	33	21	15	17	14
	HA_6	21	23	22	13	14	26
	HA_7	13	11	12	15	14	13

Da auch Sie keine Eintrittswahrscheinlichkeiten für das Eintreten der Umweltsituationen einschätzen können, beschließen Sie, die Techniken der Entscheidung unter Ungewissheit anzuwenden.

Aufgabe m) Prüfen Sie die Projekte in Abbildung 6.52 auf absolute Dominanz und auf Zustandsdominanz und wenden Sie dann auf die verbliebenen Projekte nacheinander folgende Entscheidungsregeln an und dokumentieren Sie das Ergebnis.

- Maximax-Regel
- Minimax-Regel
- Hurwicz-Regel
- Laplace-Regel
- Savge-Niehans-Regel (Minimum-Regret-Regel).

Lösung Aufgabe m)

- Absolute Dominanz liegt vor, da Handlungsalternative 7 von Handlungsalternative 3 vollständig dominiert wird. Handlungsalternative 7 braucht also nicht weiter betrachtet zu werden.

- Die Handlungsalternative 2 unterliegt einer Zustandsdominanz von Handlungsalternative 1. Handlungsalternative 2 braucht also nicht weiter betrachtet zu werden. Weitere Zustandsdominanz liegt nicht vor.

- Die Maximax-Regel präferiert Handlungsalternative 5. Dort beträgt der maximale erwartete Kapitalwert in Umweltsituation 2 33 Mio. Euro und ist größer als jeder andere erwartete Kapitalwert in der Abbildung 6.52.

- Die Minimax-Regel präferiert Handlungsalternative 3. Dort beträgt der maximale minimale erwartete Kapitalwert in Umweltsituation 1 16 Mio. Euro und ist größer als jeder andere erwartete minimale Kapitalwert der Handlungsalternativen in der Abbildung 6.52.

- Für die Hurwicz-Regel habe ich einen Pessimismus Parameter von 0,6 festgelegt. Die präferierte Handlungsalternative ist dann HA 5.

*Abbildung 6-53: Ergebnisse nach Hurwicz zur Fallstudie**

		Umweltzustände (U)						Hurwicz
		U_1	U_2	U_3	U_4	U_5	U_6	
Handlungs- alternativen (HA)	HA_1	15				31		21,4
	HA_3	16		29				21,2
	HA_4	32			11			19,4
	HA_5		33				14	21,6
	HA_6				13		26	18,2

- Die Laplace-Regel präferiert Handlungsalternative 1.

*Abbildung 6-54: Ergebnisse nach Laplace zur Fallstudie**

		Umweltzustände (U)						Laplace
		U_1	U_2	U_3	U_4	U_5	U_6	
Handlungs- alternativen (HA)	HA_1	15	18	28	29	31	23	24
	HA_3	16	21	29	17	22	19	20,67
	HA_4	32	24	12	11	11	25	19,17
	HA_5	20	33	21	15	17	14	20
	HA_6	21	23	22	13	14	26	19,83

- Die Savage-Niehans-Regel präferiert Handlungsalternative 1, da bei ihr die geringsten Abweichungen vom Optimum auftreten.

Abbildung 6-55: Ergebnisse nach Savage-Niehans zur Fallstudie*

		Umweltzustände (U)						Savage-Niehans
		U_1	U_2	U_3	U_4	U_5	U_6	
Handlungs-alternativen (HA)	HA_1	-17	-15	-1	0	0	-3	-36
	HA_3	-16	-12	0	-12	-9	-7	-56
	HA_4	0	-9	-17	-18	-20	-1	-65
	HA_5	-12	0	-8	-14	-14	-12	-60
	HA_6	-11	-10	-7	-16	-17	0	-61

Da diese Entscheidungsroutinen auch keine eindeutigen Ergebnisse liefern, verwerfen Sie auch die Idee eines Venture Capital Fonds. Etwas demotiviert beschließen Sie, den Bürotag früher als gewöhnlich zu beenden, als Ihnen bei einem Blick in den Terminkalender klar wird, dass heute um 20 Uhr in einer Gaststätte in der Nähe ein Skatturnier Ihres Skatclubs beginnt. Dort könnten Sie seit Monaten einmal wieder teilnehmen und dies auch gerade noch schaffen. Da Sie nur noch einen Parkplatz in einer unbeleuchteten Seitenstraße finden, nehmen Sie ihr Notebook mit den Unternehmensdaten mit in die Gaststätte. An Ihrem Tisch spielen Sie mit zwei befreundeten Unternehmerkollegen. Leider haben Sie alle keine Punkte oberhalb des Erwartungswertes, sodass Sie sich alle nicht für die Hauptrunde qualifizieren und am Kampf um die Wurst nicht teilnehmen können. Da Sie den Abend nicht so früh beenden wollen, bleiben Sie im Gespräch beisammen.

Sie berichten den Kollegen vom bisher fehlgeschlagenen Versuch, Ihr Kapital zu investieren. Beide sind an einer Partnerschaft mit Ihnen interessiert, haben ebenfalls ihre Notebooks dabei und bieten Ihnen die Planungsdaten an. Da es sich im Gegensatz zum vorhergehenden Problem um erfahrene Unternehmer handelt, können diese auch Eintrittswahrscheinlichkeiten für ihre Aktivitäten angeben. Beide Kollegen haben für das Projekt für die angebotene Partnerschaft Planungsrechnungen durchgeführt und bieten Ihnen die Simulationsergebnisse an, die Sie auf Ihr Notebook übernehmen. Beide Kollegen haben mittels des Kapitalwertes mit einem Simulationsmodell geplant, beide haben genau 1.000 Iterationen durchgeführt. Sie fassen die Information beider Kollegen zusammen und haben diese in Abbildung 6.56 hinterlegt. Da die Wahrscheinlichkeitsverteilungen angeblich bekannt sind, wollen Sie die μ-σ-Regel anwenden und haben eine persönliche Risikogewichtung von $\alpha = -0{,}15$.

Fallstudie **6.9**

Abbildung 6-56: Plandaten zur Risikoanalyse

Objekt 1	Klassen-untergrenze	Klassen-obergrenze	Klassen-mitte (Co)	absolute Häufigkeit	relative Häufigkeit
	-1700000	-1300000	-1500000	7	0,007
	-1300000	-900000	-1100000	63	0,063
	-900000	-500000	-700000	131	0,131
	-500000	-100000	-300000	236	0,236
	-100000	300000	100000	144	0,144
	300000	700000	500000	205	0,205
	700000	1100000	900000	175	0,175
	1100000	1500000	1300000	39	0,039
			Summe	1000	1

Objekt 2	Klassen-untergrenze	Klassen-obergrenze	Klassen-mitte (Co)	absolute Häufigkeit	relative Häufigkeit
	-1900000	-1500000	-1700000	14	0,014
	-1500000	-1100000	-1300000	25	0,025
	-1100000	-700000	-900000	85	0,085
	-700000	-300000	-500000	154	0,154
	-300000	100000	-100000	251	0,251
	100000	500000	300000	188	0,188
	500000	900000	700000	164	0,164
	900000	1300000	1100000	79	0,079
	1300000	1700000	1500000	26	0,026
	1700000	2100000	1900000	14	0,014
			Summe	1000	1

Aufgabe n) Ermitteln Sie für die Plandaten aus Abbildung 6.56 mittels der Risikoanalyse die Nutzwerte von Objekt 1 und Objekt 2.

Investitionsentscheidungen unter Unsicherheit

Lösung Aufgabe n)

Ich stelle Ihnen die Lösung in der Tabellenkalkulation dar. Da es sich um verknüpfte Rechenoperationen handelt, gibt es verschiedene richtige Vorgehensweisen der Formulierung in der Tabellenkalkulation. Soweit ist der gezeigte Lösungsweg nur ein Vorschlag, von dem Sie abweichen können, solange Sie auf das gleiche Ergebnis kommen. Theoretisch ist auch eine Lösung mit dem Taschenrechner möglich. Dies ist aber sehr arbeitsaufwändig.

Abbildung 6-57: Lösung der Risikoanalyse zur Fallstudie*

Objekt 1	Klassen-untergrenze	Klassen-obergrenze	Klassen-mitte (C_o)	absolute Häufigkeit	relative Häufigkeit	p * C_o	p * (C_o - EW (C_o))²
	-1700000	-1300000	-1500000	7	0,007	-10500	17536790880
	-1300000	-900000	-1100000	63	0,063	-69300	88137997920
	-900000	-500000	-700000	131	0,131	-91700	80273635040
	-500000	-100000	-300000	236	0,236	-70800	34582458240
	-100000	300000	100000	144	0,144	14400	42600960
	300000	700000	500000	205	0,205	102500	35681447200
	700000	1100000	900000	175	0,175	157500	1,16868E+11
	1100000	1500000	1300000	39	0,039	50700	57781457760
			Summe	1000	1	82800	4,30904E+11
						EW Kapitalwert	82800
						Standardabweichung	656432,91
						Nutzen (α = - 0,15)	-15664,94

Objekt 2	Klassen-untergrenze	Klassen-obergrenze	Klassen-mitte (C_o)	absolute Häufigkeit	relative Häufigkeit	p * C_o	p * (C_o - EW (C_o))²
	-1900000	-1500000	-1700000	14	0,014	-23800	44797276160
	-1500000	-1100000	-1300000	25	0,025	-32500	48219136000
	-1100000	-700000	-900000	85	0,085	-76500	83106662400
	-700000	-300000	-500000	154	0,154	-77000	53389557760
	-300000	100000	-100000	251	0,251	-25100	8947005440
	100000	500000	300000	188	0,188	56400	8385822720
	500000	900000	700000	164	0,164	114800	61264732160
	900000	1300000	1100000	79	0,079	86900	80779509760
	1300000	1700000	1500000	26	0,026	39000	51778621440
	1700000	2100000	1900000	14	0,014	26600	45926236160
			Summe	1000	1	88800	4,86595E+11
						EW Kapitalwert	88800
						Standardabweichung	697563,3
						Nutzen (α = - 0,15)	-15834,5

Leider hat nun auch dieser Skatabend Sie auf dem Weg zur Investition des vorhandenen Kapitals nicht auf den richtigen Weg gebracht. Beide Objekte haben einen positiven Kapitalwert, bei Objekt 1 in Höhe von 82.800 Euro, bei Objekt 2 in Höhe von

Fallstudie **6.9**

88.800 Euro, aber beide Nutzwerte sind negativ. Objekt 1 in Höhe von - 15.664,94 Euro, Objekt 2 in Höhe von − 15.834,50 Euro. Dies ergibt sich durch die Risikogewichtung $\alpha = -0,15$ für die Standardabweichung. Außerdem haben Sie Zweifel, dass Ihre Kollegen die Daten sachgerecht generiert haben und dass sie der Normalverteilung unterliegen, die Grundlage dieses Entscheidungskriteriums ist.

Daher beschließen Sie nun, von einer Investition in Unternehmungen abzusehen und das Kapital profitabel am Kapitalmarkt anzulegen. Für die Kapitalanlage kommen nur zwei Blue-chip-Aktien infrage, Unternehmen, von denen Sie überzeugt sind, da Sie in der Vergangenheit selbst für sie gearbeitet haben. Der zu investierende Kapitalbetrag steht für Sie fest, einzig die Kombination beider Titel ist für Sie noch offen. Dazu wollen Sie die Portfolio-Selection-Theorie anwenden.

Sie wollen 400.000 Euro investieren, Aktie 1 kostet 100 Euro, sodass Sie 4.000 Aktien erwerben könnten, wenn Sie nur diesen Titel erwerben würden. Aktie 2 kostet 80 Euro, so dass Sie 5.000 Aktien erwerben könnten, wenn Sie nur diesen Titel erwerben würden. Sie haben mit einigen alten Kollegen in beiden Unternehmen gesprochen, die dort leitend tätig sind, die Ihnen jeweils 4 Szenarien mit Eintrittswahrscheinlichkeiten und dann zu erwartenden Renditen genannt haben. Sie teilen diese Einschätzungen. Die Daten haben Sie in Tabellenform zusammengestellt, die in Abbildung 6.58 zu sehen ist.

Abbildung 6-58: Renditeerwartung der beiden Aktien

			Renditeerwartungen			
		Umweltsituation	U_1	U_2	U_3	U_4
		Wahrscheinlichkeit p	$p_1 = 0,2$	$p_2 = 0,3$	$p_3 = 0,35$	$p_4 = 0,15$
		Wahrscheinlichkeit p	0,2	0,3	0,35	0,15
Wertpapier	Preis	Menge				
Aktie 1	100	4000	6	14	18	16
Aktie 2	80	5000	25	21	4	12

Aufgabe o) Ermitteln Sie für die Plandaten aus Abbildung 6.58 mittels der Portfolio-Selection-Theorie die risikominimale Kombination der Aktien 1 und 2. Dabei ist für Sie nur eine Ermittlung der Anteile beider Aktien auf Zehner-Prozentwerte interessant. Eine exakte prozentuale Ermittlung durch Differenzierung wollen Sie nicht vornehmen.

Lösung Aufgabe o)

Zunächst stelle ich Ihnen die Lösung in der Tabellenkalkulation dar. Da es sich um verknüpfte Rechenoperationen handelt, gibt es verschiedene richtige Vorgehensweisen der Formulierung in der Tabellenkalkulation. Soweit ist der gezeigte Lösungsweg nur ein Vorschlag, von dem Sie abweichen können, soweit Sie auf das gleiche Ergebnis kommen. Theoretisch ist auch eine Lösung mit dem Taschenrechner möglich. Dies ist aber sehr arbeitsaufwändig.

Abbildung 6-59: Lösung zur Fallstudie nach der Portfolio-Selection-Theorie*

Anteil Aktie 1	Anteil Aktie 2	Portfolio Rendite	Portfolio Risiko
0	1	14,5	8,62
0,1	0,9	14,46	7,38
0,2	0,8	14,42	6,16
0,3	0,7	14,38	4,95
0,4	0,6	14,34	3,78
0,5	0,5	14,3	2,68
0,6	0,4	14,26	1,80
0,7	0,3	14,22	1,56
0,8	0,2	14,18	2,19
0,9	0,1	14,14	3,21
1	0	14,1	4,36

Sie stellen nun fest, dass für die einfache Zielsetzung der risikominimalen Zusammensetzung des Portfolios auf Zehnerprozentwert-Ebene Aktie 1 mit 70 % im Portfolio vertreten sein muss, Aktie 2 mit 30 %. Dann ist der Erwartungswert der Rendite 14,22%, das Portfoliorisiko gemessen in der Standardabweichung ist an diesem Punkt minimal in Höhe von 1,56. Die Werte sind in Abbildung 6.59 abgebildet und wir veranschaulichen sie noch in einer grafischen Darstellung in Abbildung 6.60.

Abbildung 6-60: Kurve der Rendite-Risiko-Positionen bei verschiedenen Portfoliomischungen zur Fallstudie

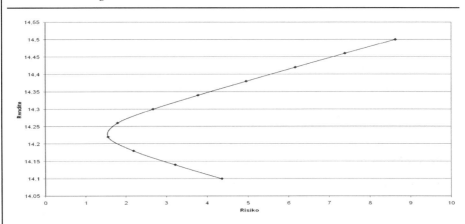

Diese Analyse hat Sie nun überzeugt. Sie können 14,22 % Rendite erzielen und dies auf einem relativ niedrigen Risikoniveau. Sie sind mit ihren Risikoanalysen zufrieden und haben nun ein attraktives und relativ sicheres Investment gefunden, jedenfalls nach den vorgegebenen Planwerten, die ja nur Prognosen sind, und beschließen, das Geld in den Kapitalmarkt zu investieren, statt riskante Unternehmungen damit zu beginnen oder sich daran zu beteiligen.

6.10 Zusammenfassung

In diesem Kapitel haben wir uns mit der Berücksichtigung von Unsicherheit in der Investitionsrechnung und -entscheidung beschäftigt.

Nur diese Techniken der Investitionsrechnung berücksichtigen reale Entscheidungssituationen im Unternehmen, da sie Unsicherheit in den Modellen zulassen, die in der Praxis in Investitionsentscheidungen im Regelfall vorhanden sind.

Die Anwendung dieser Techniken zur Unternehmenssteuerung wird immer bedeutender, da die Komplexität der Entscheidungsprozesse im Unternehmen zunimmt. Je höher der prozentuale Anteil der Investitionssumme am Unternehmen ist, desto bedeutender werden die Techniken weiterhin. Die zur Anwendung dieser Techniken nötigen großen empirischen Datenmengen sind durch die Verbesserung der Leistungsfähigkeit der IT nun einigermaßen komfortabel bearbeitbar geworden.

Die in diesem Kapitel dargestellten Verfahren lassen sich in verschiedene Ansätze unterteilen. Zunächst gibt es die Korrekturverfahren, bei denen Rechenelemente aus Vorsichtsgründen im Regelfall prozentual verändert werden. Diese Technik ist wenig aufwändig, aber theoretisch wenig komplex und praktisch nicht besonders aussagekräftig.

Bei den Sensitivitätsanalysen wird die Auswirkung der Veränderung einer oder mehrerer exogener auf eine endogene Variable gemessen. Diese Techniken zeigen szenarienartig, welchen Einfluss die Änderung einzelner Rechenelemente auf die Zielwerte hat. Drei Verfahren werden vorgestellt. Hier handelt es sich um die Kritische-Werte-Rechnung, die die Änderung des Zielwertes bei Änderung eines Rechenelementes erfasst. Die Dreifachrechnung rechnet das Investitionsproblem mit einem wahrscheinlichen, einem pessimistischen und einem optimistischen Wert durch. Die Zielgrößenänderungsrechnung ermittelt, wie sich die Zielwerte der dynamischen Investitionsrechnung verändern, wenn ein oder mehrere Rechenelemente um einen bestimmten Prozentsatz variiert werden. Diese Techniken ermitteln also die Auswirkungen von Datensatzänderungen. Ursachen oder Wahrscheinlichkeiten der Datensatzänderung werden nicht analysiert.

Bei der Planung unter Ungewissheit werden wegen der nicht bekannten Eintrittswahrscheinlichkeit der Umweltzustände definierte Entscheidungsregeln angewendet, um in einer unsicheren Situation ein Investitionsobjekt auswählen zu können. Diese Entscheidungsregeln sind aber theoretisch nur sehr unzureichend begründet und wählen im Regelfall nicht alle die gleiche Investitionsalternative als die günstigste aus.

Die Betrachtung von Risiko durch Wahrscheinlichkeitsverteilungen erfolgt in der sequenziellen Planung, der Risikoanalyse und in der Portfolio-Selection-Theorie. Diese Techniken setzen die Kenntnis der Wahrscheinlichkeitsverteilung von eintretenden Rechenelementen oder Zielwerten voraus. Eine Entscheidungsroutine in Form einer Nutzenfunktion oder eines risikorelevanten Zielkriteriums wird für die Investitionsentscheidung herangezogen.

Die sequenzielle Planung ist ein Entscheidungsbaumverfahren, bei dem der Investor den Wert einer Handlungsalternative aus der rückwärtsgerichteten Addition der mit den Eintrittswahrscheinlichkeiten der Umweltzustände gewichteten möglichen wirtschaftlichen Konsequenzen ermittelt. Bei der Risikoanalyse und der Portfolio-Selection-Theorie werden Wahrscheinlichkeitsverteilungen und stochastisch basierte Entscheidungsregeln für die Auswahl geeigneter Investitionsobjekte benutzt. Das Problem liegt hier in der tatsächlichen Kenntnis der empirischen Wahrscheinlichkeitsverteilungen der Rechenelemente in der Zukunft und in der Messung des Nutzens einer Investitionsentscheidung beim Investor.

Alle Techniken der Berücksichtigung von Unsicherheit bei Investitionsentscheidungen sind nützliche Verfahren zur Strukturierung des Investitionsproblems und helfen dem Investor, eine transparente und intersubjektiv nachvollziehbare Investitionsentscheidung zu treffen. Die Analyse verwandelt aber nicht eine unsichere Zukunft in eine sichere Welt, sodass durch die Verfahren sicherlich die Wahrscheinlichkeit einer sinnvollen Investitionsentscheidung erhöht wird, eine Garantie für eine gute Investitionsentscheidung durch Anwendung dieser Techniken gibt es aber nicht.

Finanzmathematische Tabellen

In diesem Anhang sind Finanzmathematische Tabellen mit finanzmathematischen Faktoren für häufig verwendete Zinssätze und Nutzungsdauern abgedruckt. Sie sind nützlich, wenn der Investitionsrechner außerhalb der IT mit einem Taschenrechner mit den dynamischen Investitionsrechnungsverfahren arbeitet.

Alle Tabellen sind gleich aufgebaut. Im Kopf der Tabelle ist der relevante Zinssatz genannt. In den Spalten stehen die 6 finanzmathematischen Faktoren, in den Zeilen die Jahre der Nutzugsdauer. In den entsprechenden Zellen können dann die empirischen finanzmathematischen Werte abgelesen werden.

Die zum Verständnis der zur Theorie der finanzmathematischen Faktoren gehörenden Wissensbereiche und entsprechende Anwendungen dieser Faktoren auf Beispiele und eine Auseinandersetzung mit den Problemen und Voraussetzungen der Anwendung dieser Faktoren sind in Kapitel 3.3 in diesem Buch ausführlich behandelt.

Im Download-Bereich des Gabler Verlages ist die Tabelle eingestellt (www.gabler.de, Suchbegriff „Poggensee"). Durch Ändern der Zelle A2 in der Excel Datei können die Werte für den gewünschten Zinssatz, der dort in dezimaler Schreibweise eingegeben werden muss, ermittelt werden.

Finanzmathematische Tabellen

	2%					
0,02	Abf	Auf	KWF	DSF	RVF	EWF
n	$(1+i)^{-n}$	$(1+i)^n$	$\dfrac{i(1+i)^n}{(1+i)^n-1}$	$\dfrac{(1+i)^n-1}{i*(1+i)^n}$	$\dfrac{i}{(1+i)^n-1}$	$\dfrac{(1+i)^n-1}{i}$
1	0,980392	1,020000	1,020000	0,980392	1,000000	1,000000
2	0,961169	1,040400	0,515050	1,941561	0,495050	2,020000
3	0,942322	1,061208	0,346755	2,883883	0,326755	3,060400
4	0,923845	1,082432	0,262624	3,807729	0,242624	4,121608
5	0,905731	1,104081	0,212158	4,713460	0,192158	5,204040
6	0,887971	1,126162	0,178526	5,601431	0,158526	6,308121
7	0,870560	1,148686	0,154512	6,471991	0,134512	7,434283
8	0,853490	1,171659	0,136510	7,325481	0,116510	8,582969
9	0,836755	1,195093	0,122515	8,162237	0,102515	9,754628
10	0,820348	1,218994	0,111327	8,982585	0,091327	10,949721
11	0,804263	1,243374	0,102178	9,786848	0,082178	12,168715
12	0,788493	1,268242	0,094560	10,575341	0,074560	13,412090
13	0,773033	1,293607	0,088118	11,348374	0,068118	14,680332
14	0,757875	1,319479	0,082602	12,106249	0,062602	15,973938
15	0,743015	1,345868	0,077825	12,849264	0,057825	17,293417
16	0,728446	1,372786	0,073650	13,577709	0,053650	18,639285
17	0,714163	1,400241	0,069970	14,291872	0,049970	20,012071
18	0,700159	1,428246	0,066702	14,992031	0,046702	21,412312
19	0,686431	1,456811	0,063782	15,678462	0,043782	22,840559
20	0,672971	1,485947	0,061157	16,351433	0,041157	24,297370
21	0,659776	1,515666	0,058785	17,011209	0,038785	25,783317
22	0,646839	1,545980	0,056631	17,658048	0,036631	27,298984
23	0,634156	1,576899	0,054668	18,292204	0,034668	28,844963
24	0,621721	1,608437	0,052871	18,913926	0,032871	30,421862
25	0,609531	1,640606	0,051220	19,523456	0,031220	32,030300
26	0,597579	1,673418	0,049699	20,121036	0,029699	33,670906
27	0,585862	1,706886	0,048293	20,706898	0,028293	35,344324
28	0,574375	1,741024	0,046990	21,281272	0,026990	37,051210
29	0,563112	1,775845	0,045778	21,844385	0,025778	38,792235
30	0,552071	1,811362	0,044650	22,396456	0,024650	40,568079
35	0,500028	1,999890	0,040002	24,998619	0,020002	49,994478
40	0,452890	2,208040	0,036556	27,355479	0,016556	60,401983
45	0,410197	2,437854	0,033910	29,490160	0,013910	71,892710
50	0,371528	2,691588	0,031823	31,423606	0,011823	84,579401

Finanzmathematische Tabellen

			3%			
0,03	Abf	Auf	KWF	DSF	RVF	EWF
n	$(1+i)^{-n}$	$(1+i)^n$	$\dfrac{i(1+i)^n}{(1+i)^n - 1}$	$\dfrac{(1+i)^n - 1}{i*(1+i)^n}$	$\dfrac{i}{(1+i)^n - 1}$	$\dfrac{(1+i)^n - 1}{i}$
1	0,970874	1,030000	1,030000	0,970874	1,000000	1,000000
2	0,942596	1,060900	0,522611	1,913470	0,492611	2,030000
3	0,915142	1,092727	0,353530	2,828611	0,323530	3,090900
4	0,888487	1,125509	0,269027	3,717098	0,239027	4,183627
5	0,862609	1,159274	0,218355	4,579707	0,188355	5,309136
6	0,837484	1,194052	0,184598	5,417191	0,154598	6,468410
7	0,813092	1,229874	0,160506	6,230283	0,130506	7,662462
8	0,789409	1,266770	0,142456	7,019692	0,112456	8,892336
9	0,766417	1,304773	0,128434	7,786109	0,098434	10,159106
10	0,744094	1,343916	0,117231	8,530203	0,087231	11,463879
11	0,722421	1,384234	0,108077	9,252624	0,078077	12,807796
12	0,701380	1,425761	0,100462	9,954004	0,070462	14,192030
13	0,680951	1,468534	0,094030	10,634955	0,064030	15,617790
14	0,661118	1,512590	0,088526	11,296073	0,058526	17,086324
15	0,641862	1,557967	0,083767	11,937935	0,053767	18,598914
16	0,623167	1,604706	0,079611	12,561102	0,049611	20,156881
17	0,605016	1,652848	0,075953	13,166118	0,045953	21,761588
18	0,587395	1,702433	0,072709	13,753513	0,042709	23,414435
19	0,570286	1,753506	0,069814	14,323799	0,039814	25,116868
20	0,553676	1,806111	0,067216	14,877475	0,037216	26,870374
21	0,537549	1,860295	0,064872	15,415024	0,034872	28,676486
22	0,521893	1,916103	0,062747	15,936917	0,032747	30,536780
23	0,506692	1,973587	0,060814	16,443608	0,030814	32,452884
24	0,491934	2,032794	0,059047	16,935542	0,029047	34,426470
25	0,477606	2,093778	0,057428	17,413148	0,027428	36,459264
26	0,463695	2,156591	0,055938	17,876842	0,025938	38,553042
27	0,450189	2,221289	0,054564	18,327031	0,024564	40,709634
28	0,437077	2,287928	0,053293	18,764108	0,023293	42,930923
29	0,424346	2,356566	0,052115	19,188455	0,022115	45,218850
30	0,411987	2,427262	0,051019	19,600441	0,021019	47,575416
35	0,355383	2,813862	0,046539	21,487220	0,016539	60,462082
40	0,306557	3,262038	0,043262	23,114772	0,013262	75,401260
45	0,264439	3,781596	0,040785	24,518713	0,010785	92,719861
50	0,228107	4,383906	0,038865	25,729764	0,008865	112,796867

Finanzmathematische Tabellen

			5%			
0,05	Abf	Auf	KWF	DSF	RVF	EWF
n	$(1+i)^{-n}$	$(1+i)^n$	$\dfrac{i(1+i)^n}{(1+i)^n - 1}$	$\dfrac{(1+i)^n - 1}{i*(1+i)^n}$	$\dfrac{i}{(1+i)^n - 1}$	$\dfrac{(1+i)^n - 1}{i}$
1	0,952381	1,050000	1,050000	0,952381	1,000000	1,000000
2	0,907029	1,102500	0,537805	1,859410	0,487805	2,050000
3	0,863838	1,157625	0,367209	2,723248	0,317209	3,152500
4	0,822702	1,215506	0,282012	3,545951	0,232012	4,310125
5	0,783526	1,276282	0,230975	4,329477	0,180975	5,525631
6	0,746215	1,340096	0,197017	5,075692	0,147017	6,801913
7	0,710681	1,407100	0,172820	5,786373	0,122820	8,142008
8	0,676839	1,477455	0,154722	6,463213	0,104722	9,549109
9	0,644609	1,551328	0,140690	7,107822	0,090690	11,026564
10	0,613913	1,628895	0,129505	7,721735	0,079505	12,577893
11	0,584679	1,710339	0,120389	8,306414	0,070389	14,206787
12	0,556837	1,795856	0,112825	8,863252	0,062825	15,917127
13	0,530321	1,885649	0,106456	9,393573	0,056456	17,712983
14	0,505068	1,979932	0,101024	9,898641	0,051024	19,598632
15	0,481017	2,078928	0,096342	10,379658	0,046342	21,578564
16	0,458112	2,182875	0,092270	10,837770	0,042270	23,657492
17	0,436297	2,292018	0,088699	11,274066	0,038699	25,840366
18	0,415521	2,406619	0,085546	11,689587	0,035546	28,132385
19	0,395734	2,526950	0,082745	12,085321	0,032745	30,539004
20	0,376889	2,653298	0,080243	12,462210	0,030243	33,065954
21	0,358942	2,785963	0,077996	12,821153	0,027996	35,719252
22	0,341850	2,925261	0,075971	13,163003	0,025971	38,505214
23	0,325571	3,071524	0,074137	13,488574	0,024137	41,430475
24	0,310068	3,225100	0,072471	13,798642	0,022471	44,501999
25	0,295303	3,386355	0,070952	14,093945	0,020952	47,727099
26	0,281241	3,555673	0,069564	14,375185	0,019564	51,113454
27	0,267848	3,733456	0,068292	14,643034	0,018292	54,669126
28	0,255094	3,920129	0,067123	14,898127	0,017123	58,402583
29	0,242946	4,116136	0,066046	15,141074	0,016046	62,322712
30	0,231377	4,321942	0,065051	15,372451	0,015051	66,438848
35	0,181290	5,516015	0,061072	16,374194	0,011072	90,320307
40	0,142046	7,039989	0,058278	17,159086	0,008278	120,799774
45	0,111297	8,985008	0,056262	17,774070	0,006262	159,700156
50	0,087204	11,467400	0,054777	18,255925	0,004777	209,347996

Finanzmathematische Tabellen

6%

n	Abf $(1+i)^{-n}$	Auf $(1+i)^n$	KWF $\dfrac{i(1+i)^n}{(1+i)^n - 1}$	DSF $\dfrac{(1+i)^n - 1}{i \cdot (1+i)^n}$	RVF $\dfrac{i}{(1+i)^n - 1}$	EWF $\dfrac{(1+i)^n - 1}{i}$
1	0,943396	1,060000	1,060000	0,943396	1,000000	1,000000
2	0,889996	1,123600	0,545437	1,833393	0,485437	2,060000
3	0,839619	1,191016	0,374110	2,673012	0,314110	3,183600
4	0,792094	1,262477	0,288591	3,465106	0,228591	4,374616
5	0,747258	1,338226	0,237396	4,212364	0,177396	5,637093
6	0,704961	1,418519	0,203363	4,917324	0,143363	6,975319
7	0,665057	1,503630	0,179135	5,582381	0,119135	8,393838
8	0,627412	1,593848	0,161036	6,209794	0,101036	9,897468
9	0,591898	1,689479	0,147022	6,801692	0,087022	11,491316
10	0,558395	1,790848	0,135868	7,360087	0,075868	13,180795
11	0,526788	1,898299	0,126793	7,886875	0,066793	14,971643
12	0,496969	2,012196	0,119277	8,383844	0,059277	16,869941
13	0,468839	2,132928	0,112960	8,852683	0,052960	18,882138
14	0,442301	2,260904	0,107585	9,294984	0,047585	21,015066
15	0,417265	2,396558	0,102963	9,712249	0,042963	23,275970
16	0,393646	2,540352	0,098952	10,105895	0,038952	25,672528
17	0,371364	2,692773	0,095445	10,477260	0,035445	28,212880
18	0,350344	2,854339	0,092357	10,827603	0,032357	30,905653
19	0,330513	3,025600	0,089621	11,158116	0,029621	33,759992
20	0,311805	3,207135	0,087185	11,469921	0,027185	36,785591
21	0,294155	3,399564	0,085005	11,764077	0,025005	39,992727
22	0,277505	3,603537	0,083046	12,041582	0,023046	43,392290
23	0,261797	3,819750	0,081278	12,303379	0,021278	46,995828
24	0,246979	4,048935	0,079679	12,550358	0,019679	50,815577
25	0,232999	4,291871	0,078227	12,783356	0,018227	54,864512
26	0,219810	4,549383	0,076904	13,003166	0,016904	59,156383
27	0,207368	4,822346	0,075697	13,210534	0,015697	63,705766
28	0,195630	5,111687	0,074593	13,406164	0,014593	68,528112
29	0,184557	5,418388	0,073580	13,590721	0,013580	73,639798
30	0,174110	5,743491	0,072649	13,764831	0,012649	79,058186
35	0,130105	7,686087	0,068974	14,498246	0,008974	111,434780
40	0,097222	10,285718	0,066462	15,046297	0,006462	154,761966
45	0,072650	13,764611	0,064700	15,455832	0,004700	212,743514
50	0,054288	18,420154	0,063444	15,761861	0,003444	290,335905

Finanzmathematische Tabellen

8%						
0,08 n	Abf $(1+i)^{-n}$	Auf $(1+i)^n$	KWF $\dfrac{i(1+i)^n}{(1+i)^n - 1}$	DSF $\dfrac{(1+i)^n - 1}{i*(1+i)^n}$	RVF $\dfrac{i}{(1+i)^n - 1}$	EWF $\dfrac{(1+i)^n - 1}{i}$
1	0,925926	1,080000	1,080000	0,925926	1,000000	1,000000
2	0,857339	1,166400	0,560769	1,783265	0,480769	2,080000
3	0,793832	1,259712	0,388034	2,577097	0,308034	3,246400
4	0,735030	1,360489	0,301921	3,312127	0,221921	4,506112
5	0,680583	1,469328	0,250456	3,992710	0,170456	5,866601
6	0,630170	1,586874	0,216315	4,622880	0,136315	7,335929
7	0,583490	1,713824	0,192072	5,206370	0,112072	8,922803
8	0,540269	1,850930	0,174015	5,746639	0,094015	10,636628
9	0,500249	1,999005	0,160080	6,246888	0,080080	12,487558
10	0,463193	2,158925	0,149029	6,710081	0,069029	14,486562
11	0,428883	2,331639	0,140076	7,138964	0,060076	16,645487
12	0,397114	2,518170	0,132695	7,536078	0,052695	18,977126
13	0,367698	2,719624	0,126522	7,903776	0,046522	21,495297
14	0,340461	2,937194	0,121297	8,244237	0,041297	24,214920
15	0,315242	3,172169	0,116830	8,559479	0,036830	27,152114
16	0,291890	3,425943	0,112977	8,851369	0,032977	30,324283
17	0,270269	3,700018	0,109629	9,121638	0,029629	33,750226
18	0,250249	3,996019	0,106702	9,371887	0,026702	37,450244
19	0,231712	4,315701	0,104128	9,603599	0,024128	41,446263
20	0,214548	4,660957	0,101852	9,818147	0,021852	45,761964
21	0,198656	5,033834	0,099832	10,016803	0,019832	50,422921
22	0,183941	5,436540	0,098032	10,200744	0,018032	55,456755
23	0,170315	5,871464	0,096422	10,371059	0,016422	60,893296
24	0,157699	6,341181	0,094978	10,528758	0,014978	66,764759
25	0,146018	6,848475	0,093679	10,674776	0,013679	73,105940
26	0,135202	7,396353	0,092507	10,809978	0,012507	79,954415
27	0,125187	7,988061	0,091448	10,935165	0,011448	87,350768
28	0,115914	8,627106	0,090489	11,051078	0,010489	95,338830
29	0,107328	9,317275	0,089619	11,158406	0,009619	103,965936
30	0,099377	10,062657	0,088827	11,257783	0,008827	113,283211
35	0,067635	14,785344	0,085803	11,654568	0,005803	172,316804
40	0,046031	21,724521	0,083860	11,924613	0,003860	259,056519
45	0,031328	31,920449	0,082587	12,108402	0,002587	386,505617
50	0,021321	46,901613	0,081743	12,233485	0,001743	573,770156

Finanzmathematische Tabellen

	10%					
0,1	Abf	Auf	KWF	DSF	RVF	EWF
n	$(1+i)^{-n}$	$(1+i)^n$	$\dfrac{i(1+i)^n}{(1+i)^n - 1}$	$\dfrac{(1+i)^n - 1}{i*(1+i)^n}$	$\dfrac{i}{(1+i)^n - 1}$	$\dfrac{(1+i)^n - 1}{i}$
1	0,909091	1,100000	1,100000	0,909091	1,000000	1,000000
2	0,826446	1,210000	0,576190	1,735537	0,476190	2,100000
3	0,751315	1,331000	0,402115	2,486852	0,302115	3,310000
4	0,683013	1,464100	0,315471	3,169865	0,215471	4,641000
5	0,620921	1,610510	0,263797	3,790787	0,163797	6,105100
6	0,564474	1,771561	0,229607	4,355261	0,129607	7,715610
7	0,513158	1,948717	0,205405	4,868419	0,105405	9,487171
8	0,466507	2,143589	0,187444	5,334926	0,087444	11,435888
9	0,424098	2,357948	0,173641	5,759024	0,073641	13,579477
10	0,385543	2,593742	0,162745	6,144567	0,062745	15,937425
11	0,350494	2,853117	0,153963	6,495061	0,053963	18,531167
12	0,318631	3,138428	0,146763	6,813692	0,046763	21,384284
13	0,289664	3,452271	0,140779	7,103356	0,040779	24,522712
14	0,263331	3,797498	0,135746	7,366687	0,035746	27,974983
15	0,239392	4,177248	0,131474	7,606080	0,031474	31,772482
16	0,217629	4,594973	0,127817	7,823709	0,027817	35,949730
17	0,197845	5,054470	0,124664	8,021553	0,024664	40,544703
18	0,179859	5,559917	0,121930	8,201412	0,021930	45,599173
19	0,163508	6,115909	0,119547	8,364920	0,019547	51,159090
20	0,148644	6,727500	0,117460	8,513564	0,017460	57,274999
21	0,135131	7,400250	0,115624	8,648694	0,015624	64,002499
22	0,122846	8,140275	0,114005	8,771540	0,014005	71,402749
23	0,111678	8,954302	0,112572	8,883218	0,012572	79,543024
24	0,101526	9,849733	0,111300	8,984744	0,011300	88,497327
25	0,092296	10,834706	0,110168	9,077040	0,010168	98,347059
26	0,083905	11,918177	0,109159	9,160945	0,009159	109,181765
27	0,076278	13,109994	0,108258	9,237223	0,008258	121,099942
28	0,069343	14,420994	0,107451	9,306567	0,007451	134,209936
29	0,063039	15,863093	0,106728	9,369606	0,006728	148,630930
30	0,057309	17,449402	0,106079	9,426914	0,006079	164,494023
35	0,035584	28,102437	0,103690	9,644159	0,003690	271,024368
40	0,022095	45,259256	0,102259	9,779051	0,002259	442,592556
45	0,013719	72,890484	0,101391	9,862808	0,001391	718,904837
50	0,008519	117,390853	0,100859	9,914814	0,000859	1163,908529

Finanzmathematische Tabellen

			12%			
0,12	Abf	Auf	KWF	DSF	RVF	EWF
n	$(1+i)^{-n}$	$(1+i)^n$	$\dfrac{i(1+i)^n}{(1+i)^n - 1}$	$\dfrac{(1+i)^n - 1}{i*(1+i)^n}$	$\dfrac{i}{(1+i)^n - 1}$	$\dfrac{(1+i)^n - 1}{i}$
1	0,892857	1,120000	1,120000	0,892857	1,000000	1,000000
2	0,797194	1,254400	0,591698	1,690051	0,471698	2,120000
3	0,711780	1,404928	0,416349	2,401831	0,296349	3,374400
4	0,635518	1,573519	0,329234	3,037349	0,209234	4,779328
5	0,567427	1,762342	0,277410	3,604776	0,157410	6,352847
6	0,506631	1,973823	0,243226	4,111407	0,123226	8,115189
7	0,452349	2,210681	0,219118	4,563757	0,099118	10,089012
8	0,403883	2,475963	0,201303	4,967640	0,081303	12,299693
9	0,360610	2,773079	0,187679	5,328250	0,067679	14,775656
10	0,321973	3,105848	0,176984	5,650223	0,056984	17,548735
11	0,287476	3,478550	0,168415	5,937699	0,048415	20,654583
12	0,256675	3,895976	0,161437	6,194374	0,041437	24,133133
13	0,229174	4,363493	0,155677	6,423548	0,035677	28,029109
14	0,204620	4,887112	0,150871	6,628168	0,030871	32,392602
15	0,182696	5,473566	0,146824	6,810864	0,026824	37,279715
16	0,163122	6,130394	0,143390	6,973986	0,023390	42,753280
17	0,145644	6,866041	0,140457	7,119630	0,020457	48,883674
18	0,130040	7,689966	0,137937	7,249670	0,017937	55,749715
19	0,116107	8,612762	0,135763	7,365777	0,015763	63,439681
20	0,103667	9,646293	0,133879	7,469444	0,013879	72,052442
21	0,092560	10,803848	0,132240	7,562003	0,012240	81,698736
22	0,082643	12,100310	0,130811	7,644646	0,010811	92,502584
23	0,073788	13,552347	0,129560	7,718434	0,009560	104,602894
24	0,065882	15,178629	0,128463	7,784316	0,008463	118,155241
25	0,058823	17,000064	0,127500	7,843139	0,007500	133,333870
26	0,052521	19,040072	0,126652	7,895660	0,006652	150,333934
27	0,046894	21,324881	0,125904	7,942554	0,005904	169,374007
28	0,041869	23,883866	0,125244	7,984423	0,005244	190,698887
29	0,037383	26,749930	0,124660	8,021806	0,004660	214,582754
30	0,033378	29,959922	0,124144	8,055184	0,004144	241,332684
35	0,018940	52,799620	0,122317	8,175504	0,002317	431,663496
40	0,010747	93,050970	0,121304	8,243777	0,001304	767,091420
45	0,006098	163,987604	0,120736	8,282516	0,000736	1358,230032
50	0,003460	289,002190	0,120417	8,304498	0,000417	2400,018249

Finanzmathematische Tabellen

			14%			
0,14	Abf	Auf	KWF	DSF	RVF	EWF
n	$(1+i)^{-n}$	$(1+i)^n$	$\dfrac{i(1+i)^n}{(1+i)^n - 1}$	$\dfrac{(1+i)^n - 1}{i*(1+i)^n}$	$\dfrac{i}{(1+i)^n - 1}$	$\dfrac{(1+i)^n - 1}{i}$
1	0,877193	1,140000	1,140000	0,877193	1,000000	1,000000
2	0,769468	1,299600	0,607290	1,646661	0,467290	2,140000
3	0,674972	1,481544	0,430731	2,321632	0,290731	3,439600
4	0,592080	1,688960	0,343205	2,913712	0,203205	4,921144
5	0,519369	1,925415	0,291284	3,433081	0,151284	6,610104
6	0,455587	2,194973	0,257157	3,888668	0,117157	8,535519
7	0,399637	2,502269	0,233192	4,288305	0,093192	10,730491
8	0,350559	2,852586	0,215570	4,638864	0,075570	13,232760
9	0,307508	3,251949	0,202168	4,946372	0,062168	16,085347
10	0,269744	3,707221	0,191714	5,216116	0,051714	19,337295
11	0,236617	4,226232	0,183394	5,452733	0,043394	23,044516
12	0,207559	4,817905	0,176669	5,660292	0,036669	27,270749
13	0,182069	5,492411	0,171164	5,842362	0,031164	32,088654
14	0,159710	6,261349	0,166609	6,002072	0,026609	37,581065
15	0,140096	7,137938	0,162809	6,142168	0,022809	43,842414
16	0,122892	8,137249	0,159615	6,265060	0,019615	50,980352
17	0,107800	9,276464	0,156915	6,372859	0,016915	59,117601
18	0,094561	10,575169	0,154621	6,467420	0,014621	68,394066
19	0,082948	12,055693	0,152663	6,550369	0,012663	78,969235
20	0,072762	13,743490	0,150986	6,623131	0,010986	91,024928
21	0,063826	15,667578	0,149545	6,686957	0,009545	104,768418
22	0,055988	17,861039	0,148303	6,742944	0,008303	120,435996
23	0,049112	20,361585	0,147231	6,792056	0,007231	138,297035
24	0,043081	23,212207	0,146303	6,835137	0,006303	158,658620
25	0,037790	26,461916	0,145498	6,872927	0,005498	181,870827
26	0,033149	30,166584	0,144800	6,906077	0,004800	208,332743
27	0,029078	34,389906	0,144193	6,935155	0,004193	238,499327
28	0,025507	39,204493	0,143664	6,960662	0,003664	272,889233
29	0,022375	44,693122	0,143204	6,983037	0,003204	312,093725
30	0,019627	50,950159	0,142803	7,002664	0,002803	356,786847
35	0,010194	98,100178	0,141442	7,070045	0,001442	693,572702
40	0,005294	188,883514	0,140745	7,105041	0,000745	1342,025099
45	0,002750	363,679072	0,140386	7,123217	0,000386	2590,564800
50	0,001428	700,232988	0,140200	7,132656	0,000200	4994,521346

Finanzmathematische Tabellen

<table>
<tr><th colspan="7">15%</th></tr>
<tr><th>0,15</th><th>Abf</th><th>Auf</th><th>KWF</th><th>DSF</th><th>RVF</th><th>EWF</th></tr>
<tr><th>n</th><th>$(1+i)^{-n}$</th><th>$(1+i)^n$</th><th>$\dfrac{i(1+i)^n}{(1+i)^n-1}$</th><th>$\dfrac{(1+i)^n-1}{i*(1+i)^n}$</th><th>$\dfrac{i}{(1+i)^n-1}$</th><th>$\dfrac{(1+i)^n-1}{i}$</th></tr>
<tr><td>1</td><td>0,869565</td><td>1,150000</td><td>1,150000</td><td>0,869565</td><td>1,000000</td><td>1,000000</td></tr>
<tr><td>2</td><td>0,756144</td><td>1,322500</td><td>0,615116</td><td>1,625709</td><td>0,465116</td><td>2,150000</td></tr>
<tr><td>3</td><td>0,657516</td><td>1,520875</td><td>0,437977</td><td>2,283225</td><td>0,287977</td><td>3,472500</td></tr>
<tr><td>4</td><td>0,571753</td><td>1,749006</td><td>0,350265</td><td>2,854978</td><td>0,200265</td><td>4,993375</td></tr>
<tr><td>5</td><td>0,497177</td><td>2,011357</td><td>0,298316</td><td>3,352155</td><td>0,148316</td><td>6,742381</td></tr>
<tr><td>6</td><td>0,432328</td><td>2,313061</td><td>0,264237</td><td>3,784483</td><td>0,114237</td><td>8,753738</td></tr>
<tr><td>7</td><td>0,375937</td><td>2,660020</td><td>0,240360</td><td>4,160420</td><td>0,090360</td><td>11,066799</td></tr>
<tr><td>8</td><td>0,326902</td><td>3,059023</td><td>0,222850</td><td>4,487322</td><td>0,072850</td><td>13,726819</td></tr>
<tr><td>9</td><td>0,284262</td><td>3,517876</td><td>0,209574</td><td>4,771584</td><td>0,059574</td><td>16,785842</td></tr>
<tr><td>10</td><td>0,247185</td><td>4,045558</td><td>0,199252</td><td>5,018769</td><td>0,049252</td><td>20,303718</td></tr>
<tr><td>11</td><td>0,214943</td><td>4,652391</td><td>0,191069</td><td>5,233712</td><td>0,041069</td><td>24,349276</td></tr>
<tr><td>12</td><td>0,186907</td><td>5,350250</td><td>0,184481</td><td>5,420619</td><td>0,034481</td><td>29,001667</td></tr>
<tr><td>13</td><td>0,162528</td><td>6,152788</td><td>0,179110</td><td>5,583147</td><td>0,029110</td><td>34,351917</td></tr>
<tr><td>14</td><td>0,141329</td><td>7,075706</td><td>0,174688</td><td>5,724476</td><td>0,024688</td><td>40,504705</td></tr>
<tr><td>15</td><td>0,122894</td><td>8,137062</td><td>0,171017</td><td>5,847370</td><td>0,021017</td><td>47,580411</td></tr>
<tr><td>16</td><td>0,106865</td><td>9,357621</td><td>0,167948</td><td>5,954235</td><td>0,017948</td><td>55,717472</td></tr>
<tr><td>17</td><td>0,092926</td><td>10,761264</td><td>0,165367</td><td>6,047161</td><td>0,015367</td><td>65,075093</td></tr>
<tr><td>18</td><td>0,080805</td><td>12,375454</td><td>0,163186</td><td>6,127966</td><td>0,013186</td><td>75,836357</td></tr>
<tr><td>19</td><td>0,070265</td><td>14,231772</td><td>0,161336</td><td>6,198231</td><td>0,011336</td><td>88,211811</td></tr>
<tr><td>20</td><td>0,061100</td><td>16,366537</td><td>0,159761</td><td>6,259331</td><td>0,009761</td><td>102,443583</td></tr>
<tr><td>21</td><td>0,053131</td><td>18,821518</td><td>0,158417</td><td>6,312462</td><td>0,008417</td><td>118,810120</td></tr>
<tr><td>22</td><td>0,046201</td><td>21,644746</td><td>0,157266</td><td>6,358663</td><td>0,007266</td><td>137,631638</td></tr>
<tr><td>23</td><td>0,040174</td><td>24,891458</td><td>0,156278</td><td>6,398837</td><td>0,006278</td><td>159,276384</td></tr>
<tr><td>24</td><td>0,034934</td><td>28,625176</td><td>0,155430</td><td>6,433771</td><td>0,005430</td><td>184,167841</td></tr>
<tr><td>25</td><td>0,030378</td><td>32,918953</td><td>0,154699</td><td>6,464149</td><td>0,004699</td><td>212,793017</td></tr>
<tr><td>26</td><td>0,026415</td><td>37,856796</td><td>0,154070</td><td>6,490564</td><td>0,004070</td><td>245,711970</td></tr>
<tr><td>27</td><td>0,022970</td><td>43,535315</td><td>0,153526</td><td>6,513534</td><td>0,003526</td><td>283,568766</td></tr>
<tr><td>28</td><td>0,019974</td><td>50,065612</td><td>0,153057</td><td>6,533508</td><td>0,003057</td><td>327,104080</td></tr>
<tr><td>29</td><td>0,017369</td><td>57,575454</td><td>0,152651</td><td>6,550877</td><td>0,002651</td><td>377,169693</td></tr>
<tr><td>30</td><td>0,015103</td><td>66,211772</td><td>0,152300</td><td>6,565980</td><td>0,002300</td><td>434,745146</td></tr>
<tr><td>35</td><td>0,007509</td><td>133,175523</td><td>0,151135</td><td>6,616607</td><td>0,001135</td><td>881,170156</td></tr>
<tr><td>40</td><td>0,003733</td><td>267,863546</td><td>0,150562</td><td>6,641778</td><td>0,000562</td><td>1779,090308</td></tr>
<tr><td>45</td><td>0,001856</td><td>538,769269</td><td>0,150279</td><td>6,654293</td><td>0,000279</td><td>3585,128460</td></tr>
<tr><td>50</td><td>0,000923</td><td>1083,65744</td><td>0,150139</td><td>6,660515</td><td>0,000139</td><td>7217,716277</td></tr>
</table>

Finanzmathematische Tabellen

16%

n (0,16)	Abf $(1+i)^{-n}$	Auf $(1+i)^n$	KWF $\dfrac{i(1+i)^n}{(1+i)^n - 1}$	DSF $\dfrac{(1+i)^n - 1}{i \cdot (1+i)^n}$	RVF $\dfrac{i}{(1+i)^n - 1}$	EWF $\dfrac{(1+i)^n - 1}{i}$
1	0,862069	1,160000	1,160000	0,862069	1,000000	1,000000
2	0,743163	1,345600	0,622963	1,605232	0,462963	2,160000
3	0,640658	1,560896	0,445258	2,245890	0,285258	3,505600
4	0,552291	1,810639	0,357375	2,798181	0,197375	5,066496
5	0,476113	2,100342	0,305409	3,274294	0,145409	6,877135
6	0,410442	2,436396	0,271390	3,684736	0,111390	8,977477
7	0,353830	2,826220	0,247613	4,038565	0,087613	11,413873
8	0,305025	3,278415	0,230224	4,343591	0,070224	14,240093
9	0,262953	3,802961	0,217082	4,606544	0,057082	17,518508
10	0,226684	4,411435	0,206901	4,833227	0,046901	21,321469
11	0,195417	5,117265	0,198861	5,028644	0,038861	25,732904
12	0,168463	5,936027	0,192415	5,197107	0,032415	30,850169
13	0,145227	6,885791	0,187184	5,342334	0,027184	36,786196
14	0,125195	7,987518	0,182898	5,467529	0,022898	43,671987
15	0,107927	9,265521	0,179358	5,575456	0,019358	51,659505
16	0,093041	10,748004	0,176414	5,668497	0,016414	60,925026
17	0,080207	12,467685	0,173952	5,748704	0,013952	71,673030
18	0,069144	14,462514	0,171885	5,817848	0,011885	84,140715
19	0,059607	16,776517	0,170142	5,877455	0,010142	98,603230
20	0,051385	19,460759	0,168667	5,928841	0,008667	115,379747
21	0,044298	22,574481	0,167416	5,973139	0,007416	134,840506
22	0,038188	26,186398	0,166353	6,011326	0,006353	157,414987
23	0,032920	30,376222	0,165447	6,044247	0,005447	183,601385
24	0,028380	35,236417	0,164673	6,072627	0,004673	213,977607
25	0,024465	40,874244	0,164013	6,097092	0,004013	249,214024
26	0,021091	47,414123	0,163447	6,118183	0,003447	290,088267
27	0,018182	55,000382	0,162963	6,136364	0,002963	337,502390
28	0,015674	63,800444	0,162548	6,152038	0,002548	392,502773
29	0,013512	74,008515	0,162192	6,165550	0,002192	456,303216
30	0,011648	85,849877	0,161886	6,177198	0,001886	530,311731
35	0,005546	180,314073	0,160892	6,215338	0,000892	1120,712955
40	0,002640	378,721158	0,160424	6,233497	0,000424	2360,757241
45	0,001257	795,443826	0,160201	6,242143	0,000201	4965,273911
50	0,000599	1670,70380	0,160096	6,246259	0,000096	10435,64877

Finanzmathematische Tabellen

	18%					
0,18	Abf	Auf	KWF	DSF	RVF	EWF
n	$(1+i)^{-n}$	$(1+i)^n$	$\dfrac{i(1+i)^n}{(1+i)^n - 1}$	$\dfrac{(1+i)^n - 1}{i*(1+i)^n}$	$\dfrac{i}{(1+i)^n - 1}$	$\dfrac{(1+i)^n - 1}{i}$
1	0,847458	1,180000	1,180000	0,847458	1,000000	1,000000
2	0,718184	1,392400	0,638716	1,565642	0,458716	2,180000
3	0,608631	1,643032	0,459924	2,174273	0,279924	3,572400
4	0,515789	1,938778	0,371739	2,690062	0,191739	5,215432
5	0,437109	2,287758	0,319778	3,127171	0,139778	7,154210
6	0,370432	2,699554	0,285910	3,497603	0,105910	9,441968
7	0,313925	3,185474	0,262362	3,811528	0,082362	12,141522
8	0,266038	3,758859	0,245244	4,077566	0,065244	15,326996
9	0,225456	4,435454	0,232395	4,303022	0,052395	19,085855
10	0,191064	5,233836	0,222515	4,494086	0,042515	23,521309
11	0,161919	6,175926	0,214776	4,656005	0,034776	28,755144
12	0,137220	7,287593	0,208628	4,793225	0,028628	34,931070
13	0,116288	8,599359	0,203686	4,909513	0,023686	42,218663
14	0,098549	10,147244	0,199678	5,008062	0,019678	50,818022
15	0,083516	11,973748	0,196403	5,091578	0,016403	60,965266
16	0,070776	14,129023	0,193710	5,162354	0,013710	72,939014
17	0,059980	16,672247	0,191485	5,222334	0,011485	87,068036
18	0,050830	19,673251	0,189639	5,273164	0,009639	103,740283
19	0,043077	23,214436	0,188103	5,316241	0,008103	123,413534
20	0,036506	27,393035	0,186820	5,352746	0,006820	146,627970
21	0,030937	32,323781	0,185746	5,383683	0,005746	174,021005
22	0,026218	38,142061	0,184846	5,409901	0,004846	206,344785
23	0,022218	45,007632	0,184090	5,432120	0,004090	244,486847
24	0,018829	53,109006	0,183454	5,450949	0,003454	289,494479
25	0,015957	62,668627	0,182919	5,466906	0,002919	342,603486
26	0,013523	73,948980	0,182467	5,480429	0,002467	405,272113
27	0,011460	87,259797	0,182087	5,491889	0,002087	479,221093
28	0,009712	102,966560	0,181765	5,501601	0,001765	566,480890
29	0,008230	121,500541	0,181494	5,509831	0,001494	669,447450
30	0,006975	143,370638	0,181264	5,516806	0,001264	790,947991
35	0,003049	327,997290	0,180550	5,538618	0,000550	1816,651612
40	0,001333	750,378345	0,180240	5,548152	0,000240	4163,213027
45	0,000583	1716,68388	0,180105	5,552319	0,000105	9531,577105
50	0,000255	3927,35686	0,180046	5,554141	0,000046	21813,09367

Finanzmathematische Tabellen

			20%			
0,2	Abf	Auf	KWF	DSF	RVF	EWF
n	$(1+i)^{-n}$	$(1+i)^{n}$	$\dfrac{i(1+i)^{n}}{(1+i)^{n}-1}$	$\dfrac{(1+i)^{n}-1}{i*(1+i)^{n}}$	$\dfrac{i}{(1+i)^{n}-1}$	$\dfrac{(1+i)^{n}-1}{i}$
1	0,833333	1,200000	1,200000	0,833333	1,000000	1,000000
2	0,694444	1,440000	0,654545	1,527778	0,454545	2,200000
3	0,578704	1,728000	0,474725	2,106481	0,274725	3,640000
4	0,482253	2,073600	0,386289	2,588735	0,186289	5,368000
5	0,401878	2,488320	0,334380	2,990612	0,134380	7,441600
6	0,334898	2,985984	0,300706	3,325510	0,100706	9,929920
7	0,279082	3,583181	0,277424	3,604592	0,077424	12,915904
8	0,232568	4,299817	0,260609	3,837160	0,060609	16,499085
9	0,193807	5,159780	0,248079	4,030967	0,048079	20,798902
10	0,161506	6,191736	0,238523	4,192472	0,038523	25,958682
11	0,134588	7,430084	0,231104	4,327060	0,031104	32,150419
12	0,112157	8,916100	0,225265	4,439217	0,025265	39,580502
13	0,093464	10,699321	0,220620	4,532681	0,020620	48,496603
14	0,077887	12,839185	0,216893	4,610567	0,016893	59,195923
15	0,064905	15,407022	0,213882	4,675473	0,013882	72,035108
16	0,054088	18,488426	0,211436	4,729561	0,011436	87,442129
17	0,045073	22,186111	0,209440	4,774634	0,009440	105,930555
18	0,037561	26,623333	0,207805	4,812195	0,007805	128,116666
19	0,031301	31,948000	0,206462	4,843496	0,006462	154,740000
20	0,026084	38,337600	0,205357	4,869580	0,005357	186,688000
21	0,021737	46,005120	0,204444	4,891316	0,004444	225,025600
22	0,018114	55,206144	0,203690	4,909430	0,003690	271,030719
23	0,015095	66,247373	0,203065	4,924525	0,003065	326,236863
24	0,012579	79,496847	0,202548	4,937104	0,002548	392,484236
25	0,010483	95,396217	0,202119	4,947587	0,002119	471,981083
26	0,008735	114,475460	0,201762	4,956323	0,001762	567,377300
27	0,007280	137,370552	0,201467	4,963602	0,001467	681,852760
28	0,006066	164,844662	0,201221	4,969668	0,001221	819,223312
29	0,005055	197,813595	0,201016	4,974724	0,001016	984,067974
30	0,004213	237,376314	0,200846	4,978936	0,000846	1181,881569
35	0,001693	590,668229	0,200339	4,991535	0,000339	2948,341146
40	0,000680	1469,77157	0,200136	4,996598	0,000136	7343,857840
45	0,000273	3657,26199	0,200055	4,998633	0,000055	18281,30994
50	0,000110	9100,43815	0,200022	4,999451	0,000022	45497,19075

Finanzmathematische Tabellen

			22%			
0,22	Abf	Auf	KWF	DSF	RVF	EWF
n	$(1+i)^{-n}$	$(1+i)^n$	$\dfrac{i(1+i)^n}{(1+i)^n-1}$	$\dfrac{(1+i)^n-1}{i*(1+i)^n}$	$\dfrac{i}{(1+i)^n-1}$	$\dfrac{(1+i)^n-1}{i}$
1	0,819672	1,220000	1,220000	0,819672	1,000000	1,000000
2	0,671862	1,488400	0,670450	1,491535	0,450450	2,220000
3	0,550707	1,815848	0,489658	2,042241	0,269658	3,708400
4	0,451399	2,215335	0,401020	2,493641	0,181020	5,524248
5	0,369999	2,702708	0,349206	2,863640	0,129206	7,739583
6	0,303278	3,297304	0,315764	3,166918	0,095764	10,442291
7	0,248589	4,022711	0,292782	3,415506	0,072782	13,739595
8	0,203761	4,907707	0,276299	3,619268	0,056299	17,762306
9	0,167017	5,987403	0,264111	3,786285	0,044111	22,670013
10	0,136899	7,304631	0,254895	3,923184	0,034895	28,657416
11	0,112213	8,911650	0,247807	4,035397	0,027807	35,962047
12	0,091978	10,872213	0,242285	4,127375	0,022285	44,873697
13	0,075391	13,264100	0,237939	4,202766	0,017939	55,745911
14	0,061796	16,182202	0,234491	4,264562	0,014491	69,010011
15	0,050653	19,742287	0,231738	4,315215	0,011738	85,192213
16	0,041519	24,085590	0,229530	4,356734	0,009530	104,934500
17	0,034032	29,384420	0,227751	4,390765	0,007751	129,020090
18	0,027895	35,848992	0,226313	4,418660	0,006313	158,404510
19	0,022865	43,735771	0,225148	4,441525	0,005148	194,253503
20	0,018741	53,357640	0,224202	4,460266	0,004202	237,989273
21	0,015362	65,096321	0,223432	4,475628	0,003432	291,346913
22	0,012592	79,417512	0,222805	4,488220	0,002805	356,443234
23	0,010321	96,889364	0,222294	4,498541	0,002294	435,860746
24	0,008460	118,205024	0,221877	4,507001	0,001877	532,750110
25	0,006934	144,210130	0,221536	4,513935	0,001536	650,955134
26	0,005684	175,936358	0,221258	4,519619	0,001258	795,165264
27	0,004659	214,642357	0,221030	4,524278	0,001030	971,101622
28	0,003819	261,863675	0,220843	4,528096	0,000843	1185,743978
29	0,003130	319,473684	0,220691	4,531227	0,000691	1447,607654
30	0,002566	389,757894	0,220566	4,533792	0,000566	1767,081337
35	0,000949	1053,40184	0,220209	4,541140	0,000209	4783,644738
40	0,000351	2847,03776	0,220077	4,543858	0,000077	12936,53527
45	0,000130	7694,71219	0,220029	4,544864	0,000029	34971,41905
50	0,000048	20796,5615	0,220011	4,545236	0,000011	94525,27933

Finanzmathematische Tabellen

	25%					
0,25	Abf	Auf	KWF	DSF	RVF	EWF
n	$(1+i)^{-n}$	$(1+i)^n$	$\dfrac{i(1+i)^n}{(1+i)^n - 1}$	$\dfrac{(1+i)^n - 1}{i*(1+i)^n}$	$\dfrac{i}{(1+i)^n - 1}$	$\dfrac{(1+i)^n - 1}{i}$
1	0,800000	1,250000	1,250000	0,800000	1,000000	1,000000
2	0,640000	1,562500	0,694444	1,440000	0,444444	2,250000
3	0,512000	1,953125	0,512295	1,952000	0,262295	3,812500
4	0,409600	2,441406	0,423442	2,361600	0,173442	5,765625
5	0,327680	3,051758	0,371847	2,689280	0,121847	8,207031
6	0,262144	3,814697	0,338819	2,951424	0,088819	11,258789
7	0,209715	4,768372	0,316342	3,161139	0,066342	15,073486
8	0,167772	5,960464	0,300399	3,328911	0,050399	19,841858
9	0,134218	7,450581	0,288756	3,463129	0,038756	25,802322
10	0,107374	9,313226	0,280073	3,570503	0,030073	33,252903
11	0,085899	11,641532	0,273493	3,656403	0,023493	42,566129
12	0,068719	14,551915	0,268448	3,725122	0,018448	54,207661
13	0,054976	18,189894	0,264543	3,780098	0,014543	68,759576
14	0,043980	22,737368	0,261501	3,824078	0,011501	86,949470
15	0,035184	28,421709	0,259117	3,859263	0,009117	109,686838
16	0,028147	35,527137	0,257241	3,887410	0,007241	138,108547
17	0,022518	44,408921	0,255759	3,909928	0,005759	173,635684
18	0,018014	55,511151	0,254586	3,927942	0,004586	218,044605
19	0,014412	69,388939	0,253656	3,942354	0,003656	273,555756
20	0,011529	86,736174	0,252916	3,953883	0,002916	342,944695
21	0,009223	108,420217	0,252327	3,963107	0,002327	429,680869
22	0,007379	135,525272	0,251858	3,970485	0,001858	538,101086
23	0,005903	169,406589	0,251485	3,976388	0,001485	673,626358
24	0,004722	211,758237	0,251186	3,981111	0,001186	843,032947
25	0,003778	264,697796	0,250948	3,984888	0,000948	1054,791184
26	0,003022	330,872245	0,250758	3,987911	0,000758	1319,488980
27	0,002418	413,590306	0,250606	3,990329	0,000606	1650,361225
28	0,001934	516,987883	0,250485	3,992263	0,000485	2063,951531
29	0,001547	646,234854	0,250387	3,993810	0,000387	2580,939414
30	0,001238	807,793567	0,250310	3,995048	0,000310	3227,174268
35	0,000406	2465,19033	0,250101	3,998377	0,000101	9856,761315
40	0,000133	7523,16385	0,250033	3,999468	0,000033	30088,65538
45	0,000044	22958,8740	0,250011	3,999826	0,000011	91831,49616
50	0,000014	70064,9232	0,250004	3,999943	0,000004	280255,6929

Finanzmathematische Tabellen

	30%					
0,3	Abf	Auf	KWF	DSF	RVF	EWF
n	$(1+i)^{-n}$	$(1+i)^n$	$\dfrac{i(1+i)^n}{(1+i)^n - 1}$	$\dfrac{(1+i)^n - 1}{i*(1+i)^n}$	$\dfrac{i}{(1+i)^n - 1}$	$\dfrac{(1+i)^n - 1}{i}$
1	0,769231	1,300000	1,300000	0,769231	1,000000	1,000000
2	0,591716	1,690000	0,734783	1,360947	0,434783	2,300000
3	0,455166	2,197000	0,550627	1,816113	0,250627	3,990000
4	0,350128	2,856100	0,461629	2,166241	0,161629	6,187000
5	0,269329	3,712930	0,410582	2,435570	0,110582	9,043100
6	0,207176	4,826809	0,378394	2,642746	0,078394	12,756030
7	0,159366	6,274852	0,356874	2,802112	0,056874	17,582839
8	0,122589	8,157307	0,341915	2,924702	0,041915	23,857691
9	0,094300	10,604499	0,331235	3,019001	0,031235	32,014998
10	0,072538	13,785849	0,323463	3,091539	0,023463	42,619497
11	0,055799	17,921604	0,317729	3,147338	0,017729	56,405346
12	0,042922	23,298085	0,313454	3,190260	0,013454	74,326950
13	0,033017	30,287511	0,310243	3,223277	0,010243	97,625036
14	0,025398	39,373764	0,307818	3,248675	0,007818	127,912546
15	0,019537	51,185893	0,305978	3,268211	0,005978	167,286310
16	0,015028	66,541661	0,304577	3,283239	0,004577	218,472203
17	0,011560	86,504159	0,303509	3,294800	0,003509	285,013864
18	0,008892	112,455407	0,302692	3,303692	0,002692	371,518023
19	0,006840	146,192029	0,302066	3,310532	0,002066	483,973430
20	0,005262	190,049638	0,301587	3,315794	0,001587	630,165459
21	0,004048	247,064529	0,301219	3,319842	0,001219	820,215097
22	0,003113	321,183888	0,300937	3,322955	0,000937	1067,279626
23	0,002395	417,539054	0,300720	3,325350	0,000720	1388,463514
24	0,001842	542,800770	0,300554	3,327192	0,000554	1806,002568
25	0,001417	705,641001	0,300426	3,328609	0,000426	2348,803338
26	0,001090	917,333302	0,300327	3,329700	0,000327	3054,444340
27	0,000839	1192,53329	0,300252	3,330538	0,000252	3971,777642
28	0,000645	1550,29328	0,300194	3,331183	0,000194	5164,310934
29	0,000496	2015,38126	0,300149	3,331679	0,000149	6714,604214
30	0,000382	2619,99564	0,300115	3,332061	0,000115	8729,985479
35	0,000103	9727,86043	0,300031	3,332991	0,000031	32422,8681
40	0,000028	36118,8648	0,300008	3,333241	0,000008	120392,8827
45	0,000007	134106,817	0,300002	3,333308	0,000002	447019,3890
50	0,000002	497929,223	0,300001	3,333327	0,000001	1659760,743

Literaturverzeichnis

ADAC (Hrsg.), Benzinpreisstatistik, Durchschnittspreise in Cent, München, 2008.

Blohm, Hans, Klaus Lüder, Christina Schaefer, Investition, Vahlen Verlag, 9. Auflage, München 2006.

Däumler, Klaus-Dieter, Anwendung von Investitionsrechnungsverfahren in der Praxis, nwb Verlag Neue Wirtschafts-Briefe, 4. Auflage, Herne/Berlin, 1996.

Däumler, Klaus-Dieter, Finanzmathematisches Tabellenwerk, nwb Verlag Neue Wirtschafts-Briefe, 4. Auflage, Herne/Berlin, 1998.

Däumler, Klaus-Dieter, Jürgen Grabe, Grundlagen der Investitions- und Wirtschaftlichkeitsrechnung, nwb Verlag Neue Wirtschafts-Briefe, 12. Auflage, Herne/Berlin, 2007.

Dean, Joel, Capital Budgeting, Columbia University Press, 9th print, New York, 1978.

Deutsche Börse Group (Hrsg.), Factbook, Frankfurt, diverse Jahrgänge.

Eisenführ, Franz, Martin Weber, Rationales Entscheiden, Springer-Verlag, 4. Auflage, Berlin, 2002.

Guttenberger, Siegfried, Investition, Merkur Verlag, 1. Auflage, Rinteln, 2004.

Institut der deutschen Wirtschaft (Hrsg.), Deutschland in Zahlen 2007, Deutscher Instituts-Verlag, Köln, 2007.

Kruschwitz, Lutz, Investitionsrechnung, Oldenbourg Verlag, 10. Auflage, München, Wien, 2005.

Markowitz, Harry Max, Portfolio Selection, The Journal of Finance, 1952, S. 77-92.

Popper, Karl Raimund, Logik der Forschung, Mohr Verlag, 10. Auflage, Tübingen, 1994.

Rappaport, Alfred, Shareholder Value, Verlag Schäffer Poeschel, 2. Auflage, Stuttgart, 2005.

Perridon, Louis, Manfred Steiner, Finanzwirtschaft der Unternehmung, Vahlen Verlag, 12. Auflage, München, 2004.

Sharpe, William F., Capital Asset Prices. A Theory of Market Equilibrium under Conditions of Risk, Journal of Finance (19), 1964, S. 425-442.

Literaturverzeichnis

Statistisches Bundesamt (Hrsg.), Statistisches Jahrbuch 2007, Verlag Statistisches Bundesamt, Wiesbaden, 2007.

Wright, C. A., A note on „Time and investment" in Economica, New Series Vol. 3, 1936, S. 436 - 340.

Stichwortverzeichnis

Ablauforganisation 23
absolute Dominanz 337
absolute Vorteilhaftigkeit 109
Abzinsen 117
Abzinsungsfaktor 118
Alternativenauswahl 180
Alternativenvergleich 41
Annuität 145
Annuitätenkriterium 145
Annuitätenmethode 145
Antwortbericht 237
äquidistant 119
Aufbauorganisation 20
Aufzinsen 117
Aufzinsungsfaktor 118
Ausgangsmatrix 236

Befragungen 28
begrenzter Vorteilhaftigkeitsvergleich 199
Betriebskosten 43

Dean-Modell 229
Desinvestitionen 25
Differenzinvestition 199
Diskontierungssummenfaktor 119
diskrete Kapitalverminderung 50
Dominanzregel 337
doppelte Diskontierung 300
Dreifachrechnung 318
Dualvariable 241
durchschnittliche jährliche Auszahlungen 149
durchschnittliche jährliche Einzahlungen 149

durchschnittlicher jährlicher Überschuss 145
Durchschnittsrechnung 92
Dynamische Amortisationsrechnung 166
dynamische Amortisationszeit 166

Einzelinvestition 41
endogene Kapitalverzinsung 242
Endwertfaktor 120
Endwertmaximierung 234
Entnahmekonzept 12
Entscheidungsbaum 326
Ermittlungsmodelle 223
Ersatzproblematik 41
Ersatzzeitpunkt 252
Ewige Rente 160

flexible Planung 325
Formeln der Gewinnvergleichsrechnung 67
Formeln der Kostenvergleichsrechnung 55
Formeln der Rentabilitätsrechnung .. 81
Formeln der statischen Amortisationsrechnung 93

Ganzzahligkeitsbedingungen 234
Gewinnvergleichsrechnung 66
Grenzauszahlungen 262
Grenzbetrachtung 262
Grenzüberschuss 263
Grenzverlustwert 235
Grenzwertbericht 240

Stichwortverzeichnis

Höchstsummenrestriktionen 234
Horizontwert 139
Horizontwertkriterium 139
Horizontwertmethode 139
Hurwicz-Regel 340

Imponderabilien 12
Informationsbeschaffung 299
Ingenieurformel 56
Interne Zinsfußmethode 154
interner Zinsfuß 155
interner Zinssatz 155
internes Zinsfußkriterium 155
Interpolationsgerade 170
Investition 7, 11
Investitionsketten 256
Investitionsquote 2

jährliche Ersatzmöglichkeit 280

Kapitalbindung 49
Kapitaldienst 43
Kapitalwert 124
Kapitalwertgleichheit 256
Kapitalwertkriterium 126
Kapitalwertmethode 124
Kapitalwiedergewinnungsfaktor 121
konstante Kapitalbindung 50
Kontoentwicklungsplanung 223
Korrekturverfahren 299
Kostenvergleichsrechnung 53
Kreativitätstechniken 28
Kritische Höchstwerte 306
Kritische Mindestwerte 306
kritische Nutzungsdauer 308
Kritischer Rationalismus 34
kritischer Zinssatz 308
Kritische-Werte-Rechnung 305
Kumulationsrechnung 92

Laplace-Regel 341
lineare Kapitalbindung 50
lineare Optimierung 234
Liquiditätsrestriktion 241

Maximax-Regel 339
Mehrdeutigkeit des internen Zinssatzes 210
Mindestsummenrestriktionen 234
Minimax-Regel 339
multivariate Verfahren 29

Nettoumsatzrendite 6
Nicht-Negativitätsbedingungen 234
Nutzungsdauer 252
Nutzungsdaueroptimierung 252
Nutzwertanalyse 218

ökonomisches Prinzip 89
Opportunitätskostenprinzip 33
optimale Nutzungsdauer 257
optimaler Ersatzzeitpunkt 277
Optimierungsmodelle 223

pagatorisches Kriterium 109
Pauschalverfahren 300
Phasen der Investitionsrechnung 23
Portfolio-Selection-Theorie 351
postnumerand 119
primitives Verfahren 40
Programmplanung 180

Qualitative Verfahren 28

Stichwortverzeichnis

Rechenelemente 26
relative Vorteilhaftigkeit 109
Rendite 155
Renditekonzept 12
Rentabilitätsrechnung 76
restwertgleiche Anschaffungsauszahlung 162
restwertlose Investition 164
Restwertverteilfaktor 121
Risiko 295
Risikoanalyse 343
Risikoaversion 295
Risikofreude 295
Risikoneutralität 295
Risikosituationen 298
Roll-back-Verfahren 325

Savage-Niehans-Regel 342
Sensitivitätsanalyse 305
Sensitivitätsbericht 240
sequenzielle Planung 325
Sicherheitsäquivalent 295
Simplex Algorithmus 234
Singuläres Kriterium 109
starre Planung 325
statische Amortisationsrechnung ... 89
Summenfaktoren 119

überjährige Ersatzmöglichkeit 282
Umsatz 43

Umweltzustand 325
Ungewissheit 334
Ungewissheitssituationen 298
uniform 119
univariate Methoden 29
Unsicherheitssituationen 298

verbessertes Verfahren 40
Verbundaktivitäten 234
Vermögenskonzept 12
Versuchsnutzungsdauer 169
Versuchszinssatz 158
Verteilfaktoren 121
Verzinsungsannahmen 188
Verzinsungsanteil 43
vollständiger Vorteilhaftigkeitsvergleich 200
Vorzeichenwechsel 215

Wiederanlagezinssatz 192
Wiedergewinnungsanteil 43
wirtschaftliche Konsequenz 325

zahlungsstrombasiertes Konzept 10
Zeitpräferenz 10
Zielgrößenänderungsrechnung 320
Zielkriterium 109
Zustandsdominanz 337
Zweizahlungsfall 161

Eine sichere Einführung in die Finanzmathematik

Anwendungsorientiert und verständlich

Das Lehrbuch verbindet die klassischen Themen der Finanzmathematik mit einem produktbezogenen Ansatz. Einfach und verständlich werden die Charakteristika der Finanzprodukte aufgezeigt und die mathematischen Grundlagen für die Einführung in die Zinsrechnung erklärt. Die Anwendungsmöglichkeiten der Investitions-, Renten- und Tilgungsrechnung werden sehr anschaulich und durch zahlreiche Übungsaufgaben vermittelt.

Das Lehrbuch ist didaktisch gut strukturiert und lesefreundlich aufbereitet, so dass sich die Studierenden schnell in die Grundlagen der Bewertung klassischer Finanzprodukte einarbeiten können und ein sicheres Verständnis für moderne Finanzprodukte gewinnen. Für eine gezielte Prüfungsvorbereitung ist das Lehrbuch hervorragend geeignet.

Kirsten Wüst
Finanzmathematik
Vom klassischen Sparbuch zum modernen Zinsderivat
2006. XVIII, 210 S.
Br. EUR 24,90
ISBN 978-3-8349-0270-2

Zielgruppen

- Studenten und Dozenten an wissenschaftlichen Hochschulen im Grundstudium
- Studenten und Dozenten an Fachhochschulen
- Studenten und Dozenten an Verwaltungs, Wirtschafts- und Berufsakademien
- Studenten und Dozenten an diversen Weiterbildungseinrichtungen

Autorin

Prof. Dr. **Kirsten Wüst** lehrt Wirtschaftsmathematik, insbesondere Finanzmathematik, und Statistik an der Hochschule Pforzheim, Hochschule für Gestaltung, Technik, Wirtschaft und Recht.

Änderungen vorbehalten. Stand: Juli 2008.
Erhältlich im Buchhandel oder beim Verlag
Gabler Verlag . Abraham-Lincoln-Str. 46 . 65189 Wiesbaden . www.gabler.de

Mehr wissen – weiter kommen

Souverän von der Uni in den Job

Der neue Berufs- und Karriere-Planer Wirtschaft 2008 | 2009 ist der passgenaue Ratgeber für alle Kandidaten und Absolventen der Wirtschaftswissenschaften, die nach dem Examen in den Beruf durchstarten wollen. Er begleitet die letzte Studienphase mit den besten Lern- und Organisationstipps, bietet Entscheidungshilfen für Zusatz- oder Weiterqualifikation sowie Orientierung im Dschungel der Bildungsanbieter.

Aktuelle Arbeitsmarktanalysen mit wichtigen Brancheninfos sowie die Specials „Banken & Versicherungen", „Handel", „Logistik" und „Health Care" vermitteln Einblick in alle wichtigen Bereiche und informieren über den Jobeinstieg sowie gefragte Qualifikationen.

Im Fokus des Buchs steht ein hochkarätiger Bewerberleitfaden. Die praktische Anleitung befasst sich mit allen Aspekten des Bewerbungsprozesses und lässt keine Fragen offen. Das patente Know-how hilft beim Erstellen der Unterlagen, der erfolgreichen Vorbereitung von Vorstellungsgesprächen, ACs oder Job-Messen und mündet in die ultimativen Dos & Don'ts der Bewerbungsprofis Hesse/Schrader.

Nützliche Karriere-Tools und ein kleiner Business-Knigge unterstützen den überzeugenden Auftritt beim Antritt in der Arbeitswelt.

„Ein Handbuch, das in keinem
Bücherschrank fehlen sollte ..."
Hochschul-Anzeiger

Gabler| MLP Berufs- und Karriere-Planer Wirtschaft 2008 | 2009
Für Studenten und
Hochschulabsolventen
Mit zahlreichen Stellenanzeigen
und Firmenprofilen
11., vollst. überarb. u. akt. Aufl. 2008.
XVIII, 462 S.
Br. EUR 19,90
ISBN 978-3-8349-0768-4

Änderungen vorbehalten. Stand: Juli 2008.
Erhältlich im Buchhandel oder beim Verlag
Gabler Verlag . Abraham-Lincoln-Str. 46 . 65189 Wiesbaden . www.gabler.de

Mehr wissen – weiter kommen

Christine Stickel-Wolf | Joachim Wolf
Wissenschaftliches Arbeiten und Lerntechniken
Erfolgreich studieren – gewusst wie!
4., überarb. Aufl. 2006.
XVI, 384 S.
Mit 30 Abb. u. 19 Tab.
Br. EUR 29,90
ISBN 978-3-8349-0387-7

Effizientes Lesen - Arbeiten in Gruppen
Erstellung und Präsentation wissenschaftlicher Arbeiten - Mündliche Präsentation
Zielführende Prüfungsvorbereitung
Studienplanung und -organisation

Publikationen zum wissenschaftlichen Arbeiten konzentrieren sich häufig auf rein technische und formale Aspekte der Erstellung von Manuskripten. Ein erfolgreiches Studium vom bachelor bis zur Promotion erfordert jedoch in erster Linie ein zielgerichtetes und systematisches Vorgehen sowie Die Fähigkeit, sich selbst zu „managen".

In diesem Buch finden Sie ausführliche Tipps zum rationellen, verhaltens- und behaltensorientierten Lesen, zum aktiven Zuhören und Mitschreiben, zum zielführenden Arbeiten in der Gruppe, zur Erstellung und Präsentation wissenschaftlicher Arbeiten, zur effizienten Vorbereitung auf Prüfungen und Klausuren sowie zur erfolgsgerichteten Studienplanung und -organisation.

Änderungen vorbehalten. Stand: Juli 2008.
Erhältlich im Buchhandel oder beim Verlag
Gabler Verlag . Abraham-Lincoln-Str. 46 . 65189 Wiesbaden . www.gabler.de